DAS KÄRNTNER LANDESARCHIV

38

Herausgegeben von der Direktion des Kärntner Landesarchivs

FÜR MEINE FAMILIE

HEIDRUN SZEPANNEK

Elvine Gräfin de La Tour

(1841–1916)

Protestantin – Visionärin – Grenzgängerin

Klagenfurt 2010
Verlag des Kärntner Landesarchivs

Umschlagbild: Elvine Gräfin de La Tour, ungefähr zum Zeitpunkt ihrer Hochzeit im Jahre 1868.

Vorsatzbild: Die Anstaltsgemeinde Treffen, fotografiert in der Nähe des Schlosses, um 1912; hinten, mittig rechts ist Gräfin de La Tour mit Hut und Pelzkragen zu erkennen.

Nachsatzbild: Briefe und Postkarten der Gräfin an ihre Mitarbeiter in Treffen, geschrieben in den Jahren 1908–1916.

Umschlag Rückseite: Elvine im Schlosspark von Treffen in ihren letzten Lebensjahren.

Redaktion:
Dr. Wilhelm Wadl, Direktor des Kärntner Landesarchivs

DieKärntner SPARKASSE

KÄRNTEN KULTUR

Diakonie Kärnten

ISBN 978-3-900531-77-5

Hersteller: Kärntner Druckerei, 9010 Klagenfurt am Wörthersee, Viktringer Ring 28

INHALTSVERZEICHNIS

Geleitwort (Rektor Hubert Stotter) 9

Vorwort des Herausgebers (Wilhelm Wadl) 11

Vorwort der Autorin 13

1. Einleitung 15

1.1 Zugang zur Arbeit 15

1.2 Der Quellenbestand und meine Methode des Spurenlesens 16

1.3 Aufbau der Arbeit 18

2. Sozialgeschichtliche Rahmenbedingungen 23

Politik 23

Bevölkerung 25

Wirtschaft 27

2.1 Das Österreichische Küstenland 27

Bevölkerung 28

Politische Verwaltung 28

Wirtschaft... 29

Russiz 29

2.2 Kärnten... 30

Bevölkerung 30

Politische Verwaltung 31

Wirtschaft... 31

Treffen 32

3. Wohlfahrt in Österreich-Ungarn 37

3.1 Gesellschaft.. 37

3.2 Armut... 39

3.3 Staatliche Sozialfürsorge 40

3.4 Private Wohlfahrt 42

4. Elvine Gräfin de La Tour 47
4.1 Vorfahren und Wurzeln 47
4.2 Kindheit und Jugendjahre 52
4.3 Theodor de La Tour en Voivre 58
4.4 Heirat 65
4.5 Das pietistische Glaubensleben der Gräfin 69
Der Pietismus 69
Pietismus als Lebensform 70
Pietismus als Auftrag 71
Pietismus kritisch betrachtet 72
4.6 Initiativen – Gründungen – Werke 80
4.6.1 Der Waisenversorgungsverein in Görz (1873) 80
4.6.2 Russiz (1876) 82
4.6.3 Das Schlossgut Treffen (1885) 86
4.6.4 Die Evangelische Schule (1891) 88
4.6.5 Die Evangelisation (1893) 94
4.6.6 Jahresfeste (1898) 96
4.6.7 Das Vereinshaus – Missions- und Diakoniearbeit (1900) 97
4.6.8 Herrnhilf, Elim (1902, 1905) 102
4.6.9 Die Hospiz- und Stadtmission in Triest (1908) 106
4.6.10 Der Blau-Kreuz-Verein für Kärnten (1912/13) 107
4.7 Exkurse 113
4.7.1 Familie 113
Eltern und Geschwister 113
Die Ehe 115
Die Familie von Gall 118
4.7.2 Die Mitarbeiter 124
4.7.3 Die Kinder 133
4.7.4 Die Erziehung 140

4.7.5 Konflikte 144
4.7.6 Die Finanzierung 153
4.8 Erster Weltkrieg 168
4.9 Der Tod der Gräfin – Das Testament 174
4.10 Zeitzeugenberichte über den Menschen Elvine 180

5. Ausblick bis heute 191
5.1 Ein Neuanfang 191
5.2 Die Weiterführung der Werke 194
5.3 Strukturelle Neuorganisation 208

6. Schlussbetrachtung mit Interpretationsversuch 211

7. Zeittafel 221

8. Anhang 223
8.1 Stammtafel: Ritter von Záhony – de La Tour – von Gall . . . 223
8.2 Österreichische Währungseinheiten 224
8.3 Testaments-Entwurf I 226
8.4 Auszüge aus einem Interview mit Ilse von Sallmann, geb. von Gall 232

Quellen- und Literaturverzeichnis 243
Abkürzungsverzeichnis 259
Abbildungsnachweis 260
Die Autorin 261
Sommario 262

Geleitwort

Gräfin Elvine de La Tour – wem ist ihr Wirken bekannt? Wenn im Religionsunterricht in den Pflichtschulen in Kärnten über das soziale Wirken der Evangelischen Kirche gelehrt wird, wird Gräfin Elvine de La Tour erwähnt. Aber selbst in evangelisch-kirchlichen Kreisen ist das Wissen über diese Persönlichkeit, ihr soziales Engagement und ihre Wirksamkeit bis heute nur spärlich vorhanden. Wiewohl gleichzeitig der Name „de La Tour" ein weit über die Grenzen Österreichs hinausreichendes Qualitätssiegel für die Behandlung von Suchterkrankungen geworden ist, wird er jedoch nicht mehr unmittelbar mit der Person der Gräfin Elvine de La Tour in Verbindung gebracht.

Das soziale Engagement der Evangelischen Kirche wird heute als Diakonie bezeichnet – ein Begriff, welcher sich erst in der zweiten Hälfte des vorigen Jahrhunderts etabliert hat. Heute umfasst die Arbeit der Diakonie in Österreich das Engagement von knapp 8000 Mitarbeiterinnen und Mitarbeitern. Ein Großteil dieser Arbeit hat seine Wurzeln im sozial-christlichen Engagement von Elvine de La Tour vor knapp 140 Jahren in der kleinen Ortschaft Capriva bei Görz im heutigen Italien.

In wohlhabenden Verhältnissen aufgewachsen und tief in evangelisch-christlichem Glauben verwurzelt, wurde die sie umgebende Not und Verwahrlosung von Kindern für Elvine de La Tour zum Anlass für die Gründung ihrer sozialen Initiative mit der Aufnahme, Versorgung und Beschulung von einigen hilfsbedürftigen und unversorgten Mädchen. Eine Initiative, deren Breiten- und Langzeitwirkung die Gräfin damals noch nicht ahnen konnte.

Mit ihren christlich-sozialen Initiativen war sie dem Denken ihrer Zeit weit voraus und überschritt soziale, konfessionelle und ethnische Grenzen. Alles andere als konfliktscheu, wenn es um das Durchsetzen ihrer Anliegen ging, wurde sie zu einer Brückenbauerin und zum Zeichen der Hoffnung für viele Menschen. Es wäre verfehlt, sie einfach nur als Wohltäterin zu bezeichnen, denn ihr Engagement hatte das Ziel, durch Vermittlung christlicher Glaubensüberzeugungen und -werte sozialpolitische Veränderungen herbeizuführen.

Die bisher vorliegende Literatur zu Person und Wirken Gräfin Elvine de La Tour zeichnet das Leben einer tiefgläubigen Christin nach und hat das Ziel, durch das Glaubenszeugnis der Gräfin Leserinnen und Leser in ihrem persönlichen Christsein zu stärken. Heidrun Szepannek legt nun eine biographische Arbeit auf Basis fundierter historisch-wissenschaftlicher Recherchen vor. Es ist das Verdienst der Autorin, dem Wirken von Gräfin Elvine de La Tour die bisher fehlende historisch-wissenschaftliche Bedeutung und Verankerung in der Geschichtswissenschaft zuteilwerden zu lassen. Ihr gebührt der Dank und die Anerkennung der Evangelischen Stiftung der Gräfin Elvine de La Tour und der Diakonie in Österreich!

Ein besonderer Dank ergeht aber auch an den Direktor des Kärnter Landesarchivs, Herrn Dr. Wilhelm Wadl. Er hat den Wert und die historische

Bedeutung dieser Arbeit erkannt und die Herausgabe als Buch im Verlag des Kärntner Landesarchivs angeregt und letztlich auch umgesetzt.

Dass der Zeitpunkt der Herausgabe des Buches in einen zeitlichen Zusammenhang mit der Landesausstellung 2011 des Landes Kärnten fällt, ist nicht zufällig. „Glaubwürdig bleiben – 500 Jahre protestantisches Abenteuer" ist das Thema dieser Landesausstellung. 75 Jahre davon hat Elvine de La Tour entscheidend mitgestaltet – und ist glaubwürdig geblieben!

Klagenfurt-Harbach, im Mai 2010 Rektor Pfr. Mag. Hubert Stotter

Vorwort des Herausgebers

Die Autorin – aufgewachsen in den diakonischen Anstalten in Treffen – war schon seit frühester Kindheit mit Erzählungen über Leben und Werk der Elvine de La Tour konfrontiert. Sie ist somit einerseits von einer großen persönlichen Nähe zum Untersuchungsgegenstand geprägt, gerade deshalb aber auch um kritische Distanz bemüht.

Viele der unzähligen Diplomarbeiten, die alljährlich an österreichischen Universitäten approbiert werden, sind handwerklich biedere Gesellenstücke ohne wissenschaftlichen Erkenntniswert, wurden meist nur aus der bestehenden Literatur zusammengeschrieben und sind auch sprachlich oft von eher bescheidenem Niveau. Die vorliegende Arbeit, die auf einer 2009 in Wien abgeschlossenen Diplomarbeit basiert, hebt sich wohltuend davon ab. Die Autorin hat nicht nur vorhandene Literatur ausgeschöpft, sondern eine Fülle unterschiedlichster Originalquellen herangezogen: Hunderte Briefe und Zeitzeugenberichte, aber auch zeitgenössische Broschüren, Presseartikel, Amtsakten, Grundbücher u. v. a. wurden von ihr ausgewertet.

So ist eine spannende Erzählung über Leben und Werk einer der großen Frauengestalten der Kärntner Geschichte entstanden. Die wechselvolle Lebensgeschichte der Elvine de La Tour liefert hinreichend Stoff dazu: Eine reiche Protestantin heiratet gegen alle familiären Widerstände einen armen katholischen Grafen, interkonfessionelle Spannungen, teilweise verschränkt mit nationalen Konflikten, begleiten ihr Wirken. Unter Einsatz aller ihrer physischen Kräfte und großer Teile ihres persönlichen Vermögens gelingt es ihr, im damals österreichischen Küstenland und in Kärnten bedeutende Fürsorgeanstalten für Kinder und betagte Menschen zu schaffen. Ihr Lebensende ist von Krieg, Internierung und der Sorge um den Fortbestand ihrer sozialen Anstalten geprägt.

Ausführliche Zitate aus autobiografischen Quellen ermöglichen es dem Leser, auch die religiösen Fundamente des sozialen Wirkens der Gräfin zu begreifen, zahlreiche erstklassige Abbildungen veranschaulichen die textlichen Ausführungen.

Szepanneks Abhandlung beschränkt sich aber nicht bloß auf das Wirken der Gräfin selbst, sondern beleuchtet auch ihr familiäres Umfeld, die zahlreichen selbstlos engagierten Mitarbeiter, aber auch das Schicksal einzelner ihrer Schützlinge. Die Autorin schildert auch die schwierige Lage der Anstalten nach dem Tod der Stifterin, nach dem Verlust großer Teile des Stiftungsvermögens durch den Zerfall des Habsburgerreiches und infolge der Hyperinflation nach dem Ersten Weltkrieg.

In einer Zeit, die von einem zunehmenden Zerfall des sozialen Zusammenhalts in der Gesellschaft geprägt ist, erscheint es besonders notwendig, sich Vorbilder in Erinnerung zu rufen. Elvine de La Tour, deren soziales Engagement bis in die Gegenwart nachhaltig fortlebt, ist zweifellos ein solches.

Klagenfurt, im August 2010 Wilhelm Wadl

Vorwort der Autorin

Die Grundlage für das vorliegende Buch bildet meine Diplomarbeit, die ich dank der ausgezeichneten Betreuung von Herrn Prof. Dr. Peter Eigner am Institut für Wirtschafts- und Sozialgeschichte an der Universität Wien verfasst habe.

Die Möglichkeit meine Abschlussarbeit im Verlag des Kärntner Landesarchivs zu publizieren, verdanke ich Herrn Dr. Wilhelm Wadl, dem Direktor des Kärntner Landesarchivs. Mit großer Sorgfalt hat er die redaktionelle Betreuung des Buchprojektes übernommen. Auf Grund seiner wertvollen Hinweise war es mir möglich, noch einige interessante Details in die Biographie der Gräfin einzuflechten.

Besonderer Dank geht an Herrn Rektor Hubert Stotter von der Diakonie Kärnten, der mir freundlicherweise die Erlaubnis für Einsicht und Bearbeitung des interessanten Archivmaterials der Evangelischen Stiftung de La Tour gab.

Das Entstehen der Arbeit selbst war ebenfalls nur mit Hilfe vieler lieber Menschen möglich, die mich auf diesem Weg in unterschiedlichster Weise unterstützt haben. Ihnen möchte ich an dieser Stelle ebenfalls meinen ausdrücklichen Dank aussprechen:

Anna Maria Baliarda, Hilde Darling, Margot Eggert, Frieda Gaiser, Dorothea Gienger, Liesl Gienger, Ingrid Jaschke, Maria Kirchmeir, Edino Menotti, Olga Stampfer, Heribert und Ingeburg Weber.

Zuletzt geht mein tiefempfundener Dank an alle meine Freunde, Wegbegleiter und an meine Familie! Danke!

Wien, im Mai 2010 — Heidrun Szepannek

Mosaik mit Portraits von Elvine Gräfin de La Tour in verschiedenen Stadien ihres Lebens.

1. Einleitung

Elvine de La Tour – ich kenne sie schon mein Leben lang.

So kommt es mir zumindest vor, denn persönlich haben wir uns nie kennen gelernt. Sie kam über 135 Jahre vor mir auf die Welt. Seit meinen Kindheitstagen ist mir ein Ölbild, das im Altenheim de La Tour in Treffen hängt, sehr einprägsam in Erinnerung geblieben – ein Portrait einer dunkel gekleideten, streng blickenden Frau. Es zeigt „die Gräfin“, wie sie allseits genannt wurde.

Ölgemälde von Elvine de La Tour in höherem Alter.

1.1 Zugang zur Arbeit

Gräfin de La Tour war eine engagierte Frau, die sich dem sozialen Leid ihrer Zeit entgegenstellte. Im Dezember 1841 in Triest geboren, wuchs Elvine in einer wohlhabenden evangelischen Kaufmannsfamilie im ehemaligen österreichischen Küstenland auf. Schon in jungen Jahren nahm sie die Armut in ihrer Umgebung wahr. Ihrer christlichen Erziehung entsprechend erfüllte sie der Wunsch, im Sinne der Nächstenliebe zu handeln und tätig zu werden. Im Laufe ihres Lebens entwickelte sich aufgrund ihrer Initiative ein so großes Werk, dessen Umfang sie in dem Ausmaß wohl nicht geplant haben dürfte. Ihre soziale Arbeit bewies einen gewissen Weitblick, denn viele ihrer Gründungen haben bis heute Bestand und leisten gegenwärtig wertvolle Arbeit. In der Kärntner Gemeinde Treffen, nahe der Stadt Villach gelegen, entwickelte sich nach dem Ersten Weltkrieg und dem Verlust des küstenländischen Besitzes das Zentrum der wohltätigen Arbeit der verstorbenen Stifterin de La Tour. Das Gemeindeleben ist bis heute geprägt von einem integrativen Charakter und es herrscht ein relativ friedliches Miteinander zwischen den Heimbewohnern und der Bevölkerung Treffens.

Während meines Studiums nahm ich an einem Forschungsseminar mit dem Thema „Uneheliche Kindheit in Selbstzeugnissen“ am Institut für Wirtschafts- und Sozialgeschichte der Universität Wien teil.[1] Hierbei war häufig die Rede von der auffallend hohen Anzahl unehelicher Kinder in Kärnten und deren gesellschaftlicher Diskriminierung und Not. In Rückbesinnung auf die Geschichte der gräflichen Arbeit in Treffen, kam mir zu diesem Zeitpunkt erstmals der Gedanken, meine Abschlussarbeit über das soziale Schaffen von

Elvine de La Tour zu verfassen. Weitere Lehrveranstaltungen über „Autobiographische Quellen“ und über die „Armut und Armutspolitik in Österreich“ festigten schließlich meinen Entschluss, mich der Biographie der Gräfin de La Tour zu nähern.

1.2 Der Quellenbestand und meine Methode des Spurenlesens

Die Biographien, die es bisher zum Lebensbild der Gräfin gibt, sind eher populärer Natur. Als die wichtigsten für meine Arbeit und generell informativsten sind jene von Anna Katterfeld[2] und Rektor Friedrich Gienger[3] (Sohn von Hausvater Friedrich Gienger) zu nennen. Beide weisen leider kaum Quellenbelege aus und sind in einem romanhaften Stil verfasst, wobei sich Katterfeld einer besonders bildreichen und romantisierenden Sprache bedient. Allerdings habe ich im Laufe meiner eigenen Recherchen im Archiv der Diakonie Kärnten (ADK) überraschend zahlreiche Quellenbelege für die Darstellungen der beiden Autoren gefunden, was eine gründliche Recherchearbeit der beiden Verfasser erkennen lässt. Kennzeichnend bzw. als Hintergrundinformation für die beiden biographischen Schriften ist zu bemerken, dass sowohl Anna Katterfeld als auch Friedrich Gienger eine zeitliche Nähe zur Person Elvine de La Tour hatten. Damit war es beiden Autoren möglich, zahlreiche Gespräche mit Zeitzeugen der Gräfin zu führen und Zusammenhänge zu erarbeiten.

Anna Katterfeld ist das Pseudonym für die Pfarrfrau Anna Lydia Ilgenstein, die 1880 in Litauen geboren wurde, mit ihrem Mann lange Zeit in der Steiermark lebte und arbeitete und 1964 in Baden-Württemberg verstorben ist.[4] Ebenfalls beiden Autoren gemein ist die Zugehörigkeit zur pietistischen Glaubensrichtung, auf die später noch näher eingegangen wird. Rektor Friedrich Gienger wurde 1913 in Treffen geboren. Seine biographische Schrift über die Gräfin beginnt sogar mit einer verblassten Erinnerung an ein Zusammentreffen mit „der Frau in schwarzer Kleidung, die in einer Kutsche vorfuhr“. Friedrich junior war der zweite Sohn der Herrnhilfer Hauseltern Friedrich und Barbara Gienger. Nach seinem Studium der Theologie übernahm er 1947 als neuer Rektor die Leitung der Evangelischen Stiftung de La Tour. Im Jahr 1982 veröffentlichte Gienger sein „Lebensbild der Gräfin“. Im Nachlass seines Vaters hatte er hunderte handgeschriebene Briefe der Gräfin an Hausvater Friedrich Gienger und an den Buchhalter des Schlosses gefunden. Er selbst bezeichnet die Briefe als sehr persönlich und für seine Arbeit als „die stärksten begleitenden Worte“.[5]

Eine ausgezeichnete Quelle zur Familie Ritter von Záhony, der väterlichen Herkunftsfamilie Elvines, bieten die Chronik und der Stammbaum der Familie Ritter. Sie stammen aus dem Jahr 1915, verfasst von Elvines Bruder Eugen Ritter Freiherr von Záhony.[6]

Ein weiteres sehr informatives und für meine Arbeit nützliches Buch fand ich in der wissenschaftlichen Abhandlung „Evangelisches Leben am Golf von Triest“, verfasst von Herbert Patzelt, dem langjährigen evangelischen Pfarrer in Triest.[7] Der Autor hat in zahlreichen Archiven geforscht und bietet einen umfangreichen Einblick in die küstenländische protestantische Gesellschaft und die führenden evangelischen Familien, zu denen auch die Familie Ritter von Záhony zählte.

Diese nun vorgestellten Werke bildeten vorerst die Ausgangsbasis für meine biographische Annäherung.[8]

Das Konvolut an Briefen der Gräfin aus dem Nachlass von Hausvater Gienger stand auch mir zum Verfassen dieser Arbeit zur Verfügung. Nach der Transkription von über 300 Briefen war mein ursprünglicher Plan, diese Selbstzeugnisse zu analysieren und in den Mittelpunkt meiner Arbeit zu stellen. Mit „Elvines Stimme“ sollte ein Zugang zur Arbeit gefunden und eine gewisse „Authentizität“ gewährleistet werden. Im Verlauf des weiteren Quellenstudiums und mit dem Ziel vor Augen, eine Biographie zu schreiben, hat es sich schließlich doch als sinnvoller erwiesen, den Briefen nur eine „begleitende Funktion“ zu geben und auch andere Quellen „sprechen zu lassen“.

Somit werde ich anhand der Informationen – aus der von mir gewählten Quellenbasis – das Leben und die Wirkungsgeschichte der Wohltäterin Elvine de La Tour zunächst in chronologischer Reihenfolge skizzieren. Dieses Grundgerüst soll dann mit persönlichen Schriften, Erinnerungen und anderen Zeugnissen von Elvine de La Tour und ihren Zeitgenossen ergänzt werden, um so eine plastischere biographische Darstellung zu ermöglichen. Hierzu zählen beispielsweise die jährlich erscheinenden Berichte über die Entwicklung der Werke in Russiz und Treffen. Da ihre Einrichtungen von Spendensammlungen abhängig waren, hat sie gemeinsam mit ihren Mitarbeitern im Selbstverlag die „Jahresberichte über die Werke der Inneren Mission im Österreichischen Küstenland und in Treffen“ gedruckt. Neben den bereits erwähnten Briefen, die Zeugnis von charakterlichen Eigenheiten, Alltagsfreuden und Sorgen geben, private Angelegenheiten aufklären und natürlich zahlreiche Anweisungen zur Führung ihrer Anstalten enthalten, werden Fotografien, Grafiken und Tabellen meinen biographischen Versuch ergänzen.

Meine persönliche Ausgangsposition für diese Arbeit ist eine räumliche und durch die Berufstätigkeit meiner Eltern bedingte private Nähe zu den Treffner Anstalten, eine langjährige, aber bisher vergleichsweise geringere Vorkenntnis über die Geschichte der Gräfin und meine eigene Zugehörigkeit zur evangelischen Konfession. Im Bewusstsein darüber, dass dieses Naheverhältnis zum Leben und Wirken der Gräfin besteht und meine eigene Lebensgeschichte, meine Sozialisation und mein Weltbild mitgeprägt haben, werde ich eine bestmögliche objektive Darstellung anstreben.

Mein Ziel ist es, dem Leser vorerst die Möglichkeit zu geben, bei der Lektüre eigene Assoziationen zu erwecken und Bilder vor den Augen entstehen zu lassen. Jeder Mensch hat seine ganz individuelle Prägung, verschiedenartige Perspektiven und Zugänge. Die Sinne sind einzeln vorgeformt und vorgeschult. Sachverhalte werden individuell verstanden, empfunden und erlebt. Daher habe ich mich dazu entschlossen, im Hauptteil der Arbeit deskriptiv vorzugehen und möglichst wenig zu interpretieren, anzudiskutieren und hinzuweisen. Erst in der Schlussbetrachtung möchte ich ganz persönlich Stellung beziehen und auf Besonderheiten, die sich aus meinem Blickwinkel ergeben haben, hinweisen. Im Kontext meines persönlichen Zugangs und Bezug nehmend zur Theorie des „Blinden Flecks“ gelingt es mir eventuell damit, dass ich aus meiner besonderen Perspektive auf Sachverhalte stoße, die Anderen bisher verborgen geblieben sind.

1.3 Aufbau der Arbeit

Mit diesem Buch möchte ich eine übersichtliche Gesamtschau zum Leben und Lebenswerk der Gräfin liefern. Daher ist es zu Beginn nötig, einen Bezugsrahmen zu schaffen und Bedeutungszusammenhänge herzustellen.

Beginnend mit **Kapitel 2** soll eine sozialgeschichtliche Betrachtung – vornehmlich auf den Zeitraum der österreichischen-ungarischen Monarchie beschränkt – helfen, die Lebensbedingungen der Menschen einzuschätzen und einzuordnen. Zentrale Frage des Kapitels ist, wie sich die allgemeine soziale, ökonomische und politische Situation gestaltete. Die Kronländer Küstenland und Kärnten, die Wirkungsgebiete der Gräfin de La Tour, werden speziell herausgegriffen.

In **Kapitel 3** möchte ich das österreichische Wohlfahrtswesen kurz besprechen. Welche Rolle spielte die Armut in der Gesellschaft? Welche Maßnahmen wurden getroffen um Abhilfe zu schaffen und welche Rolle spielte die private Wohlfahrt dabei?

Das **Kapitel 4** widmet sich vollständig der Lebensgeschichte von Elvine de La Tour und spannt den Bogen von ihren Vorfahren über ihre Kindheit und Jugend bis zu ihrer Hochzeit. Hiermit soll ein Eindruck vermittelt werden, welcher Tradition Elvine entstammte, in welchen Verhältnissen sie aufwuchs und welche möglichen Prägungen ihre Lebensgestaltung beeinflusst haben könnten. Ein eigenes Unterkapitel, 4.3 widme ich ausschließlich dem Grafen de La Tour. Woher stammt jener Mann, der bereits 24-jährig die um drei Jahre ältere Elvine heiratete? Was war er für ein Mensch, und welche Ziele bewegten ihn in seinem Leben? Bisher gab es um seine Person hauptsächlich Gerüchte, kaum Greifbares und Belegbares. Der Abschnitt 4.4 „Heirat“ beschließt vorerst die Einsicht in das private Leben der Gräfin. Bevor eine ausführliche Darlegung ihrer Initiativen, Gründungen und Werke erfolgen wird, muss das pietistisch geprägte Glaubensleben Elvines vorgestellt werden, was in Kapitel 4.5 vorgenommen wird, denn Gräfin de La Tour war eine sehr gläubige Frau und bezog ihre Motivation und ihre Wertvorstellungen aus ihrer tiefen Religiosität.

Das Kapitel 4.6 stellt den chronologischen Verlauf ihrer sozialen Arbeit dar. Wie und wo begann sie ihre Arbeit? Welche Entwicklungen nahmen ihre Maßnahmen? Die breite Wirkungsgeschichte wirft eine Menge an zusätzlichen Fragen auf, die im Kapitel 4.7 behandelt werden sollen. Welche Rolle spielte die Familie im Leben der Gräfin? Wie gestaltete sich ihre Ehe? Welche Beziehung hatte sie zu einzelnen Verwandten? Wer waren ihre Mitarbeiter, und warum kamen diese hauptsächlich aus Deutschland und der Schweiz? Wer waren die Kinder, die in den Heimen in Russiz und Treffen lebten? Waren es ausschließlich arme, verwaiste Kinder? Was geschah mit ihnen nach ihren Heimaufenthalten? Gibt es belegbare Einzelschicksale? Wie wurden die Kinder erzogen? Was sollten sie vermittelt bekommen? Wie gestaltete sich das Heimleben? Welche Wahrnehmung hatte die Umwelt vom sozialen und christlich geprägten Schaffen der Gräfin? Hatte sie mit Problemen und Schwierigkeiten zu kämpfen oder erhielt sie Förderungen? Wie finanzierte sich ihre Arbeit? Wie viel Kapital war nötig, um die verschiedenen Einrichtungen erhalten zu können?

Die Kapitel 4.8 und 4.9 beschäftigen sich mit den letzten Jahren im Leben von Elvine. Die Gräfin erlebte noch den Ersten Weltkrieg, die Enteignung ihres küstenländischen Besitzes und eine mehrmonatige Internierung. In dieser Zeit führte sie Tagebuch, und so lange es noch möglich war, schrieb sie Briefe nach Treffen. Anhand dieser Selbstzeugnisse wird diesen schrecklichen Tagen noch einmal Gehör geschenkt.

Das Kapitel 4.10 widmet sich ausschließlich Erinnerungen von Zeitzeugen der Gräfin. Sie alle sollen zu Wort kommen, um dadurch ein wenig Ahnung über den Menschen Elvine zu vermitteln.

Kapitel 5 gewährt einen Blick in die Gegenwart. Wie ging es mit den gräflichen Einrichtungen weiter? Hat Elvine de La Tour testamentarische Verfügungen hinterlassen und konnte ihren Wünschen entsprochen werden? Gibt es heute noch Spuren ihrer Arbeit?

In **Kapitel 6,** der Conclusio, möchte ich die Arbeit zusammenfassen und auf Besonderheiten in der gräflichen Lebensgeschichte hinweisen und aufzeigen, welche Erkenntnisse sich ergeben haben und welche Folgerungen daraus gezogen werden können.

Das Kapitel 7, die Zeittafel, ist als Leitfaden für die Biographie gedacht.

Im Anhang, **Kapitel 8,** sollen letztlich noch zusätzliche Informationen geboten werden. 8.1 ist eine Stammtafel, die besprochene Familienverhältnisse graphisch darstellt. 8.2 gibt Auskunft über die österreichischen Währungseinheiten des 19. und frühen 20. Jahrhunderts und gibt Hinweise zu einem historischen Lebenshaltungskostenindex, damit die in der Arbeit vorkommenden Beträge einen abschätzbaren Wert erhalten. 8.3 ist die Abschrift jenes

Testamentes, das zur Abwicklung des Nachlasses der Gräfin verwendet wurde. Den Kreis meiner Arbeit schließen sollen letztlich Auszüge eines von mir transkribierten Interviews (8.4), das bereits im Jahr 1979 vom Mitarbeiterehepaar Weber durchgeführt und aufgenommen wurde. Bei dieser glücklicherweise erhalten gebliebenen Tonbandaufnahme handelt es sich um ein Gespräch mit Ilse von Sallmann, geborene von Gall. Sie wurde in Russiz geboren und wuchs gemeinsam mit ihrem Bruder an der Seite der Gräfin auf. Die Beziehung basierte auf einem Großmutter-Enkelkind-Verhältnis. Somit beleuchten Frau von Sallmanns Lebenserinnerungen auch ein wenig den „Privatmenschen“ Elvine de La Tour. Insgesamt geben die Erzählungen ein lebhaftes Bild vergangener Zeiten wieder.

Zuletzt möchte ich darauf hinweisen, dass in dieser Arbeit zu Gunsten der besseren Lesbarkeit auf eine gendergerechte Schreibweise verzichtet wird. Falls nicht anders angegeben, beziehen sich alle Formulierungen gleichermaßen auf das weibliche als auch auf das männliche Geschlecht.

---

1 Das Seminar fand unter der Leitung von Herrn Prof. Peter Eigner, Mag. Günter Müller und Dr. Andrea Schnöller statt. Die von den Studenten bearbeiteten Lebensaufzeichnungen und Forschungsergebnisse wurden in Form eines Buches publiziert. Siehe: „Als lediges Kind geboren…“. Autobiographische Erzählungen 1865–1945, herausgegeben vom Verein „Dokumentation lebensgeschichtlicher Aufzeichnungen“ (Damit es nicht verloren geht… Bd. 53), Wien–Köln–Weimar 2008. In diesem Zusammenhang möchte ich ausdrücklich auf die Arbeit des Archivs für „Dokumentation lebensgeschichtlicher Aufzeichnungen“ hinweisen. Hier werden schriftlich festgehaltene Erinnerungstexte wie Autobiographien, Tagebücher, Familiengeschichten usw. gesammelt und archiviert. Die Möglichkeit zur Einsendung von Beiträgen und Manuskripten steht jedem Interessierten zur Verfügung. Ansprechpartner des Archivs ist Mag. Günter Müller. Siehe dazu: www.wirtges.univie.ac.at/doku oder www.MenschenSchreibenGeschichte.at [02.09.2009]

2 Katterfeld, Anna: Elvine de La Tour. Aus Liebe zu Gott und den Kindern, Stuttgart 1938 bzw. Neuauflage 1998.

3 Gienger, Friedrich: Gib mir Deinen Reichtum! Ein Lebensbild der Gräfin Elvine de La Tour, Treffen 1982. Friedrich Gienger begann ein zweites Buch, das die Zeit nach dem Tod der Gräfin beschreibt und den Werdegang ihrer Einrichtungen. Noch vor Abschluss des Werkes verstarb er 1984 und seine Schwester Dorothea Gienger stellte das Buch fertig. Siehe: Gienger, Friedrich: Gebt mir eure Armut. Ein Bericht über die Evangelische Stiftung der Gräfin de La Tour in Treffen (Aufgezeichnet von Rektor i. R. Friedrich Gienger, bearbeitet und ergänzt von Dorothea Gienger), 2. Aufl., Klagenfurt 1999. Im Folgenden wird häufiger die Rede von Vater oder Sohn Friedrich Gienger sein. Um Verwechslungen möglichst zu vermeiden, wird Friedrich Gienger senior mit dem Titel „Hausvater“ bezeichnet, sein Sohn Friedrich Gienger junior mit seinem Titel „Rektor“ angeführt.

4 Der Evangelist Ernst Krupka beschreibt in seinen Memoiren ein Zusammentreffen mit Anna Katterfeld. Die Schriftstellerin war auf der Suche nach Unterlagen und Informationen für ihre Biographie über die Gräfin und bat Krupka um Unterstützung, da zu diesem Zeitpunkt scheinbar nur wenig Material aufzutreiben war. Vgl. Maria Luise Krupka (Hrsg.): Lebensauftrag: Evangelist. Ernst Krupka. Sein Leben und sein Wirken, Bad Liebenzell 1986. Die erste Auflage von Katterfelds Roman über Elvine de La Tour erschien im Jahr 1938, eine von Rektor Roland Ratz korrigierte und ergänzte Neuauflage erschien sechzig Jahre später, 1998.

5 Gienger, Reichtum, S. 5–6.

6 Ritter Záhony, Eugen Freiherr von: Chronik und Stammbaum der im Jahre 1829 in Österreich mit dem Prädikat „von Záhony“ geadelten Familie Ritter aus Frankfurt a. M., Brünn 1915.

7 Patzelt, Herbert: Evangelisches Leben am Golf von Triest. Geschichte der evangelischen Gemeinde in Triest mit Abbazia, Görz, Fiume und Pola, München 1999.

8 Leider ist es nicht möglich, eine vollständige Bibliographie zum Leben der Gräfin zu erstellen und zu besprechen, da es den Rahmen dieser Arbeit sprengen würde. Allerdings bemühe ich mich im vorliegenden Quellen- und Literaturverzeichnis einen umfangreichen Bestand zu verzeichnen.

2. Sozialgeschichtliche Rahmenbedingungen

Österreich-Ungarn war, gemessen an Umfang und der Bevölkerungszahl, der drittgrößte Staat Europas. Aufgrund seiner Vielseitigkeit in geographischer, ethnischer und sozialer Hinsicht stellte der Staat ein „äußerst komplexes historisches Gebilde" dar.[1]

Eine interessante literarische Beschreibung der Habsburgermonarchie findet sich in Robert Musils Roman „Der Mann ohne Eigenschaften". Im achten Kapitel seines Werkes werden auf leicht spöttische Weise die teils kurios anmutenden Eigentümlichkeiten des Kaiserreiches eingefangen und der Autor beschreibt prägnant die Vielseitigkeit und Besonderheiten des untergegangenen Habsburgerreiches. Dem von ihm beschriebenen Land gibt er den Namen „Kakanien", den er aus den Kürzeln k. k. bzw. k. u. k.[2] abgeleitet hatte:

[...] Überhaupt, wie vieles Merkwürdiges ließe sich über dieses versunkene Kakanien sagen! Es war zum Beispiel kaiserlich-königlich und war kaiserlich und königlich; eines der beiden Zeichen k. k. oder k. u. k. trug dort jede Sache und Person, aber es bedurfte trotzdem einer Geheimwissenschaft, um immer sicher unterscheiden zu können, welche Einrichtungen und Menschen k. k. und welche k. u. k. zu rufen waren. Es nannte sich schriftlich Österreichisch-Ungarische Monarchie und ließ sich mündlich Österreich rufen [...]. Es war nach seiner Verfassung liberal, aber es wurde klerikal regiert. Es wurde klerikal regiert, aber man lebte freisinnig. Vor dem Gesetz waren alle Bürger gleich, aber nicht alle waren eben Bürger. Man hatte ein Parlament, welches so gewaltigen Gebrauch von seiner Freiheit machte, daß man es gewöhnlich geschlossen hielt; aber man hatte auch einen Notstandsparagraphen, mit dessen Hilfe man ohne das Parlament auskam, und jedes Mal, wenn alles sich schon über den Absolutismus freute, ordnete die Krone an, daß nun doch wieder parlamentarisch regiert werden müsse. Solche Geschehnisse gab es viele in diesem Staat, und zu ihnen gehörten auch jene nationalen Kämpfe, die mit Recht die Neugierde Europas auf sich zogen und heute ganz falsch dargestellt werden. Sie waren so heftig, daß ihretwegen die Staatsmaschine mehrmals im Jahr stockte und stillstand, aber in den Zwischenzeiten und Staatspausen kam man ausgezeichnet miteinander aus und tat, als ob nichts gewesen wäre. [...][3]

Politik

Zuvor als „Kaisertum Österreich" bezeichnet, wurde das Habsburgerreich mit dem Ausgleich 1867 zur Doppelmonarchie und erhielt den Namen Österreich-Ungarn. Das Reich setzte sich nun verwaltungstechnisch aus zwei Staatshälften zusammen.

Die erste nannte man offiziell „Die im Reichsrat vertretenen Königreiche und Länder". Sie bestand aus den Kronländern Niederösterreich (mit Wien),

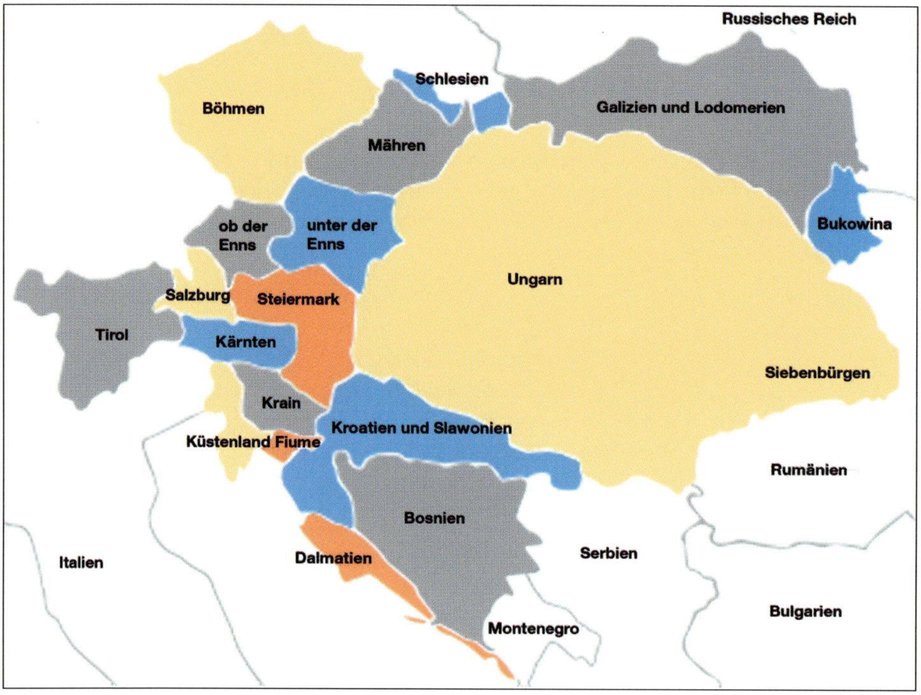

Politische Verwaltung von Österreich-Ungarn um 1900.

Oberösterreich, Salzburg, Tirol, Vorarlberg, Steiermark, Kärnten, Krain, Görz, Gradiska, Istrien, Dalmatien, Böhmen, Mähren, Schlesien, Galizien und der Bukowina. Inoffiziell erhielt diese westliche Reichshälfte den Namen „Cisleithanien“ (Länder diesseits des Grenzflusses Leitha gelegen). Erst ab 1915 wurde sie offiziell Österreich genannt. Die zweite Reichshälfte erhielt den Namen „Die Länder der heiligen ungarischen Stephanskrone“ oder inoffiziell „Transleithanien“ (Länder jenseits der Leitha – östliche Reichshälfte). Diese umfasste die Kronländer Ungarn, Siebenbürgen, Kroatien und Slawonien. Von beiden Reichshälften gemeinsam verwaltet kam ab 1878 noch Bosnien-Herzegowina dazu. Als Staatsoberhaupt Österreich-Ungarns regierte der „Kaiser von Österreich und Apostolische König von Ungarn“, der aus dem Haus Habsburg-Lothringen stammte. Für die beiden Reichshälften gab es gemeinsame Ministerien für die Bereiche Außenpolitik, Militärwesen und Finanzen mit dem Sitz in Wien. Hinzu kamen noch eine gemeinsame Währung und ein gemeinsamer Wirtschafts- und Zollraum. Der Rest konnte von den beiden Reichshälften unabhängig voneinander beschlossen werden.

Die Regenten der Doppelmonarchie waren Kaiser Franz Joseph I. von 1848 bis 1916 und sein Nachfolger Karl I., amtierend von 1916 bis zum Zerfall der Monarchie 1918.

Bevölkerung

Österreich-Ungarn hatte eine Gesamtfläche von 676.615 km², wovon 300.005 km² auf die cisleithanische Reichshälfte entfielen. 1910 betrug die Gesamtbevölkerung 51,390.223 Menschen. Davon entfielen 55,6 Prozent auf Cisleithanien, 40,6 Prozent auf die transleithanische Reichshälfte und 3,8 Prozent auf Bosnien und Herzegowina (= Kondominium beider Reichsteile).

Bis in die siebziger Jahre des 19. Jahrhunderts gab es eine hohe Geburten- und Sterblichkeitsrate, die wiederholt von Seuchen und Hungersnöten unterbrochen wurde.[4] Ab etwa 1875 sank die Sterbeziffer, die Geburtenziffer etwas später ebenfalls. Allerdings bestanden in diesem Kontext starke regionale Unterschiede innerhalb der Monarchie.

Das bedeutendste Merkmal der Habsburgermonarchie war wohl die ausgeprägte Vielfalt – wie beispielsweise im kulturellen, wirtschaftlichen oder gesellschaftlichen Bereich. Österreich-Ungarn war ein multinationaler Staatsverband, in dem bunt gemischt Deutsche, Ungarn, Tschechen, Slowaken, Slowenen, Kroaten, Serben, Italiener, Rumänen, Polen, Ruthenen und andere Nationalitäten zusammenlebten. Dies bedeutete eine Vielzahl an Umgangssprachen und Konfessionen – und an Problemen. Mit der Völkervielfalt ging ein stetig schwelender Nationalitätenkonflikt einher, der nie ganz bewältigt werden konnte. In der späten Doppelmonarchie wurde dieses Problem sogar zur existenziellen Frage.

Demographische Komponenten Cisleithaniens im Jahr 1910

Land	Fläche[5] in km²	Einwohner[6]	Nationalitäten[7] in % (mehr als 1 Prozent)	Konfessionen[8] in % (mehr als 1 Prozent)
Niederösterreich	19.825	3,531.814	95,9 Deutsche; 3,8 Tschechen und Slowaken	98,6 katholisch
Oberösterreich	11.982	853.006	99,7 Deutsche	97,8 katholisch; 2,2 evangelisch
Salzburg	7.153	214.737	99,7 Deutsche	99,9 katholisch
Steiermark	22.425	1,444.157	70,5 Deutsche; 29,4 Slowenen	99,5 katholisch
Kärnten	10.326	396.200	78,6 Deutsche; 21,2 Slowenen	94,9 katholisch; 5,1 evangelisch
Krain	9.954	525.995	94,4 Slowenen; 5,4 Deutsche	99,9 katholisch
Küstenland	7.969	893.797	37,3 Slowenen; 34,5 Italiener und Ladiner; 24,4 Kroaten; 2,5 Deutsche	99,9 katholisch

Land	Fläche[5] in km²	Einwohner[6]	Nationalitäten[7] in % (mehr als 1 Prozent)	Konfessionen[8] in % (mehr als 1 Prozent)
Tirol	26.682	946.613	42,1 Deutsche; 42,1 Italiener und Ladiner	99,9 katholisch
Vorarlberg	2.602	145.408	95,4 Deutsche; 4,4 Italiener und Ladiner	99,9 katholisch
Böhmen	52.947	6,769.548	63,2 Tschechen und Slowaken; 36,8 Deutsche	96,3 katholisch; 1,9 evangelisch; 1,8 israelisch
Mähren	22.221	2,622.271	71,8 Tschechen und Slowaken; 27,6 Deutsche	95,0 katholisch; 2,8 evangelisch; 2,2 israelisch
Schlesien	5.147	756.949	43,9 Deutsche; 31,7 Polen; 23,3 Tschechen und Slowaken	85,9 katholisch; 13,4 evangelisch
Galizien	78.497	8,025.675	58,6 Polen; 40,2 Ruthenen; 1,1 Deutsche	89,6 katholisch; 9,7 israelisch
Bukowina	10.441	800.098	38,4 Ruthenen; 34,4 Rumänen; 21,2 Deutsche; 4,6 Polen; 1,3 Magyaren	79,0 orthodox; 11,8 katholisch; 6,5 jüdisch; 2,0 evangelisch
Dalmatien	12.831	645.666	96,2 Kroaten und Serben; 2,8 Italiener und Ladiner	81,4 katholisch; 18,6 orthodox
Cisleithanien gesamt	**300.005**	**28,571.934**	**35,6 Deutsche; 23,0 Tschechen und Slowaken; 17,8 Polen; 12,6 Ruthenen; 4,5 Slowenen; 2,8 Italiener und Ladiner; 2,8 Kroaten und Serben**	**93,4 katholisch; 3,0 jüdisch; 2,1 orthodox; 1,4 evangelisch**

Wirtschaft

Österreich-Ungarn war charakterisiert durch eine gewisse wirtschaftliche Rückständigkeit beziehungsweise Verzögerung.[9] Das Entwicklungsgefälle der Industrialisierung in der Donaumonarchie verlief wie in Gesamteuropa von Nord-West nach Süd-Ost. Gründe dafür waren beispielsweise ungünstige natürliche Gegebenheiten wie schwierige Geländeverhältnisse und fehlende verkehrswirtschaftliche Verbindungen wie die Randlage des wichtigsten Hafens Triest. Die Verbreitung der Bodenschätze und deren Kombinierbarkeit innerhalb der Monarchie war ebenfalls ungünstig für eine gute Wirtschaftsentwicklung. Ebenso sind die politischen Rahmenbedingungen zu nennen: Die Auflösung der feudalen Gesellschaftsverfassung 1848 zugunsten der liberalen Reform setzte verhältnismäßig spät und teilweise einseitig ein. Zuletzt spielte auch das stetige Nationalitätenproblem eine Rolle, denn dieses wirkte sich ebenfalls ungünstig auf ein dynamisches wirtschaftliches Wachstum aus.[10] Nachstehend werden das Küstenland und Kärnten, als jeweilige Arbeitsgebiete von Gräfin Elvine de La Tour noch etwas näher vorgestellt.

2.1 Das Österreichische Küstenland

Dieses wurde auch „Litorale“, „Österreichisch-Illyrisches Küstenland“, „Primorska“ oder „Litorale Austriaco“ genannt. Das küstenländische Gebiet kam etappenweise zum Habsburgerreich, und erst ab der Mitte der zwanziger Jahre des 19. Jahrhunderts erhielt das Land jene Grenzen, die bis zum Ende der Monarchie gültig waren.[11] Mit seiner Größe von beinahe 8.000 Quadratkilometern hatte es einen Anteil von etwa 2,7 Prozent an der Gesamtfläche Cisleithaniens – der österreichischen Reichshälfte.[12] Im Westen grenzte das Küstenland seit 1866 (Verlust von Venetien) an das Königreich Italien, im Norden an das Herzogtum Kärnten und im Osten an das Herzogtum Krain sowie an das Königreich Kroatien und Slawonien. Das Küstenland selbst war lediglich ein einheitliches staatliches Verwaltungsgebiet und setzte sich aus den drei autonomen Kronländern: „Grafschaft Görz-Gradisca“, „Stadt Triest

Das österreichische Küstenland.

mit Hinterland“ und „Markgrafschaft Istrien“ zusammen. Ansonsten zeichnete sich das küstenländische Gebiet durch eine ausgeprägte Heterogenität in nahezu allen Bereichen aus. In landschaftlicher, wirtschaftlicher, kultureller, ethnischer und sprachlicher Hinsicht war das Küstenland vielfältig und bunt gemischt und barg damit ebenfalls wie im Gesamtkontext der Doppelmonarchie einiges an Konfliktpotential.

Bevölkerung

Im Jahr 1851 lebten 575.828 Menschen im Küstenland, 1869 waren es bereits 600.525 und bei der letzten Volkszählung 1910 wird die Bevölkerungszahl des Küstenlandes mit 827.297 Personen angegeben.[13] Auf dem verhältnismäßig kleinen küstenländischen Raum lebten zumindest vier Ethnien zusammen: Italiener (Friulaner[14]), Slowenen, Kroaten und Deutsche. In absoluten Zahlen gesprochen bedeutete das für das Jahr 1910: 356.522 Italiener, 266.614 Slowenen, 170.774 Kroaten, 29.071 Deutsche und 4.316 Sonstige.[15] Neben den vier anerkannten Landessprachen (italienisch, slowenisch, serbokroatisch und deutsch) gab es noch zusätzliche Umgangssprachen. Für das Jahr 1910 werden folgende Zahlen für die küstenländischen Umgangssprachen angegeben:

Italienisch 43,09 Prozent; Slowenisch 32,23 Prozent; Serbo-Kroatisch 20,64 Prozent; Deutsch 3,52 Prozent; Böhmisch-Mährisch-Slowakisch 0,33 Prozent; Polnisch 0,06 Prozent; Ruthenisch 0,02 Prozent; Rumänisch 0,11 Prozent.[16]

Deutsch galt als Amts- und Handelssprache, ansonsten dominierte das Italienische. Die italienische Bevölkerung des Küstengebietes zählte zum „gebildeten“ Teil der Bevölkerung und bestand überwiegend aus Adeligen, der Intelligenz und Geistlichen sowie den sogenannten Signori oder „possidenti“ – der besitzenden Klasse.[17] Durch diese Stellung waren sie relativ einflussreich im Gesellschafts- und Wirtschaftsleben. Demgegenüber wurde die slowenische Bevölkerung eher der untersten sozialen Schicht zugewiesen. Der Großteil der Slowenen arbeitete im landwirtschaftlichen Bereich und als Arbeiter in Unternehmen. Das galt auch für den kroatischen Bevölkerungsanteil, der ebenfalls primär zur bäuerlichen Bevölkerung zählte. Beide Nationalitäten waren einem gewissen Assimilationsprozess durch die küstenländischen Italiener unterworfen.[18]

An dieser Stelle soll noch ein Blick auf die Religionszugehörigkeit im Küstenland geworfen werden: Für das Jahr 1880 werden folgende Werte angegeben: Römisch-Katholisch 98,27 Prozent; Griechisch-Katholisch 0,02 Prozent; Griechisch-Orientalisch 0,5 Prozent; Evangelisch-A. B. 0,23 Prozent; Evangelisch-H. B. 0,11 und Israeliten 0,79 Prozent.[19]

Politische Verwaltung

Für die Verwaltung des gesamten Küstenlandes war ein Statthalter in Triest eingesetzt worden. In seinen Verantwortungsbereich fiel die Handhabung und Überwachung der Reichs- und Landesgesetze sowie die Leitung der inneren

Angelegenheiten seines Amtssprengels.[20] Ansonsten waren die drei Kronländer autonom und hatten eine Selbstverwaltung mit eigenen Landtagen. Lediglich Triest hatte mit der Reichsverfassung von 1849 ein Sonderstatut erhalten und war damit sowohl Gemeinde wie auch Kronland (vergleichbar mit dem heutigen Status von Wien). Als Organe der autonomen Landesverwaltung galten der Landtag und der Landesausschuss, an dessen Spitze der Landeshauptmann stand. Mit dem Gesetz vom 25. Mai 1868 unterstand das Schulwesen den Landesschulräten und nicht mehr wie zuvor den Kirchenbehörden. Damit übernahm der jeweilige Landesschulrat die Leitung und Beaufsichtigung des Erziehungswesens, der Volksschulen und Lehrerbildungsanstalten.[21]

Wirtschaft

Triest war die größte Stadt im Küstenland und sein Hafen der größte und wichtigste in der Habsburgermonarchie. In Triest selbst hatte sich ein reges Wirtschaftszentrum mit wesentlichen Industrieansiedlungen und Handelsgesellschaften entwickelt – fast 40 Prozent der Triester Bevölkerung lebten von Handel und Verkehr.[22] Auch in der Grafschaft Görz-Gradisca spielten Handel und Gewerbe – vor allem in Görz – eine nicht unwichtige Rolle, primär handelte es sich jedoch um ein Agrarland. Für die Wirtschaft Istriens wiederum war die Lage am Meer bestimmend.[23] Die Verteilung der Hauptberufsklassen auf die küstenländische Bevölkerung für das Jahr 1910 gibt folgende Auskunft: Im Bereich Land- und Forstwirtschaft arbeiteten 42,83 Prozent der Bevölkerung, 22,19 Prozent waren im Bereich Industrie und Gewerbe tätig, 16,77 Prozent im Bereich Handel und Verkehr, sowie 18,21 Prozent im Öffentlichen Dienst bzw. in Freien Berufen.[24]

Der landwirtschaftliche Bereich[25] war geprägt von Obstanbau und dem Anbau von Weizen, Gerste, Roggen, Hafer, Buchweizen, Mais, Kartoffeln, Kürbispflanzen und Hülsenfrüchten. Des Weiteren wurden Tabak- und Reisanbau, sowie die Seidenraupenzucht betrieben. Ein wesentlicher Sektor war auch der Weinbaubetrieb. Das Küstenland hatte 93 Prozent landwirtschaftliche Nutzfläche. Im Bereich der Viehzucht war lediglich das Gebiet um Görz bekannt, ansonsten nahm die Viehwirtschaft im Vergleich zu den anderen Kronländern einen eher geringeren Stellenwert ein.[26]

An Rohstoffen konnte im Küstenland gewonnen werden: Steinkohle, Kieselerde, Marmor und Salz. Im Bereich Handel und Verkehr spielte das Eisenbahnnetz eine wichtige Rolle. Damit konnte sich nicht nur ein küstenländischer Fremdenverkehr[27] entwickeln, sondern es bedeutete auch einen Aufschwung für die Handelspolitik.

Russiz

Zuletzt soll noch die unmittelbare Wirkungsstätte der Gräfin – Russiz – im Küstenland verortet werden. Russiz, im heutigen norditalienischen Friaul gelegen, ist ein Dorf, das zu Zeiten der Habsburgermonarchie dem Kronland Grafschaft Görz-Gradisca zugehörig war. Die politische Verwaltung gestaltete sich wie folgt: Das Anwesen und die Anstalt der Gräfin zählte zu Russiz Inferiore („unten gelegenes" Russiz), eine von vier Ortschaften der Gemeinde Capriva. Die Ortsgemeinde Capriva wiederum zählte zu Cormons, dem zweiten Gerichtsbezirk der Bezirkshauptmannschaft Gradisca. Bei der Volkszählung vom 31. Dezember 1900 wurden detaillierte Angaben für die Ortschaft „Russiz Inferiore" ermittelt: Die gesamte Ortsgemeinde Capriva hatte eine Größe von 619 Hektar und insgesamt 1.212 Einwohner. Davon entfielen auf Russiz Inferiore 120 Einwohner (52 männliche und 68 weibliche). 69 Menschen wurden hier zur katholischen Konfession gezählt, 51 zählen zu einer „anderen" Konfession. 43 Einwohner gaben Deutsch, 39 Italienisch und 5 Slowenisch als ihre Umgangssprache an. Hinsichtlich der konfessionellen und sprachlich-nationalen Zusammensetzung der Bevölkerung war Russiz Inferiore somit eine deutsch-protestantische Enklave in einer vorherrschend italienisch-katholischen Umgebung. Die Ortschaft selbst bestand aus 13 Häusern. An vor Ort befindlichen Institutionen werden angegeben: eine Evangelische Predigtstation Augsburgischer Konfession; eine Evangelische Lehr- und Erziehungsanstalt für Mädchen, eine Volksschule und ein Schloss.[28]

2.2 Kärnten

Das Land Kärnten ist heute das südlichste Bundesland der Republik Österreich. Zu Zeiten der Monarchie lag das Kronland Herzogtum Kärnten zentral in der cisleithanischen Reichshälfte. Im Westen grenzte es an die Grafschaft Tirol, im Norden und Osten an die Kronländer Salzburg und Steiermark. Südlich grenzte Kärnten – von West nach Ost beginnend – an das Königreich Italien (vor 1866 an die österreichische Provinz Venetien), an das Österreichische Küstenland und an das Kronland Krain. Im Jahr 1910 betrug die Gesamtfläche des Herzogtums Kärnten 10.326,22 km^2, das entsprach 3,4 Prozent der Gesamtfläche Cisleithaniens.[29]

Bevölkerung

Im Jahr 1851 lebten 322.452 Menschen in Kärnten, für 1889 wird die Zahl 337.694 angegeben und im Jahr 1910 betrug der Bevölkerungsstand 396.200. Im Vergleich zum multiethnisch geprägten Küstenland war die nationale Vielfalt in Kärnten lediglich auf Deutsche und Slowenen beschränkt. Für 1910 bedeutete das in Zahlen: 78,61 Prozent oder 304.287 Deutsche; 21,24 Prozent oder absolut 82.212 Slowenen. Hinzu kommen der Umgangssprache zugeordnet: Böhmisch/Mährisch/Slowakisch 358 Menschen oder 0,09 Prozent; Polnisch 96 Menschen oder 0,02 Prozent; Ruthenisch 7 Menschen oder 0,002 Prozent; Serbisch/Kroatisch 28 Menschen oder 0,008 Prozent; Italienisch/Ladinisch 82 Menschen oder 0,02 Prozent und schließlich noch 2 rumänisch sprechende Menschen.[30]

Im Kontext der Religionszugehörigkeit ergaben sich für Kärnten nachstehende Zahlen: Römisch-Katholisch 94,93 Prozent; Griechisch-Orientalisch 0,01 Prozent; Evangelisch-A. B. 5,01 Prozent; Evangelisch-H. B. 0,01 und Israeliten 0,04 Prozent.[31] Kärnten als Kronland hatte nach Ungarn und Schlesien den drittgrößten Anteil an Evangelischen in der gesamten Habsburgermonarchie. Der Geheimprotestantismus hatte sich in den Kärntner Gebirgstälern besonders lange halten können.

Politische Verwaltung

Kärnten bekam mit der oktroyierten Verfassung vom 4. März 1849 eine eigene politische Landesbehörde. Wie in den anderen Kronländern auch wurde vom Kaiser ein Statthalter ernannt, der die Überwachung der Reichs- und Landesgesetze und die Leitung der inneren Angelegenheiten innehatte. Mit dem kaiserlichen Patent von 1851 wurden die Statthaltereien der Kronländer zur obersten Verwaltungsbehörde der politischen und Polizeiverwaltung, für Kultus- und Unterrichtsangelegenheiten, Handels- und Gewerbesachen, Angelegenheit der Landeskultur und der Bausachen. Der Statthalter war Landeschef. 1860 erfolgten aus finanzpolitischen Gründen die Auflösung der Kärntner Landesregierung und eine Unterstellung in die Grazer Statthalterei. In Klagenfurt verblieb ein Landeshauptmann, der als Organ der Statthalterei eingesetzt war. Diese Unterstellung blieb aber nur bis März 1861 bestehen, danach erhielt Kärnten wieder eine eigene staatliche Landesregierung.[32]

Wirtschaft

Bis ungefähr in die zweite Hälfte des 19. Jahrhunderts konnte Kärnten auf eine erfolgreiche Wirtschaft verweisen.[33] Hierzu zählte die traditionelle Kärntner Montanindustrie (Eisen, Blei) und der Transithandel nach Italien und dem wichtigsten Hafen der Monarchie, nach Triest. Ansonsten war Kärnten ein Agrarland. Der Anteil der erwerbstätigen Agrarbevölkerung betrug stets über 60 Prozent. Dominierend war die Viehzucht. Zu den wichtigsten landwirtschaftlichen Exportartikeln Kärntens zählten Zuchtvieh und Bau- und Werkholz. Industrielle Exportwaren stellten Metall-, Leder- und Holzerzeugnisse dar, außerdem Tuch-, Stein- und Tonwaren. Die Wirtschaftskrise ab dem Jahr 1873 traf dann Kärnten mit voller Härte und drängte das Land ins wirtschaftliche Abseits. Die industrielle Erneuerung setzte etwa ab den 1890ern wieder ein. Alternativ zur extrem geschwächten Montanindustrie entwickelten sich Zellulose- und Magnesitwerke sowie chemische Industriewerke. Es erfolgte ein Umstieg auf Spezialproduktionen. Die Agrarproduktion spielte nur mehr eine untergeordnete Rolle. Dennoch betrug der Anteil der in der Landwirtschaft beschäftigten Personen 1890 noch 63,9 Prozent, im Jahr 1910 waren es nur mehr 51,1 Prozent. Demgegenüber nahmen die Beschäftigungszahlen im Gewerbebereich zu.

Der für Kärnten heute so wichtige Fremdenverkehr hat seine Anfänge bereits im 19. Jahrhundert. Der Versuch, Kärnten zu einem „Reiseland" zu machen, begann mit der Dampfschifffahrt auf dem Wörthersee (1853) und dem Ossiacher See (1886) und natürlich dem fortlaufenden Ausbau des Eisenbahnnetzes.[34]

Welchen Einfluss die generelle wirtschaftliche Entwicklung auf die Gemeinde Treffen hatte und wie weit sie indirekt auch die Arbeit der Gräfin betraf, soll nachfolgend kurz erläutert werden.

Treffen

Die Gemeinde Treffen[35] liegt etwa acht Kilometer in nördlicher Richtung von Villach entfernt und wurde 1850 gebildet. Im Jahr 1865 kamen die Ortschaften Sattendorf, Töbring und Winklern zu Treffen, im Gegensatz dazu wurden 1899 und 1900 die Ortschaften Buchholz, Verditz und Winklern von Treffen getrennt und bildeten die neue Ortsgemeinde Einöde. Eine Eingemeindung der Einöde in das Treffner Gemeindegebiet fand schließlich 1973 statt.[36] Seit 1984 ist Treffen eine Marktgemeinde. Die heutige Gemeindefläche umfasst etwa 71 km^2, der Bevölkerungsstand per 31.12. 2009 betrug 4.425 Menschen.

Rund hundert Jahre zuvor, im Jahr 1910, hatte Treffen umgerechnet auf das heutige Gemeindegebiet 2.866 Einwohner zu verzeichnen.[37] Verwaltungstechnisch gehörte die Gemeinde stets zum politischen Bezirk Villach-Land. Aus der Gemeindechronik ist zu erfahren:

Treffen erlebte durch die Bahnbauten seine wirtschaftliche Blüte, Holz war wie durch einen Schlag ein Wertfaktor geworden. Die „Holzindustriellen" machten Geschäfte von nie zuvor gekanntem Ausmaße, die Bauern erzielten nie gekannte Preise. Die Folgen dieser „Umwälzungen" sind nicht ausgeblieben: Infolge der Anspruchslosigkeit der damaligen Bürger (kein Radio, Kino, Bekleidungsluxus, etc.) rollte das „viele Geld" in die Wirtshäuser. Diese schossen, wie dies die Gewerbeansuchen in den Sitzungsprotokollen verzeichnen, wie Pilzlinge aus dem Boden.[38]

Allein für das Dorf Treffen werden sechs Lokale namentlich genannt. Der Chronikschreiber berichtet weiter:

Wie schon erwähnt, wurde dem König Alkohol reichlichst zugesprochen (die Bauern sollten nach dem Sonntags-Kirchgang in den Wirtshäusern gezecht und manche erst Mitte der Woche den „Sonntag" beendet haben). Das einmal angewohnte Laster, durch das flüssige Geld heraufbeschworen, forderte unerbittlich seine Opfer, als die Konjunktur abebbte. Viele Bauern vertranken buchstäblich Hab und Gut, oder sie erkannten den Wert von Grund und Boden nicht mehr, sie verkauften, um dem angeblich leichteren Leben im Tal oder durch Ankauf in und um Villach, usw. nachzugehen.[39]

Dass unter anderem in diesem Kontext der Beginn der sozialen Arbeit der Gräfin de La Tour begründet liegt, werden später die Kapitel 4.6.3 bis 4.6.10 aufzeigen. Sie kaufte die verlassenen Gutshöfe und kümmerte sich um die sozial am schwächsten gestellten Menschen jener Zeit. Da Treffen als Gemeinde einen verhältnismäßig hohen Anteil an Protestanten hatte und hat und dies sicherlich auch auf den Standort der gräflichen Werke zurückzuführen ist, lohnt es sich hier noch einen Blick darauf zu werfen. Dazu werden die zwei zahlenstärksten Religionszugehörigkeiten in Treffen – die römisch-katholische und die evangelische Religionszughörigkeit – dargestellt.

Religionsverhältnisse in Treffen im Jahr 1910[40]

Gemeinden	Einwohner	katholisch	evangelisch
Treffen	2042	61,9%	37,8%
Einöde	824	45,5%	54,5%
Zusammen	**2866**	**57,2%**	**42,6%**

Religionsverhältnisse in Treffen im Jahr 2001[41]

Gemeinden	Einwohner	katholisch	evangelisch
Treffen	4279	51,9%	37,6%

In wirtschaftlicher Hinsicht spielte für Treffen stets die Steinindustrie eine herausragende Rolle, wobei speziell der Krastaler Marmor zu nennen ist, der bereits in der Römerzeit abgebaut worden war. Außerdem sei noch auf den Obstanbau und das Verwertungsunternehmen der Familie Zernatto hingewiesen, das in den 1890ern entstanden war und nahezu hundert Jahre in Betrieb stand.

---

1 Matis, Habsburgermonarchie, S. 7. Literatur zu den sozialgeschichtlichen Rahmenbedingungen: Bolognese-Leuchtenmüller, Birgit: Bevölkerungsentwicklung und Berufsstruktur, Gesundheits- und Fürsorgewesen in Österreich 1750–1918 (Materialien zur Wirtschafts- und Sozialgeschichte, Bd. 1), Wien 1978. Bruckmüller, Ernst: Sozialgeschichte Österreichs, 2. Aufl., Wien 2001. Matis, Herbert: 1. Die Habsburgermonarchie (Cisleithanien) 1848–1918, in: Bachinger, Karl / Hemetsberger-Koller, Hildegard / Matis, Herbert (Hrsg.): Grundriss der Österreichischen Sozial- und Wirtschaftsgeschichte von 1848 bis zur Gegenwart, 5. Aufl., Wien 1994, S. 7–41.

2 Das Kürzel „k. k." bedeutete „kaiserlich-königlich" und betraf die österreichische Reichshälfte. Das „königlich" stand für die böhmische Königskrone des Kaisers. Das Kürzel „k. u. k." wurde für die Doppelmonarchie geschaffen und betraf beide Reichshälften. Die Bedeutung war „kaiserlich und königlich", wobei sich hier das „königlich" auf den ungarischen Königstitel des Herrschers bezog.

3 Musil, Robert: Der Mann ohne Eigenschaften, Hamburg 1952, S. 34.

4 Vgl. Bruckmüller, Sozialgeschichte, S. 288 f. Für das Jahr 1848 gibt er 145.000 Menschen in der Habsburgermonarchie an, die an der Cholera gestorben waren. Im Jahr 1866 waren es bereits 220.000 Menschen und 1873 betrug die Zahl der Choleratoten 436.000.

5 Daten aus: Bolognese-Leuchtenmüller, Bevölkerungsentwicklung, Tabelle 4, S. 6.

6 Ebenda, Tabelle 3, S. 3–5.

7 Daten aus: Rumpler, Mitteleuropa, Tabelle 7, S. 557.

8 Daten aus: Rumpler, Mitteleuropa, Tabelle 4, S. 346.

9 Siehe hierzu: Eigner, Peter: Die Habsburgermonarchie im 19. Jahrhundert: Ein Modellfall verzögerter Industrialisierung? In: Beiträge zur historischen Sozialkunde, Nr. 3/97, 27. Jg.; Matis, Habsburgermonarchie, S. 7.

10 Ebenda, S. 7.

11 Zur wechselvollen Geschichte des Küstenlandes siehe Marušič, Branko: Das Österreichische Küstenland von der Mitte des 18. Jahrhunderts bis zum Jahr 1848, S. 195–209.

12 Vgl. Bolognese-Leuchtenmüller, Tabelle 4, Seite 6.

13 Vgl. Bolognese-Leuchtenmüller, Tabelle 3, Seite 3.

14 Die Bevölkerung des Friaul spricht eine eigene romanische Sprache, die seit 1999 offiziell als Minderheitensprache anerkannt wird (das Furlanische, Friaulische oder Friulische). Zuvor galt die Sprache als italienischer Dialekt und war somit in der österreichischen Sprachenerhebung von 1910 nicht gesondert ausgewiesen.

15 Die Daten aufgeschlüsselt auf die drei Kronländer des Küstenlandes bietet: Suppan, Arnold: Die Untersteiermark, Krain und das Küstenland zwischen Maria Theresia und Franz Joseph (1740–1918). In: Suppan, Arnold (Hrsg.): Deutsche Geschichte im Osten Europas. Zwischen Adria und Karawanken, S. 264–349, hier S. 296.

16 Bolognese-Leuchtenmüller, Bevölkerungsentwicklung, Tabelle 12, S. 28–29.

17 Veiter, Theodor: Die Italiener in der österreichisch-ungarischen Monarchie. Eine volkspolitische Studie, Wien 1965, S. 20.

18 Eine ausführliche Darstellung zu den einzelnen Nationalitäten der Habsburgermonarchie ist zu finden in: Wandruszka, Adam (Hrsg.): Die Habsburgermonarchie 1848–1918, Bd. 3: Die Völker des Reiches, Wien 1980.

19 Vgl. „Die Bevölkerung der im Reichsrathe vertretenen Königreiche und Länder. Nach der Zählung vom 31. December 1880 bearbeitet von der Direction der administrativen Statistik und hg. v. d. k. k. statistischen Central-Commission, Wien 1882“. Zit. nach Kruzik, Harald: Die Entwicklung der Diakonie und ihrer Einrichtungen in der Habsburgermonarchie, Univ. Dipl.-Arb. Wien 2001, Tabelle 1, S. 165.

20 Siehe auch: Žontar, Joze: Die Verwaltung der Steiermark, Kärntens, Krains und des Küstenlandes 1848–1918, Graz 1988, S. 50.

21 Ebenda, S. 51.

22 Lucia Angelmaier gibt in ihrer Arbeit „Wohltätigkeitsvereine in Triest“ folgende Auskunft über die wirtschaftlich so erfolgreiche Stadt des Adriaraumes : „Die Stadt [...] verfügte im Jahr 1908 über 54 Versicherungsgesellschaften, 19 Banken, 21 Kirchen und Klöster, 50 Redaktionen von Zeitschriften, 36 Schiffahrtsgesellschaften, 8 Krankenhäuser, 14 Kindergärten, 26 Volksschulen, 9 Mittelschulen, 21 Berufsschulen, 47 Wohltätigkeitsvereine, 9 Genossenschaftsvereine, 21 Freizeit- und Unterhaltungsvereine, 118 gewerkschaftliche Organisationen, 17 politische Vereine, 38 Kultur- und Wissenschaftsvereine und 35 Sportvereine.“ Vgl. Angelmaier, Wohltätigkeitsvereine, S. 20.

23 Marušič, Branko: Die Vereinstätigkeit im österreichischen Küstenland (1848–1918). In: Die Habsburgermonarchie 1848–1918, hrsg. von Rumpler, Helmut / Urbanitsch, Peter, Bd. 8: Politische Öffentlichkeit und Zivilgesellschaft, Teil 1: Vereine, Parteien und Interessensverbände als Träger der politischen Partizipation, Wien 2006, S. 541–585, hier S. 541.

24 Vgl. Bolognese-Leuchtenmüller, Bevölkerungsentwicklung, Tabelle 57, S. 165.

25 Genaueres siehe in: Sandgruber, Roman: Österreichische Agrarstatistik 1750–1918 (Materialien zur Wirtschafts- und Sozialgeschichte, Bd. 2), Wien 1978; Warscher, Manuela: „Der Bauer ist das, was man mit Gewalt aus ihm machte." Zur sozioökonomischen Lage der Bauern im Küstenland (1848–1918), Diss. Wien 2007.

26 Sandgruber, Agrarstatistik, S. 196–206.

27 Siehe dazu: Pozdena-Tomberger, Angelika: Die Kurorte und Seebäder an der österreichischen Riviera. Komponenten für die Entwicklung des Fremdenverkehrs im Küstenland, Univ. Dipl.-Arb. Wien 1992.

28 Angaben entnommen aus: Gemeindelexikon der im Reichsrate vertretenen Königreiche und Länder. Bearbeitet auf Grund der Ergebnisse der Volkszählung vom 31. Dezember 1900, hrsg. von der k. k. Statistischen Zentralkommission, Bd. 7: Österreichisch-Illyrisches Küstenland (Triest, Görz und Gradiska, Istrien), Wien 1906, S. 22.

29 Vgl. Tabelle 3 und 4 in Bolognese-Leuchtenmüller, Bevölkerungsentwicklung, S. 3–6.

30 Vgl. Tabelle 12, Bolognese-Leuchtenmüller, Bevölkerungsentwicklung, S. 28–29. Suppan, Adria Karawanken, S. 296.

31 Vgl. „Verteilung der Konfessionen in der Habsburgermonarchie im Jahre 1880". In: Kruzik, Diakonie, Tabelle 1, S. 165.

32 Siehe dazu: Žontar, Joze: Die Verwaltung der Steiermark, Kärntens, Krains und des Küstenlandes 1848–1918, Graz 1988, S. 50–63. Braumüller, Hermann: Geschichte Kärntens, Klagenfurt 1949, S. 369–395.

33 Zur Kärntner Wirtschaft siehe: Gesellschaft für Wirtschaftsdokumentation (Hrsg.): Kärntner Landeswirtschaftschronik, Klagenfurt 1992.

34 Braumüller, Geschichte Kärntens, S. 395.

35 Eine geschichtliche Darstellung zur Ortschaft ist zu finden bei Dinklage, Karl: Geschichte von Treffen, Wolfsberg 1970. Siehe auch: http://www.treffen.at/. Eine populäre Biographie über den Gegendtaler Landarzt Nussbaumer gewährt einen netten Einblick in die Alltagsgeschichte rund um Treffen. Siehe Ebner, Regina: Dr. med. Johann Nussbaumer. Landarzt im Gegendtal von 1880 bis 1970, Klagenfurt–Ljubljana–Wien 1997.

36 Vgl. Deuer, Wilhelm: Die Kärntner Gemeindewappen. Vom Siegel priviligierter Bürgergemeinden zum demokratischen Gemeinschaftssymbol, Klagenfurt 2006, S. 294 f.; Hummitzsch, Alfred: Die territoriale Entwicklung der Ortsgemeinden in Kärnten (= Schriftenreihe für Raumforschung und Raumplanung 3), Klagenfurt 1962, S. 78, 82 und 94.

37 Vgl.: Statistik Austria, Volkszählungsergebnisse, Statistik der Standesfälle, Datenbank POPREG.

38 Knauder, Hermann: Heimatkunde von Treffen, Treffen 1951, S. 26.

39 Ebenda, S. 27.

40 Vgl. Spezialortsrepertorium von Kärnten. Bearbeitet auf Grund der Volkszählung vom 31. Dezember 1910 (= Spezialortsrepertorium der österreichischen Länder, Bd. V), hrsg. von der Statistischen Zentralkommission, Wien 1918.Treffen und Einöde sind zu diesem Zeitpunkt getrennte Gemeinden, die erst im Jahr 1973 zusammengeführt worden sind.

41 Statistik Austria, Volkszählung 2001.

3. Wohlfahrt in Österreich-Ungarn

Eine anständige Armenfürsorge ist der eigentliche Prüfstein der Zivilisation[1]

Mangel, Armut, Leid und Not gab es seit jeher in der Menschheit. Eine geeignete Problembewältigung dafür zu finden, spielte bereits in unserer Urgesellschaft eine wichtige Rolle. Zwar wandelte sich die Be-/Deutung des Zustandes „Armut“ und ihr Umgang damit im Laufe der Geschichte mehrmals, da auch das gesellschaftliche Wertesystem einer mehrmaligen Veränderung unterlag. Armut ist und bleibt aber eine immerwährende sozialpolitische Herausforderung an die Gesellschaft.[2] Welche Maßnahmen die habsburgische Politik und Gesellschaft ob dieser sozialen Probleme speziell im Zeitraum der Doppelmonarchie ergriffen hat, soll im nachfolgenden Überblick dargestellt werden.[3]

3.1 Gesellschaft[4]

Ernst Hanisch stellt an den Beginn seines Werkes über die österreichische Gesellschaftsgeschichte eine „Skizzierung der Welt um 1900“:

Alles verlief formeller, aus einem reichen Repertoire von Höflichkeiten und floskelhaften Prägungen gespeist. Die sozialen Unterschiede klafften weit auseinander, gleichzeitig wurde das jeweils individuelle Verhalten durch die erlernten, strukturell vorgegebenen Verhaltensmaximen der noch fest gefügten Gruppen entlastet. Die oben und die unten wussten, was sich jeweils gehörte; die soziale Selbststeuerung wurde weniger beansprucht. Überall traf man noch auf harte körperliche Arbeit, auf ein Übermaß an individueller Not; breit lagerten die Unterschichten an der Basis der Gesellschaftspyramide. 34 Prozent der Schulkinder mussten neben der Schule arbeiten. Das Leben war noch vielfach ungesichert, bei Krankheiten, bei Arbeitslosigkeit, im Alter, der moderne Sozialstaat steckte erst in seinen Anfängen; vielleicht war das Leben aber auch etwas bunter und nuancenreicher. Die Machtdifferenz war klar und stark durchgezeichnet: zwischen Frauen und Männern; zwischen Eltern und Kindern; zwischen Unternehmern und Arbeitern; zwischen Herrschenden und Beherrschten – an der Spitze stand der Kaiser, von ihm aus zogen die Herrschaftsfäden nach unten, der Ton klang untertänig, der aufrechte Gang war schwer zu erlernen. Zur gleichen Zeit setzten erste Emanzipationsschübe ein: politisch ein Emanzipationsschub zum modernen Staatsbürger hin; sozial formierte sich die Arbeiterklasse als Widerpart zur Unternehmermacht; die Geschlechtshierarchie geriet in Bewegung, die Frauen setzten erste Schritte zu ihrer Emanzipation. Der Adel war noch eine geachtete soziale Formation, ihn umglänzte das alte Herrenrecht, aber überall zeigte sich bereits die erhobene Faust der Arbeiter, die Bauern begannen sich politisch zu artikulieren. Unangefochten stand die katholische Ehe als Kern der sozialen Reproduktion fest. Freilich, wurde die Ehe allzu langweilig, legte sich der Hausherr eine „zweite Menage" zu. [...] Für viele Menschen jedoch war die Zeit vor dem Ersten Weltkrieg das ‚goldene Zeitalter' der Sicherheit. [...] überall ging es vorwärts, auch in diesem alten, gebrechlichen Österreich.[5]

Wie bereits im vorangegangenen Kapitel dargestellt, kennzeichnete die Habsburgermonarchie eine heterogene Gesellschaft in nahezu allen Bereichen – dies betraf die Vielfalt der Nationalitäten, Sprachen, Konfessionen und Schichten innerhalb Österreich-Ungarns. Diese Umstände bargen zahlreiche Spannungsfelder, da beispielsweise der multinationalen Realität des Habsburgerreiches das Deutsche als „Staatskultur" vorgesetzt wurde, entsprechend der regierenden Nationalität. So waren etwa für einen beruflichen Aufstieg die Chancen erheblich erhöht, wenn man die deutsche Sprache beherrschte.

Menschen in Armut wurden und werden noch heute an den Rand der Gesellschaft gedrängt und zählen zur sozialen Unterschicht. Betrachtet man die Gesellschaftspyramide des Habsburgerreiches, stellte die Agrarbevölkerung den breiten „sozialen Unterbau" dar. Das Land war seit jeher von der Agrarwirtschaft geprägt. Die prozentuale Verteilung für die gesamte österreichische Reichshälfte ergab im Jahr 1910 einen Bevölkerungsanteil von 53,10 Prozent im land- und forstwirtschaftlichen Bereich, 22,64 Prozent im Industrie- und Gewerbesektor, 9,84 Prozent im Handel und Verkehr und 14,42 Prozent im öffentlichen Dienst. Unter den Kronländern hatte Dalmatien den höchsten Bevölkerungsanteil im Landwirtschaftssektor mit dem Spitzenwert von 85,13 %, Niederösterreich den geringsten mit 20,59 %. Für Kärnten wird ein Anteil von 54,39% angegeben, für das Küstenland 42,83 %.[6] Nicht zu vergessen ist, dass in jeder Hauptberufsklasse zahlreiche gesellschaftliche und soziale Unterschiede bestanden. So muss beispielsweise in der Agrarbevölkerung zwischen Großgrundbesitzer, Mittelbauer, Kleinbauer, Nebenerwerbsbauer, ländlichem Proletariat und Taglöhnern usw. unterschieden werden. Betrachtet man die Gesellschaftspyramide also im Kontext der sozialen Klassen, zählten Taglöhner und Arbeiter zu den ärmsten Berufsklassen. Der Berufssektor „Arbeiter" wiederum wurde ab dem Jahr 1900 bei der Berufszählung nochmals in vier Klassen unterteilt: Klasse A: Landwirtschaftliche Knechte, Mägde, niederes Forstpersonal. Klasse B: Gehilfen, Gesellen, Fabrikarbeiter, Hilfsarbeiter, Maschinisten, Heizer, Lehrlinge, Knappen, Hauer, Förderer, Steiger und Obersteiger im Bergbau. Klasse C: Handelsgehilfen, Verkäufer, Kassiere, Briefträger, Post- und Telegraphenboten, Kondukteure, Kutscher, Matrosen, Lotsen, Dienstmänner, das gesamte gewerbliche Personal in Gasthöfen und Gastwirtschaften, Heimarbeiter. Klasse D: Alle Angehörigen des aktiven Militärs im Mannschaftsrang, Hausdiener im öffentlichen Dienst – bei Advokaten und Notaren, Feuerwehrleute, Laternenanzünder, Dienstpersonal im Unterrichts- und Sanitätsanstalten, Kirchendiener, Angehörige der Gendarmerie und des Wachdienstes im Mannschaftsrang, Dienstpersonal in öffentlichen Schaustellungen. Die Taglöhner gehörten der sozialen Schicht der Arbeiter an, sie übten ihre Tätigkeit aber nicht regelmäßig und ganzjährig aus.[7] Der Anteil der Berufstätigen in den jeweiligen sozialen Positionen ergab, dass im Jahr 1910 in der cisleithanischen Gesellschaft 34 Prozent zu den Selbständigen zählten, 26 Prozent zu den Mithelfenden, 31 Prozent zu den Arbeitern, 4 Prozent zu den Angestellten und 5 Prozent zu den Taglöhnern.[8] Ein interessantes Beispiel für die soziale Schichtung in Österreich gibt Ernst Hanisch anhand der Stadt Graz um 1900: In dieser Zeit stellte die Oberschicht 0,8 Prozent der Bevölkerung dar, 16,6 Prozent gehörten der Mittelschicht und 82,6 Prozent der Unterschicht an. In Bezug auf Gesamtösterreich wird für das Jahr 1982 angegeben: 10% Oberschicht, 60% Mittelschicht und 30% Unterschicht.[9]

3.2 Armut

Die Definition von Armut variiert in der historischen Entwicklung und steht im Zusammenhang mit den jeweiligen Rahmenbedingungen von Wirtschaft, Gesellschaft und Kultur. Im für Kärnten gültigen Landesarmengesetz vom 22. Mai 1886 wurde betreffend die öffentliche Armenpflege in den Gemeinden der Begriff Armut so definiert:

§ 2. Als arm im Sinne des Gesetzes ist zu betrachten, wer nicht imstande ist, durch eigene Kraft oder Mittel sich und seiner Familie den unentbehrlichen Lebensunterhalt zu verschaffen.[10]

Als unentbehrlicher Lebensunterhalt galten die Nahrung, Kleidung, Wohnung und die Verpflegung im Krankheitsfall. In der Armenversorgung für Kinder kam die Erziehung noch hinzu.[11] Die Ursachen für Armut oder für eine Verarmung waren vielschichtig und standen in einem gesamtgesellschaftlichen Kontext. Neben den wirtschaftlichen Faktoren spielten die kulturellen und sozialen Hintergründe gleichfalls eine Rolle (etwa das gesellschaftliche Netzwerk, Ausbildungsmöglichkeiten, Sprache, Geschlechterrolle).[12] Zu unterscheiden ist zwischen einer dauerhaften und einer zeitweiligen Armut. Auslösende Umstände waren Notsituationen wie Unglücksfälle, Krankheitsfälle, Todesfälle der Versorgenden oder auch eine ledige Mutterschaft. Frauen mit illegitimen Kindern waren neben der gesellschaftlichen Stigmatisierung häufig großer Not ausgesetzt.[13] Fortschreitendes Alter und eine damit verbundene Arbeitsunfähigkeit konnten ebenfalls eine Armutsgefährdung bedeuten. Für Menschen mit körperlichen oder geistigen Einschränkungen bestand häufig ein lebenslanger Fürsorgebedarf. Neben diesen individuellen Ursachen galten politische Ereignisse wie Kriege und Herrschaftswechsel oder ökonomische Veränderungen genauso wie Naturkatastrophen, Epidemien oder ähnliche Ereignisse als auslösendes Moment für eine Existenzgefährdung oder Verelendung.[14] Die Vielfalt an Auslösern war nahezu unbegrenzt.

Lucia Angelmaier beschreibt in ihrem Werk „Wohltätigkeitsvereine in Triest" die große Armutssituation in der österreich-ungarischen Hafenstadt.[15] Ihre Schilderungen könnten auch für zahlreiche andere Orte der Doppelmonarchie stehen. Als wichtigste Erscheinungsformen der Armut gibt die Autorin an:

- Beengte Wohnverhältnisse (in der Regel teilten sich zwei bis drei Personen ein Bett)
- Schlechte sanitäre Verhältnisse (Ausbreitung von Epidemien und Infektionskrankheiten, verunreinigtes Trinkwasser)
- Umstände und Art der Arbeit und die zugehörige Lohnentwicklung
- überhöhte Lebenshaltungskosten durch Anstieg der Lebensmittelpreise
- hohe Mietkosten

Die Konsequenzen daraus waren eine extrem hohe Säuglings- und Kindersterblichkeitsrate, eine allgemeine Alkoholabhängigkeit (wenig und qualitativ schlechte Nahrung wurde durch einen übermäßigen Alkoholkonsum kompensiert, im Sinn einer Flucht vor den Sorgen des täglichen Überlebenskampfes), eine hohe Illegitimitätsrate, Ausbreitung von Prostitution und ein genereller „moralischer Verfall".[16]

Über die verarmten und verwahrlosten Kinder berichtet Angelmaier:

Die Kinder aus armen Bevölkerungsschichten waren meist von Geburt an körperlich schwächer als Säuglinge aus wohlhabenden Schichten, wofür in erster Linie die Situation und der Zustand der Frauen während der Schwangerschaft verantwortlich waren. Die meisten von ihnen waren gezwungen, bis kurz vor der Entbindung und auch gleich danach einer körperlich sehr anstrengenden Arbeit nachzugehen und dabei eine unzureichende und unausgewogene Ernährung zu sich zu nehmen. Aus ökonomischen Gründen konnten sich diese Frauen auch nach der Geburt nicht um ihre Kinder kümmern und mussten sie in die Obhut Fremder geben oder sie quasi sich selbst überlassen. Dies führte wiederum zu einer starken Vernachlässigung, die sowohl körperliche als auch emotionale Folgen hatte. Die unbeaufsichtigten Kinder wurden in größerer Zahl Opfer von Unfällen und litten häufiger an Erkältung und Lungenentzündungen, die sie sich, schlecht gekleidet, während ihres Herumstreunens in den Straßen der Stadt holten. Die oft nicht existente elterliche Fürsorge hatte auch Auswirkungen auf die moralische Entwicklung, die sich in einer hohen Kriminalität der Minderjährigen widerspiegelt.[17]

Dass generell ein Bedarf an Fürsorge vorhanden war, lag auf der Hand und wurde durchaus wahrgenommen. Wie gestaltete sich nun das Wohlfahrtswesen, um der Armut Abhilfe zu schaffen?

3.3 Staatliche Sozialfürsorge

Ein Rückblick in die Geschichte Österreichs zeigt, dass zahlreiche Versuche unternommen wurden, um die Armenfrage in den Griff zu bekommen. Schon Kaiser Ferdinand I. (1503–1564) erließ 1552 eine „Ordnung und Reformation guter Policey", die allen Gemeinden und Grundherrschaften die Versorgungspflicht für ihre Armen zur Aufgabe machte. Die „Kompetenzfrage" in punkto Armenfürsorge blieb trotz „Betonung des Heimatprinzips" stets problematisch.[18] Die Gemeinden konnten oder wollten ihrer Versorgungspflicht nur selten nachkommen. Kaiserin Maria Theresia versuchte 200 Jahre später mit der „Bettler-, Schub- und Verpflegungsordnung" vom 22. November 1754 das Armenwesen durch Kategorisierung der Hilfsbedürftigen zu regeln. Doch auch dieses System war unzureichend. Mit Joseph II. begann gegen Ende des 18. Jahrhunderts eine große Sozialreform – „eine neue Ära der österreichischen Wohlfahrtspflege".[19] Er machte die Armenpflege zur verpflichtenden Aufgabe der Pfarrgemeinde. Sein Modell der Pfarrarmeninstitute bildete die Grundlage der späteren Armenfürsorge.[20] Kaiser Franz I. wollte zwar die Armenpflege erneut reformieren, scheiterte jedoch an bürokratischen und finanziellen Schwierigkeiten. Es erfolgte eine vom Kaiser begünstigte „Mobilisierung privater Wohltätigkeitsvereine".[21] Mit dem Beginn des Industrialisierungsprozesses in Österreich hatte die Armut ein neues Gesicht bekommen: Der Pauperismus (eine mit der Industrialisierung einhergehende Massenarmut) und die damit verbundene „Soziale Frage".[22] Laut Hannes Stekl wurden für Deutschland 50–60 Prozent der Bevölkerung als am Existenzminimum lebend und besonders gefährdet eingeschätzt, wobei für Österreich ähnliche Zahlen anzunehmen sind.[23] Die Zahl der in Armut lebenden Menschen stieg kontinuierlich, eine geschwächte Wirtschaft, Missernten und Lebensmittelteuerungen trugen schließlich zur Revolution im Jahr 1848 bei und führten einen Wendepunkt herbei. Mit dem provisorischen Gemeindegesetz von 1849 und der Reichsgemeindeordnung von 1862 wurde die Armenfürsorge mit der Heimatberechtigung verknüpft. Das bedeutete, die Zuständigkeit für Bedürftige lag vollständig in den Händen der formellen Heimatgemeinde und nicht in jenen der tatsächlichen Aufenthaltsgemeinde. Die Verleihung des Heimatrechtes jedoch war dem Gutdünken der Gemeinden überlassen und dementsprechend schwer zu erwerben. Im Heimatrechtsgesetz vom 3. Dezember 1863, Abschnitt II wird festgehalten:

> *§ 5. Das Heimatrecht wird begründet: 1. durch die Geburt, 2. durch die Verehelichung, 3. durch die Aufnahme in den Heimatverband, 4. durch die Erlangung eines öffentlichen Amtes.*
>
> *§ 6. Eheliche Kinder erlangen in jener Gemeinde das Heimatrecht, in welcher der Vater zur Zeit ihrer Geburt heimatberechtigt ist, oder, falls er früher verstorben, zur Zeit seines Ablebens heimatberechtigt war. Uneheliche Kinder sind in jener Gemeinde heimatberechtigt, in welcher ihrer Mutter zur Zeit der Entbindung das Heimatrecht zusteht. Legitimierte Kinder, insofern sie nicht eigenberechtigt sind, werden in jener Gemeinde heimatberechtigt, in welcher ihr Vater zur Zeit der stattfindenden Legitimation das Heimatrecht besitzt. Durch Annahme an Kindesstatt oder Übernahme in die Pflege wird das Heimatrecht nicht begründet.*[24]

Aus ökonomischen Gründen entsprach der Aufenthaltsort häufig nicht dem Ort, an den das Heimatrecht gebunden war. Somit gab es eine Vielzahl an Menschen, die in Notsituationen keinerlei Anspruch auf Unterstützung hatten. Meistens waren die Heimatgemeinden aber auch gar nicht in der Lage, die „wirtschaftliche Existenz" der Betroffenen zu retten.[25] Da es keine detailliert ausformulierten Gesetze, sondern nur gesetzliche Rahmenbedingungen für die Armenpflege gab, regelten die einzelnen Kronländer anhand einer eigenen Landesgesetzgebung die Armenfrage. In Kärnten[26] beispielsweise ging per Gesetz vom 21. Februar 1870, Landesgesetzblatt Nr. 17, die Armenpflege von den bisher zuständigen Pfarrarmeninstituten auf die politische Gemeinde über. 1886 erfolgte eine Novellierung des Gesetzes. In Abschnitt II wird die Kärntner Armenversorgung wie folgt geregelt:

§ 18: Die Arten der Armenpflege sind folgende: 1. Unterbringung im Armenhause, 2. Beteilung mit Geld- und Naturalgaben, 3. Privatpflege, 4. Armeneinlage, 5. Krankenpflege, 6. Leistungen von Armenfuhren. Überdies tritt bei Kindern die Sorge für deren Erziehung ein.[27]

Trotz einer vorhandenen staatlichen Fürsorge gab es noch immer zahlreiche Menschen, die durch das grobmaschige Netz des staatlichen Sozialsystems fielen. Die öffentlichen Fürsorgeeinrichtungen konnten die Bedürfnisse der Bevölkerung bei weitem nicht decken, das Ansteigen der Armut forderte weitere Maßnahmen. Hier stellten die privaten Initiativen eine unbedingt notwendige Ergänzung zum öffentlichen System dar.

3.4 Private Wohlfahrt

Der Vorteil von privaten Wohltätigkeitseinrichtungen gegenüber staatlichen Einrichtungen lag darin, dass sie ihre Fürsorge auf konkrete Bedürfnisse der Bedürftigen ausrichten konnten. Es erfolgte somit eine „Individualisierung" und „Spezialisierung" der Wohltätigkeit, die effizienteres Arbeiten ermöglichte. Auswahlkriterien der einzelnen Hilfsorganisationen waren beispielsweise Nationalität, Religion, Geschlecht oder Beruf. Jeder Verein hatte seine eigenen Zielvorgaben und Methoden.[28]

Die private Wohltätigkeit war an die Gesetze des Habsburgerreiches gebunden, wobei das Vereinsgesetz die wichtigste Grundlage darstellte. Mit der Vereinsgesetzgebung vom 26. November 1852 mussten alle Vereine bei ihrer Gründung bereits festgelegte Statuten vorlegen und offiziell um Bewilligung ansuchen. Alle Vereine unterstanden der Aufsicht der Staatsverwaltung. 1867 trat ein liberaleres Vereinsgesetz in Kraft. Die Vereins- und Versammlungsfreiheit wurde ein Teil der staatsbürgerlichen Rechte. Die staatliche Kontrolle blieb zwar weiterhin bestehen, aber es musste vor der Gründung keine Bewilligung mehr eingeholt werden. Das 19. Jahrhundert wurde zur Blütezeit der Vereine, mit einer Fülle von Neubildungen und einer ausgeprägten Funktionsvielfalt. Die Mitgliedschaft in Vereinen wurde zu einer wichtigen Ausdrucksform im „kollektiven gesellschaftlichem Bewusstsein".[29] Die Vereine im Sinne der Wohltätigkeit machten nach den religiösen Gemeinschaften den größten Anteil im Vereinswesen aus. Öffentlichen und privaten Vereinen war die Auswahl nach „Würdigkeit" der Bedürftigen gemein. Die Hilfsbedürftigkeit musste erst erhoben werden, da sogenannte „Schmarotzer“ und „Arbeitsunwillige“ als unwürdig betrachtet wurden.[30]

Die Situation für hilfsbedürftige Kinder gestaltete sich etwas anders. Kinder galten unabhängig von allen Kriterien als schutzbedürftig. Als Einrichtungen für Kinder sind zu nennen: Anstalten und Krippen für Säuglinge, Kindergärten und Kinderbewahranstalten, Taubstummen- und Blindeninstitute, Krankenanstalten für Kinder, Unterrichts- und Bildungsanstalten, Findelanstalten und Waisenhäuser.[31] Angelmaier ist der Ansicht, dass private Kinderfürsorge ein besonders beliebtes Betätigungsfeld war, weil sich die Wohltäter durch die Erziehung und Ausbildung der Kinder erhofften, einen Beitrag für zukünftige „wertvolle und produktive“ Mitglieder der Gesellschaft zu leisten.[32] Sie weist auch darauf hin, dass sich anhand der generellen spezialisierten privaten Wohlfahrt ein gefährliches Abhängigkeitsverhältnis der Bedürftigen gegenüber ihren Wohltätern entwickeln konnte und diese somit einer eventuellen Manipulation ausgesetzt waren:

An diese Zielorientierungen im Sinne der Wohltäter knüpfte sich für die Bedürftigen eine Reihe von Bedingungen, die sie zu erfüllen hatten, um überhaupt unterstützt oder in eine der wohltätigen Einrichtungen aufgenommen zu werden, und nicht selten führte dies zu einer regelrechten „Gehirnwäsche“ und einer totalen Anpassung an die vorgegebenen Richtlinien. Jeder Verstoß gegen die Regeln konnte mit dem Ausschluss aus der Reihe der Unterstützten geahndet werden, was für den Wohltäter vielleicht einen persönlichen Mißerfolg, für den armen Bittsteller jedoch den wirtschaftlichen und sozialen Abstieg bedeutete. Doch verfolgten nicht alle derart konkrete Ziele, sondern sie beteiligten sich an Wohltätigkeitsveranstaltungen oder spendeten Geld für diverse Institutionen, um ihr Gewissen zu beruhigen und um in Ruhe ihren Reichtum genießen zu können.[33]

Zuletzt sei noch auf die kirchliche Armenpflege hingewiesen, die für die allgemeine Krankenfürsorge, für Hilfsaktionen und Krisensituationen von großer Wichtigkeit war. Zahlreiche Ordensgemeinschaften ergänzten die öffentliche Fürsorge im Bereich des Anstaltswesens. Im staatlichen und privaten Fürsorgebereich dominierten Einrichtungen der römisch-katholischen Kirche, die evangelische Kirche hatte eher eine ausgeprägtere Vereinstätigkeit im Bereich der privaten Fürsorge vorzuweisen.[34] Hierzu zählte die Arbeit der Gräfin Elvine de La Tour, welche den Schwerpunkt ihrer Arbeit auf eine betont evangelisch geprägte Wohlfahrt setzte. Ihre Einrichtungen zählten zur Inneren Mission, auf die im späteren Verlauf noch eingegangen wird. Als protestantischer Verein, der aber auch Menschen anderer Konfessionen Unterstützung bot, war sie zahlreicher Kritik und vielerlei Anfeindungen ausgesetzt. Im nun folgenden Kapitel werde ich versuchen, mich anhand verschiedener Quellen dem Leben und Wirken dieser sozial so engagierten Frau zu nähern.

1 Margalit, Avishai: Politik der Würde, Berlin 1997, S. 301. Margalit, geboren 1939, ist israelischer Philosoph und Sozialtheoretiker.

2 Siehe dazu beispielsweise: Geremek, Bronislaw: Geschichte der Armut. Elend und Barmherzigkeit in Europa, München–Zürich 1991.

3 Literatur zum Thema beispielsweise: Amann, Sieglinde: Armenfürsorge und Armenpolitik in Feldkirch von 1814–1914 räumlich begrenzt auf das Gebiet des heutigen Feldkirch, also inklusive der 1925 eingemeindeten Ortsteile Altenstadt, Tisis und Tosters, Univ. Dipl.-Arb. Wien 1994; Angelmaier, Lucia: Wohltätigkeitsvereine in Triest. Private Intiativen gegen die Armut im Zeitalter der österreichisch-ungarischen Monarchie (Beiträge zur neueren Geschichte Österreichs, Bd. 14), Frankfurt am Main–Berlin–Bern u.a. 2000; Axmann, Julius / Chaloupka, Eduard (Hrsg.): Die Vorschriften über Armenfürsorge nach dem derzeitigen Stande der österreichischen Gesetzgebung des Bundes und der Länder samt den einschlägigen Verordnungen und Erlässen und verwaltungsgerichtlichen Entscheidungen, Wien 1934; Bruckmüller, Ernst / Sandgruber, Roman / Stekl, Hannes (Hrsg.): Soziale Sicherheit im Nachziehverfahren. Die Einbeziehung der Bauern, Landarbeiter, Gewerbetreibenden und Hausgehilfen in das System der österreichischen Sozialversicherung (Geschichte und Sozialkunde, Bd. 3), Salzburg 1978; Gatz, Erwin (Hrsg.): Caritas und soziale Dienste (Geschichte des kirchlichen Lebens, Bd. 5), Freiburg–Basel–Wien 1997; Gneihs, Elisabeth: Kinder, die keiner wollte? Situation der Findelkinder und ihrer Mütter im josephinischen System, Univ. Dipl.-Arb. Wien 2007; Gröger, Gerda: Öffentliche Armenfürsorge und Wohltätige Einrichtungen in Linz im 19. Jahrhundert, Univ. Dipl.-Arb. Wien 1997; Heger, Hans (Hrsg.): Oesterreichs Wohlfahrts-Einrichtungen 1848–1898. Festschrift zu Ehren des 50jährigen Regierungs-Jubiläums Seiner k. u. k. Apostolischen Majestät des Kaisers Franz Joseph I., Bd. 1: Armenpflege und Wohlthätigkeit in Oesterreich, Hrsg. von der Commission der Österreichischen Wohlfahrts-Ausstellung Wien, Wien 1899; Kemptner, Jutta: Private Wohltätigkeit in Wien um 1900 – ein Querschnitt, Univ. Dipl.-Arb. Wien 1987; Kruzik, Harald: Die Entwicklung der Diakonie und ihrer Einrichtungen in der Habsburgermonarchie, Univ. Dipl.-Arb. Wien 2001; Linsberger, Ingrid: „Kommunales Armenwesen und Armenfürsorge im 19. Jahrhundert mit besonderer Berücksichtigung der Ortsgemeinde Krems an der Donau von 1849 bis 1900“, Univ. Dipl.-Arb. Wien 2007; Melinz, Gerhard: Von der Armenfürsorge zur Sozialhilfe: Zur Interaktionsgeschichte von „erstem“ und „zweitem“ sozialen Netz in Österreich am Beispiel der Erwachsenenfürsorge im 19. und 20. Jahrhundert, Habil. Univ. Wien 2003; Mischler, Ernst / Ulbrich, Josef (Hrsg.): Österreichisches Staatswörterbuch (ÖStWB). Handbuch des gesamten öffentlichen Rechtes. Bd. 1–4, Wien 1905–1909; Papathanassiou, Maria: Zwischen Arbeit, Spiel und Schule. Die ökonomische Funktion der Kinder ärmerer Schichten in Österreich 1880–1939 (Sozial- und Wirtschaftshistorische Studien, Bd. 24), Wien 1999; Stekl, Hannes: Österreichs Zucht- und Arbeitshäuser 1671–1920. Institutionen zwischen Fürsorge und Strafvollzug (Sozial- und Wirtschaftshistorische Studien, Bd. 12), Wien 1978; Sonderforschungsbereich 600 an der Universität Trier „Fremdheit und Armut“, Teilprojekt B. http://www.sfb600.uni-trier.de/ [30.8.2009]; Wallner, Stefan: Armut und Armutspolitik in Österreich, Univ. Dipl.-Arb. Wien 1999.

4 Siehe dazu auch nachstehende Artikel: Berger, Peter: Eine europäische Anomalie: „Kakanien“ 1898–1918. In: Ders.: Kurze Geschichte Österreichs im 20. Jahrhundert, Wien 2007, S. 8–53 sowie Kuprian, Hermann J. W.: An der Schwelle zum 20. Jahrhundert – Staat und Gesellschaft vor dem Ersten Weltkrieg. In: Steininger, Rolf / Gehler, Michael (Hrsg.): Österreich im 20. Jahrhundert. Ein Studienbuch in zwei Bänden (Bd. 1: Von der Monarchie bis zum Zweiten Weltkrieg), Wien–Köln–Weimar 1997, S. 9–64.

5 Hanisch, Ernst: Der lange Schatten des Staates. Österreichische Gesellschaftsgeschichte im 20. Jahrhundert (Österreichische Geschichte 1890–1990, hrsg. von Herwig Wolfram), Wien 1994, hier S. 19–21.

6 Vgl. Bolognese-Leuchtenmüller, Bevölkerungsentwicklung, Tabelle 57, S. 165.

7 Bolognese-Leuchtenmüller, Bevölkerungsentwicklung, S. 115–117.

8 Vgl. Bruckmüller, Sozialgeschichte, Tabelle 15, S. 293.

9 Vgl. Hanisch, Schatten, Tabelle 11, S. 67. Eine Darstellung unglaublich menschlichen Elends um 1900 in Wien geben die Sozialreportagen zweier damaliger zeitgenössischer Journalisten: Emil Kläger und Max Winter. Zum Beispiel: Kläger, Emil: Durch die Quartiere der Not und des Verbrechens. Wien um die Jahrhundertwende, Wien 1908. Haas, Hannes (Hrsg.): Max Winter. Expeditionen ins dunkelste Wien: Meisterwerke der Sozialreportage, Wien 2006.

10 Vgl. Landesarmengesetz für Kärnten vom 22. Mai 1886, Landesgesetz- und Verordnungsblatt Nr. 18. In: Axmann, Julius / Chaloupka, Eduard (Hrsg.): Die Vorschriften über Armenfürsorge nach dem derzeitigen Stande der österreichischen Gesetzgebung des Bundes und der Länder samt den einschlägigen Verordnungen und Erlässen und verwaltungsgerichtlichen Entscheidungen, Wien 1934, S. 70.

11 Ebenda, Paragraph 3.

12 Vgl. Linsberger, Ingrid: Kommunales Armenwesen und Armenfürsorge im 19. Jahrhundert mit besonderer Berücksichtigung der Ortsgemeinde Krems an der Donau von 1849 bis 1900, Univ. Dipl.-Arb. Wien 2007, S. 10.

13 Der Status der Illegitimität konnte sogar die Aufnahme in manche Fürsorgeeinrichtungen erschweren oder unmöglich machen.

14 Vgl. Linsberger, Armenwesen, S. 12–13; Rheinheimer, Martin: Arme, Bettler und Vaganten. Überleben in der Not 1450–1850, Frankfurt am Main 2000, S. 18–25.

15 Angelmaier, Lucia: Wohltätigkeitsvereine in Triest. Private Initiativen gegen die Armut im Zeitalter der österreichisch-ungarischen Monarchie, Frankfurt am Main–Berlin–Bern u. a. 2000.

16 Ebenda, S. 36–45.

17 Ebenda, S. 39.

18 Stekl, Zucht- und Arbeitshäuser, S. 26.

19 Ebenda, S. 35.

20 Siehe Axmann / Chaloupka, Armenfürsorge, S. III.

21 Stekl, Zucht- und Arbeitshäuser, S. 39.

22 Der Beginn des österreichischen Industriezeitalters ist nicht genau fassbar. Helmut Rumpler verweist auf die Zeit um ungefähr 1830. Vgl. Rumpler, Mitteleuropa, S. 215. Im Zusammenhang mit der „Sozialen Frage", vgl. ebenda, S. 254–259.

23 Stekl, Zucht- und Arbeitshäuser, S. 42.

24 Gesetz vom 3. Dezember 1863, Reichsgesetzblatt Nr. 105, betreffend die Regelung der Heimatverhältnisse. In: Axmann / Chaloupka, Armenfürsorge, S. 22.

25 Stekl, Zucht- und Arbeitshäuser, S. 42 f.

26 Zur geschichtlichen Entwicklung der öffentlichen Kärntner Armenversorgung siehe: Rudolf Freiherr von Mandorff, Die öffentliche Armenpflege in Kärnten. In: Heger, Wohlfahrts-Einrichtungen, S. 80–103. Die küstenländische Armenversorgung entspricht in ihrer historischen Entwicklung dem italienischen Armenwesen. Einblicke in den Kärntner Alltag und der dort vorherrschenden Armut im historischen Kontext sind zum Beispiel zu finden in: Jobst, Vinzenz: Arbeitswelt und Alltag. Ein sozialgeschichtliches Lesebuch. Kärntner Arbeiterleben im 19. und beginnenden 20. Jahrhundert, Klagenfurt 1985; Kreuzer, Anton: Aus dem Kärntner Alltag vor hundert Jahren, Klagenfurt 1965; Mayer, Therese: Dienstboten in Oberkärnten (Das Kärntner Landesarchiv, Bd. 19), Klagenfurt 1993.

27 Landesarmengesetz Kärnten 22. Mai 1886, Landesgesetz- und Verordnungsblatt Nr. 18, in: Axmann / Chaloupka, Armenfürsorge, S. 74.

28 Vgl. Angelmaier, Triest, S. 48 f.

29 Bruckmüller, Sozialgeschichte, S. 327 f.

30 Ebenda.

31 Vgl. Kruzik, Diakonie, S. 25.

32 Angelmaier, Triest, S. 49.

33 Ebenda, S. 50–51.

34 Stekl, Zucht- und Arbeitshäuser, S. 45; Mischler, Übersicht Armenpflege, S. XXXII–XXXIV. Mischler bezeichnet die religiöse Armenpflege als ein „wichtiges Correctiv der gemeindlichen, da sie den Grundsatz der Heimatzuständigkeit nicht kennt und überdies auch quantitativ den Mangel der Gemeindepflege zum Theile zu ersetzen vermag." Ebenda, S. XXXIII. Zur konfessionellen Armenpflege siehe auch Kapitel 16 „Wohlfahrtseinrichtungen der evangelischen Kirchen A. und H. B." von Witz-Stöber und Kapitel 17 „Die Armenpflege der Israeliten mit besonderer Rücksicht auf die israelitischen Cultusgemeinden in Oesterreich und die israelitischen Vereine in Galizien" von Mischler und R. v. Cardona. In: Heger, Wohlfahrts-Einrichtungen, S. 423–427 u. 428–479.

4. Elvine Gräfin de La Tour

4.1 Vorfahren und Wurzeln

Elvine entstammte einer Familie Ritter aus Frankfurt am Main. Die Reihe ihrer väterlichen Ahnen lässt sich bis ins Jahr 1533 nachweisen. Matthias Ritter der Ältere war protestantischer Pfarrer in Frankfurt am Main. Auch die darauf folgenden fünf Generationen bis 1743 übten das Predigeramt aus. Der Großvater Elvines und Ururenkel des letzten Pfarrers, Johann Christoph Ritter (1782–1838)[1], trat in den Kaufmannsstand, reiste quer durch Europa und ließ sich 1813 endgültig in Triest nieder. In erster Ehe war er mit Maria Bressiac (1787–1820) verheiratet, die als Erzieherin in Triest tätig gewesen war. Das Paar hatte acht gemeinsame Kinder bekommen, darunter auch der zukünftige Vater Elvines, Julius Hektor. Nach dem frühen Tod seiner Frau Maria heiratete Johann Christoph Ritter ein zweites Mal. Im Oktober 1821 ehelichte er die junge Schweizerin Amalie Hofmann (1797–1870), mit der er weitere sechs Kinder hatte. Johann Christoph Ritter war sehr engagiert und erhielt im Laufe seines Lebens zahlreiche Ehrungen und Auszeichnungen. Neben seiner erfolgreichen kaufmännischen Tätigkeit setzte er sich für die evangelische Kirche und evangelische Schule in Triest ein. Im Jahr 1817 wurde er Mitvorsteher der evangelischen Gemeinde. Außerdem war er Ehrenbürger von Görz, Mitglied der k. k. Ackerbaugesellschaft, Major der Bürgermiliz und Mitglied der Triester Handelskonsultation und Börsedeputation. In den Jahren 1832–1835 übte Johann Christoph das Amt des ersten Direktors der Versicherungsgesellschaft „Generali“ aus.

Wappen der Familie Ritter von Záhony. Das ursprüngliche Ritter'sche Wappen aus Frankfurt war ein aus den Wolken nach links reichender schwarz bekleideter Männerarm mit einem in der Hand getragenen Hirtenstab auf Goldgrund. Zwischen den beiden Flügeln des Helmes war ein goldener Stern. Nachdem Johann Christoph Ritter 1829 in den ungarischen Adelsstand erhoben wurde, beließ er das alte Ritter'sche Wappen im oberen Feld und in das untere Feld wurde ein dreimastiges Segelschiff nach links fahrend beigefügt. Außerdem kamen auf beide Helmflügel zwei zusätzliche Goldsterne.

Laut den Familienüberlieferungen[2] war es Elvines Großvater während der Napoleonischen Kriege gelungen, die Kontinentalsperre zu durchbrechen und Salpeter (zur Erzeugung von Schießpulver) von Malta nach Triest zu bringen, womit er die Grundlage für sein späteres Vermögen schaffen konnte. Elvines Großvater wurde in Triest zu einem Großindustriellen.[3]

Er besaß eine gut gehende k. k. privilegierte Zuckerraffinerie in Görz, gemeinsam mit seinen Brüdern eine k. k. privilegierte Großhandlung in Wien und die Großhandlung J. C. Ritter & Kompanie, die zu den angesehensten Handelshäusern Triests zählte. Die Familie dürfte eine bedeutende Stellung im Gesellschaftsleben des österreichischen Küstenlandes eingenommen haben. Im aufwändig gestalteten Ritterschen Palais in Görz wurden häufig Gäste des Hauses Habsburg beherbergt, darunter z. B. 1826 Kaiser Franz I. mit Gemahlin und Erzherzog Franz Karl sowie Erzherzogin Sophie. Für die Haushaltsführung des Hauses Ritter wird ein jährlicher Aufwand von 100.000 Gulden angegeben.[4]

Im Jahr 1829 erhielten Johann Christoph Ritter und sein Bruder Hektor Wilhelm von Kaiser Franz I. den erblichen ungarischen Adel mit dem Prädikat „von Záhony"[5] verliehen, benannt nach einem ungarischen Kammergut[6], das ihm vom Kaiser geschenkt worden war.

Nach dem Tod Johann Christophs wurden die beiden ältesten Söhne, Heinrich (1815–1903) und Julius Hektor (Elvines Vater,1816–1878) als Universalerben des Ritterschen Imperiums[7] eingesetzt, wobei primär Letzterer mit großem kaufmännischem Talent die Geschäfte des Vaters fortführte und

Fabrik der Familie Ritter von Záhony in Podgora bei Görz. Die Papierfabrik exportierte ihre Erzeugnisse weltweit und beschäftigte mehr als 550 Mitarbeiter.

erweiterte. Hinzu kamen in Strazig bei Görz eine Kunstmahlmühle mit Europa- und Überseeexport, ein Säge- und Kupferhammerwerk sowie eine Baumwollspinnerei und -weberei (1.300 Arbeiter) und eine Florettspinnerei und -weberei (800–900 Mitarbeiter). Im Gut Monastero bei Aquileia, welches 1.300 Hektar umfasste, entstand ein landwirtschaftlicher Musterbetrieb und in Podgora wurde eine Papierfabrik mit weltweitem Export betrieben, in der 554 Menschen Arbeit gegeben werden konnte.[8]

Julius Hektor „leistete einen wichtigen Beitrag zur industriellen Erschließung des Küstenlandes, erreichte dadurch die Integration seiner Familie in die feudal-großbürgerliche Oberschicht der Monarchie und spielte im

Elvines Mutter, Amalie Ritter von Záhony, geborene Rittmeyer. Sie stammte aus einer evangelischen Großhandelsfamilie mit Schweizer Wurzeln, die sich in Triest niedergelassen hatte. Amalie Ritter von Záhony starb bereits im Alter von 33 Jahren an Typhus.

Elvines Vater, Julius Hektor Ritter von Záhony. Der erfolgreiche Kaufmann unterstützte und förderte Zeit seines Lebens die sozialen Aktivitäten seiner Lieblingstochter Elvine.

öffentlichen Leben eine angemessene Rolle".[9] So betätigte sich Elvines Vater ab 1845 als Mitglied des Görzer Gemeindeausschusses und von 1848 bis 1851 als Gemeinderat. Außerdem war er Mitbegründer und Präsident der Görzer Handels- und Gewerbekammer (1850–1878), in den Jahren 1861 bis 1878 Landtagsabgeordneter und ab 1870 lebenslanges Mitglied des österreichischen Herrenhauses.[10] Am 14. April 1855 bekam Julius Hektor Ritter von Záhony aufgrund seiner Verdienste für Handel und Industrie von Kaiser Franz Joseph I. den Orden der eisernen Krone III. Klasse verliehen und wurde gleichzeitig in den österreichischen Ritterstand erhoben, am 12. Mai 1869 in den österreichischen Freiherrenstand.

Gleich seinem Vater war auch Julius Hektor aktives Mitglied der lutherischen Kirche in Triest und Görz. So förderte er zum Beispiel die Gründung einer selbständigen evangelischen Gemeinde in Görz (1857), wurde zum ersten Kurator gewählt und unterstützte den Bau einer evangelischen Kirche, die 1864 eingeweiht werden konnte.[11] Im karitativen Bereich war Julius Hektor ebenfalls aktiv bemüht. So gründete er ein Institut für verwahrloste Knaben und eine Schule für die Kinder der Fabriksarbeiter.[12] Die Unternehmen der Familie Ritter zählten „zu den ersten mit einer Reihe von Sozialeinrichtungen für die Arbeiter ihrer Werke: Wohnungen, eine Schule, ein Kindergarten, ein Krankenhaus, eine Invalidenheimstätte, eine Kantine, ein öffentliches Bad, eine Wäscherei, eine Konsumgenossenschaft und eine Feuerwehr".[13]

Elvines Mutter, Regina Magdalena Amalia Rittmeyer[14], wurde 1818 in Triest geboren. Ihr Vater, Elisaeus Rittmeyer, ursprünglich aus der Schweiz eingewandert, war Besitzer des Triester Großhandelshauses E. F. Rittmeyer & Company. In der Chronik der Familie Ritter von Záhony wird Elvines Mutter als „eine sehr gebildete, von allen geliebte Dame, die beste Frau und Mutter"[15] beschrieben. Der Name Rittmeyer erlangte Bekanntheit durch die Stiftung eines Triester Blindeninstituts, welches auch den Namen „Rittmeyer" trägt und noch heute besteht. Die Stifterin dieses Blindeninstituts war Baronin Cäcilie Rittmeyer (1831–1911), eine Anverwandte von Elvines Mutter.

Elvines Eltern heirateten am 27. April 1839 in Triest und schenkten insgesamt sechs Kindern das Leben.[16] Die Familie hatte ihren Wohnsitz in der Borgo Carintia (Riva Corno Nr. 27) in Görz. 1850 kaufte Elvines Vater das Gut Monastero bei Aquileia. Das ursprünglich vom Patriarchen Poppo im Jahr 1000 n. Chr. als Frauenkloster der Dominikanerinnen in Aquileia gegründete Monastero besaß zur Zeit des Erwerbs durch die Familie Ritter eine Größe von ungefähr 1.300 ha. Mit der Zeit entwickelte sich dort ein reger Weinbau, nebst Reisfelderbewirtschaftung, dem Aufbau einer Seidenzucht und dem Anbau von Mais und Weizen.[17]

---

1 Vgl. Ritter Záhony, Eugen Freiherr von: Chronik und Stammbaum der im Jahre 1829 in Österreich mit dem Prädikat „von Záhony" geadelten Familie Ritter aus Frankfurt a. M. (in der Folge Chronik Ritter), Brünn 1915, S. 5–12 und Ausstellungskatalog, Villa Russiz „I Ritter-de La Tour a Villa Russiz. La modernità di una famiglia", April 2007.

2 Vgl. Chronik Ritter, S. 7.

3 Vgl. Chronik Ritter, S. 9.

4 Vgl. Chronik Ritter, S. 10; Patzelt, Herbert: Evangelisches Leben am Golf von Triest. Geschichte der evangelischen Gemeinde in Triest mit Abbazia, Görz, Fiume und Pola, München 1999, S. 231.

5 Das Adelsdiplom in Latein liegt im ungarischen Staatsarchiv in Budapest (sub Nr. 5873, 1830). Auszug in deutscher Übersetzung in: Chronik Ritter, S. 55 f.
6 Elvines Ehemann, Theodor Graf de La Tour, verkaufte 1890 dieses Anwesen wieder. Vgl. Chronik Ritter, S. 29.
7 Geschätztes Vermögen: 1,272.210 Gulden. Die anderen Geschwister erhielten jeweils einen Pflichtteil von 55.000 Gulden. Siehe dazu: Chronik Ritter, S. 16. Eine Auflistung der vererbten Besitzungen J. C. Ritters gibt Patzelt, Evangelisches Leben, S. 231.
8 Vgl. Patzelt, Evangelisches Leben, S. 231.
9 Vgl. Österreichisches Biographisches Lexikon (ÖBL) 1815–1950, Bd. 9, Wien 1988, S. 179 f.
10 Vgl. Chronik Ritter, S. 14–30; ÖBL, Bd. 9, S. 179 f.; Wurzbach, Constantin von: Biographisches Lexikon des Kaiserthums Oesterreich, Bd. 26, Nachtrag 6, S. 181 f.
11 Vgl. Patzelt, Evangelisches Leben, S. 230–240.
12 Wurzbach, Bd. 26, S. 181 f.
13 Vgl. Ausstellungskatalog, Villa Russiz, April 2007.
14 Vgl. Angelmaier, Lucia: Wohltätigkeitsvereine in Triest. Private Initiativen gegen die Armut im Zeitalter der österreichisch-ungarischen Monarchie (Beiträge zur neueren Geschichte Österreichs, Bd. 14), Frankfurt am Main / Berlin / Bern u. a. 2000, S. 80 f. ; www.istitutorittmeyer.it [06. 08. 2008].
15 Vgl. Chronik Ritter, S. 16 f.
16 Alfred 1840; Elvine 1841; Melanie 1843; Eugen 1844; Olga 1847; Oskar 1850. Vgl. Stammbaum in der Chronik Ritter.
17 Vgl. Chronik Ritter, S. 19.

4.2 Kindheit und Jugendjahre

Am 8. Dezember 1841 wurde Maria Caroline Elvine als zweites Kind und erste Tochter des jungen Ehepaares Ritter in Görz geboren und am 27. Februar 1842 von Pfarrer August Heinrich Medicus (1787–1845) in der evangelischen Kirche in Triest getauft. Ihre Konfirmation empfing Elvine am 5. April 1858 als einzige Konfirmandin in Görz von Pfarrer Heinrich Medicus jun. (1823–1906).[1]

Vermutlich dürfte Elvine anfangs eine unbeschwerte Kindheit erlebt haben. Aber bereits im September 1851, kurz vor Elvines zehntem Geburtstag, trifft die Familie ein schwerer Schicksalsschlag. Nach der Rückkehr von Geschäftsreisen in Paris und London verstirbt Elvines Mutter erst 33-jährig an Typhus. Ihr Sohn Eugen, Verfasser der Familienchronik, schreibt dazu:

Nicht lange währte das Glück. Bald nach der Ankunft erkrankte unsere liebe Mutter an einem schweren Nervenfieber und trotz aller Bemühungen der besten Triester und Görzer Ärzte verschied sie den 20. September 1851 in Görz. Wir Kinder, wenigstens ich, konnten das Unglück gar nicht fassen; ich machte mir bedeutend größere Sorgen wegen meines armen Vaters, den ich so verzweifelt noch nie gesehen hatte. Erst wie der Trauerwagen mit dem Sarge meiner Mutter unseren Hof am Corno verließ, um die Verblichene nach Triest in die Familiengruft zu überführen, da fing ich in meinem Schmerz wie zu toben an. – Erst nach vielen Jahren, nachdem wir Geschwister unserem verstorbenen Vater am Görzer Friedhof ein Mausoleum gebaut hatten, wurde der Sarg unserer Mutter von Triest zurück nach Görz gebracht. Meine verstorbene Mutter war in Görz sehr beliebt. Hohe Personen, wie z. B. der alte Marschall Radetzky, waren, wenn sie nach Görz kamen, meistens Gäste meines Vaters.[2]

Um für die Erziehung der nun zu Halbwaisen gewordenen sechs Kinder zu sorgen, holte Julius Hektor eine Großtante, Amalie von Naeff, die Stiefschwester von Elvines Großmutter Rittmeyer, ins Haus.[3] Über die Persönlichkeit dieser Großtante bzw. deren Einfluss auf die Kinder lässt sich kaum etwas finden. Anna Katterfeld beschreibt Fräulein von Naeff als tatkräftige Frau, die versucht habe, durch „ihre strenge Erziehung dem verwöhnenden Einfluss des Reichtums"[4] entgegenzuwirken. Großen Einfluss auf die Erziehung der Kinder, besonders im religiösen Sinne, dürfte die Großmutter Rittmeyer gehabt haben. Durch sie wurde Elvine höchstwahrscheinlich eine tiefe Frömmigkeit gelehrt, die der Grundstein für ihr späteres soziales Engagement gewesen sein könnte.[5]

Neben der Großmutter sorgte später auch Ludwig Schwarz, der damalige Pfarrer ihrer Heimatgemeinde Görz, für die religiöse Erziehung der Kinder. Berufen von Elvines Vater, übte Schwarz das Pfarramt in Görz von 1864 bis 1871 aus.[6] Ludwig Schwarz (1833–1910) gilt als „Vater der Inneren Mission in Österreich", also des heutigen Diakoniewerks Gallneukirchen in Oberösterreich. Sein Bruder Ernst (1845–1925) wurde Pfarrer der Gemeinde Waiern in

Kärnten und gründete dort ein Diakoniewerk, das im Jahr 2004 gemeinsam mit der Stiftung de La Tour in der Dachorganisation „Diakonie Kärnten" vereint wurde.[7]

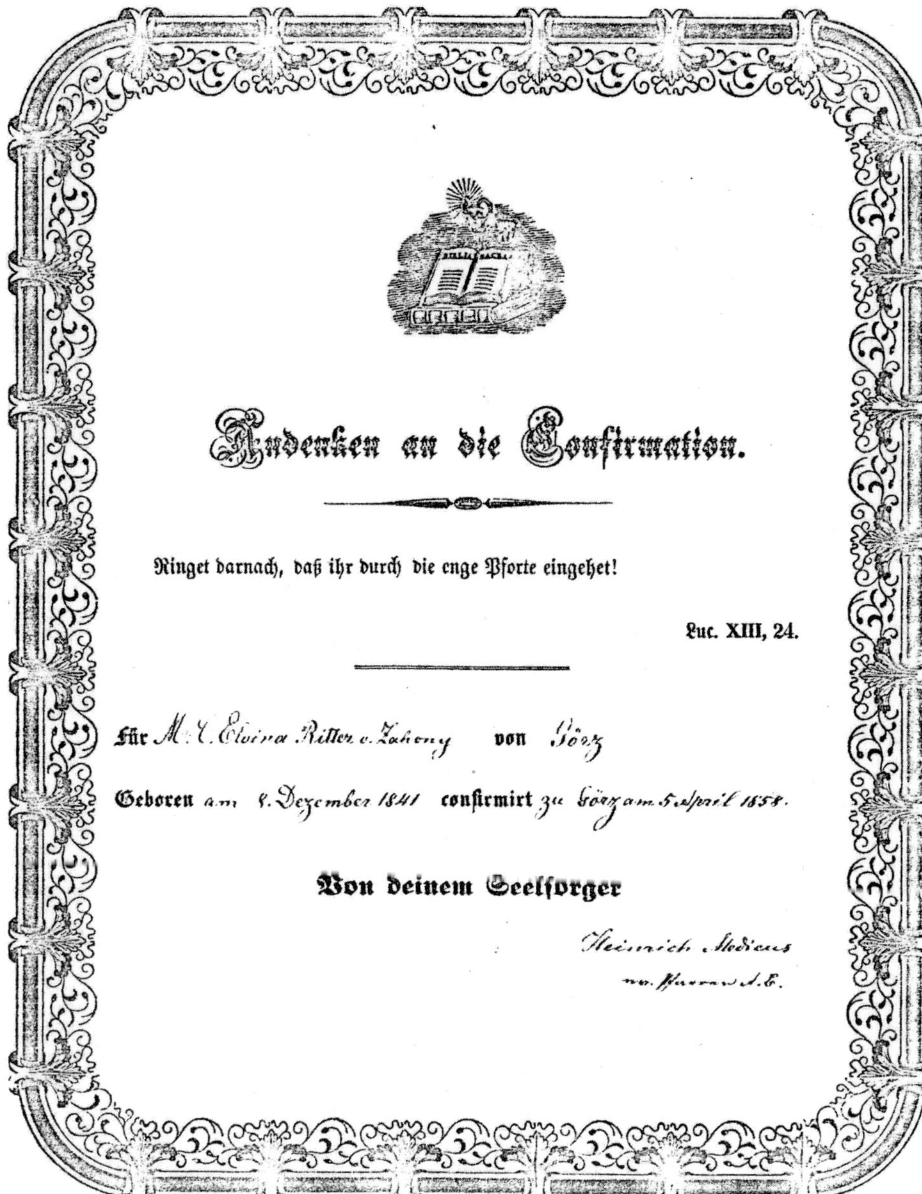

Andenken an die Confirmation.

Ringet darnach, daß ihr durch die enge Pforte eingehet!

Luc. XIII, 24.

Für M. E. Elvina Ritter v. Zahony von Görz

Geboren am 8. Dezember 1841 confirmirt zu Görz am 5. April 1858.

Von deinem Seelsorger

Heinrich Medicus
ev. Pfarrer A. C.

Konfirmationsurkunde von Elvine Ritter von Záhony. Sie wurde am 5. April 1858 in der evangelischen Kirche von Görz als einzige Konfirmandin von Pfarrer Heinrich Medicus konfirmiert.

Portrait Elvines im Alter von etwa 9 Jahren.

Elvine zur Zeit ihrer Konfirmation mit 17 Jahren.

Über die Jugendzeit Elvines ist nur wenig bekannt. Sie dürfte gleich anderen wohlhabenden jungen Mädchen jener Zeit erzogen worden sein. Sie liebte den Pferdereitsport und übte ihn bis in ihr spätes Alter aus. Als Kind eines Großindustriellen und vermögenden Vaters bewegte sich Elvine in höheren Kreisen und musste bald nach dem Tod ihrer Mutter als Älteste und „Lieblingstochter"[8] repräsentative und gesellschaftliche Verpflichtungen übernehmen. Das Leid der sozial schlechter gestellten Menschen in ihrer Umgebung blieb ihr nicht verborgen. Deren Trostlosigkeit und Schicksal bereiteten ihr große Gewissenskonflikte. Obwohl sich ihr Vater auch in sozialen Belangen sehr engagiert zeigte, wollte Elvine noch mehr gegen das Leid der Armen unternehmen. In ihren späteren Aufzeichnungen verweist sie mehrmals auf ihre Trübsal über die ungerechte Verteilung „irdischer Güter". Sie selbst sieht darin eine der Wurzeln für ihr späteres Schaffen.

Monastero bei Aquileia, das Landgut der Familie Ritter von Záhony, 2004.

1865 starb Elvines ältester Bruder Alfred nach kurzer Krankheit in Görz. Zu diesem Zeitpunkt hatte er bereits die Leitung des Familiengutes Monastero innegehabt. Elvine gelang es, in dieser schweren Zeit ihrem Vater beizustehen und ihm Trost zu spenden.[9] Im Jahr 1866 wurde die Familie Ritter mit den Kriegsopfern der Schlacht in Custozza[10] konfrontiert. Die zahlreichen Verwundeten, die von den Kriegsschauplätzen Richtung Norden gebracht wurden, querten auch Görz. In den Räumen der bereits 1859 stillgelegten familieneigenen Zuckerraffinerie wurde ein eigenes Kriegslazarett eingerichtet, wobei auch die Familie Ritter helfend beistand. Als es hieß, dass Erzherzog Albrecht ebenfalls mit dem Zug durch Görz fahren würde, widmete die Familie Ritter dem heimkehrenden Erzherzog einen Lorbeerkranz mit den beschriftenden Bändern „S. K. Hoheit Erzherzog Albrecht, dem ruhmreichen Sieger von Custozza", der frühmorgens von Elvine, verbunden mit einer Huldigungsansprache, überreicht wurde.[11] Dieser Beifall spendende Akt erzürnte einige Gemüter im nahe gelegenen und eben besiegten Italien. Elvines Bruder Eugen, der Verfasser der Familienchronik, berichtet, dass dieser Ehrerweisung an den Erzherzog mehrere Drohbriefe folgten, in denen die Vernichtung der Ritter'schen Fabriken angedroht wurde.[12]

Im Alter von ungefähr 26 Jahren lernte Elvine Ritter, die nach wie vor bei ihrem Vater wohnte, den um drei Jahre jüngeren Grafen Theodor de La Tour kennen. Dieser war ein Freund ihrer Brüder und des öfteren im Ritter'schen Palais zu Gast. Er wird als lebenslustiger junger Mann beschrieben, gut aussehend und ein „ausgezeichneter Gesellschafter".[13]

---

1 Vgl. Patzelt, Evangelisches Leben, S. 127; Kopie der Konfirmationsurkunde im Archiv der Diakonie Kärnten.

2 Vgl. Chronik Ritter, S. 21.

3 Ebd. Amalie von Naeff oder auch Amalia von Naef verstarb mit 78 Jahren, am 14. Oktober 1888. Siehe dazu: Schiviz von Schivizhoffen, Ludwig (Hrsg.): Der Adel in den Matriken der Grafschaft Görz und Gradisca, Görz 1904, S. 421.

4 Vgl. Katterfeld, Anna: Elvine de La Tour. Aus Liebe zu Gott und den Kindern, Neuauflage, Stuttgart 1998, S. 14.

5 Ebd. S. 14 f.

6 Zur Geschichte der Evangelischen Kirchengemeinde Görz siehe folgende Manuskripte im ADK: Der Beginn der Wirksamkeit von Pfarrer Ludwig Schwarz in der Evangelischen Pfarrgemeinde A. u. H. B. Görz; Jahresbericht der Evangelischen Kirchengemeinde Goerz 1865; Die Evangelische Pfarrgemeinde A. u. H. B. in Görz und deren Niedergang infolge des Ersten Weltkrieges.

7 Siehe dazu auch das Kapitel „Strukturelle Neuorganisation".

8 Vgl. Chronik Ritter, S. 23.

9 Ebd.

10 Custozza, ein Dorf in der Nähe von Verona, war zweimal Schauplatz von Schlachten zwischen dem Kaisertum Österreich und Italien (1848 und 1866). In der zweiten Schlacht versuchte Italien erfolglos, die bei Österreich verbliebenen Regionen Trentino und Venetien zu erobern. Aber als

Verbündeter des siegreichen Preußen erhält Italien Venetien am Verhandlungstisch. Damit rückten Görz und Aquileia in Grenznähe. Dieser Kampf erfolgte im Zuge des „Dritten Italienischen Unabhängigkeitskrieges“, als ein Teil des Risorgimento (= das Bestreben durch Eroberung und Anschluss einen unabhängigen Nationalstaat Italien zu erschaffen).

11 Vgl. Chronik Ritter, S. 23 f.

12 Ebd, S. 24.

13 Vgl. Katterfeld, Elvine, S. 19.

4.3 Theodor de La Tour en Voivre

Die Familie de La Tour[1] entstammte einem alten katholischen Adelsgeschlecht aus Lothringen, das sich laut Familienstammbaum bis in das Jahr 1247, auf Geoffroi de La Tour, Schutzherr der Stadt Haréville, zurückverfolgen lässt.[2] Der familiäre Besitz, bestehend aus einem Schloss und einer Grundherrschaft namens La Tour en Voivre, lag zwischen Verdun und Metz im Nordosten Frankreichs. Im Laufe der Jahrhunderte wechselte der Familienbesitz mehrmals in außerfamiliäre Hände.[3]

Zu Beginn des 16. Jahrhunderts trennte sich die Familie de La Tour in eine ältere und jüngere Linie. Die Nachfahren der älteren Linie ließen sich später in Neapel nieder und waren höhere Offiziere im Dienste der neapolitanischen Könige. Die jüngere Linie, der auch Theodor angehörte, ließ sich in Österreich nieder.

Der Grafentitel der Familie de La Tour war in Österreich zu jeder Zeit anerkannt. Theodors Urgroßvater Paul[4], geboren 1705, war Kämmerer von Kaiser Franz I. und Kaiserin Maria Theresia. Im Zuge seiner Ernennung zum Generalmajor des 1. Regiments der toskanischen Truppen bekam Paul de La Tour mit einem von Kaiser Franz I. ausgestellten Diplom vom 22. November 1762 den Grafentitel neuerlich bestätigt. Die Männer der österreichischen Linie waren hauptsächlich im Militärdienst tätig.[5]

Theodors Vater, Anton Ignatz Alexander, wurde am 5. August 1794 in Brünn geboren. Als 18-jähriger trat er in den Militärdienst ein und diente dort bis zu seiner Pensionierung 1848. Am 8. Mai 1844 heiratete er die um 21 Jahre jüngere Anna Leopoldine Edle von Gall (geboren am 4. Dezember 1815).[6] Da Anton im Militär diente, musste er vor der Hochzeit, seinem militärischen Rang entsprechend, eine „Heiraths-Caution" von insgesamt 12.000 Gulden hinterlegen, sowie eine von seinem Vorgesetzten ausgestellte „Heiraths Licenz" vorlegen.[7]

Wappen der Familie de La Tour. Die Krone mit neun Zacken weist auf den Grafentitel hin.

Das Regiment Graf Antons war zu dieser Zeit in Mailand stationiert, und dort erblickte Leopold Theodor Karl Anton de La Tour am 12. September 1845 das Licht der Welt. Im Zuge des Revolutionskrieges 1848 musste die Familie die Stadt überstürzt und mittellos verlassen. Theodors Vater erkrankte auf der Flucht an einer Gehirnhautentzündung, von der er sich Zeit seines Lebens nicht mehr vollständig erholen konnte. Von der Josephs-Akademie in Wien als Real-Invalide anerkannt, wurde er am 31. August 1848 in den Ruhestand versetzt. Nach der Flucht aus Mailand fand Anton mit seiner Familie Unterschlupf bei seiner Schwester Anna Susanna[8] in Wien.

In einem Brief, datiert mit dem 26. Dezember 1848, schildert Graf Anton de La Tour die weiteren Ereignisse nach seiner Flucht aus Mailand:

[...] Mit meiner Familie zog ich zu meiner Schwester, der Frau des pensionierten Majors Petzek, wo wir alle gräulichen Szenen im September und Oktober erlebten und dann am 7. Oktober nach Ermordung des Kriegsministers Grafen Latour – unseres Anverwandten – als Latours auch in unserer gewöhnlichen Sicherheit bedroht, genötigt waren, uns eiligst, mit Hinterlassung aller unserer Effekten nach Baaden zu flüchten. Bei unserer Rückkehr nach Wien fanden wir leider unsere Wohnung in der Jägerzeil, welche der Schauplatz des hartnäckigsten Straßenkampfes war, erbrochen, vieles entwendet, unsere Meubles zerstört. Wir erlitten abermals einen bedeutenden Verlust und sind endlich, sehr hart und empfindlichst getroffen, der betrübensten Ereignisse wegen, nach Gratz[9] übersiedelt. [...][10]

Theodor verbrachte den Großteil seiner Kindheit und Jugend in Graz. Er besuchte in seiner Grundschulzeit 1852 bis 1854 die k. k. Muster-Hauptschule in Graz. Die ersten beiden Schulstufen des Gymnasiums musste er wiederholen. Insgesamt besuchte er folgende Schulen: k. k. Gymnasium Graz (erste und zweite Klasse); k. k. Stiftgymnasium St. Paul / Kärnten (zweite bis vierte Klasse); k. k. Stiftsgymnasium Melk (fünfte Klasse) und k. k. Gymnasium Graz (sechste bis achte Klasse), das er mit der Matura im Jahr 1864 beendete. Die vollständig vorhandenen Schulzeugnisse[11] des jungen Grafen geben Auskunft

Denkzettel.

Daß ich Theodor Gf Latour von dem Hochwürdigsten Fürsten und Herrn Herrn

Ottokar Maria,

Bischof von Seckau und Verweser des Bisthums Leoben ꝛc. ꝛc.

den 29ten Monatstag Mai im Jahre 1855 zu Graz im Dom das heilige Sakrament der Firmung empfangen habe.

Als Firmpathe ist mir beigestanden: Anton von Managetta Oberst.

Denkzettel zur Firmung von Theodor Graf de La Tour, der am 29. Mai 1855 im Grazer Dom gefirmt wurde.

Graf Theodor, vermutlich in den Jahren seiner Studienzeit in Graz, 1864–1868.

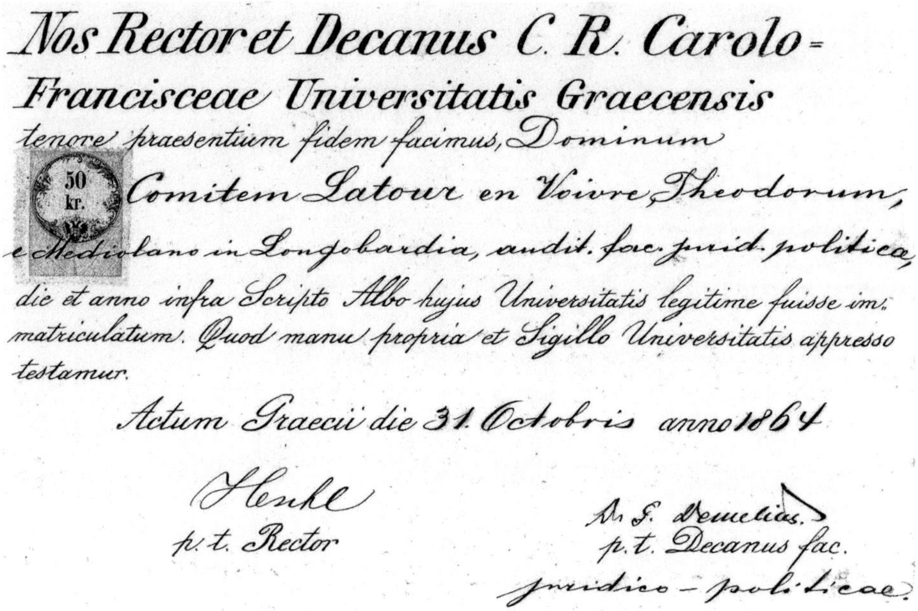
Nos Rector et Decanus C. R. Carolo-
Franciscea Universitatis Graecensis
tenore praesentium fidem facimus, Dominum
50 kr.
Comitem Latour en Voivre Theodorum,
e Mediolano in Longobardia, audit. fac. jurid. politica,
die et anno infra Scripto Albo hujus Universitatis legitime fuisse im-
matriculatum. Quod manu propria et Sigillo Universitatis appresso
testamur.

Actum Graecii die 31. Octobris anno 1864

Henkl
p. t. Rector

Dr. G. Demelius
p. t. Decanus fac.
juridico-politicae

Immatrikulationsbescheinigung von Theodor de La Tour an der Karl-Franzens-Universität in Graz. Theodor begann sein Studium an der Rechtswissenschaftlichen Fakultät im Herbst 1864.

über einen extrem schwankenden Schulerfolg und vermitteln den Eindruck, dass Theodor in seiner Schulzeit eher gemäßigten schulischen Ehrgeiz an den Tag gelegt haben dürfte. Theodor genoss eine der Familientradition entsprechende, streng katholische Erziehung.

1864 immatrikulierte Graf Theodor an der Grazer Universität und studierte dort bis zumindest 1866 an der Rechtswissenschaftlichen Fakultät.[12] 1866 ließ sich Theodor de La Tour gegen einen Betrag von 1.000 Gulden, ermöglicht durch eine Kreditaufnahme des Vaters, vom Militärdienst befreien[13] und wurde am 31. August 1867 vom k. k. Landesmilitärgericht Graz für volljährig erklärt.

Persönliche Zeugnisse des Grafen Anton de La Tour lassen vermuten, dass die Familie verhältnismäßig mittellos war.[14] Einen knappen Einblick in das Familienleben des Grafen de La Tour geben zwei Testamente Antons.[15] Ersteres, datiert mit 1. Februar 1848, setzt den zu diesem Zeitpunkt dreijährigen Theodor als seinen Universalerben ein:

Da allen Sterblichen, insbesondere uns Soldaten in der nun sehr bewegten Zeit die Stunde des Scheidens aus diesem Leben unbekannt ist, so habe ich nach reiflicher Überlegung und bei ungeschwächter Körper- und Geisteskraft für den Fall meines Todes die nachfolgenden letztwilligen Anordnungen getroffen.

1. Zu meinem Universalerben ernenne ich meinen Sohn Theodor Karl Leopold Anton, geboren zu Mailand am 12. September 1845.

2. Den Fruchtgenuß des ganzen Nachlasses hat meine Frau Anna Leopoldine, geborene von Gall, bis zur Volljährigkeit meines Sohnes zu beziehen, davon die zu seiner Erziehung und Bildung erforderlichen Auslagen zu bestreiten, und alles zu verfügen, was sein leibliches und geistiges Wohl zu fördern geeignet ist.

3. Während der Minderjährigkeit meines Sohnes bleibt seine Mutter Vormünderin und wählt sich zur Führung der Geschäfte und anderweitigen Unterstützung einen geeigneten Mitvormund.

4. Wird mein Sohn großjährig, so theilt seine Mutter mit demselben das Erträgnis des Nachlasses, und ist für seine Versorgung bedacht. Die Erfolgung der Hälfte oder eines Theiles des Vermögensnachlasses an den Majorenen aber soll nur dann stattfinden, wenn besondere Umstände in seinen Verhältnissen es erheischen.

5. Das ganze Hausgeräthe, Meubles, Zimmer, Dächer- und Kellereinrichtung, und alles dazu gehörige, dann das ganze Silberzeug und andere Geräthe erkläre ich als Eigenthum meiner Frau Anna Leopoldine geborenen von Gall mit dem Bemerken, dass dieselbe bei allfälliger Ausstattung meines Sohnes das Silberzeug mit ihm zu theilen habe.

6. Alle Lose gehören meiner Frau, doch wird dieselbe nach ihrer Erklärung den allfälligen bedeutenden Gewinn mit ihrem Sohne theilen.

7. Alle meine Waffen- und Jagdgeräthe gehören meinem Sohne Theodor, ebenso alle Bücher, Landkarten, Bilder, Farben, Familien- u. andere Schriften und dergleichen, und sind zu seinem künftigen Gebrauche und Verfügung zu bewahren.

8. Meine Kleider, Wäsche etc. sind der Verfügung meiner Frau zu überlassen, welche das noch neue verwenden und das Abgetragene an Arme vertheilen wird.

9. Mein Nachlaß ist zu gering, um, wie ich so gern wollte, meiner Schwester Anna Edle von Petzek, geborene Gräfin de La Tour en Voivre, und meinem Schwager Theodor Edlen von Petzek, k. k. Major, mit entsprechenden Legaten bedenken zu können, auch ist ihr Lebensunterhalt durch ein entsprechendes Vermögen gesichert. …

10. Sollte es im Rathschlusse des Allmächtigen bestimmt sein, mein Kind noch früher von dieser Welt abzuberufen, als meine übrigen Angehörigen noch am Leben sind, so hat meine Witwe den lebenslänglichen Fruchtgenuß meines ganzen Nachlassvermögens zu beziehen, welches nach ihrem Ableben meiner obgenannten Schwester Anna von Petzek, geborene Gräfin de La Tour en Voivre, zuzufallen hat.

11. Die weiteren Anordnungen meines Leichenbegräbnisses und dergleichen überlasse ich ganz dem Ermessen meiner innigst geliebten Gattin.

Zur Bekräftigung, dass dieses mein freier letzter Wille sei, habe ich dieses Testament ganz eigenhändig geschrieben und unterschrieben und mein Siegel beigedrückt.

Mailand am 1. Februar 1848. L.S. Anton Gf. de la Tour en Voivre, m/p Hauptmann und Grenadier-Divisions-Commandanten des 33. Linieninfanterie-regiments.

Das zweite Testament ist ein Anhang, datiert mit dem 15. Februar 1868 (dem Hochzeitstag von Elvine und Theodor). Da sich in den vergangenen zwanzig Jahren die persönlichen als auch die Vermögensverhältnisse geändert hatten, nahm Anton eine Revision des ersten Testaments vor:

Mein Sohn Theodor Karl Leopold Anton wurde laut Dekret vom k. k. Landesmilitärgerichte Nr. 7309 Graz am 31. August 1867 großjährig erklärt, und erlangte daher auch sichtlich seiner Person und Vermögens die Rechte eines Großjährigen, ferner hat sich derselbe mit meiner Einwilligung mit Fräulein Elvine Freiin Ritter v. Zahony am 15. Februar 1868 zu Görz vermählt. – Als Heiratsvater habe ich ihm einen bedeutenden Theil meines Vermögens abgetreten, und zu gleicher Zeit einen kleinen Theil an Staats- und Industriepapieren in das Eigenthum meiner Frau Anna Leopoldine übertragen, so dass mein Vermögensnachlaß nur noch in den bei der k. k. Universal-Militär Depositen-Administration depositierten und als Heiraths-Caution vinculirten 12.000 fl. in Staats-Obligationen bestehen wird. Nach diesen vorbezeichneten Aufklärungen sind nun alle in meinem Testamente vom 1. Februar 1848 auf die Minorenität und Majorenität meines Sohnes Theodor Bezug nehmenden Anordnungen aufgehoben, und es haben nun noch die nachstehenden letztwilligen Anordnungen nach der Testamentsverordnung vom 1. Februar 1848 zu Rechte zu bestehen:

ad 1. Mein Sohn Theodor ist Universalerbe meines ganzen Nachlasses.

ad 2. Meine Frau Anna Leopoldine hat den lebenslänglichen Fruchtgenuß gemäß des Nachlaßvermögens zu beziehen.

ad 5. Alles Hausgeräthe und Silberzeug, wie es im Testamente verzeichnet, ist Eigenthum meiner Frau, gehört daher nicht zu meinem Nachlasse […]

Graf Anton de La Tour starb am 19. Oktober 1871 in seinem Zuhause in Graz an einem Schlaganfall.[16]

---

1 In diversen Schriftstücken, auch von Familienmitgliedern de La Tour, sind unterschiedliche Schreibarten des Namens angegeben. z. B. nur Latour oder Latour Envoivre etc. In meiner Arbeit verwende ich die für die „Stiftung der evangelischen Gräfin Elvine de La Tour" angegebene Schreibweise.

2 Stammbaum der Familie de La Tour. In: Privatarchiv Jaschke (in der Folge PAJ).

3 Mit einem Diplom vom 17. April 1756 wurde der alte Grundbesitz, zu dieser Zeit wieder in den Händen der Familie, zur Grafschaft erhoben und der alte Adel- und Grafentitel neuerlich bestätigt. PAJ.

4 Verheiratet mit Susanne de Brillié.

5 Theodors Großvater, Franz Hiacint, geb. 1749, verheiratet mit Antonia von Reindl, bekleidete den Posten eines k. k. Hauptmannes der Reserve Division des Mittrovsky'schen Infanterie-Regiments.
6 In der Heiratsurkunde des Paares, ausgestellt in der Pfarre St. Johann, 2. Wiener Gemeindebezirk, werden als Wohnadresse für Anton Jägerzeil Nr. 42, für Anna Leopoldine Jägerzeil Nr. 59 – heute Praterstraße, ebenfalls 2. Wiener Gemeindebezirk – angegeben. Anna Leopoldine war die Tochter des Herrn Leopold von Gall, Reichsritter und niederösterreichischer Landstand, und dessen Frau Juliana, geb. Edle von Szabo.
7 Vgl. Dokumente PAJ.
8 Anna Susanna von Petzek, geborene Gräfin de La Tour, geb. am 4. 8. 1798. Verheiratet mit Theodor Edlem von Petzek, Major.
9 In Graz wird die Adresse „Am kleinen Glacis 4/1" (ab 1850 Radetzkystraße) angegeben. In späteren Unterlagen findet man die Adresse „Radetzkystraße 15".
10 Vgl. Brief an Graf Pachta, Nachlassverwalter eines noch ausstehenden Erbes, 26. 12. 1848, PAJ.
11 Vgl. Schulzeugnisse von Theodor Graf de La Tour, PAJ.
12 Immatrikulationsbestätigung vom 31. Oktober 1864; Zeugnisse der Rechtswissenschaftlichen Fakultät von 1865–1866. PAJ.
13 Siehe „Enthebung vom Eintritte in das Militär", PAJ.
14 Die Pension des Grafen wird mit 600 Gulden jährlich angegeben. Eine 1870 von Graf Anton angestellte Berechnung des gesamten Familieneinkommens ergibt eine Summe von über 2.000 Gulden jährlich. Vgl. „Einkommen der gesamten Familie" für das Jahr 1870, PAJ. Briefe an Freunde von Anton, aber auch Ansuchen um Entschädigungszahlungen deuten finanzielle Verluste in Mailand an. Es gibt aber auch Hinweise auf einige Erbschaften an die gräfliche Familie. PAJ.
15 Vgl. „Testament mit Anhang", Anton Graf de La Tour, PAJ.
16 Vgl. Totenschein Anton Graf de La Tour, ausgestellt von der Propsteipfarre zum Hl. Blut am 26. Oktober 1871. PAJ. Seine Frau Leopoldine Gräfin de La Tour verstarb am 9. März 1895 in Graz, 80-jährig an einem „Herzfehler". Vgl. Todesfälle in der Pfarre St. Leonhard, in: Schiviz von Schivizhoffen, Ludwig (Hrsg.): Der Adel in den Matriken der Stadt Graz, Graz 1909, S. 474.

4.4. Heirat

Wie bereits erwähnt, lernte sich das Paar über die Bekanntschaft Theodors mit Elvines Brüdern kennen. Wie die Entscheidung zur Ehegemeinschaft zustande kam, ist nicht bekannt. Anna Katterfeld schildert in romantisch-verklärter Sicht Folgendes:

Elvine selbst war ihm (Theodor) freundschaftlich wie einem jüngeren Bruder zugetan, ohne weitere Gedanken zu haben. Daher war sie völlig überrascht, als sie merkte, dass er sich für sie interessierte. Als er ihr dann einen Heiratsantrag machte, lehnte sie ab. Aber Graf de La Tour en Voivre ließ sich nicht abweisen. Ihr Widerstand reizte ihn eher noch mehr. Ja, er erklärte sogar, er werde sich das Leben nehmen, wenn sie ihn nicht heiraten werde. Das erschreckte sie, und sie entschloss sich, ihm ihr Jawort zu geben. Fast schien es, als wäre seine heiße Werbung nicht ohne Echo in ihrem Herzen geblieben. Jedenfalls hatte sie, nachdem das Jawort einmal gegeben war, allen Warnungen und Widerständen zum Trotz unbeirrbar an der Verbindung zu ihrem Verlobten festgehalten.[1]

Tatsächlich wurde die Hochzeit des verarmten katholischen Grafen mit der begüterten evangelischen Kaufmannstochter in beiden Familien skeptisch betrachtet. Sowohl die anscheinend sehr gegensätzlichen Charaktere des Paares als auch der finanzielle Hintergrund des jungen de La Tour schienen nicht sehr überzeugend. Den größten Widerstand rief aber die interkonfessionelle Ehe hervor. Die Enttäuschung der Großmutter Rittmeyer über den katholischen

Elvine und Theodor um die Zeit ihrer Verlobung, 1867/68.

Verlobten ihrer Enkeltochter war groß. Besonders hart aber dürfte die Nachricht Theodors Mutter getroffen haben. Gräfin Anna Leopoldine de La Tour war eine überzeugte Katholikin und Leiterin eines katholischen Frauenvereines in Graz, welcher sich unter anderem zur Aufgabe gemacht hatte, Verbindungen mit evangelischen Partnern im eigenen Kreis zu verhindern.[2]

All diesen Bedenken zum Trotz fand die evangelische Trauung des Brautpaares – gestaltet von Pfarrer Ludwig Schwarz – am 15. Februar 1868 in der evangelischen Kirche in Görz statt.[3] In der Görzer Zeitung vom 18. Februar 1868 lässt sich dazu ein kurzer Bericht finden:

(Am vergangenen Samstag), Abends 5 Uhr fand in der hiesigen protestantischen Kirche die Vermählung einer Tochter des Herrn [Julius] Hektor Ritter von Zahony, Fräulein Elvine mit dem Herrn Grafen Latour statt. Eine zahlreiche Zuschauerschaar hatte sich eingefunden, Herr Pfarrer Schwarz verrichtete die kirchlichen Funktionen und hielt die diesbezügliche Rede, ein Soloquartett sang auf dem Chore ein passendes Lied. Die geladenen Damen erschienen in ungemein reichen, prächtigen Toiletten.[4]

Die Mitgift Theodors bestand aus 10.000 Gulden[5], vom Vater der Braut erhielt das Ehepaar das im Görzer Hügelland gelegene Weingut Russiz mit etwa 100 Hektar Land, nahe dem Dorf Capriva del Friuli bei Cormons gele-

Schloss Russiz. Im Vordergrund findet die Weinernte statt.

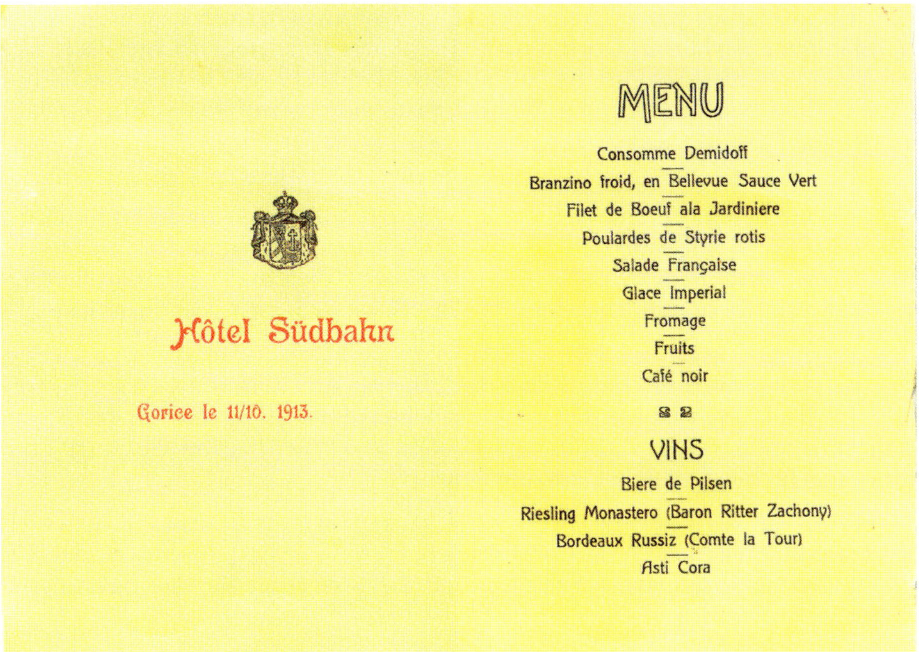

Menükarte des Hotels Südbahn in Görz 1913 mit den Weinempfehlungen: Riesling Monastero von Baron Ritter von Záhony und Bordeaux Russiz vom Comte la Tour.

Weinetikett eines Gräflich La Tour'schen Burgunders. Laut Erzählungen von Herrn Edino Menotti, ehemaliger Leiter des Weingutes Russiz, wurde dieser Wein sogar bis an den russischen Zarenhof geliefert. Herr Menotti fand bei seiner Ankunft in Russiz 1954 noch vier Flaschen mit dieser Etikette vor.

gen. Da es in Russiz noch kein geeignetes Wohnhaus gab, bezogen die frisch Vermählten ein Haus in Cormons. Elvines Vater ließ seiner Tochter in Russiz ein kleines weißes Schloss, im Stil ähnlich dem Schloss Miramare in Triest, bauen. Umgeben war der neue Wohnsitz von einer vom Grafen wunderschön gestalteten Parkanlage.

Theodor de La Tour begann mit der Bewirtschaftung des Besitzes, führte neue Weinreben aus Frankreich ein und legte damit den Grundstein für einen erfolgreichen Weinbaubetrieb[6], der heute noch preisgekrönte Qualitätsweine produziert.[7] Nachdem sein Schwiegervater nach Wien ins Herrenhaus berufen worden war, übernahm Theodor auch die Bewirtschaftung des Familiengutes Monastero bei Aquileia.

Bemerkenswert erscheint, dass das Ehepaar de La Tour als einzige Deutsche im friulanisch-italienischen Gebiet lebten und Elvine die einzige Protestantin[8] in diesem rein katholischen Umfeld war. Hier begann die junge Frau ihr evangelisches Sozialwerk aufzubauen.

Bevor auf Elvines Lebenswerk näher eingegangen wird, ist es nötig, einen Blick auf ihre religiöse Herkunft zu werfen. Denn hier sind die entscheidenden Prägungen für ihre Lebensgestaltung und die Triebfeder für ihre diakonische Arbeit zu finden.

---

1 Vgl. Katterfeld, Elvine, S. 19–20.

2 Ebenda, S. 20 f.

3 Siehe auch Schiviz von Schivizhoffen, Ludwig (Hrsg.): Der Adel in den Matriken der Grafschaft Görz und Gradisca, Görz 1904, S. 338. Hier werden als Zeugen der Hochzeit Karl Rittmeyer und Friedrich von Brucker angegeben.

4 Vgl. Görzer Zeitung, II. Jahrgang, Nr. 14, 18. Februar 1868.

5 Vgl. PAJ.

6 Laut mündlichen Überlieferungen kehrte Graf Theodor von einer Reise aus Frankreich mit riesigen Blumensträußen für seine Frau nach Hause zurück. In den Sträußen versteckt war es ihm gelungen, Ableger französischer Weinstöcke einzuschmuggeln. Diese Ableger eigneten sich sehr gut für die friulanischen Böden, waren widerstandsfähig gegen Krankheiten und erwiesen sich als entscheidend für die Entwicklung der Weinerzeugung im Friaul. Vgl. Ausstellungskatalog Russiz, April 2007. Graf de La Tour war als Vertreter der k. k. Ackerbau-Gesellschaft in Görz Teilnehmer am IV. österreichischen Weinbau-Congress, der 1891 in Görz stattfand. Als ein Programmpunkt des Kongresses war ein Besichtigungstermin der La Tourschen Weingärten geplant, der aus wettertechnischen Gründen schließlich doch nicht stattfinden konnte. Vgl. Frühauf, Thomas: Bericht über den IV. österreichischen Weinbau-Congress abgehalten in Görz vom 16. bis 20. September 1891, Görz 1892, S. 16–18.

7 Zu den Premiumweinen zählen die DOC-Weine Merlot Graf de la Tour, Tocai Friulano, Chardonnay Gräfin de La Tour, Malvasia Istriana, Ribolla Gialla und Pinot Grigio. Der Chardonnay Gräfin de La Tour 2000 wurde im Jahr 2003 zum besten Weißwein Italiens prämiert. Siehe: http://www.villarussiz.it/ [8.10.2008].

8 Vgl. Jahresbericht Innere Mission, Neujahr 1916, S. 3.

4.5 Das pietistische Glaubensleben der Gräfin

Elvine de La Tour war eine sehr fromme Frau. Ihr tiefgründiges Glaubensleben kann sicherlich großteils als Wurzel ihres sozialen Engagements betrachtet werden. Ihre Glaubenseinstellung ist dem Pietismus zuzuordnen, insbesondere der pietistischen Erweckungsbewegung des 19. Jahrhunderts.[1] Da im Rahmen dieser Arbeit nur begrenzt auf die vielfältigen Erscheinungsformen der pietistischen Geistesströmung eingegangen werden kann, soll am Anfang ein knapper Überblick über diese Glaubensbewegung gegeben werden. Im weiteren Verlauf werden vornehmlich jene Aspekte herausgearbeitet, die es erlauben, Einsicht in die pietistische Mentalität[2] der Gräfin zu bekommen und damit zugleich den glaubensmotivierten Hintergrund ihrer Arbeit zu beleuchten und zu verstehen. Zitate der Gräfin über ihr Glaubensleben sollen das Bild ihrer religiösen Prägung abrunden.

Der Pietismus

Der Pietismus ist eine im 17. Jahrhundert einsetzende Bewegung innerhalb der protestantischen Kirche. Das erklärte Ziel sollte eine geistliche Erneuerung der Kirche sein, da die vorherrschenden Lehren der evangelischen Theologie als zu einseitig empfunden wurden. Der Pietismus strebte nach einer lebendigen, praktizierenden Frömmigkeit und nach einer tätigen Nächstenliebe. Als Grundlage dafür dienten die Orientierung an den genauen Worten der Bibel, ein regelmäßiges Bibelstudium und eine individuelle Bekehrung des Gläubigen. Begründer des lutherischen Pietismus war der deutsche Theologe Philipp Jacob Spener. Sein Hauptwerk „Pia Desideria" (= Frommes, herzliches Verlangen) erschien 1675 und bildete das Hauptprogramm des Pietismus. In dieser Schrift kritisierte er Missstände und forderte eine umfassende Reformation der lutherischen Kirche. Anhänger des Pietismus wurden spöttisch Pietisten (= Frömmler) genannt. Die Zentren des Pietismus bestanden in Halle (August Hermann Francke 1663–1727), in Württemberg (Johann Albrecht Bengel 1687–1752; Friedrich Christoph Oetinger 1702–1782) und am Niederrhein (Gerhard Tersteegen 1697–1769). Neben diesem innerkirchlichen Pietismus gab es auch sogenannte Schwärmer, die einem radikalen Pietismus zuzuordnen sind und aus der Kirche hinausstrebten. Der Pietismus hatte nachhaltigen Einfluss und prägte die gesellschaftliche, politische und pädagogische Entwicklung im Deutschland des 18. Jahrhunderts. Als eine Fortsetzung des Pietismus sind die Erweckungsbewegungen des 19. Jahrhunderts zu betrachten. Heute wird diese Bewegung vor allem durch die Gemeinschaftsbewegung repräsentiert.

Der Kirchenhistoriker und deutsche Pietismusforscher Martin Brecht bezeichnet den Pietismus „als die bedeutendste Frömmigkeitsbewegung oder religiöse Erneuerungsbewegung des Protestantismus nach der Reformation".[3] Johannes Wallmann weist auf den gesamteuropäischen Kontext hin. Für ihn ist der Pietismus „geschichtlich … ein Teil jener religiösen Welle [...], die im siebzehnten Jahrhundert das Abendland überflutete, und die in England die

Form des Puritanismus, in Frankreich die des Jansenismus, in Polen die des Chassidismus annahm, und sich in Deutschland in der Pietistischen Bewegung auswirkte."[4] Bei dieser handelt es sich um keine homogene Bewegung, sondern sie erfuhr im Laufe ihrer Geschichte unterschiedliche Ausprägungen, Zentren und Abspaltungen.[5] Aufgrund dieser Vielgestaltigkeit ist eine klare Definition dieser Bewegung problematisch bzw. unmöglich.[6] Im Allgemeinen ist die Bewegung in zwei grundsätzliche Strömungen unterteilt: in den kirchlichen Pietismus einerseits und in den radikalen, von der Kirche losgelösten Pietismus andererseits. Beim kirchlichen Pietismus wiederum wird in den älteren Pietismus[7], jene Frömmigkeits- oder Erneuerungsbewegung, die im 17. und 18. Jahrhundert auftrat, und in den Neupietismus[8] des 19. und 20. Jahrhunderts unterteilt. Letzterer, auch Erweckungsbewegung genannt, wird aufgrund ähnlicher inhaltlicher Motive als Fortsetzung des älteren Pietismus betrachtet.[9] Ausgelöst wurden beide Bewegungen durch eine „Frömmigkeitskrise"[10] – eine Reaktion auf die Unzufriedenheit mit der Haltung der offiziellen Kirche:

[...] Der Pietismus entsprang einem Gefühl der mangelhaften Frömmigkeit, unzureichender christlicher Lebensführung und dem Drang zur Verifizierbarkeit des persönlichen Glaubens. Theologisch reagiert er auf die Spannung und das Trauma des Dreißigjährigen Krieges durch Neuorientierung auf die Bibel. Durch die im 18. Jahrhundert aufkommende Aufklärung gerieten die Vertreter des Pietismus sukzessive in die Defensive und verloren zunehmend an Einfluss. In der Aufklärung wurde das traditionelle Weltbild durch neue Erkenntnisse der Naturwissenschaft erschüttert und die offizielle Theologie von der aufklärerischen Philosophie angegriffen. Die Theologie reagierte darauf mit einer zunehmenden Verwissenschaftlichung, wurde aber für die normalen Gemeindemitglieder immer unverständlicher. Außerdem verlangte der absolutistische Staat ein Bekenntnis zum offiziellen Dogma, das er in den Vordergrund stellte, hielt aber persönliche Frömmigkeit für störend. Der Pietismus kritisierte beide Entwicklungen, die er für rein äußerlich hielt, und stellte ihnen sein Ideal einer persönlichen, gefühlsbetonten Frömmigkeit entgegen. [...]

In seinen Anfängen zählten zur „Trägerschicht" des Pietismus Pastoren, fromme Adelige, Kaufleute und Handwerker. Erst später engagierten sich zunehmend auch einfachere Leute wie kleine Handwerker und Dienstboten.[11] Die großflächige Verbreitung dieser Glaubensbewegung entstand durch rege Korrespondenzen, Aufbau eigener Verlagswesen und Ausgabe von Erbauungsliteratur und Schriften sowie regelmäßige gegenseitige Besuche. So entwickelte sich „recht bald ein geschlossenes pietistisches Kommunikationssystem [...], das zum Zusammenhalt der pietistischen Bewegung beitrug [...]"[12]

Pietismus als Lebensform

Die Anhänger der pietistischen Bewegung wünschten sich einen aktiven inneren Glauben und aktives soziales Handeln am Nächsten und keine passive „Glaubenserledigung" durch den Klerus.[13] Um diese gewünschte persönliche Verinnerlichung und Frömmigkeit zu erreichen, bekamen vor allem das Gebet und das Studium der Bibel einen großen Stellenwert. So wurden zusätzlich zu den Gottesdiensten Privatversammlungen (Konventikel) besucht, die der Erbauung und der intensiveren Beschäftigung mit Glaubensfragen dienen sollten. Das Laientum wurde damit zu einem prägenden Element der pietistischen Bewegung. Charakteristisch für den Pietismus ist die „unkritische Bibellektüre"[14], was bedeutet, dass die Worte der Heiligen Schrift uneingeschränkt gelten und ohne Interpretationsmöglichkeiten als Wegweisung und Anleitung für das Leben betrachtet wurden. Im frühen Pietismus waren die Motive „Buße, Heiligung und Nachfolge" ein gemeinsames Moment.[15] Der Pietist glaubt an die Rechtfertigung (Vergebung der Sünden), welche durch Heiligung (Kampf gegen die Sünden) zu erlangen ist. Der „Ich-Trieb", der Geltungstrieb, wird im Pietismus als herrschender Trieb der sündigen Natur betrachtet und ihn gilt es täglich zu bekämpfen.[16] Johann Arndt (1555–1621), Verfasser mehrerer Erbauungsbücher, stellt in seinem Werk „Wahres Christentum" Demut und Selbstverleugnung als die erstrebenswertesten Tugenden dar.[17]

Der Pietist will es nicht dabei bewenden lassen, dass ihm – durch die Rechtfertigung – die Sünden vergeben worden sind, er will auch vom Zwang zum Sündigen befreit sein, ein heiliges, Gott wohlgefälliges Leben führen.[18]

Eine wesentliche Rolle spielt der Glaube an die Wiederkunft Jesu Christi, die Auferstehung, das Jüngste Gericht, den Sieg über das Böse in der Welt und die Errichtung eines irdischen Paradieses. Daraus ergeben sich die ethischen Motive für die Lebensgestaltung und Handlungen auf Erden. Der Religionssoziologe Max Weber untersuchte die Zusammenhänge zwischen protestantischer Ethik und dem Kapitalismus. In seiner Analyse bezeichnet er den Pietismus als asketische Bewegung – der Pietist lebt eine „innerweltliche Askese" – mit klaren ethischen Regeln bezüglich der Ehe, der Erziehung[19] sowie im wirtschaftlichen und politischen Bereich. Zur gelebten Frömmigkeit gehören Sparsamkeit, Selbstbeherrschung und eine gewissenhafte Zeitplanung.[20]

Pietisten entwickelten eine eigene Kultur, sie erschufen sich „eine eigene Glaubenswelt und eigene Lebenswelt"[21], eine eigene pietistische Sprache[22] und unterschieden beispielsweise klar zwischen sich selbst als „Gotteskinder" und den nicht Erkennenden als „Weltkinder".[23]

Pietismus als Auftrag

Ein bedeutendes Element im Pietismus ist die Missionsarbeit. Hier wurden die Motivgedanken der Bewegung – „Glaube" und „tätige Nächstenliebe" – umgesetzt: Dazu zählte die Verkündigung des Evangeliums, um die „Heiden" dem „wahren" Christentum näher zu bringen und des weiteren alle „wahren Gotteskinder" in eine Gemeinschaft zusammenzuführen, um damit „Gottes Reich" aufzubauen, was als Grundvoraussetzung für die Wiederkehr Jesu Christi betrachtet wird.

Die „tätige Nächstenliebe" erfolgte anhand einer organisierten praktischen Diakonie in Form von Armenpflege und sozialem Engagement. Die Missionsarbeit weltweit wurde als Äußere Mission bezeichnet, die innerhalb des eigenen Landes als Innere Mission. Besonders im Neupietismus gewann die Missionsarbeit zunehmend an Bedeutung:

> *Eine der großen Leistungen gerade der Erweckung und der von ihr beeinflussten Frömmigkeit sind die bedeutenden Organisationen, die „Werke" des praktischen Christentums: Die Bibel- und Missionsgesellschaften, die Anstalten und Stiftungen, die man später der Inneren Mission zuzählte, die Rettungshäuser und Armenschulanstalten, aus den Kriegsnöten wie der Aufnahme und Verchristlichung Pestalozzischer Erziehungsideen geboren [...], die Armen- und Krankenpflegeanstalten [...], die Asyle, die Gefängnisvereine, die „Jünglingsvereine", die Waisen- und Krankenhäuser, die Diakonissenhäuser [...]*[24]

Pietismus kritisch betrachtet

Der Pietismus wirkte in die mannigfaltigsten Lebensbereiche[25] hinein, reagierte durch seine Flexibilität auf die Herausforderungen der Zeit. Durch verschiedenartige Impulse konnten großartige Leistungen, beispielsweise im sozialen Bereich, vollbracht werden. Nach dem Motto: „Wo Licht ist, ist auch Schatten[...]"[26] hatte der Pietismus aber auch seine Schattenseiten aufzuweisen. Hauptsächlich wird den frommen Anhängern auffallende Intoleranz und Selbstgefälligkeit vorgeworfen. In ihren missionarischen Bestrebungen versuchten sie Außenstehende von der pietistischen Lebensweise zu überzeugen.

Wie sehr die Gräfin de La Tour in den Kontext einer pietistischen Tradition und Prägung einzureihen ist, werden die folgenden Kapitel über ihr Lebenswerk noch aufzeigen. Ihre Anstalten zählten später zu den Werken der österreichischen Inneren Mission. Sie und die Treffner Gemeinschaft standen stets in enger Verbindung mit den pietistischen Glaubensgemeinschaften in Deutschland und der Schweiz. Dort suchte sie nach gut ausgebildeten Mitarbeitern in den pietistisch geführten Einrichtungen und Ausbildungsstätten, dorthin schickte sie auch ihre Anstaltskinder für eine weiterführende Ausbildung und von dort erhielt sie Unterstützung für ihr österreichisches Werk.

Innerhalb der deutschen pietistischen Glaubensgemeinschaften fiel Württemberg eine herrausragende Stellung zu. Hier hatte sich die pietistische Bewegung im Laufe ihrer Geschichte besonders nachhaltig entfalten können und und ein reges Glaubensleben entwickelt. Gräfin de La Tour schickte beispielsweise ihren geliebten Neffen Theodor von Gall, den sie als ihren Nachfolger betrachtete, zu Ausbildungszwecken nach Korntal in Württemberg. Die Stadt liegt etwa sieben Kilometer entfernt von Stuttgart in nordwestlicher Richtung und wurde 1819 als Evangelische Brüdergemeinde gegründet: Zu Beginn des 19. Jahrhunderts wurde den Pietisten das Abhalten ihrer Privatversammlungen und Bibelstunden verboten. Dies veranlasste viele strenggläubige Pietisten dazu auszuwandern. Um dem entgegenzuwirken, wurde eben jene Gemeinde Korntal als Zufluchtsort gegründet, die den pietistischen Gläubigen ein freies und nach ihren Idealen gestaltetes Leben erlaubte.[27]

Im Sinne der österreichischen Missionsarbeit sorgte Gräfin de La Tour für die Verbreitung des Glaubens, indem sie in Eigeninitiative Evangelisten nach Kärnten holte. Die Motivation für all ihr diakonisches Schaffen lässt sich in ihrem ernsthaften und allumfassenden Glauben finden. Gerade in Treffen hatte sich aufgrund der Initiative der Gräfin und bis weit über ihren Tod hinaus ein reges und frommes Glaubensleben entwickelt. Für einige war der „Treffner Pietismus" aber auch zu eng und eingeschränkt. So berichtet ein Teilnehmer von den seit 1923 in Treffen stattfindenden Pfarrfreizeiten Folgendes:

Gewiß stehen einer solchen Tagung oft genug wirkliche Hindernisse im Wege. Doch scheint eine Wolke von Vorurteilen gegen Treffen nicht weichen zu wollen. Ich [Dr. Mölder], der ich diesen Bericht schreibe, gestehe, dass ich selbst vor zwei Jahren mit einem gelinden Gruseln vor dem Treffner Pietismus in dem lieblichen Waldtal abgestiegen bin. Von anderen weiß ich ähnliches.[28]

Anschließend sollen einige Zitate und Gebetsbitten der Gräfin für sich selbst sprechen. Sie spiegeln verschiedene Phasen und Glaubensentscheidungen in ihrem Leben wieder.

Ihre pietistisch geprägte Frömmigkeit und Demut bezeugt nachstehendes Zitat:

Und wenn ich nun heute meinen Jahresbericht verfassen soll, so möchte ich gerade so stehen in dem Bewusstsein, dass ich nichts bin und vermag und es allein der Gnade unseres großen Gottes zu verdanken habe, wenn ich dazu beitragen durfte, seine Liebesabsichten auch an unserm Volke hier auszuführen. Gewiß hätte der Herr durch eine völligere Hingabe, durch mehr Gehorsam und Glauben meinerseits, noch mehr ausrichten können. Dies habe ich manchmal mit Schmerz und innerer Beugung erwogen. Umso größer erscheint mir dann meines Gottes Langmut, die uns in unserer Schwachheit trägt und nicht fallen lässt. Er weiß, was für ein Gemächte wir sind; ihm allein sei Preis und Dank gesagt für alles![29]

Glaube und tätige Nächstenliebe waren untrennbar in der Wesensart der Gräfin de La Tour vereint. Ihr Glaube ist zugleich Kraftquelle, Sicherheit und Trost. Über die eigene Suche, innere Glaubensentwicklung und Berufung berichten ihre Erinnerungen:

Unser Pfarrer brachte einmal überraschend zwei Steine in den Konfirmationsunterricht mit; beide waren herzförmig, einer weiß, einer schwarz. In bewegenden Worten schilderte er dann die Schwärze und Härte des natürlichen Herzens und redete anschließend in großer Liebe von Jesus Christus, der gekommen sei, das Herz rein zu waschen durch sein Blut und dazu auch weich zu machen für die Gnadenzüge Gottes. Das hat bei mir die Wende herbeigeführt. Nicht schnell, sondern nach und nach. Ich habe gerungen, gekämpft, gebetet, bis ich schließlich ganz mit der Welt brechen und mein Leben auf den Altar des Herrn legen konnte.[30]

***

Als ich ein Kind war und mich in glänzenden Verhältnissen befand, da verglich ich mein Los mit dem der Armen, von denen ich mich umgeben sah. Ich fragte mich: „Wie kommt es, dass eine so ungleiche Verteilung auf Erden unter Gottes Zulassung besteht? Ich lebe in Überfluß und andere müssen darben; das werde ich auf die Dauer nicht ertragen und daher wohl bald sterben". Später überlegte ich dann, dass es wohl einen Weg geben muß, um einen Ausgleich zu schaffen, den auch ich, nachdem die Mittel dazu mir einmal geboten sein würden, einschlagen werde und der dazu beitragen könne, die Not meiner Mitmenschen zu lindern. Dieser Gedanke machte mich sehr glücklich, besonders im Hinblick auf die leidende Kinderwelt, für welche der Herr mir als Gabe eine besondere große Liebe ins Herz gelegt hatte. Diese sollte die Triebfeder zu meinem späteren Werken an den armen Kindern werden. Als ich einstmals sinnend den ergreifenden Worten Jesu: Joh. 21,15 gegenüberstand: „Simon, Jonah, hast du mich lieber, denn mich diese haben?" und die Antwort des Petrus erwog: „Ja, Herr, du weißt, dass ich dich lieb habe;" und darauf den Auftrag Jesu vernahm: „Weide meine Lämmer!" da dachte ich: „Auch ich liebe den Heiland und möchte Seine Lämmer weiden" – Darunter verstand ich die Kinder. Es verging wohl eine Reihe von Jahren, ehe ich die Liebe zur Welt, die mir so viel Verlockendes bot und dann doch nur Enttäuschung brachte, und das eigene Ich, das so mächtig nach seinem Rechte, – so verstand ich es damals, – verlangte, nach schweren Führungen und Wegen als überwunden zu Jesu Füßen niederlegen konnte. Da sind viele Tränen in der Einsamkeit geflossen, aber der Herr blieb Sieger. Ihm sei Lob und Dank dafür gesagt in alle Ewigkeit![31]

Sie erkannte die Notwendigkeit einer schulischen Ausbildung und wollte damit den Kindern eine bessere Zukunft gewährleisten – und zwar in zweierlei Sinn: Einerseits bot eine schulische Elementarbildung mehr Wahlmöglichkeiten und Chancen in beruflicher Hinsicht, und andererseits ermöglichte die Fähigkeit des Lesens auch ein intensives Bibelstudium, denn begründet in einem durchdringenden ernsthaften Glauben sah die Gräfin den einzig möglichen Ausweg aus dem Elend und der Armut der Kinder. So versuchte sie nicht nur das Los einzelner Kinder zu verbessern, sondern die Ursachen dafür zu bekämpfen.

Im Jahre 1885 führte der Herr mich nach Kärnten [...]. Damit durfte ich ein großes Arbeitsfeld betreten in einem Lande, wovon etwa ein Zehntel von evangelischen Leuten bewohnt ist. [...] Ich verschaffte mir [...] den ersten Einblick in das entsetzliche Elend und die sittliche Verwahrlosung unseres Volkes hier, welches so sehr von jeder göttlichen Ordnung abgewichen war. Davon zeugten die vielen unehelichen Kinder, die Missachtung der Ehe, die herrschende Unsittlichkeit, Gottlosigkeit, Unzucht, Trunksucht usw. Wie wuchsen die armen, verlassenen Kinder auf, denen ein in Gottes Wort gefestigtes Elternhaus niemals geboten war! Wer in dieses Elend mit verständnisvollem Auge und mitfühlendem Herzen hineinblickt, kann es nicht vergessen und muß nur den einen Wunsch hegen da Abhilfe schaffen zu können. So wuchs auch hier eine Arbeit heran, zuvörderst zur Sammlung und Bergung der verlorenen, gefährdeten, der Pflege bedürftigen Lämmlein.[32]

In diesem Zusammenhang war auch die Evangelisationsarbeit für Elvine de La Tour von sehr großer Bedeutung. Das Ziel war, die Menschen durch Glaubensfindung vom „Sündigen" abzuhalten:

Es liegt daran, dass dem Volke das Wort Gottes verloren gegangen ist, und es verlernt hat, das Leben an Gottes Gesetz und Gottes Ordnung zu binden.[33]

∗∗∗

Es ist ein tiefer Schade in unserer katholischen Christenheit, dass derselben der Gebrauch des teuren Bibelwortes untersagt ist. Wo aber Gottes Wort fehlt, da kann kein Licht von oben in die von Natur dunklen Herzen eindringen. – Doch auch unsere evangelische Christenheit hat ihre Aufgabe vernachlässigt, dieses Licht in ihren Häusern hell brennen zu lassen; sie hält den ihr in Gottes Wort anvertrauten Schatz vergraben, hat das Bewusstsein verloren, dass demselben die Lebenskräfte entquellen, die dem Herrn ein Volk zum Eigentum sammeln und zubereiten sollen. Daher stammt der Mangel an Kraft, den Mitmenschen durch einen sittlichen, geheiligten Wandel voranzuleuchten.[34]

Aus ihrem Glauben Kraft und Vertrauen schöpfend, verfolgte sie unbeirrbar ihre Ziele. Dabei stieß sie häufig auch auf Widerstand und Unverständnis, hegte Zweifel und fand schließlich doch wieder Gewissheit für ihr Tun:

Was ich aus Liebe tue, erfährt von vielen Seiten Missdeutung und Haß, was nicht zu begreifen wäre, wenn das Wort Gottes, unsere teure Bibel, nicht eine Erklärung dafür hätte. Wie vielfach wurden Leute, welche sich im Dienste der Menschheit hingaben, gehasst; die Schrift erklärt sie selig (Matth. 10, 22–24; Markus 13, 13; Lukas 21,17; Lukas 6,22). Unser Heiland erfuhr es hier auf Erden nicht anders (Joh. 15,18) und konnte sagen: „Sie hassen mich ohne Ursache" (Joh. 15,25). Da müssen wir uns nicht wundern, wenn wir ein ähnliches Los erfahren.[35]

∗∗∗

Von Stürmen umbraust sahen wir das vergangene Jahr auch an uns und speziell an unserer Arbeit vorüber ziehen. Feindschaft, Kämpfe und allerlei Not ist über uns hereingebrochen. Aber dass wir Jesus, den Heiland, im Lebensschifflein hatten und am Steuer wussten, das hat uns den Mut gestärkt und ausharren lassen. Ich konnte das Vertrauen in unseren großen Gott nicht sinken lassen und im Herzen ertönte es immer wieder: „Nur vorwärts" Niemals zurück![36]

∗∗∗

Es ist mir ja köstlich, dessen sicher zu sein, dass mich der Herr in die Arbeit, in der ich stehe, berufen hat. Manchmal meinte ich schon zurücktreten zu müssen, wenn ich sah, wie das Werk stetig an Umfang gewann, immer neue Zweige der Tätigkeit entfaltete und ich daneben mit meiner Schwachheit, dem zunehmenden Alter zu rechnen hatte. Doch meine Bedenken und mein Widerstand wichen stets wieder angesichts der schon erwiesenen großen Gnade und der Verheißungen unseres Gottes. Ich musste gehorchen und dem Herrn sagen: „Wenn der Auftrag wirklich mir gilt, dann stelle ich mich zur Verfügung, dann weiß ich, dass deine Kraft, o

Herr, mich wie bisher, so auch weiter tragen wird." Mein Vertrauen darin ist auch nie zu Schanden geworden![37]

Die Gräfin war eine „Beterin"[38] Durch Gebete erlangte sie Klarheit und Gewissheit für ihr Schaffen:

Der Herr legt uns eine Last auf, aber Er hilft uns auch. Dies werden wir bei allen tagtäglich wiederkehrenden inneren und äußeren Schmerzen und Trübsalen immer wieder erfahren, und bis wir unseres Glaubens und der Gebete Frucht, die nicht ausbleiben wird, entgegennehmen dürfen![39]

***

Wollen Sie beten helfen, dass der Herr Seine Hilfe schenken wolle zur Erweiterung der Schule und zum Ausbau des Betsaales ob dem Kinderheim. Ich habe da noch nicht die Gewissheit, was darin zu tun sei, und diese muß zuallererst erlangt werden. 1. Jak. 5[40]

***

All' dies gibt mir zu denken und treibt mich immer wieder ins Gebet, dass der Herr mir so klare Winke geben wolle, damit ich sicher werde, was ich im Glauben zu tun habe.[41]

Im Jahr 1913 schildert Gräfin de La Tour in einem Brief an den Buchhalter in Schloss Treffen ein für sie lebensgefährliches Erlebnis. Auch hier ist das innige Vertrauen in Gott klar erkennbar:

Lieber Herr Bach!

Hiermit teile ich Ihnen unsere gestrigen Erlebnisse mit, Sie ersuchend den Brief sodann an den Hausvater Gienger zu senden, der den Inhalt desselben am Karfreitag in der Gebetsstunde verlesen möchte. Ich denke, daß manches und mancher sich dafür interessieren werde!

Es war um 4 ¼ Nachmittag als wir etwa 500 m vor der Station S. Lucia-Tolmein, während eines heftigen Gewitters durch eine große Erschütterung und starkes Krachen in unserem Coupé erschreckt wurden. Ich dachte nichts anderes, als dass die Zertrümmerung des Waggons beim nächsten Stoß erfolgen wird. Das herabgeschleuderte Handgepäck lag herumgestreut am Boden. Nachdem alles still blieb, wagten wir Umschau zu halten und erfuhren Folgendes: Ein Felssturz war so knapp vor der Maschine vom Berge herab niedergegangen, daß der Zugführer die Maschine nicht zum Stehen bringen konnte. Der Anprall der Lokomotive war so heftig, daß alle Waggons aus den Schienen geschleudert wurden und zwar nur ein paar Meter vor einer scharfen Courve, welche knapp an einer Böschung vorüberführte. Wären wir bis dahin gelangt, so wäre der ganze Zug beinahe sicher in die Tiefe gestürzt und damit stand unser aller Leben auf dem Spiel! Der Herr hat uns in Gnaden bewahrt; Er tut Wunder! Wir mussten von 4 ½ Nachmittag bis 9 ¼ abends, also 5 Stunden zuwarten, bis ein Zug aus Görz anlangte, um uns an der Unfallstelle in Empfang zu nehmen. Des Gewitters wegen konnte erst nach längerer

Zeit unsere Notlage an die Station Görz gemeldet werden. So kamen wir statt um 4.40 Nachmittag erst um Mitternacht in Görz und gegen halb 2 in Russiz an. Da wurden wir schon unterwegs und dann hier mit Jauchzen und Thränen mit unbeschreiblicher Freude empfangen. Ich war überwältigt von aller Liebe, welche mir in so reichem Maße erwiesen wurde und dachte, wie schon diese Erfahrung hinreichend sei, um jeden trüben Eindruck zu verwischen und das Herz mit Lob und Dank, mit Preis und Anbetung der Liebe Gottes zu füllen, welche sich in der treuen Bewahrung und in all' dem gespendeten Segen offenbart. Es waren so viel beängstigende Gerüchte in Görz laut geworden, man sprach von zertrümmerten Waggons, 60 Toten usw., daß die ganze Stadt in Aufregung versetzt war. Gottlob nahm auch unser liebes Fräulein Abele keinen Schaden, trotz der Angst und den bangen Stunden, bei dem leidenden Zustand und dem totblassen Aussehen, das mich erschreckte. Der 18. März wird uns eingeprägt bleiben als ein Gedächtnistag der Wundermacht unseres gnädigen und barmherzigen Herrn. Ps. 111, 4.

Mit herzlichen Grüßen an Sie, sowie von Haus zu Haus, E. de La Tour

(Schloß) Russiz den 19. März 1913.[42]

Mehrmals zog Elvine Bilanz über ihr Leben und ihre Arbeit:

Als ich in den siebziger Jahren vor die Wahl gestellt wurde, den Weg einzuschlagen, der für mein ganzes weiteres Leben bestimmend sein sollte, da habe ich schon genügend Erfahrungen gemacht, um zu wissen, wie folgenschwer eine Entscheidung sein musste, welche mich an die Nachfolge meines Heilands binden würde. So war kein langes Überlegen am Platze. Zudem wusste ich auch, dass ich mich mit vollem Vertrauen einer Führung überlassen könne, welche niemals irregehen, mich nie enttäuschen oder mir den Beistand versagen würde. Mein Entschluß hat mich nie gereut, ja nur eine Fülle von geoffenbarter Gottesliebe und Siegerfahrungen eingetragen.[43]

***

Als die Stillen im Lande wollten wir wirken, und wenn auch in den langen Jahren uns viele und harte Kämpfe nicht erspart geblieben sind und den Fortbestand des Werkes oft ernstlich bedrohten, so haben wir es doch mit Freude und Dank erfahren, dass wir Den unter uns hatten, der sich den Weg, die Wahrheit und das Leben nennt (Joh. 14, 6). Bei allen Unvollkommenheiten, welche das irdische Leben mit sich bringt, herrschte doch Friede, Freude und Licht in unseren Räumen, und vor allem durften wir die Lämmer Jesu weiden, das war köstlich![44]

***

Meinem himmlischen Vater habe ich nicht allein mein irdisches Dasein, die damit verbundenen Gaben und Güter zu verdanken, sondern was vielmehr, ja alles bedeutet: Er hat mich erwählt und berufen zur Nachfolge Seines Sohnes, hat mir in der Wiedergeburt Seinen heiligen Geist geschenkt, hat mich bis in mein Alter, da ich grau geworden, in unbeschreiblich großer Liebe, Nachsicht und Treue getragen, hat mich gesegnet und zum Segen werden lassen. Ihm sei darum auch Lob, Preis und Dank gesagt bis zum letzten Atemzug![45]

1 Wie bereits im Kapitel 4.2 erwähnt, übte Ludwig Schwarz – in Görz als Gemeindepfarrer tätig von 1864–1871 – starken Einfluss auf das Glaubensleben Elvines aus. Er empfing Impulse aus der Lektüre der Lebensgeschichte von Martin Boos, dem Hauptvertreter der Allgäuer Erweckungsbewegung. Zur Erweckung der Brüder Schwarz siehe: Schaefer, Kurt: Ernst Schwarz – das Werk der Liebe in Waiern. Das Verlorene suchen – das Leben finden, Feldkirchen 1986, S. 16–24; Katterfeld, Anna: Die erfüllte Prophezeiung, Lahr–Dinglingen 1959; Patzelt, Evangelisches Leben, S. 128. Eine ausführliche Darstellung zur „Allgäuer Erweckungsbewegung" ist zu finden in: Gäbler, Ulrich (Hrsg.): Der Pietismus im neunzehnten und zwanzigsten Jahrhundert (Geschichte des Pietismus, Bd. 3), Göttingen 2000, S. 87–111.

2 Ein informatives Werk zur religiösen Mentalitätsgeschichte ist: Dantine, Johannes / Thien, Klaus / Weinzierl, Michael (Hrsg.): Protestantische Mentalitäten, Wien 1999.

3 Brecht, Martin: Artikel Pietismus. In: Theologische Realenzyklopädie (TRE) Bd. 26, Berlin–New York 1996, S. 606–631, hier S. 606.

4 Zitiert nach Messner, Traugott: Die Bewegung des Pietismus in Geschichte und Gegenwart, in: Schmid Hartmut (Hrsg.): Was will der Pietismus? Historische Beobachtungen und aktuelle Herausforderungen. Beiträge aus dem Albrecht-Bengel-Haus, Tübingen, Wuppertal 2002, S. 7–34, hier S. 13.

5 Zur Bewegung des Pietismus empfiehlt sich besonders das vierbändige Werk von Brecht, Martin / Deppermann, Klaus / Gäbler, Ulrich / Lehmann, Hartmut (Hrsg.): Geschichte des Pietismus, Göttingen 1993–2004.

6 Vgl. Lehmann, Hartmut (Hrsg.): Glaubenswelt und Lebenswelten (Geschichte des Pietismus Bd. 4), Göttingen 2004, S. VI. Im wissenschaftlichen Diskurs wird der Begriff Pietismus aufgrund der unterschiedlichen Ausprägungen dieser Geistesströmung als zu pauschal verwendet betrachtet. Martin Brecht sagt dazu: „Dennoch handelt es sich dabei um ein konsistentes, in vielfältiger Weise zusammenhängendes Phänomen." Brecht, Artikel Pietismus, TRE 26, S. 606.

7 Der ältere Pietismus war über Generationen von verschiedenen Persönlichkeiten und Zentren entscheidend geprägt worden. Zu den wichtigsten Vertretern zählen Philipp Jakob Spener (1635–1705), der als Vater des Pietismus bezeichnet wird und den Begriff „Pietismus" epochal prägte, sein Schüler August Hermann Francke (1663–1727), der mehrere Erziehungs- und Ausbildungseinrichtungen in Halle nahe Leipzig gründete und Graf Nikolaus Ludwig von Zinzendorf (1700–1760), Gründer der Herrnhuter Brüdergemeinde. Für die Prägung des Württembergischen Pietismus sind vor allem Johann Albrecht Bengel (1687–1752) und Friedrich Christoph Oetinger (1702–1782) zu nennen. Sie alle entwickelten einen breiten Wirkungskreis und ihr Engagement in der Armenfürsorge gilt als „richtungsweisend" für die sich entwickelnde „Anstaltsdiakonie" des 19. Jahrhunderts. Vgl. Kruzik, Harald: Die Entwicklung der Diakonie und ihrer Einrichtungen in der Habsburgermonarchie, Univ. Dipl.-Arb. Wien 2001, S. 33 f.

8 Hier wären beispielsweise als Vertreter zu nennen: Matthias Claudius (1740–1815) in Hamburg; Baron Kottwitz (1757–1843) in Berlin; Christian Heinrich Zeller (1779–1860) in Beuggen am Rhein; Johann Hinrich Wichern (1808–1881).

9 Brecht, Artikel Pietismus, TRE 26, S. 621–624. Lehmann, Hartmut: Die neue Lage, in: Geschichte Pietismus Bd. 3, S. 1–26, hier S. 7 f.

10 Vgl. Messner, Bewegung Pietismus, in: Schmid, Hartmut (Hrsg.): Was will der Pietismus? Historische Beobachtungen und aktuelle Herausforderungen, Wuppertal 2002, S. 12.

11 Vgl. Lehmann, Die neue Lage, in: Geschichte Pietismus Bd. 3, S. 5.

12 Jakubowski-Tiessen, Manfred: Eigenkultur und Traditionsbildung, in: Lehmann, Hartmut (Hrsg.): Glaubenswelt und Lebenswelten (Geschichte des Pietismus, Bd. 4), Göttingen 2004, S. 195–210, hier S. 203.

13 Ein gutes Beispiel dafür ist der Leitspruch: „In Christo Jesu gilt der Glaube, der durch die Liebe tätig ist", der am Diakonissenmutterhaus in Gallneukirchen über der Eingangstür angebracht ist.

14 Vgl. Messner, Bewegung Pietismus, in: Schmid, Hartmut (Hrsg.): Was will der Pietismus? S. 11.

15 Brecht, Artikel Pietismus, TRE 26, S. 606.

16 Vgl. Wallmann, Johannes: Was ist Pietismus? In: Pietismus und Neuzeit (PuN), Bd. 20, Göttingen 1995, S. 11–27, hier S. 20 f.

17 Ebenda, S. 21.
18 Ebenda, S. 20.
19 Siehe auch 4.7.4 „Die Erziehung".
20 Vgl. Lehmann, Hartmut: Max Webers Pietismusinterpretation, in: Laason, Pentii / Wallmann, Johannes (Hrsg.): Der Pietismus in seiner europäischen und außereuropäischen Ausstrahlung, Helsinki 1992, S. 161–178, sowie Lehmann, Hartmut: Max Webers ‚Protestantische Ethik'. Beiträge aus der Sicht eines Historikers, Göttingen 1996.
21 Titel von Band 4 der „Geschichte des Pietismus".
22 Vgl. Schrader, Hans-Jürgen: Die Sprache Canaan. Pietistische Sonderterminologie und Spezialsemantik als Auftrag der Forschung, in: Geschichte Pietismus Bd. 4, S. 404–427. Die Entschlüsselung dieser speziellen religiösen Termini ist problematisch, da sich in der pietistischen Bewegung selbst eigene Varianten des Verständnisses dafür entwickelten. Vgl. Lehmann, Einführung, Geschichte Pietismus Bd. 4, S. 8–10.
23 Jakubowski-Tiessen, Eigenkultur und Traditionsbildung, in: Geschichte Pietismus Bd. 4, S. 200 f.
24 Nipperdey, Thomas: Deutsche Geschichte 1800–1866. Bürgerwelt und starker Staat, München 1987, S. 426. Auf die sich entwickelnde und herausragende Anstaltsdiakonie des Pietismus wird im Kapitel Wohlfahrt näher eingegangen.
25 Vgl. Lehmann, Geschichte Pietismus Bd. 4. In diesem Werk werden beispielsweise die Bedeutungen des Pietismus und dessen Einflussnahme auf Theologie, Philosophie, Psychologie, Pädagogik, Medizin, Technik, Literatur, Musik, Kunst, Familie, Wirtschaft, Politik etc. untersucht.
26 Zitat aus Johann Wolfgang von Goethe, „Götz von Berlichingen", 1. Akt.
27 Siehe dazu: http://www.bautz.de/bbkl/h/hoffmann_go_w.shtml [08.03.2009].
28 Zitiert nach Nitsche, Paul: Miteinander und Füreinander. Die Geschichte der Pfarrergebetsbruderschaft in ihren Anfängen (1923–1938). Eine Dokumentation zum 75jährigen Jubiläum der PGB in Österreich, Univ. Dipl.-Arb. Wien 1999, S. 89.
29 Jahresbericht Innere Mission, Neujahr 1911, S. 3.
30 Krupka, Maria Luise (Hrsg.): Lebensauftrag: Evangelist. Ernst Krupka. Sein Leben und sein Wirken, Bad Liebenzell 1986, S. 31.
31 Jahresbericht Innere Mission, Neujahr 1916, S. 3.
32 Jahresbericht Innere Mission, Neujahr 1916, S. 5.
33 Zitiert nach Katterfeld, Elvine, S. 89.
34 Zitiert nach Katterfeld, Elvine, S. 90.
35 Jahresbericht Innere Mission, Neujahr 1916, S. 7.
36 Jahresbericht Innere Mission, Neujahr 1915, S. 3.
37 Jahresbericht Innere Mission, Neujahr 1914, S. 3.
38 Vgl. Katterfeld, Elvine, S. 122–127.
39 Brief der Gräfin an Hausvater Gienger, 9. 2. 1910.
40 Brief der Gräfin an Hausvater Gienger, 6. 4. 1910.
41 Brief der Gräfin an Hausvater Gienger, o. D.
42 Brief der Gräfin an Verwalter Bach, 19. 3. 1913, ADK. Vgl. auch Jahresbericht Innere Mission, Neujahr 1914, S. 3. Hier berichtet sie ebenfalls über den Felssturz und schließt mit den Worten: „Da dachte ich in meinem Herzen: ‚Du solltest nicht sterben, der Herr will dich noch gebrauchen'; dies machte mich sehr glücklich."
43 Zitiert nach Gienger, Friedrich: Gib mir Deinen Reichtum. Ein Lebensbild der Gräfin Elvine de La Tour, Treffen, 1982, S. 13 f.
44 Jahresbericht Innere Mission, Neujahr 1916, S. 4 f.
45 Testaments-Entwurf-I, Gräfin Elvine de La Tour. Siehe Anhang Testament

4.6 Initiativen – Gründungen – Werke

Das soziale Wirken der Gräfin de La Tour begann im damaligen österreichischen Küstenland in der unmittelbaren Umgebung ihres Wohnortes Russiz und breitete sich im Laufe ihres Lebens nicht nur länderübergreifend auf Kärnten aus, sondern erreichte bereits zu ihren Lebzeiten ein Ausmaß, das sie vermutlich selbst nie erwartet hätte. Der Großteil ihrer Gründungen besteht trotz größter Schwierigkeiten, wie sie zum Beispiel in den zwei Weltkriegen durchlebt werden mussten, bis in das heutige 21. Jahrhundert. Viele ihrer Arbeitszweige haben sich im Laufe der Jahre mehrfach adaptiert und erweitert und konnten wertvolle Arbeit an sozial benachteiligten oder hilfebedürftigen Mitmenschen verrichten. Im Folgenden wird im chronologischen Verlauf ein Einblick in das Wirken dieser sozial so stark engagierten Frau gegeben.

4.6.1 Der Waisenversorgungsverein in Görz (1873)

Elvine fielen sehr bald die zahlreichen armen und bettelnden, meist elternlosen Kinder in ihrer Umgebung auf. Besonders das Schicksal der verwahrlosten und verwaisten Mädchen, die neben ihrem sozialen Elend kaum Chancen auf eine schulische Ausbildung erhielten, bedrückte sie:

Als ich im Jahre 1868 nach meiner Verheiratung auf unseren Besitz Russiz bei Cormons einzog, gab es in unserem nächst liegenden Dorfe Capriva noch keine Schule für Mädchen, nur Knaben wurden unterrichtet. [...] Da fing ich damit an, die Dorfmädchen zu sammeln und denselben Unterricht in der italienischen Sprache, denn nur diese war ihnen bekannt, zu erteilen. Dies gab die Veranlassung, dass die Behörden auf Anregung des Klerus mit der Zeit die Mädchen zum Unterrichte in der Dorfschule zuließen. [...]

Doch der Herr hatte schon eine neue Arbeit für mich bereit. Ich sah Scharen verarmter, verwahrloster Kinder das Land bettelnd durchstreifen und auch an meine Tür klopfen. Da reifte der Entschluß in mir heran, solchen eine Zufluchtsstätte zu bieten in der festen Überzeugung, dass der Heiland mir damit Seine Lämmer, die ich weiden sollte, zuweise. Vor allem dachte ich dabei an die Versorgung hilfsbedürftiger Mädchen.[1]

1873 fasste sie den Entschluss, einen „Waisenversorgungs- und Erziehungsverein“ in Görz zu gründen, „welcher sich zur Aufgabe gemacht hatte, gänzlich verarmte oder verwaiste Mädchen zu versorgen und zu erziehen“.[2] Die Mitgliedschaft im Verein war konfessionsungebunden, was Elvine mit der geringen Zahl evangelischer Christen im Küstenland begründete.[3]

Zunächst begann der Verein mit den jeweiligen Mitgliedsbeiträgen eine Wohnung in Görz zu mieten, in der drei Mädchen untergebracht werden konnten. 1874 fanden bereits neun Mädchen Platz, zwei Jahre später wurden fünfzehn Mädchen vom Verein betreut. Der im Jahr 1876 im Selbstverlag des

Waisenversorgungsvereines erschienene Jahresbericht[4] für die Zeit 1874 bis 1876 erlaubt einen detaillierten Einblick in das Vereinsleben:

Zum Verwaltungsrat zählten zehn Damen, wobei Gräfin de La Tour als Präsidentin, Bertha von Escher[5] als Stellvertreterin der Präsidentin und Therese Schmidt als Kassierin den Vorstand bildeten. Als Hausmütter des Vereines in den Jahren 1873 bis 1876 fungierten Katherine Naef, Anna Pfister aus Zürich und Barbara Bachofen aus Wetzikon, Kanton Zürich.

Anfangs erhielten die Kinder Unterricht zu Hause, ab 1875 wurde in Russiz eigens für die Waisenversorgungsvereins-Kinder eine Dorfvolksschule errichtet. Neben den Anstaltskindern konnten auch externe Schüler die Schule besuchen. Zum Schulbau trug maßgeblich Theodor de La Tour bei, der als Bürgermeister von Capriva bereits 1873 den behördlichen Antrag zur Errichtung einer Schule bei der österreichischen Regierung einreichte.[6]

Der Stundenplan der Kinder umfasste acht Wochenstunden Deutschunterricht, wobei die Sprache von den Mädchen meist erst nach Eintritt in die Anstalt erlernt wurde. Für den Italienischunterricht waren vier Wochenstunden, für den Religionsunterricht fünf Wochenstunden vorgesehen. Hinzu kamen „weibliche Handarbeiten" sowie zweimal wöchentlich Häkelstunden.

Im Jahresbericht für 1876 werden die fünfzehn Bewohnerinnen der Waisenanstalt namentlich erwähnt. Sie waren zwischen sieben und dreizehn Jahre alt. Zwei Mädchen stammten aus dem italienischen Pordenone, drei Mädchen aus Kärnten und die restlichen zehn aus dem damaligen österreichischen Küstenland.

Im Jahr 1876 zählte der Verein 45 Mitglieder, und das Waisenhaus konnte aus dem Erhalt von Geld- und Sachspenden geführt werden. Für das Geschäftsjahr 1875/76 wurden folgende Zahlen angeführt: Die Einnahmen[7] betrugen 2.172,55 fl (Gulden Österreichischer Währung). Die Ausgaben setzten sich zusammen aus Wohnungsmiete, Gehältern, Haushaltungskosten usw. und werden mit 1.623,08 fl angeführt. Die verbleibende Summe wurde in den Großhandelshäusern der Familie Ritter und der Familie Rittmeyer&Co. zinsbringend angelegt. Der Verein besaß zudem noch eine Donau-Regulierungs-Obligation und eine Ungarische Obligation.

Der Arzt Dr. Perco behandelte die Kinder kostenlos, der Apotheker Kürner gab an die Anstalt Medikamente gratis aus.

Bereits drei Jahre nach Eröffnung scheiterte das Projekt „Waisenversorgungsheim" an einem Gewissenskonflikt Elvines. Die anderen Vereinsfunktionärinnen wollten eine betont soziale Versorgung der Kinder gewährleisten. Neben der Versorgung der Kinder sollte ihnen eine möglichst ausreichende Schulbildung geboten werden, nicht jedoch eine schwerpunktmäßig christliche Erziehung, die Elvine wiederum als primäres Ziel dieser Arbeit betrachtete. Da keine Einigung stattfand, legte Elvine kompromisslos ihre Funktion als Vorsteherin zurück. Folglich löste sich der Verein wieder auf, die Mitgliedsbeiträge erloschen, und die fünfzehn Mädchen standen erneut mittellos auf der Straße. Gräfin de La Tour schreibt dazu:

[...] Dies war nicht klug nach der Weltweise und brachte mich, angesichts meiner damaligen Verhältnisse, in eine recht missliche Lage. [...] Mein lieber Mann fand sich bereit, die Mädchen in unser Haus nach Russiz aufzunehmen und im Dachboden stellte ich die Bettchen auf, hörte jeden Morgen und Abend die Füßchen über unseren Wohnräumen trippeln. Ein Zimmer wurde als Arbeitssaal überlassen, in einem Nebenhäuschen, unserer Waschküche, wurde gekocht.[8]

4.6.2 Russiz (1876)

Da nur begrenzt private finanzielle Mittel vorhanden waren, begann das Ehepaar de La Tour die Räume des Russizer Schlossdachbodens auszubauen, in einem der Türmchen war das Zimmer der Heimleiterin eingerichtet worden.

Erst nach dem Tod ihres Vaters und dem ihr zugesprochenen Erbe konnte Elvine neue Pläne für ihre Erziehungsanstalt in Angriff nehmen. Elvines Vater, Freiherr Julius Hektor Ritter starb am 15. Juli 1878, erst 62-jährig, an einem Schlaganfall in der niederösterreichischen „Kaltwasserheilanstalt" Kaltenleutgeben. Er hinterließ seinen Kindern ein großes Erbe zu je gleichen Teilen. Nur seiner ältesten Tochter Elvine hinterließ er über den Pflichtteil hinausgehend einen zusätzlichen Betrag, der zur Verwirklichung ihrer weiteren Pläne im Sozialbereich bestimmt war. Das Erbe erlaubte Elvine nun, eine eigene Erziehungsanstalt für die von ihr aufgenommenen verarmten und verwaisten Kinder aufzubauen – anfangs wurden auch einige Knaben in der Anstalt aufgenommen. Die Gräfin entschloss sich, einen Neubau zu errichten, der mit ausreichendem Wohn- und Schlafraum für die Kinder und einem eigenen Andachtsraum ausgestattet war. Außerdem sollte eine eigene private deutsch-evangelische Volksschule im Sinne Pestalozzis[9] für den Unterricht der Kinder angeschlossen werden. Nachdem sie die behördliche Genehmigung erhalten hatte, begann sie in unmittelbarer Nähe ihres Schlosses mit der Errichtung des neuen Gebäudes. Bis zum Jahr 1910 erfuhr es einen mehrmaligen An- und Ausbau, im Jahr 1898 wurde eine eigene Kapelle erbaut.[10] Ihr Werk in Russiz nannte Elvine in späteren Jahren liebevoll: „Meine liebe erstgeborene Tochter", „das Kind meiner ersten Liebe" und „mein Paradies".[11]

Die Finanzierung des Werkes konnte durch die Einkünfte des Russizer Weingutes bestritten werden. Gräfin de La Tour unternahm auch mehrmals im Jahr Reisen nach Deutschland und in die Schweiz und erhielt von den jeweiligen Gustav-Adolf-Hauptvereinen und Frauenvereinen Unterstützungen in Form von Spenden.[12]

Für die nun errichtete Anstalt benötigte Elvine vermehrt Personal, das ihren Wünschen entsprechend Lehr- und Erziehungsaufgaben übernahm. Als Schulleiter und Lehrer konnte Jakob Lohmann gewonnen werden, der seinen Dienst im Mai 1878 begann. Anna Heber – „Tante Anna" – eine gebürtige

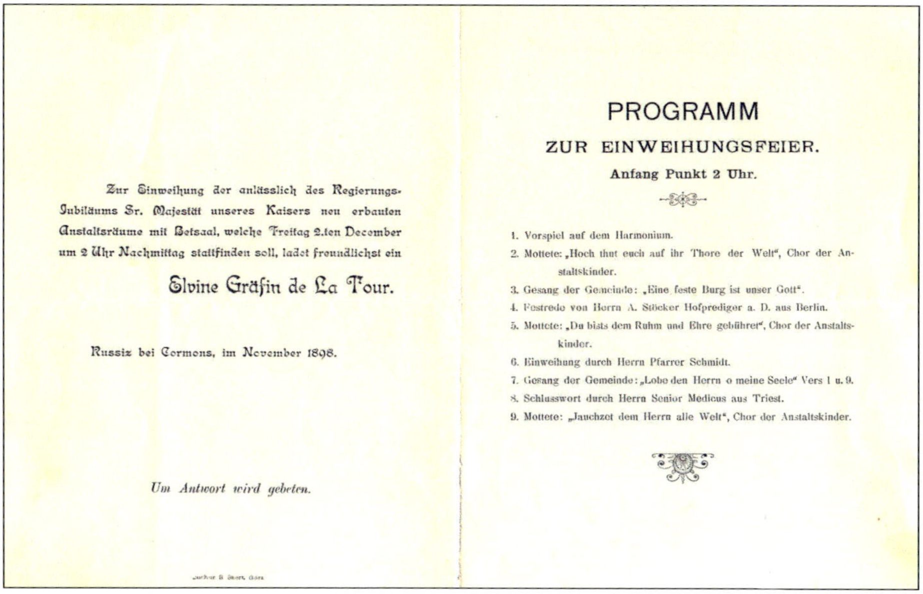

Zur Einweihung der anlässlich des Regierungs-Jubiläums Sr. Majestät unseres Kaisers neu erbauten Anstaltsräume mit Betsaal, welche Freitag 2.ten December um 2 Uhr Nachmittag stattfinden soll, ladet freundlichst ein

Elvine Gräfin de La Tour.

Russiz bei Cormons, im November 1898.

Um Antwort wird gebeten.

PROGRAMM

ZUR EINWEIHUNGSFEIER.

Anfang Punkt 2 Uhr.

1. Vorspiel auf dem Harmonium.
2. Mottete: „Hoch thut euch auf ihr Thore der Welt“, Chor der Anstaltskinder.
3. Gesang der Gemeinde: „Eine feste Burg ist unser Gott“.
4. Festrede von Herrn A. Stöcker Hofprediger a. D. aus Berlin.
5. Mottete: „Du bists dem Ruhm und Ehre gebühret“, Chor der Anstaltskinder.
6. Einweihung durch Herrn Pfarrer Schmidt.
7. Gesang der Gemeinde: „Lobe den Herrn o meine Seele“ Vers 1 u. 9.
8. Schlusswort durch Herrn Senior Medicus aus Triest.
9. Mottete: „Jauchzet dem Herrn alle Welt“, Chor der Anstaltskinder.

Einladung zur Einweihungsfeier des Russizer Betsaales am 2. Dezember 1898.

Ansicht von Russiz; von links nach rechts: das Anstaltsgebäude mit angeschlossenem Betsaal, das Mausoleum, erhöht am Hügel sichtbar, und das Schloss der Gräfin de La Tour.

Berlinerin, trat ihr Amt als Heimvorsteherin im November 1878 an. Elvine nahm innigen Anteil am Heimleben. Sie selbst übernahm den Unterricht der italienischen Sprache, und in den frühen Jahren hielt sie persönlich regelmäßig die Morgenandachten in ihrer Anstalt.[13]

Theodor de La Tour[14] dürfte ebenfalls regelmäßig Anteil am Anstaltsleben genommen haben:

Zuweilen kam er [Graf de La Tour] selbst in den Unterricht und prüfte die Kinder, vor allem im Rechnen. Er war aber kein strenger Examinator. Haperte es mit der Antwort, half er noch so lange freundlich, bis das Richtige gefunden wurde. Als Lohn gab es dann meist eine mit Jubel begrüßte Freistunde. Einmal kam er auch in die Religionsstunde und fragte nach der Zahl der Gebote. Als alle Kinder wie aus einem Munde „Zehn" riefen, sagte er: „Stimmt nicht! Ihr wollt Christen sein und kennt nicht die Gebote? Also merkt euch, es gibt elf, denn Christus hat gesagt: ‚Ein neues Gebot gebe ich euch, dass ihr euch untereinander liebt!' Das Hauptgebot soll von nun an das elfte sein, denn das hat Christus selbst gegeben, und es steht in den Evangelien".[15]

Die Kinder, die die Russizer Schule besuchten, bildeten eine bunt gemischte Gesellschaft. Neben den Anstaltskindern konnten auch externe Schü-

Russizer Schüler mit Herrn Lehrer Lohmann. Im Hintergrund ist der Russizer Schlosspark erkennbar.

ler am Unterricht teilnehmen. Die Zöglinge, die aus allen Teilen der österreichischen Monarchie und aus benachbarten Ländern aufgenommen wurden, waren überwiegend Angehörige der evangelischen oder katholischen Konfession. Über die Religionszugehörigkeit der Zöglinge schrieb Elvine im Jahresbericht 1907:

Der Besuch der Schule wäre ein noch größerer, wenn wir den Landesgesetzen nach es nicht beobachten müssten, dass die Majorität der Schüler evangelisch sei. Der Zudrang ist aber gerade von Seiten der katholischen Kinder der größte, entsprechend der beinahe ausschließlich katholischen Bevölkerung, und wir müssen leider viele in der Anstalt und Schule zurückweisen.[16]

Für einige der Kinder bedeutete der Schulbesuch in Russiz auch das mühsame Erlernen einer Fremdsprache. Hierbei half ebenfalls die Gräfin persönlich, wie ein schöner Bericht einer ehemaligen Russizer Schülerin und späteren Gallneukirchner Diakonisse zeigt:

Für uns Kinder, die wir aus dem deutschen Gebiet in Österreich stammten, war das Italienische anfangs nicht leicht. Die deutsche Zunge muss sich an das Weiche der italienischen Sprache erst durch viel Übung gewöhnen... Als Frau Gräfin meine Tränen sah, weil es mir gar nicht gelingen wollte, nahm sie mich nach der Stunde auf den Schoß und zeigte mir die Zungen- und Lippenbewegungen so lange, bis ich es traf. Ein Kuss belohnte meine Mühe. Dann sagte sie mir ganz leise: „Weißt, du musst den lieben Heiland bitten bei allem, was dir schwer wird. Dann hilft er immer." Mir blieb diese italienische Stunde unvergesslich. Mit viel Liebe lernte ich nun die italienische Sprache, die mir im Krieg gute Dienste als Dolmetscherin bei den italienischen Flüchtlingen leistete. Aber nicht nur eine Lehrerin war für uns Kinder die Frau Gräfin in den ersten Jahren, sondern sie verstand es auch, mütterliche Liebe uns zu schenken. Ich erinnere mich noch lebhaft, wie sie uns zeigte, kleine Püppchen aus Stoffabfällen anzufertigen. Pinsel und Farbe brachte sie auch mit und malte unseren Puppenkindern die schönsten Gesichter. Bei besonderen Gelegenheiten (wie Geburtstag der Frau Gräfin oder des Herrn Grafen) durften wir die schöne große Puppe von der Frau Gräfin holen, mit der sie selbst als kleines Mädchen gespielt hat, zugleich auch den Kochherd und das Puppengeschirr von vierundzwanzig Gedecken aus feinem Porzellan. Da wurde gekocht nach Herzenslust... [...] Es gab doch nichts in unserem Mädchenleben in Russiz, woran Frau Gräfin nicht selbst teilnahm, wenn es ihre Zeit erlaubte. So lehrte sie uns persönlich die Anfangskenntnisse im Schwimmen. Wurde ein Kind krank, so kam es auch vor, dass sie einen Teil der Nacht bei ihm wachte, wenn es schlimm stand. [...][17]

Im Jahresbericht von 1910 beziffert Gräfin de La Tour die Zahl der Russizer Mädchen mit 57, wobei 20 Kinder dem katholischen Glauben angehörig waren.[18]

Gräfin de La Tour erweiterte im Laufe der Jahre das Bildungsangebot in Russiz. Im Jahr 1897 errichtete sie einen Kindergarten, der nach dem Modell des deutschen Pädagogen Fröbel (1782–1852) für Mädchen zwischen

Gedenkfotografie für „Tante Anna's Geburtstag" am 19. Juni 1910. In der ersten und zweiten Reihe mittig an der Matrosenkleidung erkennbar: Ilse und Theodor von Gall.

drei und sechs Jahren bestimmt war.[19] Im November 1902 fand die Eröffnung einer Abendschule, einer Musikschule und einer Lesestube statt.[20] Die Russizer Schule erhielt wie ihr Pendant, die evangelische Schule in Treffen, das Öffentlichkeitsrecht verliehen, das genaue Datum ist leider nicht bekannt. Den Begabungen entsprechend erhielten die Mädchen für die damalige Zeit die bemerkenswerte Möglichkeit, in die weiterführende Görzer Bürgerschule überzuwechseln oder Berufe wie Lehrerin, Diakonisse, Kindergärtnerin und Krankenschwester zu erlernen.

Biographisches Material über die Mädchen, die im Russizer Heim der Gräfin aufwuchsen, ist kaum zu finden. Sämtliche Aktenbestände aus Russiz gingen während des Ersten Weltkrieges in Italien verloren.

Beinahe 46 Jahre lang bestand das Russizer Waiseninstitut der Elvine de La Tour. In dieser Zeit fand eine Betreuung von ungefähr 500 Kindern im Heim und an die 600 Kindern in der Schule statt.[21]

4.6.3 Das Schlossgut Treffen (1885)

Graf Theodor de La Tour erbte von seiner im Mai 1884 verstorbenen Tante Anna Susanna von Petzek, geb. Gräfin de La Tour, der Schwester seines Vaters, ein großes Vermögen. Mit dieser Erbschaft erwarb der begeisterte Jäger

Rückansicht von Schloss Treffen.

Theodor 1885 für den Betrag von 70.000 Gulden ö.W. das in der Nähe von Villach gelegene „Schlossgut Treffen“[22] mit dem dazugehörigen beträchtlichen Wiesen- und Waldbesitz. Dieser Herrschaftsbesitz[23] im so genannten Gegendtal liegt am Fuße der Gerlitzen, in der Nähe des Ossiacher Sees.

An dieser Stelle möchte ich auf die sehr interessante Geschichte einer früheren Besitzerin der Herrschaft Treffen hinweisen. Es handelt sich hierbei um Anna Neumann, eine sozial engagierte Protestantin. Sie wurde 1535 in Villach geboren und war sechsmal verheiratet. Innerhalb ihrer Ehen gelangte sie zu großem Vermögen. Sie starb 1623 als eine der wohlhabensten Frauen des Landes.[24]

Nachdem nun 1885 Schloss Treffen in den Besitz des Grafenpaares de La Tour gekommen war, verbrachten Elvine und Theodor die Sommerzeit in Kärnten, ihr eigentlicher Wohnsitz blieb aber in Russiz. In einem späteren Bericht Elvines ist zu lesen:

Nachdem mein Mann im Frühjahr 1885 das Gut und Schloß Treffen käuflich erworben, hatte ich schon in demselben Sommer damit begonnen, die armen Kinder aus der Umgebung in einer Sonntagsschule zu sammeln. Ich besuchte auch die weiter liegenden Dörfer und fand die Kinder willig, meiner Einladung zu folgen; es kamen solche am Sonntag oft stundenweit zu mir ins Schloß. Ich lernte dabei das Elend und die Verwahrlosung eines in vieler Hinsicht entsittlichten, von Gottes Wort und Gebot abgefallenen Volkes kennen.[25]

Elvine spielt hier auf die teilweise trostlosen sozialen Verhältnisse der Kärntner Bevölkerung an. Besonders die Kinder waren Leidtragende des Sozialsystems im 19. und zumindest bis in die Mitte des 20. Jahrhundert hinein. Ein Augenmerk sollte hier auch auf die hohe Illegitimitätsrate[26] in Kärnten gelegt werden. In einem anderen Bericht der Gräfin heißt es:

Es dürfte dem Leser nicht unbekannt sein, wie es mit dem Volke in Kärnten steht, wie groß der Kontrast erscheint, wenn man von dem Äußeren – den wunderbaren Naturschönheiten – in das Innere blickt: die Häuser, Hütten, Familien der Bewohner. Da offenbaren sich wohl die traurigsten Verhältnisse: ein großer Abfall von Gottes Wort und Gebot, mit all dem daraus erfolgenden schrecklichen Elend. Keine geheiligten Familienbande halten da Eltern und Kinder zusammen. Das Weib, welches der nicht angetraute Mann nach Willkür verlassen kann, hat meist allein die ganze Kinderlast zu tragen. Als Inwohnerin oder Hausmagd zieht sie mit ihren Kindern von einem Bauernhof zum andern, muss gegen geringes Entgelt ihre Dienste leisten dafür, dass sie mit den Ihren ein Obdach erhält. So findet ein beständiges Wandern statt. Die Kinder werden verwahrlost; der Schulbesuch wird nicht allein einem steten Wechsel unterworfen, sondern bleibt vielfach auch ganz unterbrochen. Anderseits verwildert auch der Mann, welcher durch keine gesetzlichen Verpflichtungen gebunden, die moralischen mit größter Leichtigkeit abstreift. Zu dem liederlichen Lebenswandel gesellt sich noch die Trunksucht, welche in erschreckender Weise nicht allein bei den Männern, sondern auch bei den Weibern um sich greift. Ja, sogar die Kinder wissen die Schnapsflasche zu gebrauchen, welche die Tagelöhnerin in der Tasche mit auf die Arbeit trägt. Nur Gottes Wort, die Lehren des Evangeliums, können dem armen Volke wieder Rettung bringen. Vor allem müssen Gottes Gebote den Kindern neu eingeprägt werden, und da dies in den Familien kaum geschehen könnte, so muss eben die Schule diesen schönen Dienst übernehmen.[27]

Elvine entschloss sich nun dazu, ihre diakonische Arbeit auch auf Kärnten auszuweiten.

4.6.4 Die Evangelische Schule (1891)[28]

Im Jahr 1869 gab es in Kärnten 34 evangelische Schulen. Mit dem Reichsvolksschulgesetz von 1869 wurden konfessionsfreie Schulen eingeführt, was bedeutete, dass alle konfessionellen Schulen zu Privatschulen wurden und keine staatliche finanzielle Hilfe mehr gewährt wurde. Da die jeweiligen Gemeinden zuerst den Bedarf der öffentlichen Ortsschulen decken mussten, lösten sich die evangelischen Schulen allmählich auf, 1874 gab es nur mehr drei, und zuletzt bestanden nur mehr die evangelische Schule der Gräfin de La Tour und die evangelische Schule in Waiern.[29]

Gräfin Elvine de La Tour stellte am 13. August 1891 beim Kärntner Landesschulrat den Antrag zur Errichtung einer einklassigen evangelischen Privatschule in Treffen. Dem Ansuchen wurde stattgegeben und bereits im November des gleichen Jahres konnte in einem Nebengebäude des Treffner Schlosses

Elvine de La Tour um 1890.

die evangelische Privatvolksschule der Gräfin Elvine de La Tour den Unterricht aufnehmen. Insgesamt hatte die Klasse 37 Schüler, darunter 25 Knaben und 12 Mädchen.[30] Die ersten Räumlichkeiten stellten allerdings nur eine Übergangslösung dar, da die Schülerzahl stetig wuchs. Um ein eigenes größeres Schulhaus bauen zu können, bat Elvine um Spenden von Freunden aus der Schweiz und Deutschland, die ihr diakonisches Wirken unterstützen sollten. Die eingegangenen Beträge reichten für einen Neubau nicht aus, und sie entschloss sich, große Teile ihres Privatschmucks zu verkaufen, um die fehlenden Mittel aufzutreiben.

Die Gräfin ließ diesen Stein aus ihrer Heimatstadt Aquileia mit der Inschrift „Einer ist unser Meister, Christus“ über der Eingangstür der neu erbauten Privatvolksschule in Treffen im Jahr 1895 anbringen.

Drei Jahre später, im August 1894, begann der Bau eines eigenen Schulgebäudes, in dem zwei Schulklassen untergebracht waren und bereits 144 Schüler Unterricht erhielten. Eine Lehrerwohnung war ebenfalls im Dachboden des Hauses eingeplant. An einem Eckstein vor dem Schulgebäude, wurde folgende Inschrift angebracht: „Weiset meine Kinder und das Werk meiner Hände zu mir“, „Gewidmet den Kindern Kärntens“.

Über der Eingangstür befand sich ein reich verzierter Stein[31] aus ihrer Heimatstadt Aquileia mit den eingemeißelten Worten: „Einer ist unser Meister, Christus“ sowie daneben: „Die Furcht des Herrn ist der Weisheit Anfang.“[32]

Die Treffner Schule der Gräfin konnten alle Kinder aus dem Bereich der umliegenden evangelischen Gemeinden besuchen. Zunächst als evangelische Privatschule geführt, begann Elvine de La Tour bereits 1897 beim Landesschulrat um die Verleihung des Öffentlichkeitsrechts anzusuchen, welches ihr aber erst nach ausführlichen Prüfungen im Jahr 1903 verliehen wurde.[33]

Die Eröffnung und Einweihung des neuen Schulgebäudes im Herbst 1895 durch Pfarrer Ernst Schwarz sollte Graf Theodor de La Tour nicht mehr erleben. Theodor litt Zeit seines Lebens an wiederkehrenden Nierenentzündungen. Bei einem Jagdausflug auf der Gerlitzen verkühlte sich Theodor dermaßen, dass er von der Jagdhütte zum Schloss getragen werden musste[34] und dort bald darauf – am 18. Juli 1894 – verstarb.

Laut Anna Katterfeld wünschte Graf Theodor de La Tour in seinem Testament eine evangelische Bestattung. Da er aber offiziell nie zum Protestantismus

Die evangelische Schule der Gräfin in Treffen, auch Waldschule genannt, 1920.

Schüler der Treffner Waldschule. Links Lehrer Stiassny mit seiner Tochter Hermine, die auch in der Schule unterrichtete.

Klasse der gräflichen Waldschule. In der Mitte sitzend Frau Lehrerin Stiassny.

Schulklasse der Waldschule in Treffen. Im Hintergrund Lehrer Adolf Stiassny. Vermutlich in den 1920er Jahren.

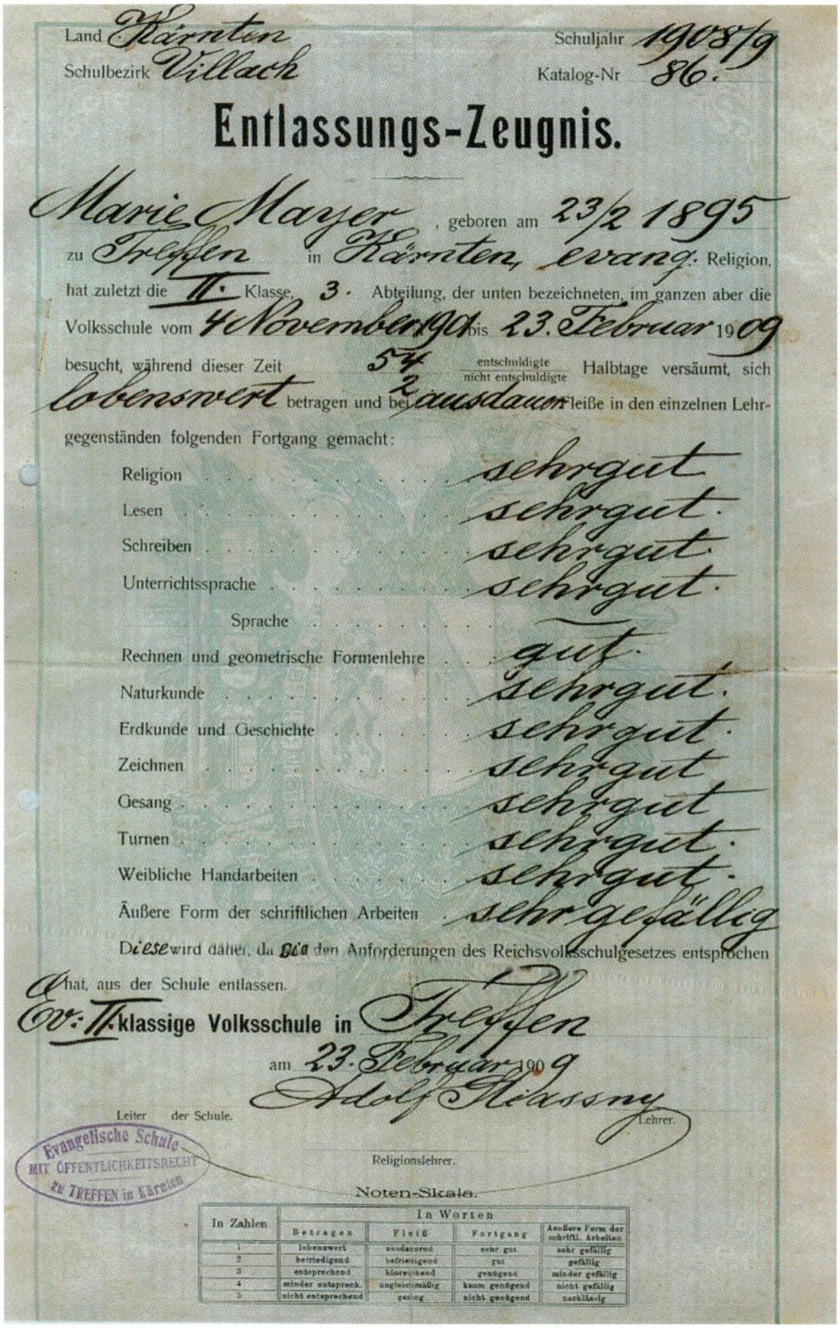

Land Kärnten Schuljahr 1908/9
Schulbezirk Villach Katalog-Nr 86.

Entlassungs-Zeugnis.

Marie Mayer, geboren am 23/2 1895 zu Treffen in Kärnten, evang. Religion, hat zuletzt die II. Klasse, 3. Abteilung, der unten bezeichneten, im ganzen aber die Volksschule vom 4. November 1901 bis 23. Februar 1909 besucht, während dieser Zeit 54 entschuldigte / 2 nicht entschuldigte Halbtage versäumt, sich lobenswert betragen und bei ausdauerndem Fleiße in den einzelnen Lehrgegenständen folgenden Fortgang gemacht:

Religion	sehr gut
Lesen	sehr gut.
Schreiben	sehr gut.
Unterrichtssprache	sehr gut.
Sprache	
Rechnen und geometrische Formenlehre	gut.
Naturkunde	sehr gut.
Erdkunde und Geschichte	sehr gut.
Zeichnen	sehr gut
Gesang	sehr gut
Turnen	sehr gut.
Weibliche Handarbeiten	sehr gut.
Äußere Form der schriftlichen Arbeiten	sehr gefällig

Diese wird daher, da sie den Anforderungen des Reichsvolksschulgesetzes entsprochen hat, aus der Schule entlassen.

Ev. II klassige Volksschule in Treffen
am 23. Februar 1909

Leiter der Schule. Adolf Stiassny Lehrer.

Religionslehrer.

Evangelische Schule mit Öffentlichkeitsrecht zu Treffen in Kärnten

Noten-Skala.

In Zahlen	In Worten			
	Betragen	Fleiß	Fortgang	Äußere Form der schriftl. Arbeiten
1	lobenswert	ausdauernd	sehr gut	sehr gefällig
2	befriedigend	befriedigend	gut	gefällig
3	entsprechend	hinreichend	genügend	minder gefällig
4	minder entsprech.	ungleichmäßig	kaum genügend	nicht gefällig
5	nicht entsprechend	gering	nicht genügend	nachlässig

Abschlusszeugnis für eine Schülerin der Waldschule von 1909, unterschrieben von Lehrer Stiassny.

Mausoleum in Russiz, welches die Gräfin 1898 als Grabstätte für ihren Mann errichten ließ.

übergetreten war, wurde er aus rechtlichen Gründen nach katholischem Ritus beerdigt.[35] Elvine ließ den Leichnam ihres Mannes nach Görz überführen und im Familiengrab Ritter beisetzen. 1898 erfolgte die Umbettung Graf Theodors in das inzwischen auf einem kleinen Hügel über dem Schloss Russiz erbaute Mausoleum.[36] Über dem Grabstein ließ Elvine eine Skulptur in Form eines wachenden, segnenden Jesus Christus – ein Werk des dänischen Bildhauers Bertel Thorvaldsen (1770–1844) – aufstellen.[37]

Nach dem Tod ihres Mannes widmete sich Elvine mehr denn je ihren sozialen Werken. Für die Verwaltung der jeweiligen landwirtschaftlichen Betriebe in Russiz und Treffen konnte sie den Cousin und Patensohn ihres verstorbenen Mannes, Rudolf von Gall[38], gewinnen.

4.6.5 Die Evangelisation (1893)

Die evangelischen Diasporagemeinden in Kärnten, d. h. die evangelische Minderheit im überwiegend katholischen Kärnten, umfassten große Gebiete. Die Wege für Kirchgänger waren meist weit und beschwerlich. Um die manchmal großen Entfernungen von bis zu fünf Stunden für einen Kirchenbesuch bewältigen zu können, erforderte es einer Ausdauer, die vielen alten und kranken Menschen nicht mehr gegeben war.

Durch die weit zerstreuten Höfe war es den evangelischen Pfarrern ebenfalls kaum möglich, neben ihren sonstigen Aufgaben all ihre Gemeindemit-

Evangelisten der Gräfin, links stehend Ernst Krupka. Der junge Prediger versah von 1914 bis 1919 seinen Dienst in Kärnten.

glieder aufzusuchen. An diesem Punkt setzte die pietistisch geprägte Evangelisationsarbeit oder Gemeinschaftsarbeit[39] in Kärnten an. Evangelisten hatten die Aufgabe, das Evangelium zu verkünden und Schriften in der Bevölkerung zu verbreiten. Unter großen physischen Anstrengungen erwanderten sie die verstreut gelegenen Höfe in Oberkärnten.[40]

Elvine de La Tour hielt diese Aufgabe für sehr wichtig. Ihr angestrebtes Ziel war, eine Gemeinschaft der Gläubigen zu schaffen, um damit auch den Lebenswandel der Kärntner Bevölkerung in eine Richtung lenken zu können, die dem sittlichen Verfall entgegenwirken würde. Erzählungen von Evangelisten in den Jahresberichten der Inneren Mission ermöglichen eine eindrucksvolle Vorstellung über diesen Arbeitszweig. Der Evangelist Micklich schreibt:

Unsere Arbeit gilt in erster Linie den weit und breit zerstreuten Evangelischen. Diesen und wer sonst noch kommen mag, bringen wir die gute Botschaft von Jesus, dem Sünderheiland. [...] In den meisten Gemeinden finde ich Eingang, natürlich nur mit Bewilligung des betreffenden Herrn Pfarrers. Ohne diese will ich auch nichts tun, sondern ihnen meine Kraft anbieten zur Mithilfe. Daß diese unbedingt notwendig und erforderlich ist, wenn es auch von manchen Seiten nicht anerkannt wird, geht daraus hervor, dass eine große Zahl dem wahren Christentum entfremdet ist. Den Beweis dafür geben die abnormen Prozentsätze der unehelichen Geburten und das Unheil, das die Trunksucht hin und her anrichtet. [...] Unsere Gemeinden sind an Umfang und Ausdehnung gewaltig groß; daher sind die Entfernungen zur Kirche auch ganz beträchtlich. Dazu kommen die schlechten Wegverhältnisse im Frühling und Herbst; im Winter der Schnee. So wird alten und gebrechlichen Leuten der Besuch des Gottesdienstes im weitaus größten Teil des Jahres zur Unmöglichkeit. Diese Leute, besonders die Kranken freuen sich dann, wenn wir zu ihnen auf die Berge kommen, sind doch oft Wege von 3–5 Stunden dazu erforderlich. So halte ich nun Andachten und Bibelstunden hin und her. Zumeist sind es vom Rauch geschwärzte Bauernstuben, wo die Leute zusammenkommen. Nicht selten kommt es aber auch vor, dass einzelne einen stundenweiten Weg nicht scheuen, um der Andacht beiwohnen zu können. Die Besucherzahl schwankt sehr und ist von den jeweiligen Verhältnissen und der Witterung abhängig, sie schwankt zwischen 10–100 Teilnehmer. Leider muß ich sagen, dass das Verlangen nach Gottes Wort zum kleinsten Teil die Triebfeder des Kommens ist. Nur eine ganz kleine Zahl ist es, die den Weg des Lammes betreten hat. Zumeist ist es die Abwechslung, die eine Bibelstunde in das sonst so eintönige Leben bringt, und die Leute bestimmt, hinzugehen, und etwas Neues zu hören. [...] Dazu kommt noch, dass gar viele Leute in wilder Ehe zusammenleben. Oft finde ich mich gar nicht recht durch, wer Bauer und Bäuerin, Vater und Mutter ist. Von Kindererziehung kann da auch nicht viel die Rede sein, hat doch so manches arme Kind nie seinen Vater gekannt.[41]

Gräfin de La Tour begann bereits 1893 mit dieser Arbeit, indem sie ihren ersten Evangelisten Alfred Galsterer[42] nach Treffen berufen hatte. Galsterer, ein gebürtiger Kärntner, hatte seine Ausbildung in St. Chrischona, einer Pilgermission in der Schweiz, erhalten. Die weiteren Evangelisten, die ihre Arbeit in Kärnten versahen, kamen meist ebenfalls aus dem Bruderhaus St. Chrischona oder aus dem ostpreußischen Bahnau (Bahnauer Brüder).[43] Gemeinsam mit den Evangelisten arbeiteten Diakonissen[44], die vornehmlich in der Gemeinschafts- und Krankenpflege tätig waren. Diakonissen sind Frauen, die in einer verbindlichen, lebenslänglichen evangelischen Ordensgemeinschaft leben. Sie werden in einem Diakonissenmutterhaus fachlich ausgebildet, verzichten auf eine eigene Familiengründung und verpflichten sich zu einem Lebensstil, der Einfachheit und Gehorsam fordert. Sie haben meist eine eigene Versorgungsordnung. Ihre Tracht besteht aus einem dunklen Kleid, einer Schürze und einer weißen Haube. Gegen einen geringen Lohn, genannt „Taschengeld", sind sie in sozialen Einrichtungen beschäftigt. Gräfin de La Tour holte ihre Diakonissen aus den deutschen Mutterhäusern Großheppach (Württemberg), Vandsburg (Westpreußen) und Hensoltshöhe in Gunzenhausen (Bayern). Sie hielten Sonntagsschulen, Versammlungen für „Frauen und Jungfrauen", machten Hausbesuche und verteilten Schriften in der Gegend um Villach und Treffen.[45] Standort der Treffner Evangelisationsarbeit war ein Hof, den die Gräfin de La Tour im Jahr 1900 in Treffen gekauft hatte und der den Namen Evangelisches Vereinshaus bekam (Siehe Kapitel 4.6.7 „Vereinshaus").

4.6.6 Jahresfeste (1898)

Laut Anna Katterfeld dürfte etwa in den Jahren 1897/98 bei einem Treffen des Frauenkreises der evangelischen Pfarrgemeinde St. Ruprecht die Idee entstanden sein, in den Anstalten der Gräfin ein jährlich stattfindendes Fest einzuführen.[46] Elvine griff diese Idee auf und legte den Festtag auf den 15. August, in Österreich der Feiertag Maria Himmelfahrt. Das erste Jahresfest fand 1898 in Schloss und Schlosspark statt und wurde zur festen jährlichen Tradition. Eingeladen waren alle Anstaltsbewohner, deren Familien, Freunde der Werke aus Nah und Fern und alle Menschen aus der Umgebung und den Kärntner Bergen und Tälern, die daran teilnehmen wollten. Jeder Gast war willkommen. Der Schlosspark wurde bunt geschmückt und mit Bänken und Tischen versehen, um alle Festteilnehmer mit Essen und Trinken versorgen zu können. In den drei großen übereinander liegenden Sälen des Schlosses gab es große gedeckte Tafeln für die von der Gräfin persönlich eingeladenen Gäste.

Dabei handelte es sich meist um Pfarrer aus der Schweiz, Deutschland und Österreich, die als Redner eingeladen wurden, aber auch Freunde der Anstalten, die durch Gaben das Wirken der Gräfin Elvine de La Tour unterstützt hatten und unterstützten. Gestaltet wurde der Tag mit einer Predigt, Fachvorträgen und in späteren Jahren Berichten über die Arbeit in den Treffner Anstalten. Ein eindrückliches Bild über eines der Jahresfeste der Gräfin vermittelt Pfarrer Dr. Wilhelm Busch:

Überall merkte man, wie fleißige Hände geschäftig gewesen waren, das Fest auszurüsten. Da waren draußen im Park unter den uralten riesigen Bäumen Bänke aufgeschlagen und eine Kanzel errichtet. Von Baum zu Baum zogen sich die Girlanden; bunte Wimpel und Fahnen flatterten lustig im Winde. Und im Schloss selbst – ja, da wurde gebacken, geschlachtet, gebraten – Vorräte in schier zahlloser Menge, denn keiner der geladenen Gäste sollte in irgendeiner Weiser hungrig von dannen ziehen.

Am Vorabend schon war eine große Schar von Gästen beisammen [...] Es war eine bunt zusammengewürfelte Gesellschaft, die sich da zusammenfand, aufs Freundlichste bewirtet von der Gräfin de La Tour, die darin aufs Eifrigste unterstützt wurde von ihrem Neffen, dem Herrn von Gall, und seiner liebenswürdigen Gattin. Aber merkwürdig, wie ging doch ein Gewissen, Gefühl der Einigkeit durch unsere Herzen hindurch! Und als wir uns am Schluss des Tages sammelten zu gemeinsamer Abendandacht, da merkten wir, was uns einte: der Glaube und die Liebe zu unserem erhöhten Herrn und Heiland Jesus Christus.

Der 15. August brach an, sonnig schön und klar, heiß, aber ein prächtiger Festtag. Man ging hinunter und fand überall Festgäste. Und was war das für ein herrlicher Festzug! Voran trippelten oder wurden in kleinen, mit Grün besteckten Wagen die Kleinkinderschüler gefahren unter Leitung ihrer lieben Schwester Johanna. Dann kamen die Schulkinder und die Anstaltsbuben, hinter ihnen die Gräfin mit ihren Gästen und dann ein großer Tross von Landleuten aus Treffen und der näheren und ferneren Umgebung. Das war ein köstlicher Anblick, als sich da unter dem Schatten der mächtigen Bäume die Hunderte von Menschen gelagert hatten, begierig, das Wort zu hören. Ich bewunderte die Aufmerksamkeit und Ausdauer, mit welcher die Leutlein zuhörten. Sie saßen da vormittags von neun bis zwölf Uhr und nachmittags von zwei bis fünf Uhr, immer gleich aufmerksam und gespannt.[47]

Ab 1904 folgten dem Jahresfest zwei Tage der „Gemeinschafts- bzw. Glaubenskonferenz“[48], letztlich waren es sogar fünf Tage.

4.6.7 Das Vereinshaus – Missions- und Diakoniearbeit (1900)

Eine Besonderheit der Treffner Anstalten war und ist die Streulage und Bauweise der verschiedenen Heime und Einrichtungen.

Friedrich Gienger weiß dazu Folgendes zu berichten: Gräfin de La Tour ließ nur ein einziges Haus neu erbauen, und zwar die evangelische Schule neben dem Schlosspark. Alle anderen Häuser wurden ersteigert oder dem Besitzer direkt abgekauft. Daraus lässt sich die Streulage der späteren Heime an der Gegendtalerstraße erklären.

Das bereits erwähnte „Evangelische Vereinshaus" oder „Vereinshaus" war eines dieser erworbenen Häuser.[49] Die Räume im ersten Stock wurden der Evangelisations- und Gemeinschaftsarbeit überlassen. Am 1. Juli 1902 eröffnete die Gräfin im Erdgeschoss einen Kinderhort. Elvine hatte schon sehr früh die Notwendigkeit der Kinderbetreuung und die damit verbundene Entlastung der berufstätigen Eltern erkannt. Durch ihre Sonntagsschulkinder bekam sie Einblick in die ärmlichen Familienverhältnisse, unter denen diese aufwuchsen. Daher begann sie die Kinder von Mägden und Tagelöhnerinnen der Umgebung aufzunehmen.

An dieser Stelle sei erwähnt, dass die Arbeit der Gräfin unter stetiger behördlicher Kontrolle stand. Exemplarisch dafür kann der Schriftverkehr zwischen ihr und der Landesschulbehörde betreffs der Einrichtung Kinderhort herangezogen werden.[50] Der Landesschulrat forderte von der Gräfin eine ausführliche Erklärung über dieses Unternehmen, vor allem um zu prüfen, ob es sich dabei möglicherweise um eine nicht genehmigte Unterrichtsstätte handeln könne.

Elvine de La Tour legte am 25. Juni 1906 die Statuten der Kinderbewahranstalt und einen Beschäftigungsplan vor, die vom Landesschulrat genehmigt worden sind.

Beschäftigungsplan der gräflich de La Tour'schen Kinderbewahranstalt zu Treffen bei Villach. Der Anstaltsordnung und Beschäftigungsplan stellen sich wie folgt dar:

1. Die Kinder werden von 6 Uhr früh angefangen von den Müttern oder älteren Geschwistern in die Anstalt gebracht.

2. Nachdem dieselben gereinigt und gekämmt worden sind, unterhalten sie sich mit Bauhölzchen, oder spielen bei schönem Wetter auf dem Spielplatz mit Sand, Schaukeln, machen gemeinsame Spiele unter der Leitung der Wärterin. Dazwischen lernen sie Liedchen und Sprüche, unternehmen aber auch kleine Spaziergänge.

3. Mittags erhalten die Kinder eine Milchsuppe, dürfen dann noch etwas spielen oder sich im Freien tummeln und werden dann zum Schlafen bis gegen 3 Uhr niedergelegt.

4. Sodann wird noch etwas gespielt und von 3 ½ Uhr an finden sich nach und nach wieder die Geschwister oder Mütter ein, um die Kinder heimzuholen. Jeder Unterricht ist strenge ausgeschlossen.

Treffen am 25. Juni 1906

Elvine Gräfin de La Tour

Die Gräfin liess sich in ihrem Schaffen nicht beeirren und ihr Wirken blieb nicht unbemerkt. Vermehrt wurden Anfragen für Hilfeleistungen an die Wohltäterin in Treffen gerichtet. Wenig später eröffnete sie im Vereinshaus ein Säuglingsheim. Ausgangspunkt dafür dürfte jenes Ereignis gewesen sein:

An einem kalten Wintertag suchte ich mit Schwester Johanna [der Hortschwester] im Dorfe Seebach, unweit des Ossiacher Sees [heute ein Stadtteil von Villach], das damals etwa fünf Wochen alte Kind auf. Wir fanden es bei älteren Leuten in einer ärmlichen und unreinen Kammer, wo unter allerlei Gerümpel auf armseligen Lagerstätten etliche ganz kleine Kinder lagen. Gegen eine monatliche Entlohnung von höchstens 8 Kronen finden solche bedauernswerte Wesen Aufnahme bei Leuten, die zu anderem Erwerb nicht mehr fähig und damit eine Hilfe zur eigenen Erhaltung suchen. Wie mag die Verpflegung da wohl beschaffen sein? Die kleine Olga wenigstens war voll Wunden und halb verhungert. Nachdem wir uns überzeugt, dass wir sie wirklich herausgefunden hatten, nahmen wir sie aus den unreinen Lumpen heraus, in ein großes Tuch gehüllt, im Schlitten gleich mit nach Hause. Da staunten die übrigen Pflegekinder und berichteten ihren Müttern: „Frau Gräfin hat Schwester Johanna ein Kind geschenkt, das sie aus dem See, andere sagten, aus dem Bach gezogen.“ Also ein neuer Moses. Die kleine Olga hat sich bei viel Mühe und sorgsamer Pflege kräftig entwickelt, ist gar munter und fröhlich und Schwester Johanna hat nun auch einen Karl, Hans und Jakob, ebenso verlassene Kinder, dazubekommen.[51]

Das Vereinshaus, um 1955.

Das Evangelische Vereinshaus mit den geflüchteten Russizer Mädchen, 1915.

Nach einem Wassereinbruch im Vereinshaus entschloss Elvine sich dazu, die angrenzende Wirtschaftsscheune – die Tarmanhube – zu einem Kleinkinderheim auszubauen. Am 28. Oktober 1905 wurde dieses eingeweiht, und zwölf Kinder, darunter drei Säuglinge, bezogen ihr neues Zuhause.[52]

Gräfin de La Tour, die häufig persönlich die umliegenden Täler und Berghöfe im Gegendtal besuchte, erkannte die teilweise sehr große Not der Bevölkerung und berichtete in ihren Jahresberichten wiederholt darüber. Neben Alkoholproblemen und der hohen Rate illegitimer Geburten in Kärnten nahm Elvine auch die schlechte soziale Versorgung alter und pflegebedürftiger Menschen wahr. Für jene Menschen, die durch Verletzungen, Unfälle etc. arbeitsunfähig geworden waren, entschloss sie sich 1903, eine Pflegestation mit etwa 15 Plätzen einzurichten, die im zweiten Stock des Vereinshauses untergebracht war. Die pflegerischen Dienste übernahmen Diakonissen aus dem Vandsburger Mutterhaus, wobei die Schwestern auch Pflegefälle außer Haus besuchten und deren Familien berieten und im Pflegebereich unterstützten. Im Jahresbericht 1906 erzählt Elvine über die Aufnahme einer alten Frau in die Krankenstation:

Letzten Sommer (1905) meldete man mir, dass in der nächsten Ortschaft in einem Schweinestall ein armes Weib liege. Ich begab mich alsbald dahin, konnte nur halb kriechend in den ganz niederen Stall hinein, und musste mich, um mit der Kranken zu sprechen, neben dieselbe auf die Streu, da sie lag, setzen. Nachdem sie mir ihr schweres Leid geklagt, und ich die Unmöglichkeit sah, sie in diesem bedauernswerten Zustand zu belassen, ließ ich sie von einer Magd, welche gerade mit

Die Russizer Mädchen vor dem Eingang zum Treffner Betsaal. Rechts hinten Frau Eleonore Schmiedl, etwa um 1915.

einem Handwägelchen vorüberkam, aufladen und in das Vereinshaus führen, wo sie bald überglücklich und dankbar auf reinlichem Lager gebettet lag. Bald darauf starb das arme Weib.[53]

Somit waren im Vereinshaus eine Pflegestation, ein Säuglingsheim und Kinderhort und die Missionsstation für die Oberkärntner Evangelisten an einem Ort vereint. Im Jahr 1909 begann Elvine mit einem neuerlichen Anbau an das Wirtschaftsgebäude des Vereinshauses. Die Anstaltsgemeinde war zwischenzeitlich so angewachsen, dass der bisherige Gottesdienstraum nicht mehr ausreichte. Die für den Treffner Raum zuständige evangelische Pfarrgemeinde befand sich, eine Stunde Fußmarsch entfernt, in St. Ruprecht[54] bei Villach. Zur Zeit des Toleranzpatentes von Kaiser Joseph II. war es nur dann möglich gewesen, eine evangelische Kirche zu erbauen, wenn sich 500 Protestanten oder 100 protestantische Familien für eine Kirchengemeinde zusammentaten. Diese Zahl konnte hier nur durch den Zusammenschluss von 21 Ortschaften des Gegend- und Ossiacher Seetales erreicht werden. Am Mittelpunkt dieser beiden Täler lag St. Ruprecht, und somit entstand dort 1782 die zuständige evangelische Pfarrgemeinde für Treffen und die späteren Anstalten Elvine de La Tours.

Aufgrund eines Hochwassers und der damit einhergehenden materiellen Verluste konnte der Plan zur Errichtung eines neuen Betsaales aber erst 1910 verwirklicht werden, und am 15. August 1911 fand die feierliche Einweihung statt. Dieser Andachtssaal wurde 1993 saniert, vom Künstler Adi Holzer neu und farbenprächtig gestaltet und dient bis heute dem Abhalten von Gottesdiensten.

4.6.8 Herrnhilf, Elim (1902, 1905)

Wie bereits erwähnt, berührte Elvine das Los alter und kranker Menschen sehr. Mit der Eröffnung einer Krankenstation waren die ersten Schritte zur Hilfestellung für diese am gesellschaftlichen Rand stehenden Menschen getan. Ihre nächste Überlegung bestand darin, den „ausgedienten Alten" ein Heim zu bieten. Zu diesem Zweck erwarb die Gräfin 1902 ein Haus, den ehemaligen Krainerhof bzw. Schöffmannhube[55], das in Herrnhilf umbenannt wurde. Hier sollte das erste Einlegerasyl entstehen. Der Name Herrnhilf dürfte auf den Evangelisten Samuel Keller (1856–1924) zurückzuführen sein. Er betreute als Pfarrer auf der Krim die Bruderdörfer „Herrnhilf" und „Herrndank".[56]

Um die Jahrhundertwende gab es noch keine Altersversorgung wie Alten- und Pensionistenheime im heutigen Sinn. Die alten, erwerbsunfähigen und besitzlosen Menschen mussten von ihren jeweiligen Heimatgemeinden versorgt werden. Dies bewirkte, dass die alten Menschen völlig rechtlos wurden, selbst wenn es um kleinere Besitztümer ging. Von der Gemeinde bekamen sie ein

Einleger vor dem Vereinshaus. In der letzten Reihe stehend Gräfin de La Tour und einige Diakonissen, etwa 1914.

„Einlegerbuch“ und zogen fortan von Bauernhof zu Bauernhof, um dort tageweise oder für wenige Wochen, je nach Größe der Höfe und der entsprechenden Steuerpflicht sowie eventueller „Brauchbarkeit“ der alten Menschen, eine Unterkunft zu erhalten – sie „legten ein“. Meist wurde ihnen nur ein kleiner Platz im Stall oder Stallnebengebäude zugewiesen. Auf diese Weise verwahrlosten die Einleger sehr rasch oder starben vor Erschöpfung und Unterversorgung.[57]

Für das geplante Einlegerasyl waren noch ein paar Umbauten nötig. Als passendes Hauselternpaar konnte das Ehepaar Ziegler aus Württemberg gewonnen werden. Bevor jedoch die ersten Einleger das neue Heim bezogen, wurde 1903 vom Villacher Pfarrer Heinzelmann die Bitte an die Gräfin herangetragen, zwei Halbwaisen aus Villach aufzunehmen, deren Mutter plötzlich verstorben und deren Vater nicht mehr auffindbar war. Diese ersten Buben des Kinderheims Herrnhilf sind im „Meldebuch Einlegerasyl Herrnhilf, 1903–1939“ zu finden. Es handelt sich um Josef (geb. 1897) und Karl (geb. 1899) Stampfer. Das Aufnahmedatum wird mit 10. August 1903 angegeben. In einem Vermerk wird Villach als die verantwortliche Stadtgemeinde angezeigt, die monatlich 7 Kronen für die Kinder zu zahlen hätte.[58]

Mit dem Einverständnis der Hauseltern Ziegler bekamen die Kinder einen Raum im ersten Stock von Herrnhilf zugewiesen und wurden von dem

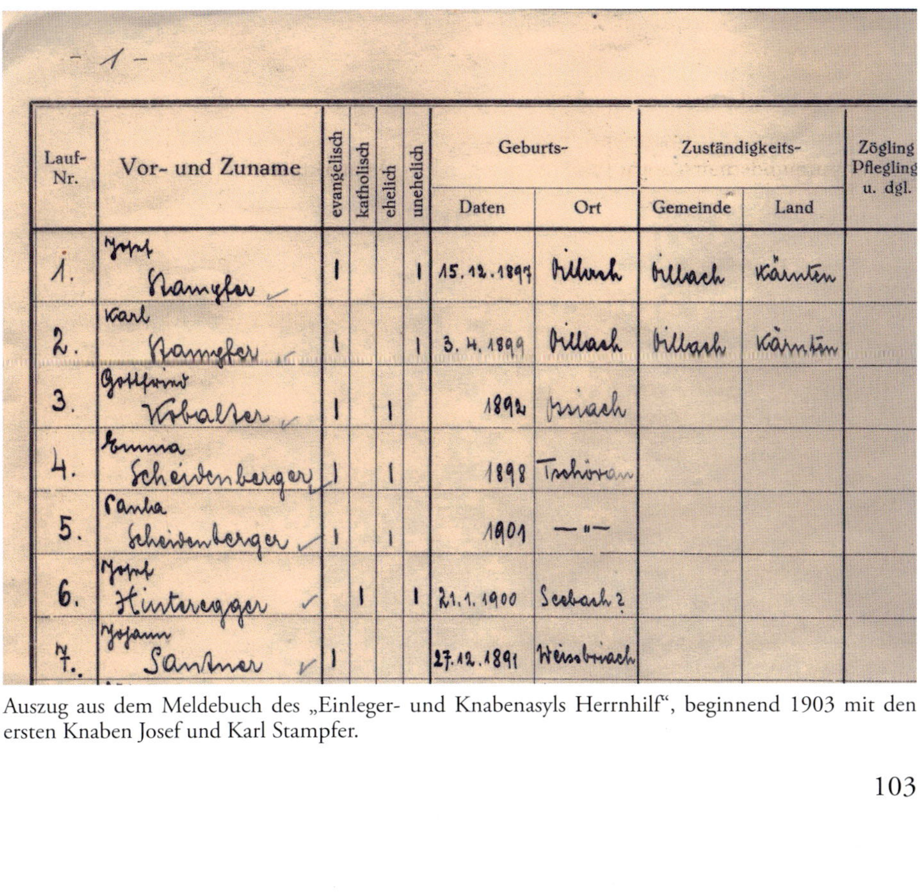

- 1 -

Lauf-Nr.	Vor- und Zuname	evangelisch	katholisch	ehelich	unehelich	Geburts- Daten	Geburts- Ort	Zuständigkeits- Gemeinde	Zuständigkeits- Land	Zögling Pflegling u. dgl.
1.	Josef Stampfer	1			1	15.12.1897	Villach	Villach	Kärnten	
2.	Karl Stampfer	1			1	3.4.1899	Villach	Villach	Kärnten	
3.	Gottfried Kobalter	1		1		1892	Ossiach			
4.	Emma Scheidenberger	1		1		1898	Tschöran			
5.	Santa Scheidenberger	1		1		1901	— " —			
6.	Josef Hinteregger		1		1	21.1.1900	Seebach ?			
7.	Johann Santner	1				27.12.1891	Weissbriach			

Auszug aus dem Meldebuch des „Einleger- und Knabenasyls Herrnhilf“, beginnend 1903 mit den ersten Knaben Josef und Karl Stampfer.

Rückansicht des Knabenheims Herrnhilf ohne Zubau, 1908.

Ehepaar betreut. Die erste Einlegerin, eine 92 Jahre alte Frau, bezog erst am Jahresfest 1904 ihr neues Zuhause im zweiten Stockwerk des Hauses. Elvine de La Tour erreichten immer mehr Anfragen um Aufnahme von Kindern, besonders aus dem Küstenland, wo sie schon ein Kinderheim für Mädchen in Russiz betrieb.

Eine Lösung wurde schließlich darin gefunden, die schwächeren Einleger im Vereinshaus unterzubringen und die Rüstigen in Herrnhilf zu belassen, um so genügend Platz für die Kinder schaffen zu können. So lebten für ein paar Jahre Jung und Alt unter einem gemeinsamen Dach. Mit der Zeit bildete sich Herrnhilf zu einem reinen Kinderheim für Knaben aus, dem Gegenstück zur Mädchenerziehungsanstalt der Gräfin in Russiz. Elvine hatte die Entwicklung des Hauses Herrnhilf so nicht vorgesehen, und doch sollte es zum wichtigsten Arbeitszweig ihres gesamten Wirkens werden.

Ihre Werke wuchsen und vergrößerten sich zusehends. Ein neuer Plan sah vor, eine Art Krankenhaus für Einleger zu errichten. Zu diesem Zweck erwarb sie 1905 ein benachbartes Gehöft von Herrnhilf – den Printschlerhof[59] – und gab dem Haus den Namen „Elim“. Der Name ist aus dem Alten Testament entlehnt, Elim war eine Oase mit 12 Wasserstellen und 70 Palmen (2 Mose 15,27, 4 Mose 33,9) und diente dem Volk Moses bei der Wanderung durch die Wüste als Erholungs- und Ruhestätte.

Aus Kostengründen konnte der Krankenhausplan nicht verwirklicht werden, und das neue Haus stand einige Zeit den Evangelisten als Wohnraum zur Verfügung. Danach fand das Altenheim seinen Platz darin, bis 1910 – wieder einmal aus Platzgründen – eine zweite Knabenanstalt eröffnet wurde. Beide

Die Bewohner von Herrnhilf 1908. Rechts außen Hausvater Dopplinger.

Herrnhilfer Buben. In der zweiten Reihe sitzend Familie Gienger, aufgenommen um 1922.

Häuser, Elim und Herrnhilf, boten die Möglichkeit, über hundert Buben aufzunehmen.[60] In dem an Herrnhilf angeschlossenen Landwirtschaftsbetrieb und den zugehörigen handwerklichen Betrieben (Schlosserei, Tischlerei, Bäckerei mit Mühle, Schuster- und Malerwerkstatt) konnten die Buben entsprechende Fähigkeiten erwerben.[61]

1908 übernahm das Ehepaar Gienger[62] aus Württemberg den Platz von Herrn Dopplinger, der nach dem ersten Hauselterneheepaar Ziegler die Aufsicht Herrnhilfs übernommen hatte und nun die Leitung der Evangelisationsarbeit übernehmen wollte.

4.6.9 Die Hospiz- und Stadtmission in Triest[63] (1908)

In Triest hatten sich ab Mitte des 19. Jahrhunderts rege diakonische und missionarische Bewegungen entwickelt, woraus beispielsweise ein deutscher Hilfsverein oder ein evangelischer Samariterverein hervorgegangen waren. Gräfin Elvine de La Tour verfolgte diese Gemeinschaftsbewegung mit großem Interesse und entschied sich 1908 zur Gründung eines christlichen Hospizes in Triest. Über den Zweck des Hospizes berichtet sie Nachstehendes:

Am 15. November 1908 wurde es unter dem Namen „Christliches Hospiz" dem Herrn übergeben, denn es soll zum Heil unsterblicher Seelen dienen. Es soll alleinstehenden Frauen aus allen Ständen und besonders stellensuchenden Mädchen Obdach gewähren; sodann durchreisenden Missionaren mit ihren Familien, welche sich in Triest auf ihre fernen Arbeitsfelder einschiffen oder von daher zurückkehren, freundliche Aufnahme bieten. Zwei Diakonissen, wovon die eine die Stelle der Leiterin und Hausmutter bekleidet, haben darin ihre Wohnung genommen. Diese Schwestern wollen in der Nachfolge ihres Herrn und Meisters und seiner Weisung gemäß die Gäste beherbergen, den Armen hilfreich beistehen, die Kranken besuchen und pflegen, den in einer verlorenen Welt verstrickten, in Sünden gefangenen Menschen die Schätze einer Erlöserliebe, die sie retten will, anbieten.[64]

Die missionarische Aufgabe bestand darin, das „evangelische Leben in jeder Weise zu fördern und zwar durch die Wortverkündigung. Auch soll damit eine Arbeit an jungen Menschen verbunden sein, welche behufs eines Erwerbes und einer Lebensstellung nach Triest kommen, zumeist anfangs ganz mittellos sind und darum ein billiges Unterkommen in einem christlichen Heim finden sollten."[65]

Zu diesem Zweck mietete Elvine eine Wohnung mit etwa acht Räumen in der Nähe der evangelischen Kirche, Piazza della Chiesa Evangelica Nr. 1, III. Stock.[66] Das Hospiz zog insgesamt siebenmal in neue Wohnräume, unter anderem aufgrund wachsender Platznot. Die Unterkünfte waren stets nur angemietet. Geleitet wurde das Hospiz von Diakonissen aus Vandsburg in Westpreußen, ab 1913 bis 1961 von der aus Württemberg stammenden Schwester Rösle Flad (1871–1980).[67]

Weihnachtsfeier im Hospiz in Triest in den 1920ern. In der letzten Reihe links: Theodor Zorzenon mit seiner Frau, in der ersten Reihe sitzend von links nach rechts: Hausvater Gienger und Schwester Rösle Flad.

Im Archiv der Diakonie Kärnten sind noch Gästebücher aus Triest vorhanden, die aufschlussreich Auskunft über all jene Menschen geben, die im Hospiz Unterkunft fanden. Zu jedem Gast, stammend aus aller Welt, sind Herkunft, Sprache, Beruf und Konfession vermerkt.[68]

4.6.10 Der Blau-Kreuz-Verein für Kärnten (1912/13)

Zu einem bedeutsamen Zweig der Evangelisationsarbeit in Kärnten sollte die Blaukreuzarbeit werden. Mit diesem Arbeitszweig wollte Elvine de La Tour das ernstzunehmende Problem der nahezu allgegenwärtigen Alkoholsucht bekämpfen. Vergleichbare Vereine gab es schon seit Mitte des 19. Jahrhunderts, und der Alkoholmissbrauch war bereits zu einem Teil der „sozialen Frage" geworden.

Die Gründung des „Blauen Kreuzes" fand 1877 durch den evangelischen Pfarrer Louis Lucien Rochat in der französischen Schweiz statt. Seine Arbeit sollte sich vornehmlich Menschen mit Alkoholabhängigkeit oder -gefährdung widmen. Von der Schweiz ausgehend breitete sich diese Bewegung weltweit aus, allerdings nicht mehr konfessionsgebunden.[69]

Elvine berief in Treffen ein Komitee zur Gründung eines Blaukreuzvereines ein und veranstaltete Konferenzen in ihrem Schloss, um Arbeitspläne für die zukünftige Aufgabe zu erstellen.[70] Evangelist Alfred Galsterer, der mittlerweile schwerkrank nach Kärnten zurückgekehrt war, erarbeitete Statuten für die Gründung eines „Blau-Kreuz-Vereins für Kärnten", welche im März 1913 von der Landesregierung genehmigt wurden.[71]

Zweck des Vereins sollte laut § 2 sein: „Trinker aus der Trunksucht zu retten, gefährdete Nichttrinker davor zu bewahren!"[72]

Die dafür angestrebten Maßnahmen erläutert § 3:

1. Anstellung von Referenten, die über Ursache und Folgen der Trunksucht aufklärend zu wirken haben

2. Veranstaltung von Vereins-, Wander- und Werbeveranstaltungen

3. Erwerbung von Vereinslokalen

4. Einrichtung einer Auskunftsstelle für alle Fragen auf dem Gebiet der Vereinstätigkeit, wie Arbeitsvermittlung usw.

5. Errichtung eines Trinkerasyles und Einführung einer Hausindustrie mit Korbflechten, Bürstenmachen usw.

6. Eröffnung von Schankstellen warmer und kalter alkoholfreier Getränke mit Brotbeigabe

7. Eröffnung einer Buchhandlung

8. Verteilung von Druckschriften

9. Anlegung von Vereinsbüchereien usw.[73]

Die Arbeit des Kärntner Blau-Kreuz-Vereines in Kärnten gestaltete sich jedoch schwierig. Elvine musste sich wiederholt mit dem Vorwurf der Widersprüchlichkeit auseinandersetzen. Einerseits hatte sie in Treffen drei ehemalige Gasthäuser in Heime umgewandelt (Vereinshaus, Herrnhilf und Elim) sowie den Kampf gegen die „Trunksucht" aufgenommen, andererseits unterhielt sie in ihrer Russizer Heimat Weinberge und Weinerzeugung in größerem Stil. Unbeeindruckt argumentierte sie dazu, dass die Weinerzeugung im Küstenland primär dem Erhalt ihrer Einrichtungen diene und dies als eine Gabe Gottes zu betrachten sei.[74]

Ein weiteres Problem war die Konfessionsgebundenheit ihres Vereines. In einem vorwiegend katholischen Land wie Kärnten wurde die stark evangelisch geprägte Arbeit von Teilen der Bevölkerung überaus skeptisch betrachtet.

1 Jahresbericht Innere Mission, Neujahr 1916, S. 3–4.
2 Jahresbericht Innere Mission, Neujahr 1910, S. 1.
3 Ebenda.
4 Zweiter Jahresbericht des Görzer Waisenversorgungsvereines 1874–75–76, Görz 1876, in: Görzer Diözesanarchiv, Ordner Russiz. Kopie im ADK.

5 Die Familie Escher war eine alte Züricher Kaufmannsfamilie, die im Triester Gesellschaftsleben eine führende Rolle einnahm. Die Angehörigen der Familie zählten zu aktiven Mitgliedern der Triester helvetischen Gemeinde. Vgl. Patzelt, Evangelisches Leben, S. 157–158. Caroline Cäcilie Escher (1840–1905) heiratete Pfarrer Ludwig Schwarz, den späteren Gründer des oberösterreichischen Diakoniewerks Gallneukirchen. Ebenda, S. 234. Ein weiteres Mitglied der Familie, Advokat Dr. Werner von Escher, führte als Vertretung der Stiftung de La Tour die Verhandlungen mit Italien bezüglich einer Entschädigungszahlung für den Verlust von Russiz. Ebenda, S. 132.

6 Vgl. Katterfeld, Elvine, S. 24.

7 Die Einnahmen setzten sich zusammen aus Privatspenden von überwiegend Adeligen, Spenden von Frauenvereinen und Missionsvereinen, Verkauf von „Kinderarbeiten“ etc. Vgl. Jahresbericht, Waisenversorgungsverein, S. 6–11.

8 Jahresbericht Innere Mission, Neujahr 1910, S. 2.

9 Johann Heinrich Pestalozzi (1746–1827), Schweizer Pädagoge.

10 Patzelt, Evangelisches Leben, S. 129.

11 Gienger, Reichtum, S. 29.

12 Gustav-Adolf-Vereine sind Hilfswerke, die weltweit protestantische Diasporagemeinden unterstützen. Mehr zur Finanzierung der gräflichen Werke findet sich im Kapitel 4.7.6 „Finanzierung“.

13 Katterfeld, Elvine, S. 30–31.

14 Graf Theodor bewirtschaftete bereits seit seiner Heirat den Weinanbau in Russiz und übernahm das Bürgermeisteramt in Capriva. Nachdem sein Schwiegervater in das österreichische Herrenhaus nach Wien berufen wurde, fiel ihm noch zusätzlich die Verwaltung des Ritterschen Familiengutes in Monastero bei Aquileia zu.

15 Zitiert nach Katterfeld, Elvine, S. 32 f.

16 Jahresbericht Innere Mission, Neujahr 1907, S. 4.

17 Zitiert nach Katterfeld, Elvine, S. 31–32.

18 Jahresbericht Innere Mission, Neujahr 1910, S. 2.

19 Vgl. Altieri, Orietta: L'istituto evangelico di Russiz e la chiesa goriziana tra Ottocento e Novecento, in: Qualestoria, Archivi e fonti per la storia delle istituzioni educative giuliane, Jahrgang XXIX, Nr. 1, Triest 2001, S. 117–124, hier S. 121.

20 Ebenda, S. 122.

21 Vgl. „Aufruf an alle Freunde der Liebeswerke der verstorbenen Gräfin La Tour“, Neujahr 1920, S. 4, ADK.

22 Vgl. „Kaufvertrag abgeschlossen zwischen Maria, Gabriele, Theresia, Isabella Gräfin von Goess und Theodor Graf La Tour en Voivre“, datiert mit 17. April 1885 in Wien und 22. April 1885 in Triest. In: Kärntner Landesarchiv (fortan: KLA), Kärntner Landtafel, Urkundensammlung, Fasz. 158, Nr. 80. Ein in belletristischer Form abgefasster Bericht zur Treffner Herrschaft und dem dazugehörigen Jagdgebiet gibt in amüsanter Form Otto Zernatto in der „Chronik der Treffner Görlitzen-Jagden“. Auszug im ADK. Geschichtliches über die Herrschaft und Schloss Treffen ist zu finden in: Henckel, Hugo: Burgen und Schlösser in Kärnten, Bd. 1, Klagenfurt 1964, S. 89–91 sowie in: Dinklage, Karl: Geschichte von Treffen, Wolfsberg 1970.

23 Vgl. Grundbucheintrag in: KLA, Kärntner Landtafel, A217, EZ 547. Nach dem Tod des Grafen wurde aufgrund der Einantwortungsurkunde des k. k. Kreisgerichtes Görz vom 27. Juli 1895 die Herrschaft Treffen auf Gräfin Elvine de La Tour überschrieben. Eine bei den Recherchen im Kärntner Landesarchiv entdeckte und erstaunlich anmutende Tatsache ist, dass zu Lebzeiten des Grafen und der Gräfin de La Tour der herrschaftliche Grundbesitz niemals mit Schulden belastet war. Dieser Umstand ist für diese Zeit völlig untypisch.

24 Die Geschichte von Anna Neumann ist sehr gut nachzulesen bei Wieland, Wolfgang: Anna Neumanin von Wasserleonburg. Die Herrin von Murau, Judenburg 1986.

25 Zitiert nach Gienger, Reichtum, S. 43.

26 Vgl. dazu beispielsweise Michael Mitterauer: Familienformen und Illegitimität in ländlichen Gebieten Österreichs. In: Archiv für Sozialgeschichte 19, 1979, S. 123–188. Mitterauer verweist hier auf den außergewöhnlich hohen Wert der Kärntner Illegitimitätsquote, die in manchen Pfarren sogar bis zu über 80 Prozent erreichen konnte. Biographisch dazu: „Als lediges Kind geboren...“.

Autobiographische Erzählungen 1865–1945, herausgegeben vom Verein „Dokumentation lebensgeschichtlicher Aufzeichnungen", Wien–Köln–Weimar 2008, das dem Leser anhand von Autobiographien ein eindrückliches Bild von stigmatisierten unehelich geborenen Kindern vermittelt.

27 Zitiert nach Katterfeld, Elvine, S. 60 f.

28 Das „Evangelische Schulgut" wurde laut Grundbuch am 15. Dezember 1894 von Gräfin de La Tour – lautend auf ihren Namen – gekauft. Vgl. KLA, BG Villach, KG Treffen, EZ 124. Im Kaufvertrag wird eine Kaufsumme von 592 Gulden und 50 Kreuzern angegeben. Siehe KLA, BG Villach, Urkundensammlung, TZ 3817/1895.

29 Eine sehr interessante und detaillierte Untersuchung zur evangelischen Gemeindeschule in Waiern bietet der Historiker Alexander Hanisch-Wolfram, in: Carinthia I., 199. Jg. (2009), S. 477–505.

30 Siehe Korrespondenz der Gräfin mit dem Landesschulrat, KLA, Landesschulrat, Paketreihe, Fasz. 58.

31 Nationalsozialisten entfernten später aus ideologischen Gründen diesen Stein und stellten ihn in der Wagenremise des Schlosses ab. Einige Jahre später wurde er vor dem Betsaal in Treffen platziert, bis er 1994 an seinem ursprünglichen Platz über der Eingangstür der ehemaligen Waldschule, dem heutigen Lindenschlössl, erneut angebracht werden konnte.

32 Katterfeld, Elvine, S. 62.

33 Vgl. Akte „Treffen; Privatvolksschule der Gräfin", in: KLA, Landesschulrat, Paketreihe, Fasz. 58.

34 Vgl. Zernatto, „Chronik der Treffner Görlitzen-Jagden". Auszug im ADK.

35 Vgl. Katterfeld, Elvine, S. 66 f.

36 Anna Katterfeld berichtet, dass Elvine das neu erbaute Mausoleum am 1. August 1898 von Pfarrer Schwarz aus Waiern einweihen ließ, um danach ihrem verstorbenen Ehemann die letzte Ruhestätte darin zu geben. Die katholische Kirche erhob dagegen Einspruch, da der verstorbene Graf dem Katholizismus angehörte und somit das Mausoleum nach katholischer Sitte geweiht werden müsste. Elvine, die das auf keinen Fall zulassen wollte, ließ daher eines Nachts von ihrer Dienerschaft den Leichnam aus Görz nach Russiz bringen und den Sarg in das Mausoleum einmauern, wogegen die katholische Geistlichkeit nichts mehr bewirken konnte. Siehe Katterfeld, Elvine, S. 67 f.

37 Seine letzte Ruhestätte fand Theodor Graf de La Tour 1927 an der Seite seiner Frau im Schlosspark in Treffen. Die Grabstätte sowie die ebenfalls nach Treffen überstellte Thorvaldsen-Skulptur können heute noch auf Anfrage hin besichtigt werden.

38 Näheres zu Rudolf von Gall findet sich im Kapitel 4.7.1 „Familie".

39 Die Gemeinschaftsbewegung hat ihre Wurzeln in Luthers Reformation und dem Pietismus. Angestrebte Ziele waren die „Neuwerdung und Erweckung" der Menschen zu erreichen, d. h. die Bekehrung vom Unglauben zum Glauben, Gebetsgemeinschaften, Bibelstudium, Seelsorge und Evangelisation. Gegen Ende des 19. Jahrhunderts entstanden in Deutschland zahlreiche Gemeinschaftsverbände. Elvine pflegte vielfältige Kontakte mit Deutschland und erhielt dadurch laufend Einblick in die neuesten Entwicklungen. Einen guten Einblick in die Kärntner Gemeinschaftsarbeit bietet: Krupka, Ernst: Ein Licht leuchtet im Kärntnerland. Festschrift zum 50jährigem Jubiläum der Gemeinschaftsarbeit in Kärnten, 1908–1958, o. O., o. J.

40 Friedrich Gienger berichtet vom Pfarrer in Feld am See, der um einem Bauernknecht im Murtal das Abendmahl geben zu können, je 10 Stunden für den Hin- und Rückweg benötigte. Vgl. Gienger, Reichtum, S. 48.

41 Jahresbericht Innere Mission, Neujahr 1906, S. 18–20.

42 Ein ausführlicheres Lebensbild zu Alfred Galsterer, der als Pionier der Gemeinschaftsarbeit in Kärnten gilt, ist bei Krupka, Licht, S. 11 f., zu finden.

43 Diese beiden Bibelschulen stehen in einer pietistischen Tradition, wobei besonders der Missionsgedanke eine bedeutende Rolle spielt. Beide Ausbildungsstätten bestehen heute noch. Vgl.: http://www.chrischona.org/ und http://www.bahnauer-bruderschaft.de/ [21.06.2009].

44 Ein hervorragendes Werk zur verdienstvollen Arbeit von Diakonissen bietet beispielsweise: Fürstler, Gerhard: Der Glaube, der durch die Liebe tätig ist. Die Lebensgeschichten von 19 Schwestern aus dem Diakonissen-Mutterhaus in Gallneukirchen, Gallneukirchen 2006.

45 Jahresbericht Innere Mission, Neujahr 1909, S. 21 f.

46 Katterfeld, Elvine, S. 103.

47 Bericht von Pfarrer Wilhelm Busch aus Elberfeld. Zitiert nach Katterfeld, Elvine, S. 105 f.

48 Diese Konferenz stand unter der Leitung von Pfarrer Max Monsky, der bereits in Graz, Wien und an anderen Orten volksmissionarisch tätig gewesen war.

49 Im Grundbuch sind zahlreiche Besitzerwechsel vermerkt, bis die „Gröflacher-Hube Nr. 19 zu Köttwein" schließlich am 20. Dezember 1900 in den Besitz von Rudolf von Gall und 1920 durch Gütertausch in den Besitz der Stiftung gelangte. Vgl. KLA, BG Villach, KG Treffen, EZ 62. Obwohl der Besitz auf den Namen von Rudolf von Gall lief, nutzte Elvine de La Tour bereits ab 1900 das Haus für ihre wohltätige Arbeit. Heute steht auf den Grundstücken der Gröflacher-Hube das Evangelische Altenheim in Treffen. Im Grundstock vorhanden, jedoch mehrfach umgebaut gibt es noch das ehemalige Vereinshaus (genannt Haus Tarmann) und die angrenzende „Tarmanhube" (genannt Haus Bethanien).

50 Akt betreffend die Kinderbewahranstalt der Gräfin, in: KLA, Landesschulrat, Paketreihe, Fasz. 58.

51 Vgl. Jahresbericht Innere Mission, Neujahr 1906, S. 7 f.

52 Vgl. Gienger, Reichtum, S. 57.

53 Vgl. Jahresbericht Innere Mission, Neujahr 1906, S. 5 f.

54 An dieser Stelle möchte ich auf das Buch des Altbischofs Oskar Sakrausky hinweisen, dessen Werk – überaus informativ und mit zahlreichen Quellenbelegen untermauert – die Geschichte der evangelischen Kirchengemeinde St. Ruprecht aufzeigt sowie ausgezeichnete Einblicke in die allgemeine Kärntner Kirchengeschichte ermöglicht. Vgl. Sakrausky, Oskar: St. Ruprecht am Moos. Die Geschichte einer evangelischen Pfarrgemeinde im Großraum Villach, St. Ruprecht 1986.

55 Elvine de La Tour hatte die „Schöffmann-Hube" laut Grundbucheintrag am 25. Juni 1902 erworben. Vgl. KLA, BG Villach, KG Töbring, EZ 39.

56 Vgl. Manuskript: „Festabend am 3. April 1998. Die Gräfin und ihre Gäste", ADK, S. 10–11.

57 Zum Einlegerwesen siehe: Bruckmüller / Sandgruber / Stekl, Soziale Sicherheit, S. 42–43 sowie http://www.neustadtl.gv.at/media/neus_1208873819.pdf, [23.03.2009]. Eindrücke zur Lebenssituation alter Menschen in jener Zeit bietet auch: Klammer, Peter: Auf fremden Höfen. Anstiftkinder, Dienstboten und Einleger im Gebirge (Damit es nicht verloren geht… Bd. 26), Wien 1992.

58 Im Jahresbericht von 1962 wird von einem Besuch eines der Stampfer-Buben berichtet, der nach 49 Jahren nach Herrnhilf zurückkehrte. Vgl. „Ich diene aus Liebe. 1962 Treffen-Waiern", herausgegeben vom Evangelischen Verein für Innere Mission in Kärnten, Feldkirchen 1962.

59 Laut Grundbuch erhielt Gräfin de La Tour mit 19. Juni 1905 das Eigentumsrecht für die Printschler-Hube. Siehe KLA, BG Villach, KG Töbring, EZ 38.

60 Gienger, Reichtum, S. 65.

61 Vgl. Gienger, Armut, S. 44.

62 Mehr über die Familie Gienger ist im Kapitel 4.7.2 „Mitarbeiter" zu finden.

63 Eine ausführliche Dokumentation über das Christliche Hospiz in Triest ist bei Patzelt, Evangelisches Leben, S. 133–137 zu finden.

64 Gienger, Reichtum, S. 66.

65 Ebenda.

66 Vgl. Patzelt, Evangelisches Leben, S. 134.

67 Siehe auch Kapitel 4.7.2 „Mitarbeiter".

68 Gästebücher des Triester Hospizes, 1908–1980, ADK.

69 Vgl. Fleckenstein, Gisela: Sonderarbeitsbereiche: Trinker, Mädchenschutz, Bahnhofsmission, Gefährdete, Wanderer, Gefangene, Behinderte, Fachverbände. In: Gatz, Erwin (Hrsg.): Geschichte des kirchlichen Lebens in den deutschsprachigen Ländern seit dem Ende des 18. Jahrhunderts (Bd. 5: Caritas und soziale Dienste), Wien–Freiburg 1994, S. 147–153.

70 Siehe dazu: Gesprächsprotokolle über die Gründung des Blau-Kreuz-Vereins 1913, in: Archivordner „Blaukreuzarbeit 1913–1949", ADK.

71 Vgl. Ratz, Roland: Suchtkrankenhilfe in der Evangelischen Stiftung de La Tour, S. 8–11, in: Die Alkoholabhängigkeit und andere Abhängigkeiten. Hintergründe, Verlaufsphasen, Folgeerscheinungen, Therapiekonzepte, Treffen 1998.

72 Vgl. „Statuten des Blau-Kreuz-Vereins für Kärnten, Treffen 1913, S. 3, in: Archivordner „Blaukreuzarbeit 1913–1949“, ADK.

73 Ebenda, S. 3 f.

74 Katterfeld, Elvine, S. 97.

4.7 Exkurse

Das Lebens- und Liebeswerk der Gräfin erweiterte sich in den über vierzig Jahren ihres Schaffens zunehmend. Viele Menschen in Not fanden in den Anstalten in Russiz und Treffen Hilfe und Unterstützung, viele Lebensgeschichten wurden auf die eine oder andere Weise durch die Verbindung mit der gräflichen Arbeit geprägt. Eine Arbeit in diesem Umfang benötigte verdienstvolle Mitarbeiter, eine gute Finanzierung und Organisation, Ziele und Ideale. Zeitgleich bargen die Anstaltsalleinführung, der evangelisch geprägte Hintergrund bzw. die ausgeprägte Frömmigkeit ein größeres Konfliktpotential. In den folgenden Exkursen sollen einige wenige Aspekte ihrer umfangreichen Arbeit noch etwas näher betrachtet werden. Am Beginn soll jedoch beschrieben werden, wie sich das Privatleben der Gräfin gestaltete.

4.7.1 Familie

Über das Privatleben der Gräfin ist verhältnismäßig wenig bekannt. Vereinzelte Zeitzeugenberichte oder seltene Selbstzeugnisse Elvines ermöglichen es, einige oberflächliche Eindrücke zu sammeln.

Eltern und Geschwister

Informationen zu ihrem Elternhaus erhält man hauptsächlich durch die Aufzeichnungen von Elvines Bruder Eugen, der 1915 im Eigenverlag eine Chronik der Familie Ritter herausgab.[1] Seine Schilderungen gewähren einen Einblick in die Kinder- und Jugendjahre der Kaufmannstochter aus dem österreichischen Küstenland. Sie zeichnen das Bild eines Mädchens, welches aus einer erfolgreichen und vermögenden Familiendynastie entstammte. Nach dem sehr frühen Verlust der Mutter musste Elvine als älteste Tochter sicherlich früh erwachsen werden und beispielsweise die Gesellschaftspflichten an der Seite ihres Vaters übernehmen. Mit ihrem Vater dürfte Elvine in inniger Verbundenheit gestanden haben, was dem Leser der Chronik vermittelt wird:

Eugen Ritter von Záhony, jüngerer Bruder der Gräfin, Verfasser der Familienchronik.

Den 22. November 1865 starb nach ganz kurzer Krankheit in Görz mein ältester Bruder Alfred, welcher bereits das Gut Monastero leitete. Unser guter Vater war darüber ganz untröst-

lich und es kostete seiner ältesten Lieblingstochter Elvine viel Mühe, um ihn nach und nach wieder zu sich zu bringen und zu beruhigen.[2]

Elvine blieb bis zu ihrer Hochzeit mit Graf de La Tour im Hause ihres Vaters wohnen. Julius Hektor nahm stets regen Anteil am Leben seiner Tochter und unterstützte sie anerkennend in ihren sozialen Anliegen – wie etwa der separate, testamentarisch festgelegte Betrag für seine älteste Tochter erkennen lässt.[3]

Der Kontakt zu ihren Geschwistern und anderen Verwandten dürfte ebenfalls nah gewesen und stets aufrecht gehalten worden sein, wie einige Hinweise vermuten lassen. Eine Pfarrfrau berichtet über eine private Erzählung der Gräfin:

Da ging ihr der Mund auf, und sie entrollte ihr ganzes Leben vor unseren Ohren und Herzen. Wir sahen da das verwöhnte Kind eines unermesslich reichen Vaters, den es hoch verehrte. Wir sahen aber auch hinein in das Sehnen ihres Herzens nach Mutterliebe. Ihre Mutter war früh gestorben, und sie war als Älteste von einem großen Geschwisterkreis bald schon eine kleine Mutter. Fest hielten die Geschwister zusammen. Sie sagte, es habe der reinste Korpsgeist bei ihnen den Lehrern, Erziehern und der Dienerschaft gegenüber geherrscht.[4]

Gelegentlich scheinen Familiennamen in Spendenbilanzen auf, wenige Male werden sie in Briefen der Gräfin an Hausvater Gienger erwähnt: „Aus Wien werden Sie getragene Knabenkleider von einer Baronin Klimburg, meiner Nichte, erhalten."[5]

Im Jahr 1912 erlitten Gräfin de La Tour und ihre Geschwister herbe finanzielle Verluste mit Anteilen an ehemaligen Ritterschen Fabriken. An Hausvater Gienger berichtete sie:

Ich stehe in Verhandlungen der Fabriken wegen, welche sich in der Juden Hände befinden und wegen schlechtem Geschäftsgang in den letzten Jahren, am 27. dieses Monats, an welchem Tage der endgültige Beschluß dazu gefasst werden soll, entweder zum Verkauf oder zur Liquidation bestimmt werden. Ich besitze mit meinen Geschwistern Anteile, wofür wir eine geringe Abfindung erhalten sollen; darüber wird jetzt verhandelt. Schon in der Festzeit war die Frage akut geworden, doch wehrte ich ab, wollte mir die Weihnachtsfreude nicht ganz vergällen lassen. Jetzt aber muß es zu einem Endresultat gebracht werden, nachdem wir knappe Zeit haben bis zum 27. und meine Geschwister, die zerstreut leben (eine Schwester bei Ragusa), darin einig sein müssen. Wird diese Einigkeit nicht erzielt, so kann es zu noch größeren Verlusten führen. Ich muß also hier bleiben, sogar als Stütze für meinen Bruder, der ganz hoffnungslos ist.[6]

***

Am Ostersonntag hatte ich Grund zur Freude anlässlich meines Bruders, der mich besuchte. Wie schon andere Male, so hatte ich diesmal mehr noch den Eindruck als habe der Herr die Geldverluste, welche meine Geschwister gerade so wie ich nun zu erleiden haben, über uns verhängt, um die noch Widerstrebenden zu gewinnen. Daß mein Bruder dem Herrn viel näher gekommen ist, durfte ich mit Lob und Dank feststellen.[7]

Aus einem weiteren Brief der Gräfin nach dem Tod ihrer Schwester Olga:

Ich danke für Ihre Teilnahme, ebenso Ihrer lieben Frau. Der Verlust meiner lieben Schwester hat mich tief geschmerzt und mich in den Tagen gar ernst gestimmt, zumal ich recht unwohl war. Gottlob dass wir doch einen Freudenquell im innersten Glaubensleben haben, den kein Erdenleid zum Versiegen bringen kann. Übermorgen findet in Triest das Begräbnis statt, dem ich so Gott will beizuwohnen gedenke.[8]

Verwandtschaftliche Besuche hat es am Russizer Gut wahrscheinlich häufiger gegeben. Einen lebendigen Eindruck über solche Aufenthalte vermitteln die Erinnerungen eines Familienmitgliedes:

Ich betete als kleines Mädel die Tante einfach an, und auch später noch imponierte sie mir stets, die hochgewachsene, stattliche Frau mit dem früh gebleichten Haar und dem kindlich gebliebenen herzhaften Lachen, die so famos zu Pferde saß, die kutschierte und ihre Riesenwirtschaft tadellos leitete. Täglich fast ward nach Cormons hineinkutschiert, in das schon echt südlich anmutende Städtchen mit den abgeflachten Dächern, und es war die höchste Lust für mich, wenn ich ab und zu selbst auf den weißen Straßen zwischen den Maulbeerbäumen, Feldern und Weingärten die schönen Pferde lenken durfte und die freundlichen friulanischen Bauern ihr „bon giuru!" in den Wagen riefen. Podgora, Gradiska, Lagorda, Görz, all das ward oft besucht, und so manche Nacht „Am Corno" in dem Ritterschen Palais zu Görz geschlafen, so mancher Spaziergang den blaugrünen Isonzo entlang gemacht, zu dessen herrlichem Wasser Feigengesträuch die schweren Äste herniederhängen lässt. Ganz nahe der italienischen Grenze, bei Aquileja – dem österreichischen Pompeji –, liegt noch ein Gut, das teilweise der Gräfin de La Tour gehört – Monastero. Einst ein altes Kloster, dann ein ganzer Komplex von Gebäuden inmitten endloser Reisfelder, mehr groß als schön, aber damals von interessanter Unheimlichkeit für mich mit seinen vielen Gängen und Sälen, in denen alte verdunkelte Bilder und rostige Waffen hingen. Massige Türen, die gespenstisch knarrten, verblichene Tapeten, hinter denen es abends knisterte, eingehüllte Kronleuchter, uralte Möbel, echt italienische geschnitzte Riesenbetten, in denen ein kleines ängstliches Mädel sich im weißen Leinen völlig verlor, eine beständig kühle Moderluft selbst an glutheißen Sonnentagen, das war das Monastero meiner Erinnerung. Graf und Gräfin waren heiß geliebt von all den Dörflern ringsum, die ungezählte Wohltaten aus ihrer Hand empfingen.[9]

Die Ehe

Elvine und Theodor verbanden 26 gemeinsame Ehejahre – und das, obwohl Theodor de La Tour bereits mit 49 Jahren an einem Nierenleiden verstarb.[10] Die wenigen Überlieferungen sprechen von einer eher schwierigen Ehe, bedingt durch zu gegensätzliche Charaktere, die verschiedenen Konfessionen und die anfänglich doch sehr unterschiedlichen Vermögensverhältnisse. Theodor wird in der Literatur als lebenslustig und allseits beliebt beschrieben, ergänzend dazu stand das ernsthafte und vernünftige Wesen seiner Frau. Zum Zeitpunkt der Heirat war er 23 Jahre alt, Elvine 27 Jahre. „Besonders in der ersten Zeit war das Miteinander anscheinend sehr eng und gut", schreibt Anna Katterfeld und fügt folgende Anekdote bei:

In ihrem ersten Ehejahrzehnt fuhren sie jeden Samstagnachmittag hinaus nach Görz. Auch nach dem Tod des Vaters wurde das Elternhaus an der Riva Corno als Treffpunkt der Geschwister durch eine alte Tante aufrechterhalten. So war es immer ein frohes Nach-Hause-Kommen. Meist hatte die Tante für die lieben Gäste im Speisesaal eine Festtafel vorbereitet, auf der ein großer Kuchen prangte. Einmal gab es eine lustige Überraschung: Was war das? Wo war der Kuchen geblieben? Nur noch ein paar Stücke lagen auf der Platte! Die alte Dame schlug vor Entsetzen die Hände zusammen, als aus einer Ecke ein herzhaftes Gelächter ertönte. Dort standen die Sünder! Der junge Graf hatte sich seinen Teil schon zu Gemüte geführt, und auch seine Frau hatte die gute Erziehung der gestrengen Tante über Bord geworfen und ihm tüchtig dabei geholfen.[11]

Die Ehe des Grafenpaares blieb kinderlos.[12] Theodor, selbst seinen Mitmenschen gegenüber sehr hilfsbereit eingestellt, unterstützte das humanistische Engagement Elvines. In schwierigen Situationen stellte er sich hinter sie und setzte sich entschieden für seine Frau und ihr Werk der Nächstenliebe ein. So scheute er ungeachtet seiner eigenen katholischen Konfessionszugehörigkeit nicht davor zurück, für die Sache seiner Frau zahlreiche Konflikte mit dem katholischen Klerus auszutragen.[13] Als Bürgermeister von Capriva erwirkte

Elvine und Theodor um die Zeit ihrer Heirat.

er die Bewilligung zum Schulbau in Russiz. Er nahm regen Anteil am Anstaltsleben und den Bewohnern selbst und war anscheinend allgemein sehr beliebt. Sein letztes Werk dürfte die intensive Mitwirkung an der Planung des Schulgebäudes in Treffen gewesen sein.[14]

Theodor de La Tour war ein begeisterter Jäger und Meisterschütze. Seinen Waffenpass erhielt er bereits im Jahr 1864.

Graf de La Tour entstammte, wie bereits erwähnt, aus einer streng katholischen Familie, war selbst zu einem gläubigen Christen erzogen worden und hatte seine schulische Ausbildung vorwiegend in Klosterschulen erhalten. Wie aktiv er sein Glaubensleben gestaltete, ist schwer zu beantworten. Er war sicher nicht so religiös veranlagt wie Elvine, sondern dürfte in dieser Frage eher eine inaktive bzw. ökumenische Haltung eingenommen haben.[15] Die Vermählung mit Elvine erfolgte nach dem evangelischen Ritus. Laut Anna Katterfeld war Theodor auch bereit, die morgendliche Herrnhuter Losung mit seiner Ehefrau zu lesen, sich ab und zu einen Evangelisationsvortrag anzuhören oder gemeinsam den Gottesdienst zu besuchen.[16] Er konvertierte aber Zeit seines Lebens nicht zum Protestantismus. Der Evangelist Krupka schreibt:

In der Rückschau möchten wir meinen, Elvine von Zàhony hätte den Grafen de la Tour nicht heiraten sollen, da er nicht gläubig und dazu katholisch gewesen ist. Wer aber will dem himmlischen Meister, der sein Werkzeug zubereitet, belehren oder gar tadeln? In der nicht leichten, oft spannungsreichen Ehe ist die Gräfin geschliffen worden wie ein Edelstein, und was noch mehr ist – sie hat beten gelernt. Wiederum tat es ihr anscheinend wohl, mir an einem stillen Abend zu erzählen: „Ungeheuer schwer fiel es mir, wenn ich meinen Mann auf Gemsjagden, etwa im Radlgraben, begleiten musste. Er verlangte es, und ich war gehorsam. Aber ich habe für ihn gebetet, jeden Tag, dreißig Jahre hindurch. Als er dann auf dem Krankenlager zu mir sagte: ‚Elvine, eine solche Frau wie du es bist, habe ich eigentlich gar nicht verdient' wollten mir die Freudentränen kommen. Jetzt kamen wir ins Gespräch um die letzten und tiefsten Dinge. Mein Mann wurde gläubig, er konnte das Heil klar erfassen, er bezeugte, Frieden unter dem Kreuz gefunden zu haben. Als er dann heimgegangen war, betete ich unter Tränen: ‚Herr, nun ist er dein, nun kannst und sollst du ihn behalten in Ewigkeit!'"[17]

Die Familie von Gall

Nach dem Tod ihres Mannes musste Gräfin de La Tour eine Lösung finden, wer die Verwaltung und Bewirtschaftung ihrer Güter in Russiz und Treffen übernehmen sollte. Ein neuer Gutsverwalter und Vertrauter fand sich in Rudolf von Gall, dem Vetter und zugleich Patensohn ihres Mannes.

Die Familie Ritter von Gall (zuvor Edle von Gall) gehörte zu den niederösterreichischen Landständen und war in Wien ansässig. Rudolf von Gall wurde am 8. Oktober 1873 in Schloss Kladrau in Böhmen geboren. Sein Vater Carl Ritter von Gall war dort Verwalter der Fürst Alfred zu Windischgraetz'schen Brauerei, seine Mutter Henriette, geborene Haller, stammte aus Zofingen, Kanton Aargau, in der Schweiz und gehörte der evangelisch-helvetischen Religion an. Getauft wurde Rudolf von Gall am 10. Oktober 1873 nach katholischem Ritus.[18] Rudolf besuchte das Schottenstiftgymnasium in Wien und danach eine Landwirtschaftsschule in Böhmen. Durch den frühen Verlust seines Vaters stand er in engem Kontakt mit seinem Paten Theodor de La Tour. Aufgrund des doch höheren Altersunterschiedes verwendeten Elvine und Rudolf die Bezeichnungen „Neffe" bzw. „Tante".[19] Der junge Mann hatte seine Studien in einer Landwirtschaftsschule in Böhmen beendet und suchte nach einem geeigneten Tätigkeitsbereich. Auf die Bitte der Gräfin hin reiste er nach Russiz und übernahm nach einer Probezeit den Posten des Verwalters. Im Jahr 1899 verlobte er sich mit Paula Theresia Nožička aus Kaaden in Böhmen. Elvine war zu Beginn nicht sehr glücklich über die Brautwahl ihres „Neffen", da Paula der katholischen Konfession angehörte. Rudolf von Gall war zwar auch katholisch, aber die Gräfin hatte bis zuletzt gehofft, ihren Verwandten für den Protestantismus gewinnen zu können:

Du weißt, dass ich eine andere Wahl gewünscht hätte, allein die Hauptsache bleibt doch, dass du die Frau nimmst, die dich liebt, der du zugethan bist, mit der du dich ganz verstehst. Ich muss dabei ganz außer Spiel bleiben, bei mir hast du dich ja nie eigentlich glücklich und zufrieden gefühlt [...] Als du in mein Haus kamst, hatte ich den innigen Wunsch und die Hoffnung dich für den evangelischen Glauben zu gewinnen, habe dafür gebetet und gebangt, dies sage ich dir nun ganz offen. Hast es wohl selbst gemerkt. – Nun aber ist dies auch vorüber, wenn du die katholische Frau nimmst und das Oberhaupt einer katholischen Familie wirst. Ich hoffe, du missverstehst mich nicht, als würde ich es einem Katholiken absprechen wollen, ein guter Christ zu sein, das durchaus nicht, glaube dich das nicht versichern zu müssen, aber ebenso wahr ist es auch, dass diese ganz verschiedene Glaubensrichtung eine Trennung bewirkt, die sich auch bei uns fühlbar machen wird.[20]

Wieso es letztlich zur Entscheidung des Konvertierens kam, ist nicht bekannt. Tatsache ist jedoch, dass das junge Paar 1901 zur evangelischen Konfession überwechselte. Bemerkenswert erscheint, dass Paulas Übertritts-Bestätigung in Gallneukirchen von Pfarrer Ludwig Schwarz ausgestellt wurde. Rudolf wechselte erst einen Monat später in Wien über.[21]

Familie von Gall, 1906.

Gräfin de La Tour mit Paula von Gall und ihren Kindern Theodor und Ilse, 1906.

Nach der Hochzeit zog das Ehepaar ins Russizer Schloss ein. 1902 wurde ihnen der Sohn Theodor geboren, zwei Jahre später eine Tochter, die sie Ilse nannten. Diese Kinder bereicherten das Leben der Gräfin auf eine besondere Weise: Sie übernahm die Großmutterrolle und wurde von den Kindern „Omeli" genannt.[22] Elvine konzentrierte sich vor allem auf den Knaben Theodor, da es ihr Wunsch war, dass der Großneffe einmal ihr Nachfolger werden sollte. Das wird sehr deutlich durch folgende Erzählung einer Pfarrfrau, die als junges Mädchen zu Gast im Hause de La Tour war:

Auch sonst waren Gäste aller Art im Schlosse vereinigt: Verwandte der Gräfin mit Kindern und Dienerschaft, die für längere Zeit auf Erholung da waren. Dann wieder Pfarrer und Missionare, Prediger und Brüder, die besonders über das Fest [Jahresfest] zahlreich im Schlosse weilten. Dann Verwandte ihrer Mitarbeiter; ferner einzelne Schützlinge, die ihr zum Zurechtbringen anvertraut waren. Es war eine überaus bunt zusammengewürfelte Tafelrunde, die die größten Gegensätze vereinigte: Leute aus der feinsten Gesellschaft und ganz einfache Leutlein, die mit ihr auf dem gleichen Glaubensboden standen. Sie präsidierte mit Hoheit und Anmut zugleich und überbrückte alle diese Gegensätze in ihrer Person. Neben ihr thronte auf einem Kissen ihr Liebling, der Großneffe Theodor von Gall, genannt Bubi. Dieser wusste sich schon mit vier Jahren sehr manierlich zu benehmen und durfte nach jeder Mahlzeit das Dankgebet sprechen: Danket dem Herrn, denn er ist freundlich und seine Güte währet „ewelich"... Dieser Liebling und ich hatten auch das Vorrecht, fast jeden Tag mit Frau Gräfin auf ihrem Ponywagen ausfahren zu dürfen. Sie kutschierte selbst mit großer Sicherheit. Hinten saß der treue Domenico, ein Russizer Anstaltskind, der sonst bei den Mahlzeiten mit weißen Handschuhen servierte. Zu uns beiden sagte sie: „Weil ihr so dünn seid, dürft ihr neben mir sitzen." Die Fahrten gingen meist nach Villach zu Einkäufen, manchmal auch zum Ossiacher oder St. Leonharder See, wo die Gräfin mit Lust badete und sich für ihre viele Arbeit neu stärkte.[23]

Um eine angemessene christliche Erziehung zu erhalten, besuchte Theodor ein Internat in Korntal in Württemberg.[24] Die Gräfin schenkte ihm eine Bibel und verfasste für ihn diese Widmung:

Meinem vielgeliebten Theodor Gottes Wort zur täglichen Stärkung als die rechte Lebensspeise zur Reise in die obere Heimat.

Von der Großmama. Schloß Treffen, 9. Sept. 1914.

„Ja selig sind, die Gottes Wort hören und bewahren." Luk. 11,28.[25]

Zu diesem Zeitpunkt befand sich Österreich bereits im Krieg. Wie eng das Verhältnis und der Umgang mit Theodor waren, zeigt ein erhalten gebliebener Brief der Gräfin an ihn. Geschrieben am 20. Jänner 1915, lässt er auch schon deutlich das Elend des Krieges erkennen:

Mein lieber Theodor!

Wir freuen uns über deine Briefe, die schon etwas reichhaltiger werden und ich möchte dir auch mehr berichten, wenn ich nur mehr Zeit dazu hätte. Manchmal

Theodor von Gall in Jagdkleidung, um 1910.

Theodor von Gall im Matrosenanzug im Alter von ungefähr 12 Jahren, 1914.

reicht auch die Kraft nicht, denn ich bin in der letzten Zeit viel unwohl und habe noch niemand, der mir bei meiner Korrespondenz hilft. Seit Monaten hab ich meinen Appetit verloren, werde immer schlanker und leichter, fühle mich oft sehr schwach. Wir haben uns über deine guten Zeugnisse sehr gefreut und ebenso, dass du die Weihnachtsferien so angenehm zubrachtest. Ist Hans Ziegler größer wie du? Hier ging es etwas stiller wie sonst zu, manche wollten auf ihr Weihnachtsgeschenk verzichten und die Tische waren spärlich besetzt. Trotzdem waren wir doch fröhlich beisammen und die Liebe, die ich erfuhr, hat mich sehr glücklich gemacht. Es fällt mir doch recht schwer meine Anstalten, die vielen Kinder zu erhalten in dieser Teuerungszeit, und doch möchte ich keines der armen Kinder, die ich im Namen des Herrn aufgenommen, wieder hergeben, denn ich weiß, dass der Herr sie versorgen kann und bete stets darum. Der Hausvater in Kärnten ist besonders recht besorgt, hat noch hier 2 Brüder vor dem Feind, der jüngere Gottlob in Frankreich. Da hat er manche Sorge und Leid und ist öfter leidend. Wir hoffen aber, dass der Herr unsere Traurigkeit noch in Freude verkehren werde; es muß doch alles zum Besten sein und wir erfahren immer wieder unseres gütigen Gottes Segen. Von Lehrer Lohmann sind 3 Söhne beim Militär, 2 sind schon Unteroffiziere, es sind stramme, schneidige Soldaten. Alle 3 waren hier, d. h. eigentlich 2, davon der Paul; sie kommen oft zu unserer Freude aus Görz, mussten aber kürzlich fortziehen. Gott erhalte sie den Eltern. Wir verlieren immer mehr Arbeiter, haben wenige Pferde, das ist Kriegsnot! Doch was ist diese gegen diejenige, welche da empfunden wird, wo gekämpft wird und wo die armen Verwundeten gesammelt werden. Das kann man nicht ohne die tiefste Bewegung lesen; es gibt sich alles mit den Zeitungen ab, auch unser alter

Domenico, der erst jetzt recht lesen gelernt hat, und den man immer mit Zeitungen in der Hand findet, mehr als wie mit Besen und Staubtuch. Über meine Anstalten und die Arbeit der Evangelisten herrscht nun Stille, ja sogar Monsignore Wohllandt in Treffen schweigt, will – so äußerte er – in der Kriegszeit nicht noch kämpfen. Ich hatte auch gerade genug und danke Gott für den Waffenstillstand. Nun grüße Herrn und Frau Schreiner und sei innig in Liebe umarmt von deiner Großmama.

Russiz, 20. 1. 1915.

Es hat mir sehr leid getan zu erfahren, dass Herr Schreiner einen Bruder verloren hat.[26]

Nach dem Kriegseintritt Italiens und der Besetzung von Russiz wurden Herr von Gall und die Gräfin interniert. Nach ihrer Freilassung verbrachte sie eine Zeit lang krankheitsbedingt in Stuttgart, wo es zum Wiedersehen mit Paula von Gall kam, die extra auf die Bitte der Gräfin hin angereist war. Auch mit ihrem Großneffen Theodor, der nach wie vor in Korntal die Schule besuchte, gab es ein letztes Wiedersehen. Kurz nach ihrer Heimkehr nach Treffen erreichte die Familie die Nachricht, dass Theodor schwer erkrankt sei und im Krankenhaus liege. Frau von Gall trat sofort wieder die Reise nach Korntal an, traf ihren Sohn aber nicht mehr lebend an. Rudolf von Gall befand sich zu diesem Zeitpunkt noch in der Internierung in Sardinien und erhielt dort die Nachricht vom Tod seines Sohnes. Die Gräfin berichtet im Nachhinein:

Da sich mein lieber 13jähriger Großneffe, Theodor von Gall, der in Korntal das Gymnasium besuchte und der meinem Herzen über alles teuer gewesen, in unserer Nähe befand, so hatten wir die überaus große Freude, einen Monat zusammen verleben zu können. Damals dachten wir nicht, dass der Herr diesen mit so reichen Gaben und liebenswerten Eigenschaften ausgestatteten gläubigen, einzigen Sohn sobald in die obere Heimat abberufen würde.

In der Fußnote beigefügt:

Derselbe starb nach kurzer Krankheit am 10. April dieses Jahres, ohne dass es den Eltern, die in der Ferne weilten, vergönnt war, an sein Krankenlager und Totenbett zu eilen. Ihnen und mir ist damit das Teuerste, das wir auf Erden hatten, entrissen worden. Der Herr weiß, warum Er dies tun musste; Sein Name sei gepriesen in allem![27]

Wenige Monate später verstarb auch Elvine de La Tour. Wie im Kapitel 5.1 „Ein Neuanfang" ersichtlich ist, kämpften Paula und Rudolf von Gall mit der Familie Gienger und den anderen Mitarbeitern um den Weiterbestand der verbliebenen gräflichen Einrichtungen. Rudolf von Gall trat dem Kuratorium der neu gegründeten Stiftung de La Tour bei und half engagiert beim Aufbau der Stiftung mit. Außerdem betätigte er sich Zeit seines Lebens aktiv in der evangelischen Kirche. So war er bis zu seiner Internierung Superintendentialkurator der Diözese Görz, später stellvertretender Superintendentialkurator in Kärnten. In der Pfarrgemeinde St. Ruprecht versah er 35 Jahre lang den Dienst des Kurators und Kassiers.[28] In den Jahren von 1924 bis 1939 war er Bürgermeister der Gemeinde Treffen.

Einen deutlicheren Einblick in das Zusammenleben der Familie von Gall mit Gräfin de La Tour bietet das im Anhang befindliche Interview mit Ilse von Sallmann, geb. von Gall. Das Schloss Treffen blieb bis 1969 im Besitz der Familie und musste dann aufgrund der stetig steigenden Erhaltungskosten verkauft werden.

4.7.2 Die Mitarbeiter

Da mir besonders daran lag, deutsche Art, Sitte und Sinn meiner Arbeit hier im Lande einzuprägen, so hab ich mir meine Hilfskräfte von Beginn an in Deutschland gesucht. Gott gab Gelingen und ließ mich die rechten Mitarbeiter finden, unter denen es solche gibt, welche jetzt noch, nach 36 Jahren in der Arbeit stehen. In selbstloser Hingabe haben sie einem Volk, das nicht das ihre war und das sie trotzdem liebgewonnen, gedient; haben mir in Mühe, viel Arbeit, Leid und unausgesetzten Kämpfen treu zur Seite gestanden, waren gleich mir bestrebt die Leuchte des Evangeliums hoch zu halten, die bei allen confessionellen Unterschieden, die wir dabei achten wollten, doch der allein gesegnete Weg bleibt. Dies haben wir auch erfahren dürfen.[29]

Ohne die Mühen und den aufopferungsvollen Dienst, den ihre Mitarbeiter leisteten, wäre eine Arbeit in diesem Ausmaß nie möglich gewesen.

Elvine de la Tour holte sich Arbeitskräfte, die ihrer eigenen pietistischen Tradition und den damit verbundenen Wertvorstellungen entsprachen, oder die zumindest ernsthafte evangelische Christen waren. Die Entlohnung spielte eine eher untergeordnete Rolle. Gemeinsames Ziel sollte sein, eine gottgefällige treue und hingebungsvolle Arbeit zu leisten, um so der nahezu überwältigenden Armut Abhilfe zu schaffen. Elvine prüfte ihre Angestellten sehr genau. Entsprachen sie nicht ihren Vorstellungen, griff sie entschieden ein und wies ihnen einen neuen Arbeitsbereich zu oder trennte sich gänzlich von ihnen.

Soweit es die Quellen erlauben, sollen an dieser Stelle einige Mitarbeiter vorgestellt werden. Die Liste ist alphabetisch geordnet.

Abele, Elise

Die persönliche Sekretärin der Gräfin, stammte aus Württemberg.

Ein besonders schmerzlicher Verlust war es für mich, als ich meine teure Helferin, Fräulein Elise Abele aus Schorndorf, verlor, welche mich treu und hingebend bei allen Arbeiten und der Führung der Bücher und Kassa unterstützte. Wegen andauernder Kränklichkeit musste sie zu unserem großen Leidwesen in den Schoß ihrer Familie zurückkehren. Was sie an uns getan, wird der Herr lohnen.[30]

Bach, Albert (1871–1959)

Albert Bach verwaltete als gelernter Landwirt die Schlossgüter in Treffen, bis der gräfliche Besitz zwischen Schloss und Stiftung getrennt wurde. 1923 zog er mit seiner Familie auf seinen privaten Besitz „Grundner“ in Töbring, Treffen. Seine Frau Emma (1880–1967) kam aus Lörrach in Baden. Der Leiter der Predigerausbildungsstätte St. Chrischona vermittelte Emma als Pflegerin nach Treffen, wo sie ihren späteren Mann Albert Bach kennen lernte. Sie hatten sechs gemeinsame Kinder.

Bächtle, Sophie

Die Diakonisse war ab 1910 als Schwester in der Evangelisation und Gemeinschaftspflege tätig.

Dopplinger, Matthias

Das Ehepaar Dopplinger übernahm nach der ersten Hausleitung unter Ziegler die Hauselternschaft in Herrnhilf. Der ausgebildete Chrischona-Bruder Matthias Dopplinger wechselte 1908, als die Familie Gienger nach Herrnhilf kam, in den Dienst der Kärntner Evangelisationsarbeit über.

Feichter, Matthias (?–1918)

Der ausgebildete Chrischona-Bruder übernahm je nach Bedarf diverse Arbeitsplätze innerhalb der gräflichen Werke, hauptsächlich war er in der Landwirtschaft tätig. Matthias Feichter verstarb 1918 in Herrnhilf an einer Grippe.

Flad, Rösle (1871–1962)

Schwester Rösle erhielt ihre Ausbildung im Großheppacher Gemeinschaftsmutterhaus in Württemberg. Bevor sie ihren Dienst in den Treffener Anstalten antrat, war sie bereits in Deutschland und in deutschen Kolonien im Kaukasus diakonisch und missionarisch tätig gewesen. Nachdem sie 1911 nach Treffen gekommen war, setzte sie Elvine vorerst im Kleinkinderheim ein. Als eine Vertretung im Hospiz Triest von Nöten war, übernahm Schwester Rösle diese Aufgabe, blieb aber statt der ursprünglich geplanten vier Wochen fast 50 Jahre (1913–1961). Friedrich Gienger beschreibt sie als „originelle Schwäbin, mit einem starken Gottvertrauen“ und als eine Frau, die trotz der zahlreichen Veränderungen „ruhige Nerven behielt“.[31] In den fünf Jahrzehnten, in denen Schwester Rös-

Schwester Rösle Flad leitete fast 50 Jahre das Hospiz in Triest.

le ihren Lebensdienst in der adriatischen Hafenstadt versah, führte sie das Hospiz durch zwei Weltkriege und bewältigte einen beinahe endlos erscheinenden Andrang an Flüchtlingsströmen aus den Balkanländern.

Im fortgeschrittenen Alter erhielt sie Unterstützung durch eine zweite Diakonisse aus Großheppach. Ende März 1961 verließ die zu diesem Zeitpunkt bereits 91 Jahre zählende Rösle Flad Triest, um ihren Lebensabend in ihrem Diakonissen-Mutterhaus verbringen zu können. Sie entschloss sich dann aber für ihr Elternhaus auf der schwäbischen Alb, da ihr die Gemeinschaft in Grossheppach fremd geworden war. Bereits im Dezember 1962 verstarb sie während eines Kirchenbesuchs.[32]

Fritsche, Hugo

Buchhalter in Schloss Treffen.

Rudolf von Gall, ein Verwandter des Grafen. Er übernahm nach dessen Tod die Gutsverwaltung in Russiz und Treffen.

Gall von, Rudolf (1873–1958), Paula (1872–1956), Theodor (1902–1916), Ilse (1904–1982)

Rudolf von Gall war der Vetter und Patensohn des Grafen Theodor de La Tour. Bald nach dessen Tod übernahm er die Gutsverwaltung in Russiz und Treffen. 1915 bis 1918 war er in Sardinien interniert. Rudolf von Gall beteiligte sich aktiv am Aufbau der Stiftung der Gräfin Elvine de La Tour und übernahm bis zu seinem Lebensende einen Sitz im Kuratorium. Anfang Juni 1958 wurde Rudolf von Gall während der Gutsarbeit in Treffen von einem Bretterwagen überrollt und verstarb wenige Tage später im Krankenhaus Villach. Näheres zur Familie von Gall siehe im Kapitel 4.7.1 „Familie".

Galsterer, Alfred

Alfred Galsterer gilt als Pionier der Kärntner Gemeinschaftsbewegung. In Kärnten geboren, hatte er seine Ausbildung im Predigerseminar der Pilgermission St. Chrischona in der Schweiz erhalten. Für die Dauer von circa fünf Jahren ging er der Evangelisationsarbeit in Kärnten nach und wurde danach als Prediger in Böhmen tätig. 1912 kehrte der am Kehlkopf erkrankte Mann nach Kärnten zurück und betätigte sich für noch ungefähr ein Jahr als Sekretär für die Treffener Gemeinschaftsbewegung.

Im September 1914 verstarb er in Treffen. Ernst Krupka beschreibt ihn folgendermaßen:

Galsterer war ein Mann von Format, begnadet mit einer ausgesprochenen Lehrgabe. Sein theologisches Wissen setzte je und dann in Erstaunen, ebenso seine Allgemeinbildung. Unter seiner klaren, gut durchdachten Verkündigung kam keine Schwärmerei auf. Ebenso zeichnet ihn eine rasche Auffassungsgabe aus, dazu scharfes, logisches Denken. Unterhaltungen mit ihm über theologische und andere Fragen brachten immer Gewinn. Die Gräfin gab stets viel auf seine Meinung und seinen Rat. Er kam weit hinein ins Land; viele Häuser, in welchen er erstmalig Bibelstunden hielt, sind durch ihn auf Dauer erschlossen worden. Als der Blaukreuzverein gegründet werden sollte, arbeitete Bruder Galsterer mit viel Geschick und Umsicht dessen Satzungen aus. Damit war den Evangelisten auch die gesetzliche Grundlage gegeben – in den Satzungen des Vereins verankert –, Versammlungen zu halten, was bei den Spannungen zwischen der Gräfin und der katholischen, zuweilen auch der evangelischen Kirche sehr wichtig gewesen ist. Von sich aus war Bruder Galsterer stets auf Frieden mit der Kirche bedacht, er nahm in jedem Streit eine vermittelnde und versöhnliche Haltung ein.[33]

Gienger, Friedrich (1879–1955) und Barbara (1878–1961)

Friedrich Gienger senior entstammte einer kinderreichen frommen württembergischen Familie. Durch eine Krankheit der Mutter war Friedrich schon in jungen Jahren gezwungen, Arbeiten am Bau und in der Landwirtschaft zu verrichten, um zum Durchkommen der Familie beizutragen. Dieser Verpflichtung nachkommend, konnte er sich seinen Berufswunsch, den eines Lehrers, nie erfüllen. Nach absolviertem Militärdienst und Erlernen der Krankenpflege half er beim „Aufbau eines Erholungsheimes für Gemütskranke und behinderte Jugendliche der Methodistenkirche in Württemberg".[34] Mittlerweile war seine Gesundheit derart angegriffen, dass er zur Genesung nach Hauptweil in die Schweiz, in ein Erholungsheim des Pfarrers Stockmayer, reiste. Hier sollte die Entscheidung für den weiteren Verlauf seines Lebens fallen. Gräfin de La Tour hielt sich nämlich zu diesem Zeitpunkt ebenfalls auf Kur im Stockmayer'schen Heim auf. Sie war auf der Suche nach geeigneten Hauseltern für ihre neu eröffnete Knabenanstalt Herrnhilf in Kärnten. Nachdem Elvine den jungen und begabten Mann und überzeugten Methodisten kennengelernt hatte, der zu diesem Zeitpunkt bereits knapp vor der Hochzeit mit seiner Verlobten Barbara Maier stand, bot sie ihm die Hauselternstelle und die Bewirtschaftung der zugehörigen Landwirtschaft im Treffener Heim an. Die Angelegenheit wurde einige Tage später besiegelt, und das junge

Ehepaar Gienger zum Zeitpunkt ihres Arbeitsbeginns in Treffen,1908.

Ehepaar trat seinen Dienst am 1. Oktober 1908[35] in Kärnten an. Barbara und Friedrich Gienger übernahmen gleich zu Beginn in Herrnhilf die Betreuung für fünfzig Buben und für die zu diesem Zeitpunkt noch im Oberstock untergebrachten „Einleger". Außerdem oblagen ihnen die Bewirtschaftung der zugehörigen landwirtschaftlichen Grundstücke und des Forstes. Dem Ehepaar wurden sieben eigene Kinder geboren.[36]

Diese Entscheidung zur Zusammenarbeit zwischen Gräfin de La Tour und Friedrich Gienger sollte sich für die Zukunft, trotz gewisser Schwierigkeiten aufgrund beider willensstarker Charaktere, als gut und richtig erweisen. Friedrich Gienger senior war bis zu seinem Pensionsantritt 1947 maßgeblich beteiligt an der Weiterführung und dem Überleben von Elvines Lebenswerk, vor allem in den hoffnungs- und trostlosesten Zeiten der beiden Weltkriege. Barbara Gienger arbeitete fast 40 Jahre für das Herrnhilfer Heim, und auch nach ihrer Pensionierung erledigte sie viele Arbeiten in der Erziehungsanstalt. Frau Gienger bekam, im zeitlichen Kontext üblich, für ihre verdienstvollen Jahre im Werk der Gräfin kein Gehalt. Ein Sohn des Ehepaares, Friedrich Gienger junior, übernahm nach dem Ende des Zweiten Weltkrieges das Amt des Rektors in der Evangelischen Stiftung de La Tour.[37]

Ehepaar Gienger im Alter.

Gienger, Gustav (1884–1969) und Käthe (1880–1953)

Gustav war der Bruder von Hausvater Friedrich Gienger. Er erhielt eine Ausbildung als Gärtner und Landschaftspfleger. Beim Besuch methodistischer Versammlungen lernte er seine zukünftige Frau Katharina Götz kennen. Auf die Bitte seines älteren Bruders Friedrich hin trat Gustav im Jahr 1910 die Stelle als Erzieher und Hausvater im Knabenheim Elim in Treffen an. Zeitweise übernahm er auch die landwirtschaftliche Betreuung in Russiz. Gleich zu Beginn des Ersten Weltkrieges wurde Gustav einberufen, er durfte aber bereits im Oktober 1915 wieder nach Kärnten zurückkehren und seine Arbeit erneut aufnehmen. Von 1918 bis 1919 übernahm er im Auftrag der Kärntner Landesregierung die Verwaltung des Gutes Russiz und bemühte sich, eine Wiedergutmachung für das zerstörte Vermögen des Gutes zu erreichen. Ende 1919 kehrten Gustav und Käthe Gienger nach Deutschland zurück.

Hajek, Else oder Anna[38]

Hausmutter in Russiz; aus Böhmen stammend und ab etwa 1891 im Dienst der Russizer Anstalt.[39]

Heber, Anna (1855–?)

Anna Heber, eine gebürtige Berlinerin, besuchte die Mädchenschule der Kaiserswerther Diakonissen in Berlin. Mit dem Berufswunsch Diakonisse trat sie 21-jährig in das Mutterhaus ein, musste es aber krankheitsbedingt nach einigen Jahren wieder verlassen. Über die Empfehlung des Vorsitzenden des Diakonissenmutterhauses gelangte sie nach Russiz und nahm die Arbeit als Heimvorsteherin der Mädchenanstalt im November 1878 auf. Als enge Vertraute Elvines erfüllte sie die ihr zugedachte Arbeit bis zum Kriegsausbruch 1915. Dann flüchtete sie zu ihrer Schwester nach Norddeutschland. Als Gräfin de La Tour im Sterben lag, reiste „Fräulein Heber" noch einmal nach Treffen, um sich von der Gräfin zu verabschieden.[40]

Hiden, Pauline geb. Gienger (1881–1969)

Die Schwester von Friedrich Gienger kam im Jahr 1910 nach Treffen und arbeitete in Herrnhilf mit. Im März 1920 heiratete sie Alois Hiden, der ebenfalls im gräflichen Werk in der Herrnhilfer Landwirtschaft arbeitete. Nach der Eröffnung des Fürsorgeheimes „Meierei" übernahm das Paar die dortige Leitung. 1933 erkrankte Alois Hiden an einer Lungenentzündung und starb noch im gleichen Jahr.

Hinteregger, Karola (1889–1979)

Anstaltsköchin in Russiz, nach Kriegsende in Treffen.

Näheres zur Lebensgeschichte von Karola ist im Kapitel 4.7.3 „Die Kinder" sowie im Anhang 8.4 „Erinnerungen von Ilse von Sallmann, geb. von Gall" zu finden.

Hug, Albert

Gutsverwalter in Russiz.

Huck, Ernst (1880–1960)

Aus Ostpreußen stammend. Evangelist und Bahnauer-Bruder, der als Prediger teils in Kärnten und teils in Triest tätig war. Verheiratet mit einer ehemaligen Diakonisse.

Kolb, Marie

Diakonisse aus dem Großheppacher Mutterhaus. Ab 1912 als Kinderschwester in der Kinderbewahranstalt und im Kleinkinderhort tätig.

Kristancig, Josefa

Kammerzofe der Gräfin; laut Heinrich Norden dürfte die Geschichte Josefas folgendermaßen gewesen sein: „Eines Tages entdeckte die Gräfin bei ihren Hausbesuchen ein Mädchen in einer katholischen Familie. Das zehnjährige Kind litt an einer tuberkulösen Knocheneiterung. Von elf Geschwistern waren bereits fünf an Entbehrungen gestorben. Nach zwei Jahren im Schloß war das Kind vollständig gesund. Zehn Jahre lang war es dann als Helferin in der Anstalt tätig und wurde (ab 1891) sogar noch Kammerjungfer der Gräfin."[41]

Krupka, Ernst (1890–1991)

1914 bis 1919 als Evangelist in Kärnten tätig. Ernst Krupka, geboren in Ittowen in Ostpreußen, erhielt seine Ausbildung im Gemeinschaftsbrüderhaus in Preußisch Bahnau. Gleich nach dem Ende seiner Ausbildung begann er seinen Dienst in Kärnten. 1919 Berufung nach Königsberg in Ostpreußen, 1923 nach Württemberg. Ab 1925 Evangelist der Deutschen Zeltmission. Evangelisationsreisen nach Südamerika und Kanada und viele mehr.[42]

Evangelist Ernst Krupka mit seiner ersten Ehefrau (geb. Modersohn).

Lohmann, Jakob (1852–1929)

Jakob Lohmann erhielt seine Ausbildung in der Zellerschen „Freywilligen Armen-Schullehrer-Anstalt" in Beuggen am Rhein. Er traf am 4. Mai 1878 in Russiz ein und bezog mit seiner Schwester, die ihm bis zu seiner Heirat den Haushalt führte, eine Wohnung in Capriva. 1899 erwarb er die österreichische Staatsbürgerschaft.[43] Jakob Lohmann führte 37 Jahre lang die Evangelische Schule in Russiz. Als im Mai 1915 der Krieg mit Italien ausbrach, entschloss sich der zu diesem Zeitpunkt an einem Fußleiden erkrankte Lohmann gemeinsam mit seiner Frau an der Seite Elvines in Russiz auszuharren. Als die italienische Besatzungsmacht in Russiz eintraf, begab sich das Ehepaar Lohmann vorerst gemeinsam mit der Gräfin auf die Flucht. Anfang August wurde der Schulleiter, der bisher einer Verhaftung aufgrund seines Gesundheitszustandes entgehen konnte, abgeführt und in Florenz interniert. Seine Frau verblieb bei der Gräfin. Während dieser Zeit erhielt Frau Lohmann die Benachrichtigung über den Tod des jüngsten und des ältesten Sohnes, die auf dem Schlachtfeld gefallen waren. Auch der dritte Sohn fand später noch an der Front den Tod. Kurz darauf wurde Frau Lohmann ebenfalls abgeholt, schaffte es aber, zu ihrem Mann nach Florenz zu gelangen.

Maier, Friederike (1885–1960)

Die Schwester von Barbara Gienger kam 1909 nach Treffen und arbeitete im Herrnhilfer Haushalt mit. Sie blieb ihr ganzes weiteres Leben in Treffen und arbeitete die meisten Jahre als Hausmutter der Meierei, teils allein, teils gemeinsam mit ihrer Nichte Elisabeth Gienger. Friederike verstarb 1960 während einer Operation in der Narkose.

Micklich, Hellmut

Evangelist, Chrischona-Bruder.

Scherzer, Johanna

Diakonisse aus dem Großheppacher Mutterhaus. Von 1902 bis etwa 1907 als Kinderschwester in der Kinderbewahranstalt und im Kleinkinderhort tätig.

Schmiedl, Eleonore (1866–1950)

Tochter des Görzer Hauptmannes Heinrich Schmiedl. Erzogen in Russiz. 1913 bis 1915 Mitarbeit im Christlichen Hospiz in Triest. Danach Hausmutter für die geflüchteten Russizer Mädchen im Vereinshaus in Treffen. Später Erzieherin im Diakoniewerk Waiern.

Sdriigotti, Elvine verh. Hinteregger (1894–1975)

Tochter des Kutschers Raimondo, in Russiz geboren. Späteres Stubenmädchen der Gräfin. Elvine Sdriigotti blieb während des Krieges bis zur Ausreise der Gräfin in die Schweiz an deren Seite. Im Küstenland geblieben erkrankte sie dann allerdings so sehr, dass sie auf auf Veranlassung der Gräfin in die Schweiz nachgeholt wurde und sich dort erholen konnte. Sie war auch am Sterbebett der Gräfin anwesend. Laut mündlichen Überlieferungen durch die Töchter Elvine Hintereggers dürfte das Sterben der Gräfin sehr schwer gewesen sein. Sie wollte immer noch etwas sagen, konnte aber nicht mehr. Elvine Sdriigotti war mit Matthias Hinteregger (1893–1974) aus Bad Kleinkirchheim verheiratet, den sie bereits in Russiz kennen gelernt hatte. Die beiden bekamen zwei gemeinsame Töchter, die heute noch in Treffen leben.

Sdriigotti, Raimondo

Kutscher der Gräfin. Half beim Bau der Waldschule mit. Bekam 1894 eine Tochter, die er Elvine nannte und später Stubenmädchen der Gräfin de La Tour wurde.

Dominikus Tofful, langjähriger Diener der Gräfin und der Familie von Gall.

Stiassny, Adolf (1850–1933)

Langjähriger Schulleiter der Evangelischen Schule in Treffen. Geboren in Mähren. Seine Tochter Hermine arbeitete für einige Zeit ebenfalls als Lehrerin an der gräflichen Schule.

Tofful, Dominikus (1870–1934)

Diener der Gräfin. Geboren in Cormons, verstorben in Treffen.

Westphal, Maria (1873–1949)

Sie wurde als Maria Liechti in der Nähe von Bern geboren und war die Älteste von insgesamt acht Geschwistern. Ihre Eltern betrieben eine bescheidene Landwirtschaft. Nach dem Schulbesuch trat sie in Bern als Köchin den Dienst an und hatte sich nach drei Jahren das nötige Geld erspart, um das Berner Lehrerinnenseminar absolvieren zu können. Für weitere drei Jahre zog sie als Hauslehrerin nach Deutschland, bis sie 1898 eine Lehrstelle im ostgalizischen Stanislau, an der evangelischen Privatvolksschule der Anstalten Pfarrer Zöcklers, übernahm. 1912 verehelichte sie sich in Lemberg mit dem Lehrer Wilhelm Westphal. Im Ersten Weltkrieg flüchtete sie – inzwischen getrennt von ihrem Mann – gemeinsam mit den Kindern und Pfarrer Zöckler von Stanislau nach Gallneukirchen. Hier knüpft Maria Westphal Kontakt mit Gräfin de La Tour und trat als Lehrerin und spätere Direktorin in der Evangelischen Schule in Treffen in deren Dienst. Bis zu ihrem Tod engagierte sich Frau Westphal intensiv für die Arbeit, die Elvine in Treffen begonnen hatte und führte die Schule im Sinne der Stifterin weiter.[44]

Ziegler, Hermann

Er hatte von 1903 bis 1906 gemeinsam mit seiner Frau die Hausleitung in Herrnhilf über. Hermann Ziegler war ursprünglich Prokurist in einer Heidelberger Fabrik. Nach dem Besuch einer Evangelisation beschloss er, zwei Bibelkurse in St. Chrischona zu belegen und „Reichgottesarbeit“ zu tun. Zwischenzeitlich suchte Gräfin de La Tour nach geeigneten Hauseltern für das im Aufbau befindliche „Einlegerasyl Herrnhilf“ und wandte sich mit ihrem Anliegen an den Leiter der Chrischona Bibelschule, der daraufhin Herrn Ziegler als Mitarbeiter empfahl. Das Ehepaar Ziegler beendete nach drei Jahren den Dienst in Treffen wieder – vermutlich aufgrund von unlösbaren Differenzen mit der Gräfin – und ging zurück nach Deutschland in die Evangelische Jugendarbeit in Godesheim.[45]

4.7.3 Die Kinder

Die Kinderschar, die Elvine in ihren Heimen unterbrachte, war vor allem durch eine ausgeprägte Vielfalt gekennzeichnet. Die Kinder kamen aus verschiedenen Ländern der Monarchie, sprachen unterschiedliche Sprachen und waren verschiedenen Konfessionen zugehörig. Neben den hauptsächlich verarmten, vernachlässigten und vorwiegend verwaisten Kindern fanden vereinzelt auch Kinder aus höheren gesellschaftlichen Schichten[46] Aufnahme in die Erziehungsanstalten. Das lässt sich daraus erklären, dass Elvine im vor allem italienischsprachigen, überwiegend katholischen Küstenland eine betont deutsche und christliche Erziehung anbot.

Die Russizer Mädchen erhielten, was für jene Zeit eher atypisch war, eine umfassende schulische Elementarausbildung, und gemeinsam mit ihren Erziehern war Elvine um die Begleitung der weiteren Laufbahn ihrer Zöglinge bemüht. Im Schloss erlernten sie Haushaltsführung und Kochen. Den jeweiligen Begabungen und Wünschen entsprechend konnten sie den Lehrerinnenberuf, den Beruf der Kindergärtnerin oder Krankenschwester wie auch den der Diakonisse ergreifen. Unterlagen über die Russizer Anstalt sind durch die Kriegswirren verloren gegangen, und so ist nur wenig über das Schicksal der Mädchen und über die Anstalt selbst bekannt.[47]

Vom Knabenheim Herrnhilf ist dagegen noch das „Meldebuch des Einlegerasyls in Herrnhilf"[48] ab dem Jahr 1903 erhalten geblieben. Hier sind die Namen, Geburtsdaten und Ein- und Austrittsdaten sowie die Religionszugehörigkeit der Buben vermerkt. Selten finden sich Verweise zu Eltern oder Vormündern und dem eventuell erhaltenen Pflegegeld.

Die Herrnhilfer Knaben mussten während ihrer Anstaltszeit häufig im angeschlossenen Landwirtschaftsbetrieb mitarbeiten. Hier konnten sie sich nach ihrer Schulzeit eine entsprechende Ausbildung aneignen, oder die Gräfin und die Hauseltern besorgten eine Lehrstelle für die Jugendlichen. Meist handelte es sich dabei um gläubige Protestanten in Kärnten und Württemberg, die einen eigenen handwerklichen Betrieb besaßen und die Jugendlichen während ihrer Lehrzeit in die eigene Familie aufnahmen.[49] Einige der ehemaligen Heimkinder fanden nach ihrer Berufsausbildung auch eine Anstellung in den Werken der Gräfin.[50]

Aus den erhalten gebliebenen Briefen, die Gräfin de La Tour nach Treffen sandte, ist einiges über ihre Zöglinge zu erfahren. Fast in jedem Brief wird über ein neuerliches Aufnahmegesuch[51] für Kinder berichtet. Sie zeugen von der meist sehr schweren Armut der Betroffenen. Außerdem wird aus den Briefen der Gräfin klar erkennbar, wie sehr sie sich um das Schicksal jedes einzelnen Anstaltskindes bemühte.

An dieser Stelle sollen noch zwei Berichte Platz finden, die über das große soziale Leid der Kinder in jener Zeit Auskunft geben. Hausvater Gienger erzählt:

Was für eine Not oft unter den Kindern herrscht, soll ein Beispiel beleuchten: Kürzlich kamen vier Kinder in unser Haus, zwei Knaben, 9 und 12, und zwei Mädchen, 2½ und 14 Jahre alt, und baten um Aufnahme. Auf mein Befragen erzählten sie mir von ihrer Mutter – den Vater kennen ja viele Kinder in Kärnten nicht –, dass sie krank geworden und in ein Krankenhaus gegangen sei. Die Kinder waren nun sich selbst überlassen, und weil niemand da war, der die Wohnungsmiete für sie bezahlt hätte, mussten sie mitten im Winter ausziehen. Fast barfuß und in Lumpen gehüllt kamen sie hierher in der ganz bestimmten Erwartung, dass sie aufgenommen werden. [...] Wiewohl wir eigentlich keinen Raum mehr übrig hatten, behielten wir die zwei Jungen doch. Das kleine Mädchen fand ein Nestchen im Kinderheim, und das größere musste sehen, anderswo ein Unterkommen zu finden.[52]

Ein Bericht von Schwester Marie Kolb aus dem Kleinkinderheim:

Einen kleinen Knaben von drei Jahren, einen lieben frischen Jungen, mit großen schwarzen Augen und dunklen Haaren, der keine Heimat und keine Eltern hat, – die Mutter ist verschollen – mussten wir auch ziehen lassen. Ein Jahr alt wurde er in unser Haus gebracht. Da kam eines Tages eine Dame aus Wien in unser Kinderheim und erklärte, sie möchte einen kleinen Knaben von uns haben, den sie an Kindesstatt annehmen möchte, da ihr Gott selbst keine Kinder geschenkt. [...] Wir führten ihr nun unsere Kinderschar vor, aus welcher sie sich da unseren kleinen Hansi auswählte. Nun wurde dem Kleinen die Dame als seine neue Mama vorgestellt und, o Wunder, wie vom Zauber berührt, schlang er gleich seine dicken Aermchen um ihren Hals und hatte sie sehr lieb, wie auch die neue Mama den Kleinen gleich so in ihr Herz schloß, dass sie ihn um jeden Preis haben wollte. Die Sache wurde jetzt Frau Gräfin berichtet, die erst den Kleinen nicht gerne hergeben wollte, da man die Leute nicht genau kannte und uns die sittlich-religiöse Erziehung unserer Kinder mehr am Herzen liegt, wie der äußere Glanz und Reichtum. Da die sehr genau erhobenen Erkundigungen zur Befriedigung ausfielen, überließ Frau Gräfin den Kleinen den neuen Eltern, Herrn und Frau B. in Wien. Am 10. Juli, an einem Sonntage, holten diese dann ihr Söhnchen, das den neuen Namen Guido erhalten, feierlich mit dem Wagen ab. [...] Nicht sehr lange stand es an, da sandte uns der Herr wieder einen Ersatz für unsern kleinen Hansi, jetzt Guido genannt. Am 9. Oktober war's, da hielt ein Wagen vor unserm Hause, dem eine Frau entstieg, welche ein in einen Teppich gehülltes Bündel uns ins Haus brachte. Als man im warmen Zimmer dasselbe öffnete, kam ein kleines, bleiches, schwächliches Knäblein heraus, das mit seinen großen, braunen Augen uns hilfesuchend ansah. Nun fing die Frau zu erzählen an: „Unten im Walde bei St. Ruprecht fand man das Knäblein. Eine Frau, welche Preiselbeeren suchend des Weges kam, hörte das klägliche Weinen eines Kindes. Der Stimme nachgehend, fand sie dasselbe unter einem Gebüsche liegend, halb erstarrt vor Kälte, denn es war ein eisigkalter Morgen. Was tun?" [...] Wie konnten wir im Kinderheim anders handeln, als dies arme verlassene Würmchen, das so hilfesuchend dalag, aufzunehmen! Wie alt mochte es sein? Nach seinem recht elenden Aussehen schlossen wir 3–4 Monate. [...] Frau Gräfin gab ihm den Namen „Petrus Waldemar Waldus". [...] Da ermittelte die Behörde, dass das Kind von einer Kostfrau weggelegt worden war, nachdem die Mutter des Kindes fortgegangen und sich niemand um dasselbe gekümmert. Nun mussten wir warten, was sich weiter herausstellen würde. [...] Da eines Tages kam ein junges Mädchen zu uns und erklärte, sie sei die Mutter des gefundenen Kindes. Sie habe einige Monate das Kostgeld nicht bezahlen können, da habe die Kostfrau das Kind einfach weggelegt. Nun wolle sie sich desselben annehmen; sie sei im Dienste und habe ein gutes Kosthaus ganz in ihrer Nähe gefunden, wo sie es hinbringen und immer nach ihm sehen könne. Da sie ihr Büblein haben wollte, mussten wir es ihr geben, wenn auch mit schwerem Herzen. [...] Rund acht Tage waren verflossen. Wer kam da am Mittag? Die Mutter unseres kleinen Waldus mit ihm auf dem Arm. Unter Tränen bat sie: „Ach nehmt doch den Kleinen wieder! Die Kostfrau, der ich ihn hingebracht, hätte ihn ja behalten, aber nicht deren Mann, der ihr droht, sie samt dem fast beständig schreienden Kinde zum Hause hinaus zu werfen, wenn sie es nicht fort tue." [...] Wir nahmen ihn und zogen ihn aus, um ihm frische Wäsche anzulegen, da wir sahen, dass dies sehr nötig war. Aber o Weh! Das Hemdchen, welches er an hatte, war voll schrecklichem Ungeziefer (Kleiderläuse) und sein Körperchen war ganz zerfressen von den Ungeheuern. Es war zum Erbarmen! [...] So hatten wir unsern kleinen Waldus wirklich wieder, der sich nun als ein kleiner „Franz Josef" entpuppte und bereits acht Monate alt war, als wir ihn das erste Mal bekamen.[53]

Nachstehend möchte ich drei kurze Lebensläufe ehemaliger Zöglinge der de-La-Tourschen Anstalten nachzeichnen, die für viele dieser Kinder stehen könnten.

Karola Hinteregger, Russizer Heimkind und spätere Mitarbeiterin im de La Tour'schen Werk.

Karola Hinteregger

Karola Hinteregger, geboren am 25. November 1889 in Triest, war die Tochter eines evangelischen Kärntner Zollbeamten, der in Cormons an der Grenze zu Italien tätig war. Nach dem Tod ihrer Mutter wurde sie in das Russizer Mädchenheim gebracht. Der Vater war dreimalig verwitwet, und Karola hatte mehrere Halbgeschwister. Sie sprach Deutsch und Friulanisch. Nach ihrer schulischen

Grundausbildung erlernte Karola in der Küche des Schlosses Russiz den Beruf der Köchin und war später in der Anstaltsküche tätig. Danach wollte sie zur Diakonisse ausgebildet werden, krankheitsbedingt war dies jedoch nicht möglich, und sie kehrte in die Russizer Schlossküche zurück. Ab 1918/19 war sie als Köchin für die Familie von Gall im Treffner Schloss tätig. Mit sechzig Jahren trat sie in den Ruhestand, wohnte aber weiterhin bei Familie von Gall im Schloss. Die letzen Jahre ihres Lebens wurde sie im Altenheim der Stiftung de La Tour gepflegt. Sie starb Ende Juni 1979 und ist am Evangelischen Friedhof in St. Ruprecht beigesetzt.[54] Karola hatte keine Kinder und war nie verheiratet. Aus dem Jahresbericht von 1911 heißt es über die Anstaltsköchin Karola Hinteregger:

Vor 17 Jahren als 4jähriges Kind wurde sie uns am Todestage ihrer Mutter mit ihrem 1 Jahr älteren Bruder von ihrem Vater zugeführt, und nun arbeitet sie selbst als ein großes Kind unter den Kindern und wird von letzteren von ganzem Herzen geliebt.[55]

Ettore Merlo

Ettore Merlo wurde am 4. Oktober 1900 im italienischen Fara di Soligo geboren. Bereits im Alter von sechs Jahren verlor er seine Mutter, die einer schweren Krankheit erlag. Aus Verzweiflung wählte der Vater kurze Zeit später den Freitod und hinterließ nebst Ettore weitere acht Kinder. Eine namentlich unbekannte Gräfin erfuhr von dem Schicksal der neun Vollwaisen und bat die ihr bekannte Gräfin Elvine de La Tour um Aufnahme des Knaben Ettore. Über

Ettore Merlo stammte aus Italien. Er wuchs im Kinderheim Herrnhilf auf und blieb Zeit seines Lebens mit dem Werk der Gräfin verbunden.

den Verbleib der weiteren Geschwister ist nichts bekannt, einige der älteren Kinder waren schon verheiratet oder befanden sich in einem Dienstverhältnis und konnten sich nicht um den jüngeren Bruder Ettore kümmern. Elvine nahm den Buben in Russiz auf, wo er zwei Jahre verbrachte, bevor er einen Platz in Herrnhilf bekam.

Jetzt ist die Sache mit dem Waisenknaben aus Italien, dessen Vater sich erhängte, geordnet und die Papiere liegen hier vor. Kann er vielleicht kommen, sobald es geht? Zahlung für denselben kann nicht geleistet werden.[56]

Von 1910 bis 1917 lebte Ettore als Zögling in der Treffner Anstalt.[57] Aus den Berichten seiner Tochter ist zu erfahren, dass Ettore Elvine de La Tour als Muttterersatz betrachtete, bevor er in die Knabenanstalt in Herrnhilf eintrat. Dort entwickelte er eine innige Verbundenheit mit Hausmutter Barbara Gienger. Laut Erzählungen kümmerte sich Barbara Gienger besonders liebevoll um die Buben aus dem Küstenland, die unter großem Heimweh litten. Ettore Merlo erzählte später seinen eigenen Kindern über häufige Schwierigkeiten, die sein „Ausländerstatus" und sein „Fremdsein" in Kärnten mit sich brachten. Ursprünglich der katholischen Konfession zugehörig, entschloss er sich als Jugendlicher, zum evangelischen Glauben zu konvertieren und sich konfirmieren zu lassen. Nachdem Ettore seine schulische Laufbahn beendet hatte, bekam er keine spezifische Ausbildung, sondern arbeitete in der Landwirtschaft und teilweise als Betreuer in Herrnhilf sowie im Predigt- und Sonntagsschuldienst. 1922 entschloss er sich, nach Sizilien zu gehen und eine militärische Laufbahn einzuschlagen. Er wurde einige Zeit als deutsch/italienischer Dolmetscher in Oberschlesien eingesetzt. Laut seiner Tochter hatte er aber so großes Heimweh, dass er nach Treffen zurückkehrte. Dort lernte er Emma Eder kennen, Tochter eines frommen evangelischen Bauern aus dem Kärntner Hermagor. Emma, ursprünglich zur Schneiderin ausgebildet, war zu jener Zeit als Köchin in Herrnhilf beschäftigt. Als sich bei dem unverheirateten Paar ein Kind ankündigte, mussten sie Herrnhilf verlassen. Die jungen Leute heirateten und kehrten einige Zeit später nach Treffen zurück, wo sie sich in unmittelbarer Nachbarschaft Herrnhilfs ein Haus erbauten. Ettore war bis kurz vor Ausbruch des Zweiten Weltkriegs wieder in der Herrnhilfer Landwirtschaft tätig. Nach Kriegsende arbeitete Ettore bis zu seinem Ruhestand im Treffner Steinbruch. Er starb 75-jährig in Treffen und wurde am Evangelischen Friedhof St. Ruprecht beigesetzt. Ettore und Emma Merlo hatten insgesamt sechs Kinder.

Theodor Zorzenon

Theodor wurde am 11. Juli 1896 in Cormons, Italien geboren. Über den Vater ist nichts bekannt, die Mutter dürfte ihn und seinen Bruder Eugenio allein großgezogen haben. Überliefert ist, dass Theodor Zorzenon im Kindesalter auf einen Weihwasserkessel gestiegen war, dieser herab stürzte und ihm dabei ein Bein abtrennte. Er musste zeitlebens ein Holzbein tragen. Seine Mutter bat persönlich bei Gräfin de La Tour um die Aufnahme ihres Sohnes. Dieser erinnert sich:

Meine erste Begegnung mit der Gräfin ist mir bis heute noch unauslöschlich haften geblieben. In der Schlosshalle kam sie uns entgegen. Mir klopfte heftig das Herz, als sie vor mir stand, diese hohe, schwarz gekleidete Frau mit dem schneeweißen Haar. Sie hatte etwas Königliches und Ehrfurchtgebietendes in ihrer Haltung, sodass ich nicht einmal zu grüßen wagte, sondern ganz verlegen wurde. Ihr freundliches Lächeln und der warme Ausdruck ihrer braunen Augen ermunterten mich, und ich fasste wieder Mut. „Armes Kind", sagte sie auf Italienisch und reichte mir die Hand. Gleichzeitig wandte sie sich an meine Mutter und fragte, wodurch ich mein rechtes Bein verloren hätte. Meine Mutter erzählte etwas umständlich, dass die Amputation einem Unglücksfall zuzuschreiben wäre. Nachdem sie noch sonstige Erkundigungen eingezogen hatte, erfuhr ich, dass sie mich in die Anstalt aufnehmen wollte. Meine Freude darüber war unsagbar. Kurze Zeit darauf kam ich in die Knabenanstalt (nach Kärnten). Für mich begann dort ein ganz neues Leben. Ich kam aus dem sonnigen Süden und hatte nichts mitgebracht als die armselige Kleidung, die ich am Leibe trug. Frierend stand ich eines Sonntagnachmittags beiseite und dachte heimwehvoll an meine sonnige Heimat. Hier begegnete ich zum zweiten Mal der Gräfin. Voll Mitleid sah sie mich an und sagte zu mir: „Hai freddo?" (Hast du kalt?), „Du bist dieses Klima nicht gewöhnt". Sie achtete auf die Geringsten und auf das Geringste; darin bestand die Größe ihres Charakters. Sofort brachte sie mich zur Hausmutter und sprach mit ihr deutsch, wovon ich als Italiener kaum ein einziges Wort verstand. Bald darauf bekam ich eine warme Kleidung, am Sonntag sogar ein neues Gewand aus Wolle.[58]

In der Mitte stehend: Ehepaar Zorzenon. Rechts hinten: Herr Lassnig, der Schneider in den Anstalten de La Tour war. Davor sitzend seine Frau mit Baby, etwa um 1920.

Für kurze Zeit lebte Theodor in der Anstalt Russiz, von November 1907 bis April 1913 wurde er in Herrnhilf aufgenommen.[59] Auf den Wunsch seiner Mutter hin erhielt er ab 1910 die Ausbildung zum Schneider[60] und arbeitete in der Herrnhilfer Schneiderei mit. Als 16-jähriger konvertierte er zum Protestantismus. Ein Jahr später durfte er seinem eigenen Ausbildungswunsch entsprechend die Aufnahmeprüfung zur Lehrerausbildung in Beuggen absolvieren.[61] Nachdem dies misslang, wollte er Evangelist werden.

Theodor Zorzenon (ehemaliges Russiz- und Herrnhilfkind) mit seiner Frau Emma, um 1920.

Wir werden Evangelisten für das Küstenland brauchen, das sehe ich voraus und solche müssen italienisch reden können und Österreicher sein, nachdem Italiener nicht geduldet werden und gleich das Land verlassen müssten, wenn sie darauf ausgingen Evangelium zu verkünden. Wenn Zorzenon für sein Volk in dem Sinn arbeiten wollte, so könnte es mir nur lieb sein. Vielleicht können Sie ihn darüber befragen, bitte mir dann zu berichten.[62]

Gräfin de La Tour wandte sich an die Missionsschule in Chrischona, doch auch in dieser Anstalt fand er keine Aufnahme.[63] Es konnte keine passende Stelle für Theodor gefunden werden:

Lieber Bruder Gienger!

Bis jetzt hat sich nichts passendes für Zorzenon gezeigt und Bruder Huck teilt mir aus Bahnau mit, dass in der dortigen Buchhandlung kein passender Platz für ihn sein; vielleicht finde sich noch etwas, doch klingt dies wenig verheißungsvoll. Ich meine, es sei am besten, wenn Sie sich vom Herrn die Gewissheit erbeten, ob Sie ihn nach Herrnhilf zurücknehmen sollen und dann dies ausführen, denn ich finde, dass wir das freundliche Entgegenkommen in Beuggen nicht länger wie nötig in Anspruch nehmen sollen.[64]

1914 bis 1916 arbeitete Theodor dann als Helfer in den Heimen Herrnhilf und Elim mit. Nachdem alle Zukunftspläne scheiterten, war Theodor eine Zeit lang depressiv und verwirrt. Er arbeitete später als Fremdenführer in Triest und als Schneider in Treffen. Schließlich zog Zorzenon zurück in seine Geburtsstadt Cormons und heiratete. Er hatte keine Nachkommen. Sein Sterbedatum ist leider nicht bekannt.

4.7.4 Die Erziehung

Unsere Kinder, kostbare Steine, das Ebenbild Gottes, sehen wir in den Kot getreten. Da sollte uns wahrlich die Mühe nicht reuen, uns darnach zu bücken, ja sie sorgsam aufzusuchen, sie zu reinigen, zu behandeln, auf dass sie immer schöner und klarer glänzen und leuchten mögen, zur Ehre und Freude dessen, der der rechte Retter ist aus dem Verderben und der Macht der Sünde.[65]

Kinder der Russizer Anstalt. Rechts hinten Gräfin de La Tour mit Hut, um 1911.

Aus diesem Zitat Elvines sprechen klare Worte über ihre Motivation und die Aufgabe, die sie an den ihr anvertrauten Kindern erfüllen wollte. Elvines eigenes Leben, ihre Persönlichkeit und ihr Handeln waren durchdrungen von ihrem Glauben an Gott und Jesus Christus. Ihre Lebensphilosophie entsprang der pietistischen Tradition, und auf jene baute sie auch die Erziehung ihrer Anstaltszöglinge auf. Denn nur mit einer entsprechenden verinnerlichten und gelebten christlichen Grundlage sah sie die Möglichkeit, dem Übel der Welt entgegentreten und das Schicksal ihrer Zöglinge verbessern zu können.[66]

Die pietistischen Erziehungsideale erfuhren im Laufe der Zeit natürliche Modifizierungen, einige Ansätze und Impulse blieben aber die gleichen. Anschließend sollen kurz die Grundzüge dieser Erziehungsbewegung[67] skizziert werden, um damit einen Kontext für Elvines pädagogische Maßnahmen zu schaffen.

Das Anstaltsleben in Treffen und Russiz ist vergleichbar mit der familiären Sozialstruktur des frühen Pietismus oder mit den bekannten pietistischen Erziehungsanstalten der Pädagogen Francke, Zinzendorf, Zeller und Wichern. Letztere bestanden vorwiegend aus einer Hausgemeinschaft, die patriarchalisch strukturiert war. Als oberste Instanz trug der sogenannte Hausvater die Gesamtverantwortung, ihm nachfolgend die Hausmutter. Die Erziehung der Kinder erfolgte meistens gemeinschaftlich, die Disziplinierung oblag jedoch dem Familienoberhaupt. Hausväter waren verantwortlich für die Mitglieder des Haushaltes, für die christliche Unterweisung des Hausstandes und für eine Hausführung, die Gottes Ordnung entsprechen sollte und für die Rechenschaft vor Gott abgelegt werden musste. Die Hausmutter trug die Verantwortung für den Innenbereich. „Auch sie sollte ein Vorbild in Frömmigkeit, Gottesfurcht und Häuslichkeit sein."[68] Dies bedeutete eine ausgeprägte Vorbildwirkung der Hauselternschaft und sonstiger Erziehender, die erfüllt werden musste. Von den Kindern wurde als wichtigste Tugend Gehorsam und die bedingungslose Achtung der Autorität gefordert. In der Glaubenserziehung galt als höchstes Ziel die Bekehrung und Erweckung. Fand das Kind im Innersten zum Glauben, waren die Voraussetzungen für ein sittlich-vollkommenes Leben gegeben. Erreicht werden sollte dies durch gemeinsame Morgen- und Abendandachten, Tischgebete, Gesangsstunden mit christlichen Liedern und Hausgottesdienste.

Die Bibel galt stets als Grund- und Vorlage für die pietistische Erziehung. Um diese Erziehungsideale zu erreichen, darf ein wesentlicher Bestandteil der späteren pietistischen Pädagogik des 19. und 20. Jahrhunderts – Disziplin durch Strafe – nicht unerwähnt bleiben. Im damaligen gesellschaftlichen Kontext betrachtet gehörte körperliche Züchtigung zum alltäglichen Erziehungshilfsmittel – nur so konnten die Kinder vor dem Sündigen bewahrt werden.[69] Der Pietismus legte aber neben der zwar überwiegend sehr strengen Erziehung ebenso wert auf ein mit Liebe und Vertrauen erzogenes Kind. Spiel, Freude, Tanz, Erzählungen, körperliche Bewegung, Feste und Feiern, Lachen, Lob, geselliges Beisammensein und ausreichend Zeit für das einzelne Kind waren genauso Bestandteil der verschiedenen pietistisch geprägten Erziehungskonzepte.

Dass Gräfin de La Tour pädagogische Impulse aus dem Pietismus schöpfte, ist deutlich erkennbar an einem erhalten gebliebenen Brief, den sie 1908 an ihren neuen Herrnhilfer Hausvater Friedrich Gienger richtete. Mit unmissverständlichen Worten gibt sie ihrem neuen Mitarbeiter genaueste Anweisungen, wie er die Erziehungsanstalt in ihrem Sinne zu führen hätte:

Lieber Bruder Gienger!

Es ist mir ein ernstes Anliegen, Ihnen Ihre Pflichten als neuer Hausvater in Herrnhilf noch mal recht eindringlich vorzuhalten und ans Herz zu legen. Dies ist mir in diesen Tagen noch ein besonderes Gebetsanliegen. Wir wissen, dass ich zuerst dachte, es abzuwarten, wie sich Ihr Wirken als Hausvater gestalten würde, ehe Ihnen der Name gegeben sein sollte. Mit anderen Worten: Sie sollten sich des Titels oder Benennung Hausvater erst als würdig erweisen. Aus mir einleuchtenden Gründen fand ich es geboten, einen anderen Weg einzuschlagen und Ihnen, als dem Mann, welchen wir im Glauben als den vom Herrn in die Arbeit nach Treffen berufenen und dahin geführten erkannt und aus seiner Hand empfangen hatten, nun auch vertrauend und fürbittend als den neuen Hausvater anzunehmen und demselben zur Seite zu stehen. Dies will ich also tun und von Ihnen erwarten, dass Sie nicht ablassen werden, den Herrn anzurufen, dass er Ihnen zu der Aufgabe, welche Er Ihnen zugewiesen hat, die nötige Weisheit, Festigkeit und Treue verleihen wolle.

Sie werden, lieber Bruder Gienger mit mir einig sein, dass ich die Knaben nicht aufgenommen habe, damit sie versorgt seien. Allerdings sollen sie, wie dies in den meisten Fällen zutrifft, der Verarmung und Verwahrlosung entzogen werden, sollen aber doch vor allem so gezogen und erzogen werden, dass sie die Gotteskindschaft erlangen, des Heilands, den wir damit dienen und ehren wollen, Eigentum werden. Dies lässt sich nicht erzwingen, das weiß ich, aber das Eine muss erreicht werden, dass die Knaben gehorsam und wahr werden. Also Lüge und Ungehorsam darf nicht geduldet werden, muss mit eiserner Strenge bekämpft werden. Dies ist das ABC der Kindererziehung. Wenn ich es noch erfahren und sehen müsste, das keine Zucht und Ordnung in Herrnhilf herrscht, – leider musste ich vielfach schon hören, dass die Buben in Herrnhilf die schlimmsten seien – dann müsste ich ernstlich überlegen, ob es nicht angezeigter wäre, diesen Arbeitszweig ganz aufzugeben. Das Wort 1.Tim. 3,4 (... der seinem eigenen Haus wohl vorstehe, der seine Kinder im Gehorsam halte mit aller Ehrbarkeit) gilt auch Ihnen. Durch Zuchtlosigkeit in dem Hause, welchem mit vorzustehen Sie berufen sind, verunehren Sie des Heilands Werk und Sache. Ich könnte dies nicht länger mitansehen und dulden, habe diese Zustände die vergangenen Jahre mit Seufzen getragen, könnte aber nicht mehr, weiß auch, dass es Gott nicht will, weiß auch, dass der Herr es den Aufrichtigen gelingen lässt. Wenn Sie aber volle, ganze Autorität als Hausvater über die Ihnen anvertrauten Seelen erlangen wollen, dann erfordert dies eine ganze Hingabe an des Herrn Sache und muss sich als eine Glaubenstat vollziehen, die ohne jeden Zweifel sich die Verheißungen und den Beistand Gottes aneignet. Mögen Sie diesen Weg einschlagen und Sie erlangen uns zur Freude, dem Herrn zur Ehre und Verherrlichung seines Namens. [...]

E. Gräfin La Tour, Russiz 14. 10. 1908[70]

In diesem Zusammenhang betrachtet erscheint der Grund für das Scheitern ihres ersten Projektes „Waisenversorgungsverein" aus meiner Sicht eindeutig in der Unvereinbarkeit in Gewissensfragen gelegen zu sein.[71] Gräfin de La Tour sah keinen Sinn darin, Kinder zu erziehen, ohne ihnen durch eine begleitende christliche Lehre eine innere Bekehrung und damit verbundene Lebensverbesserung zu ermöglichen.

Erfüllt von dieser Erkenntnis fasste sie den Entschluss, in Eigeninitiative Kinder aufzunehmen, für sie zu sorgen, ihnen neuen Lebensperspektiven zu bieten und sie nach ihrem Ideal zu erziehen. Dazu schreibt sie:

Noch sehr unerfahren im Erziehungsfach und doch mehr und mehr durchdrungen von der hohen, wichtigen Aufgabe, welche wir übernommen hatten, sahen wir uns oft vor Schwierigkeiten gestellt, welche uns die eigenen Schwäche tief empfinden ließen. Aber mit dankerfülltem Herzen darf ich bekennen, dass der Herr uns Tag für Tag, und in allen schwierigen Fällen besondere Weisheit und Beistand geschenkt hat.[72]

Zu Beginn ihres diakonischen Wirkens stellte Elvine die Mutterfigur für ihre Zöglinge dar. Sie sorgte für deren Verpflegung, für deren Ausbildung und nahm intensiv Anteil an ihrem bisherigen Schicksal und weiteren Lebensverlauf. Die anfänglichen Anstaltsgemeinden wurden wie eine Familie geführt. In zahlreichen Zeitzeugenberichten von Anstaltskindern wird über eine tief empfundene Liebe und Dankbarkeit der Zöglinge zu ihrer Wohltäterin berichtet.

Das rasche Wachstum von Elvines Anstalten benötigte bald ein Mehr an Mitarbeitern. Natürlich bedurfte dies entsprechend gläubiger Menschen, die die Ziele und Werte des Pietismus lebten und weiter vermitteln wollten. Die von Elvine genauestens ausgewählten Mitarbeiter sollten sich dessen Wert und der Verantwortung in der Kindererziehung bewusst sein. Hierzu zwei Berichte der Russizer Heimvorsteherin Anna Heber:

[...] Unsere Zöglinge sollen zu lauteren, wahren Gotteskindern und für das praktische Leben zu brauchbaren, tüchtigen Menschen erzogen werden, darum werden sie alle Tage unter den Segen des Wortes Gottes gestellt und in jede Haus- und Handarbeit eingeführt. [...]

Im Hause herrscht strenge, ernste, christliche Zucht, Ordnung und Pünktlichkeit, der sich alle Hausgenossen unterziehen müssen; die Nahrung ist eine einfache, aber kräftige und zuträgliche, weshalb die Kinder auch einen gesegneten Appetit entwickeln und sich einer guten Gesundheit erfreuen. Der Tag ist vollständig mit Lernen und Arbeiten ausgefüllt, sodaß außer den gemeinsamen Mahlzeiten und dem Spaziergang über den Mittag wenig Freizeit übrig bleibt. Im Sommer stehen die Kinder um 5, im Winter um ½ 6 Uhr auf; die kleinen gehen um 7 ½ , die größeren um 8 ½ oder 9 Uhr zu Bette, je nachdem die Arbeiten fertig sind. [...]

Ausnahme und Unterschied darf und kann nicht in der Erziehung gemacht werden, wenn der Geist der Liebe und Eintracht der herrschende sein und bleiben soll. Dankbar haben darum auch nicht nur die Angehörigen, sondern ebenso die Kinder, wenn auch manchmal erst nach Jahren, die Wohltat der Erziehung empfunden und auch laut bekundet. [...]

Was für eine große Geduld, Weisheit, Liebe, Nachsicht und Ermahnung erfordert nur bei diesen Arbeiten Tag für Tag die Anleitung und Überwachung! – Wie lernt man gerade dabei den wahren Charakter und die Herzensstellung der Kinder kennen! Wie ganz anders gestaltet sich da Schein und Wesen, Wort und Tat, Beten und Arbeiten! – Es ist auch darum nicht zu verwundern, wenn uns manchmal der Geduldsfaden reißt, wir energisch eingreifen und manchen Übelstand fühlbar beseitigen müssen! Für uns Erzieher ist es darum wichtig und geboten nach Epheser 6, 12[73] *stets mit der ganzen Waffenrüstung angetan zu sein, um das Feld behaupten zu können.*[74]

***

[...] ...und doch ist unser Anstaltsleben mit seinen Aufgaben, Mühen, Sorgen, Kämpfen, Gebeten und Arbeiten eine Welt im Kleinen. Die Kinder, die nun schon seit vier Jahrzehnten bei uns ein- und ausgegangen sind, sind unsterbliche Seelen, die einen unbeschreiblichen Wert in den Augen des Heilands haben und darum ist uns die Arbeit an ihnen eine Herzenssache. Im Hinblick auf die erfreulichen Erfolge und Erfahrungen an unseren einstigen Zöglingen hat uns der Herr Freudigkeit geschenkt, an unserer sechzigköpfigen Mädchenschar weiterzuarbeiten, hoffend, dass auch ferner noch manche Frucht zu seiner Ehre hervorgehen werde. Wer etwas von der Erziehung versteht, weiß, dass es in keines Menschen Macht und Willen steht, die Kinder auf den rechten Weg zu bringen, das kann allein der Herr; aber durch seine Gnade können wir Wegweiser zu ihm sein und das ist doch ein unaussprechlich köstliches Amt! [...] Aber welche oft tieftraurige Geschichte hat die Mehrzahl unserer Kinder schon durchlebt! – Sollen wir das Heer von geistigem und leiblichem Elend in herben Zügen schildern, nach verschiedenen Seiten hin beleuchten und an die Öffentlichkeit bringen? Nein, das wollen wir nicht, sondern uns freuen, daß hier den Kindern eine Heimat geboten ist, wo sie unter dem Sonnenschein der Jesusliebe fröhlich wachsen und sich entwickeln können. Sie fühlen sich, Gott Lob, wohl, manchmal zu wohl und geben dem Wohlbehagen oft in einer uns nicht immer liebsamen und zustimmenden Weise Ausdruck; aber muntere, fröhliche Kinder um uns zu sehen, ist uns eine große Freude [...][75]

Schließen möchte ich dieses Kapitel mit einem Zitat von Rektor Friedrich Gienger: „Ich habe manche Frauen in höherem Alter kennengelernt, die ihre Jugend in Russiz verbracht haben. Die Erziehung von dort war noch zu spüren, in zwei Wesenszügen: in ihrer Hilfsbereitschaft für andere und in ihrer Bescheidenheit für sich selbst."[76]

4.7.5 Konflikte

Elvine de La Tour hatte im Zuge ihrer Arbeit kontinuierlich gegen Widerstände anzukämpfen – im kleineren und größeren Stil. Dies konnte beispielsweise in Form von Meinungsverschiedenheiten mit ihren Mitarbeitern passieren. Gründe dafür waren sicherlich einerseits ihre Führungsweise des Werkes, andererseits ihr ausgeprägter, willensstarker Charakter. Die Gräfin stand an der Spitze als letzte und allein entscheidende Instanz für zwei große, räumlich getrennte, soziale Werke. In nahezu allen Bereichen traf sie Entscheidungen bis ins Detail. Einige wenige Mitarbeiter und Vertraute durften eine beratende Funktion einnehmen – mehr jedoch nicht. Rektor Friedrich Gienger geht auf dieses Problem näher ein:

Es fiel ihr aber sehr schwer, Menschen als Mitarbeiter zu haben, die ein eigenständiges, nicht immer mit dem ihren übereinstimmendes Urteil abgaben. So verlor sie den ersten Hausvater in Herrnhilf, der in Fragen der Erziehung anders als sie dachte. [...]

Der Evangelist Samuel Keller hatte anlässlich eines ausführlichen Besuches in Treffen das Wirken der Gräfin kennen und schätzen gelernt. Er merkte aber mit

Sorge, dass das System der Alleinführung der Anstalten durch die Gräfin deren Kräfte überbeanspruchte und frühzeitig lahm legen würde. Er konnte einen verantwortlichen Mitarbeiter, Pfarrer Aschoff, vermitteln. Doch länger als ein Jahr dauerte die Zusammenarbeit nicht. Die Gräfin kehrte wieder zu ihren einsam gefassten Entschlüssen zurück. Ihre Größe lag darin, ihre Entscheidungen auch durchzustehen, aber der Preis war hoch.[77]

Auch zwischen dem Hausvater Friedrich Gienger und der Gräfin kam es immer wieder zu Meinungsverschiedenheiten. Die Arbeit an hilfsbedürftigen Menschen war beiden zur Lebensaufgabe geworden, und mit einem entsprechenden Engagement trafen hier zwei sehr dynamische Persönlichkeiten mit manchmal gegensätzlichen Ansichten aufeinander:

Lieber Bruder Gienger!

Es tut mir sehr leid, dass sie in erregter Stimmung sich manchmal zu Äußerungen hinreißen lassen, welche nicht wohl überlegt sind und den Tatsachen nicht entsprechen. Dies muß ich Ihnen diesmal auf Ihren letzten Brief hin sagen.[78]

In dem eben zitierten Brief an den Herrnhilfer Hausvorstand Gienger ging es um die christliche Erziehung der aufgenommenen Kinder. Und genau hier verbarg sich wohl auch das größte Konfliktpotential im Lebenswerk der Gräfin de La Tour. Sie wollte nicht ausschließlich eine soziale Unterstützung bieten:

Die im Namen Jesu aufgenommenen jungen Seelen für den Heiland der Welt zu gewinnen, war mir stets als der vornehmste Zweck und das zu erstrebende Ziel bei dieser Kindererziehung erschienen.[79]

Die religiösen Aspekte der Heimerziehung standen in der protestantischen Tradition, d. h. die Kinder erhielten eine christliche Erziehung mit evangelischer Prägung. Widerstände gegen die Arbeit der Gräfin regten sich schon sehr früh – nahezu gleichzeitig mit dem Beginn ihrer Arbeit. Hierbei sei ihr erstes Projekt, der „Waisenversorgungsverein", noch einmal ins Gedächtnis gerufen. Ihr Wunsch nach christlicher Erziehung stieß selbst bei ihren Mitarbeiterinnen auf Ablehnung. Später stellte sich sogar ihre eigene Tante gegen sie:

Die ersten Anfeindungen durch die katholische Geistlichkeit begannen anscheinend Anfang der achtziger Jahre. Die näheren Umstände waren besonders schmerzlich für sie, da ein katholischer Frauenverein in Görz, dessen Vorsitzende eine Tante von ihr war, eine Baronin Ritter [Anm.: Angiolina Freiin Ritter von Záhony, geb. Baronin Sartorio], *sich in die Kampffront gegen ihr Werk stellte. Dabei war der Mann dieser Dame, der älteste Bruder von Baron Julius Hektor Ritter* [Anm.: dem Vater der Gräfin], *nach dessen Tode der Kurator der evangelischen Gemeinde in Görz.*[80]

Warum regte sich so großer Widerstand gegen ihre Arbeit? Weshalb entwickelte sich eine so starke Gegenwehr von katholischer Seite, die mehr als vierzig Jahre andauern sollte? Eine sehr treffende Erklärung findet sich hier:

Die Bedeutung und die Größe der von Elvine de La Tour gegründeten diakonischen Werke kann erst richtig eingeschätzt werden, wenn man sich die Trost-

losigkeit der sozialen Zustände vor Augen führt, die unter der überaus armen alpen- und küstenländischen Bevölkerung vorherrschte. Sozialeinrichtungen, wie Kindergärten, Schulen, Krankenhäuser oder Altersheime, waren damals überhaupt noch keine Selbstverständlichkeit. Die Rahmenbedingungen für sozial-konfessionelle Initiativen waren insofern erschwert, als sich die beiden christlichen Kirchen des 19. Jahrhunderts feindlich gegenüberstanden.[81]

Das Gut Russiz lag nahe der italienischen Grenze, und das Küstenland war überwiegend katholisch. Wie bereits berichtet, war Elvine die einzige Protestantin in der Gegend. Mit der Eröffnung ihrer Russizer Anstalt schuf die Gräfin regelrecht eine evangelische Enklave. Der Zulauf wuchs stetig, und da sie in einem vornehmlich katholischen Land lebte, war der Andrang katholischer Kinder sehr groß. Viele von ihnen mussten aber sowieso zurückgewiesen werden, da gesetzlich festgelegt die Mehrheit der Anstaltskinder evangelisch sein musste. Dennoch wirbelte die Arbeit der Gräfin, bildlich gesprochen, in katholischen Kreisen einigen Staub auf. Dies war nur der Beginn eines stets schwelenden Konfliktes zwischen der Gräfin und den Katholiken.[82]

Große Probleme mit der katholischen Geistlichkeit in Görz und schließlich auch mit den staatlichen Behörden entstanden, als Mädchen der Russizer Anstalt zum evangelischen Glauben konvertierten. Mit den interkonfessionellen Gesetzen aus dem Jahr 1868 war es Kindern, die das 14. Lebensjahr bereits überschritten hatten, selbst überlassen, zu entscheiden, welcher Konfession sie angehören wollten. Diese Vorgänge in Russiz konnte sich die katholische Kirche natürlich nicht gefallen lassen. Als Reaktion entstanden sehr rasch sowohl in Russiz als auch später in Treffen – nach dem Vorbild der gräflichen Heime – katholisch geführte Waisenhäuser. Zuvorderst forderte man die Gräfin auf, die katholischen Kinder herauszugeben. So einfach wollte sie das aber nicht hinnehmen. Gemeinsam mit ihrem Mann fuhr sie 1879 nach Wien und suchte um eine Audienz bei Kaiser Franz Joseph I. an. Der Kaiser war ein überzeugter gläubiger Katholik. Er hatte allerdings im Jahr 1861 das Protestantenpatent erlassen, das eine rechtliche Gleichstellung der Evangelischen Kirche mit der Römisch-Katholischen Kirche herbeiführte.

Aus diesem Grund gewährte Kaiser Franz Joseph I. die Weiterführung der Anstalt. Die katholischen Kinder durften im Heim bleiben. An den religiösen Übungen sollten aber nur mehr die evangelischen Kinder teilnehmen.

Trotz dieses Beschlusses blieben die Spannungen und Schwierigkeiten bestehen. In welcher Form und mit welcher Emotionalität diese stattfinden konnten, zeigt exemplarisch ein Fall aus dem Jahr 1887. Der Görzer Landtagsabgeordnete Don Gregorčič erhob einen parlamentarischen Einspruch im Falle der gräflichen Anstalt in Russiz. Als Reaktion darauf erschien am 5. Februar 1887 ein Leserbrief im Triester Tagblatt – interessanterweise verfasst vom Ehemann Elvines, dem katholischen Grafen Theodor de La Tour:

Es soll weder der Zweck dieser Zeilen sein, eine Polemik zu führen, noch habe ich die Hoffnung, dort zu überzeugen, wo man eben nicht überzeugt sein will; son-

dern ich möchte damit nur vermeiden, dass angesichts der von Don Gregorčič im Landtage eingebrachten Interpellation Mancher denken könnte, sie sei auf wahre Thatsachen begründet. [...]

Es sind nun schon zehn Jahre, dass meine Frau völlig verarmte oder verwaiste Kinder in unser Haus aufnahm, von dem Streben geleitet, dieselben durch eine tüchtige Erziehung zu brauchbaren, erwerbsfähigen Menschen heranzubilden. Durch das große, von Vielen ungeahnte Elend und die sich stets häufenden Bitten um Aufnahme solch' armer Kinder, wurde sie bewogen, ihre Zahl stets zu vermehren, so dass jetzt gegen 40 Zöglinge die Wohlthat einer guten Verpflegung und Erziehung geniessen. [...]

Dieses Werk nun erfreute sich von jeher des ausgesuchtesten Hasses der katholischen Geistlichkeit, die kein Mittel unversucht ließ, es zu zerstören. Den Eltern wurde versprochen, ihre Kinder anderweitig zu versorgen, wenn sie dieselben aus der Anstalt herausnehmen. Die armen Leute holten endlich nach langen Quälereien ihre Kinder; sie wurden eine kurze Zeit versorgt; nach ein paar Wochen sah ich sie auf den Straßen von Görz herumbetteln [...] Da die Leute bald diese Tactik erkannten, so war es begreiflich, dass sie den Versprechungen nicht mehr glaubten. Nun kamen zahlreiche Anzeigen an die Regierung seitens der Curie, dass wieder drei bis vier Mädchen zum Protestantismus übergetreten seien. Siebzehn Male wurde die Anstalt von dem jeweiligen Bezirkshauptmann von Gradisca visitiert, die Kinder von ihm einzeln ins Verhör genommen, ich mit ihnen vor das Gericht nach Cormons geladen. Jedesmal wurde die Unwahrheit der Anklage erwiesen. [...]

Es gehört eine gute Portion Geduld dazu, sich wie ein unter Polizei-Aufsicht stehendes Individuum behandelt zu sehen, zum Lohne dafür, dass man für diejenigen Kinder sorgt, für die Niemand sonst sorgen würde. Doch der Staat hat das volle Recht dazu, und dem muss man sich fügen. Nun kam eine Fluth von Angriffen in der clericalen Presse, in welcher Thatsachen berichtet wurden, deren Erwähnung für geistliche Herren unglaublich erscheinen. [...] Wenn die Kinder im Katechismus schlecht unterrichtet sind, so trägt doch nur der die Schuld daran, welcher sie zu belehren hat, und dies ist der katholische Pfarrer in Capriva. Dass sie die Kirche unregel-

Theodor Graf de La Tour, um 1890.

mässig besuchen, ist nicht richtig: Das ganze Volk von Capriva kann es bezeugen, dass sie alle Sonn- und Feiertage dem Gottesdienste beiwohnen. Eine Ausnahme findet nur statt bei Diphteritis-Epidemien oder wenn sie zu ihren Verwandten auf Ferien gehen. Dann können sie freilich nicht da sein. Sie gehen auch zur Beichte und Communion wie alle andern katholischen Schulkinder des Ortes, und was für diese genügt, muss auch für die sich in Russiz befindenden als genügend angesehen werden. Dass die katholischen Kinder die Bibel und die Kirchengeschichte gemeinschaftlich mit den Protestanten lernen ist schon deshalb nicht wahr, weil die Ersteren in Capriva beim Pfarrer und die Letzteren in Russiz zu derselben Stunde Religionsunterricht haben und es scheint mir nicht wahrscheinlich, dass sie von Capriva aus das hören sollten, was in Russiz den Protestanten gelehrt wird. [...]

Mit all' dem denken wir, dem Lande, in welchem wir leben und das unser Vaterland ist, gedient und nicht jenes Maß von Feindschaft verdient zu haben, welches uns so reichlich zutheil geworden. Ich habe diese Zeilen nach jahrelangem Schweigen geschrieben, weil ich glaubte, verpflichtet zu sein, uns auch einmal angesichts all' der zahlreichen Angriffe der slavisch-clericalen Partei zu rechtfertigen. Nun habe ich der öffentlichen Meinung meinen Tribut gezollt. Nicht eines Haares Breite werden wir abweichen von dem, war wir als richtig erkannt haben, mögen sie uns nachsagen, was sie wollen. So lange man auf dem Boden des Rechtes und der Wahrheit steht, ist man stark, und ich glaube, dass es keinen Staat der Welt gibt, in dem es verboten wäre, an armen Kindern Elternstelle zu vertreten.

Russiz, 3. Februar 1887

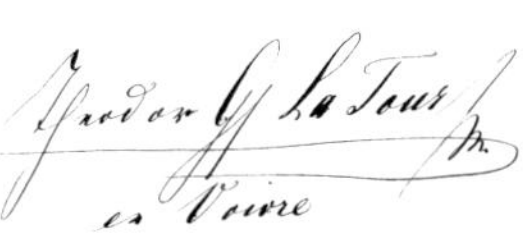

Theodor Graf La Tour.[83]

Als Reaktion darauf erschien am 14. Februar ein Leserbrief des Redakteurs von „Eco del Litorale", A. Baucer:

[...] Der Herr Graf schreibt, dieses Werk der Liebe und Barmherzigkeit sei gleich von seiner Gründung an vom katholischen Clerus angefeindet und bekämpft worden. Wir antworten, dass das Institut Latour natürlicherweise in den Katholiken und besonders im Clerus einen Gegner habe finden müssen, da man dort fortwährend dahin arbeitet, katholischen Mädchen protestantische Grundsätze beizubringen. [...] Man liess nicht ab, den Mädchen einzuprägen, die Katholiken seien Götzendiener, sie würden alle verdammt werden; man lachte die katholischen Mädchen aus, suchte sie zu überzeugen, nicht zur Beichte zu gehen u.s.w. Die Folge davon war, dass mehrere von ihnen den katholischen Lehren und geistlichen Uebungen entfremdet wurden [...]

Nach dem Schreiben des Grafen Latour würde es scheinen, als ob die Katholiken nur mit süßen Versprechungen die Mädchen aus dem Institute gelockt und sie dann im Stiche gelassen hätten. Wir antworten darauf, dass die Katholiken vom Jahre 1879 an, eine ziemlich große Zahl von Mädchen, die aus dem Institute aus-

getreten waren, erhalten haben und dass von diesen ein Theil noch jetzt im Asilo di San Giuseppe im Vereine mit Anderen, die nahe daran waren, in jenes Institut einzuziehen, untergebracht sind. Kein Mädchen, das aus dem protestantischen Institute austritt, wird zurückgewiesen. Um endlich den Katholiken in dieser Beziehung jeden Zweifel unmöglich zu machen, werden wir auf das Verbot der kirchlichen Obrigkeit hinweisen, welches den Seelsorgern untersagt, die heiligen Sacramente jenen Eltern zu spenden, welche ihre Töchter diesem Institute überlassen. [...]

Das Factum, dass Mädchen sich zum Empfange der heil. Sacramente widerspenstig zeigen, bezeugt klar und deutlich die verderbliche Wirkung des Einflusses, den man im Institute Russiz auf die Mädchen ausübt. Es wurde wohl von ansehnlicher katholischer Seite der Gräfin Latour angerathen, wenigstens eine katholische Lehrerin in ihr Institut aufzunehmen. Sie antwortete aber rund heraus, das hieße ihr Erziehungshaus in ein katholisches umwandeln; dies dürfe aber nie geschehen. Möge dies genügen, um die Katholiken zu warnen, ihre Töchter in ein Institut zu schicken, wo sie große Gefahr laufen, entweder vom Glauben abzufallen oder von religiösem Indifferentismus angesteckt zu werden; schlechte Katholiken zu sein oder gar Protestantinnen zu werden. Görz, 16. [!] Februar 1887

A. Baucer, verantw. Redacteur des „Eco del Litorale".[84]

Anhand dieser beiden Leserbriefe ist gut zu erkennen, welch erbitterter Kampf sich entwickelt hatte und mit welchen Mitteln gearbeitet wurde. Meiner Meinung nach antwortete der Redakteur Baucer auf den sehr überlegten Brief des Grafen hauptsächlich mit gängigen Klischees und Allgemeinbehauptungen. Die Art und Weise der Streitigkeiten betraf auch die Treffner Arbeit. In Kärnten konnte zwar im Vergleich zu Russiz an eine vorhandene protestantische Tradition angeschlossen werden, die Probleme mit dem katholischen Klerus blieben aber auch hier selbstverständlich nicht aus. Das Wirken der Gräfin brachte ihre Umwelt kräftig in Schwung. In katholischen Gegenden als evangelische Christin aufzutreten, vorherrschende Zustände zu kritisieren, Heime zu bauen und eine ausdrücklich christliche Erziehung anzubieten, konnte nicht ungesehen und unkommentiert geschehen. Immer wieder wurde ihre Arbeit in Form von Presseberichten diskutiert und angegriffen. Hier sind beispielsweise Artikel mit Überschriften wie „Unerhörte Zustände. Die Machenschaften der Gräfin Latour"[85] oder „Die Päpstin de La Tour in Kärnten"[86] zu nennen. Erwähnenswert erscheint die auffallend emotionsgeladene und teilweise eindeutig aufhetzende Ausdrucksweise, die von den Berichterstattern verwendet wird:

[...] Es ist ein Bild widerlichsten Glaubenszwanges im Zeitalter gesetzlich gewährleisteter Glaubensfreiheit, ein Bild der verwerflichsten Proselytenmacherei (Anm.: als Proselyt wird eine Person bezeichnet, die zu einer anderen Religion übergetreten ist) an katholischen Kindern, welches uns am 25. Feber anlässlich der Generaldebatte über das Budget im Kärntner Landtage enthüllt wurde. [...]

Die freisinnige Presse [...] macht sich durch ihr Schweigen mitschuldig an den Verbrechen, welche in Treffen von der Gräfin Latour an den katholischen Kindern begangen werden. [...] Sie nimmt mit Vorliebe katholische Waisenkinder auf, um sie nach erreichtem 14. Lebensjahr dem Protestantismus zuzuführen. Die katholischen Kinder der Privatvolksschule sagen es ihren Katecheten ins Gesicht, dass sie nach Erreichung des 14. Lebensjahres protestantisch werden, daher den katholischen Religionsunterricht nicht zu lernen brauchen.[...] Die katholischen Kinder werden genötigt, an allen protestantischen Religionsübungen teilzunehmen, ja, die Kinder wurden sogar bestraft, wenn sie beim katholischen Gottesdienste erschienen. [...] Die meisten der katholischen Kinder haben die heilige Kommunion unwürdig empfangen, weil sie vollgesättigt zum Empfange derselben sich einfanden. Und die freisinnigen Abgeordneten schwiegen im Landtage hiezu und die freisinnige Presse schweigt auch; es wird ja nur das den Katholiken Heiligste verhöhnt und lächerlich gemacht! Nach dem Wortlaut des Gesetzes sollen die Kinder zur „konfessionellen Duldsamkeit" (§ 71) erzogen werden, und in der Proselytenfabrik der Gräfin Latour werden die katholischen Kinder gegen Lehren ihrer Kirche aufgehetzt, mit lutherischen Bibeln und Schriften beteilt und gezwungen – bitte, gezwungen –, am protestantischen Missionsfeste teilzunehmen. [...] Ist das nicht ein anwiderndes Bild des deutschen Freisinns? Und dieser deutsche Freisinn mit seiner abstoßenden, geradezu ekelerregenden Fratze wagt es noch, von Freiheit, von religiöser Duldung und von Klerikalismus zu sprechen![87]

Sehr stark geprägt von den Auseinandersetzungen mit der katholischen Kirche waren die Jahre 1912, 1914 und sogar noch 1916, mitten im Krieg und knapp vor dem Tod der Gräfin. Viele Male waren ihre Anstalten von einer Schließung bedroht und trotzdem fand sich schlussendlich immer wieder ein Ausweg. Im Jahr 1914 schrieb die Gräfin an den Hausvater Gienger in Treffen:

Heute klingt es wie lauter Halleluja in meinem Herzen, nachdem ich Nachricht erhalten habe, dass die Schließung der Anstalten vorerst aufgehoben sei und erst am Schluß des Schuljahres vorgenommen werden würde. Nun heißt es ja: „Zeit gewonnen, alles gewonnen!" Und zudem dürfen wir auf unseren großen Gott trauen, der noch weiter Gebete erhören wird.[88]

Ein Berichterstatter stellte bereits im Jahr 1906 bedauernd fest:

Alle Erlässe der Oberschulbehörden, alle Anstrengungen des fürsterzbischöflichen Ordinariates von Görz helfen nichts. Ueber der protestantischen Proselytenmacherin und ihren Anstalten waltet eine unsichtbare schützende Hand.[89]

Die oben geschilderten Konflikte, die zwischen der Gräfin und der katholischen Kirche ausgetragen wurden, erscheinen mir mit heutigen Augen betrachtet verständlich. Beide Parteien hatten wohl berechtigte Gründe für ihr jeweiliges Handeln. Auf der einen Seite stand eine Frau, die durch ihre soziale Initiative etwas gegen die Armut tun wollte. Allerdings war ihre Arbeit untrennbar mit einer christlichen, respektive evangelischen, Lehre verbunden, die sie ihren Schützlingen angedeihen ließ. Höchstwahrscheinlich war es kein Vorsatz der Gräfin, die Kinder zu einer Konvertierung hinzuführen. Bei den

Übertritten dürfte es sich vermutlich eher um eine gewisse Art der Gruppendynamik gehandelt haben. Natürlich konnten die katholischen Heimkinder nicht gänzlich von der evangelisch geprägten Hausgemeinschaft ausgeschlossen werden. Gräfin de La Tour hielt sich zwar gewissenhaft an die ihr auferlegten Vorschriften und Gesetze im Kontext der Konfessionszugehörigkeit. An die katholische Kirche machte sie aber nur soweit Konzessionen, soweit deren Forderungen tatsächlich gesetzlich festgelegt waren:

Lieber Bruder Gienger!

Hiermit sende ich Ihnen die Kopie meiner Zuschriften an das katholische Pfarramt und an den Bezirksschulrat. Die katholische Kirche kann fordern:

1. *den Religionsunterricht, zweimal in der Woche*
2. *den sonntägigen Besuch der Messe, am Vormittag*
3. *den Besuch der Beichte und der Kommunion mit Befolgung der dabei vorgeschriebenen Formen*
4. *Firmung der Kinder.*
   Was weiter in den Rahmen der häuslichen Erziehung gehört, darüber hat die katholische Kirche kein Bestimmungsrecht.[90]

Auf der anderen Seite stand die katholische Kirche. Bis zum Jahr 1861 mit der Einführung des Protestantenpatentes hatte die römisch-katholische Kirche eine Vorrangstellung auf österreichischem Territorium eingenommen. Sie übte großen Einfluss auf staatliche Angelegenheiten aus. Erst 1869, mit dem Beschluss des Reichsvolksschulgesetzes, entzog der Staat das Bildungswesen endgültig dem Einflussbereich der Kirche. Das energische Schaffen der Gräfin de La Tour dürfte daher wohl als sehr unbequem empfunden worden sein. Sie deutete auf bestehende Missstände und Versäumnisse hin, scheute nicht vor Konfrontationen zurück und gewann auch noch manche Kinder für ihren Glauben. Die Kirche wollte das so nicht hinnehmen. Beide Parteien kämpften für ihr angebliches Recht – nur leider geschah dies ausschließlich auf Kosten des Wohles so mancher Kinder.

Die konfessionellen Schwierigkeiten führten wohl auch zu manch tragischen Schicksalen. So ertränkte beispielsweise eine verzweifelte junge Mutter sich und ihr Kind im Ossiacher See, da sie im katholischen Waisenhaus keine Aufnahme für ihren zehn Monate alten Buben gefunden hatte und die Gräfin zu diesem Zeitpunkt aufgrund aktueller Schwierigkeiten mit den Behörden keine katholischen Kinder aufnehmen durfte.[91] Oder es wurde von einem katholischen Knaben berichtet, der aufgrund des „Makels" seiner unehelichen Geburt keine Aufnahme in katholischen Waisenhäusern fand.[92]

Es gab aber nicht nur Konflikte mit der katholischen Kirche, sondern auch mit der evangelischen. Der Stein des Anstoßes war die Evangelisationsarbeit der Gräfin. Ungefähr ab 1893 hatte sich Elvine de La Tour für den Beginn dieser Missionsarbeit entschieden. Dies sollte eigentlich im Einvernehmen mit den jeweiligen evangelischen Pfarrern geschehen, was auch eine Zeit lang gut funktionierte. Erst als die Gräfin 1908 zwei junge Brüder aus der neu gegründeten Missionsschule Bahnau in Ostpreußen berief, schien die Evangelisationsarbeit bedroht zu sein. Die beiden jungen Prediger Hermann Hagenau und Hermann Grawunder hatten erst kürzlich ihre Ausbildung in Bahnau beendet und stürzten sich voller Elan in die Missionsarbeit. Allerdings waren die jungen Männer überaus ungestüm und holten teilweise nicht einmal die Erlaubnis der jeweils zuständigen Gemeindepfarrer ein. Die Arbeit der Brüder zeigte außerdem „schwärmerische Begleiterscheinungen wie Zungenreden".[93] Diese Arbeitsweise gefiel den Kärntner Pfarrern nicht. Gräfin de La Tour erreichten Briefe von Geistlichen, die sie eindrücklich vor einer Weiterführung der Evangelisation durch die beiden Bahnauer warnten. 1910 wurde eine Pfarrerkonferenz in Villach einberufen und über die Weiterführung der Missionsarbeit beraten. Es wurde zwar zu Gunsten der Gräfin entschieden, die jungen Prediger durften ihren Dienst in Kärnten aber nicht mehr versehen. Elvine de La Tour schrieb an Hausvater Gienger in Herrnhilf:

Ich hatte Pfarrer Heinzelmann [Anm.: Pfarrer in Villach] erklärt, dass ich nie von einer Sache ablassen werde, welche ich als einen Auftrag und als eine mir vom Herrn zugewiesene Aufgabe erkannt habe. So wäre es mir unmöglich, die Gemeinschafts- und Evangelisationsarbeit aufzugeben, auch wenn alle Pfarrer dagegen auftreten würden.[94]

Obwohl neue Evangelisten nach Kärnten kamen und eigene Bestimmungen für die Arbeit der Brüder festgelegt wurden, blieb bei manchen evangelischen Pfarrern ein kleines Maß an Misstrauen und Widerstand bestehen. Dies bezeugt der Brief eines Pfarrers aus einer Gailtaler Gemeinde, der sich über die Evangelisten beschwert:

[...] Vielmehr war es ein Drängen auf Bekehrung, das gegenüber Einzelnen den Grad moralischen Zwanges [...], und in einer Weise geschah, dass jene, die auf die Intention der Evangelisten nicht eingehen wollten, die Empfindungen hatten, es werde ihnen ihr Christenname abgesprochen. Es sind dies vielfach Gemeindeglieder, die an kirchlichem Sinn, Lebensernst und Frömmigkeit den „Bekehrten" keineswegs nachstehen. Ich kann unter diesen Umständen das Wirken der Evangelisten nicht segensreich finden. Sie haben ihre Bekehrung nur bei Gemeindegliedern durchgesetzt, die schon vorher ernster christlicher Gesinnung waren. Dabei haben sie in der Gemeinde einen starken Ärger erweckt. Wenn das Wirken der Evangelisten zur stillen Vertiefung des religiösen Lebens beitrüge, so würde ich es dankbar und mit Freuden begrüßen. So kann ich's nicht! Ich bitte darum Euer Hochgeboren, die Evangelisten nicht mehr in die evangelische Gemeinde Watschig zu senden. Wenn Sie das gleichwohl tun wollten, dann würde dies keineswegs zur religiösen Erweckung dienen, sondern nur zu weiteren Übergriffen und zur Schädigung des kirchlichen und religiösen Lebens führen, denn Zwietracht kann ja nicht förderlich sein! Ich bitte Sie inständigst, diese Verantwortung nicht auf sich zu nehmen. [...][95]

Trotz immer wieder auftauchender Kontroversen konnte die Evangelisations- und Gemeinschaftsarbeit in Kärnten weitergeführt werden, und selbst

Bahnauer Prediger durften wieder ihren Dienst verrichten. Der in Bahnau ausgebildete Evangelist Ernst Krupka nahm 1914 seine Arbeit in Kärnten auf. In seiner Biographie schildert er anschaulich seine Bemühungen, das Vertrauen der Pfarrer zu den Bahnauer Brüdern wieder herzustellen. Auch generell vermitteln seine Erzählungen einen Eindruck von den Reaktionen der Kärntner Bevölkerung auf die Missionsarbeit der Gräfin.[96] Die von Elvine de La Tour ins Leben gerufene Gemeinschaftsarbeit wird noch heute in Form des „Christlichen Missionsvereines für Österreich" (CMV) fortgeführt.[97]

4.7.6 Die Finanzierung

In Anbetracht der Größe der sozialen Einrichtungen Elvine de La Tours und des breiten Wirkungskreises ihrer karitativen Leistungen muss deren Finanzierung genauer betrachtet werden. Denn hinter diesem weitreichenden Dienst der menschlichen Nächstenliebe stand keine Organisation oder kirchliche Einrichtung, sondern eine Privatperson, die mit dem überwiegenden Teil ihres Privatvermögens wahre Pionierleistungen in der Versorgung sozialer Randgruppen ihrer Zeit vollbrachte. Gräfin de La Tour kümmerte sich um die Ärmsten der Armen – Alte, Kranke und Kinder in großer Not, die meist zu niemandem gehörten und für die sich auch kaum jemand verantwortlich zeigen wollte. Die Anstaltsbewohner besaßen natürlich keine finanziellen Mittel zur Selbsterhaltung. Pflegegelder oder Zuschüsse der jeweiligen Heimatgemeinden konnten nur spärlich erwirkt werden und reichten für eine vollständige Versorgung selbstverständlich nicht aus. Wie dennoch die Erhaltung der Werke aus finanzieller Hinsicht gewährleistet werden konnte, soll im Folgenden erläutert werden.

Die gräflichen Einrichtungen wuchsen im Laufe der Zeit zu einer Größe an, die Gräfin de La Tour in diesem Ausmaß höchstwahrscheinlich so nie geplant hatte. Elvines Vater, Julius Hektor Ritter von Záhony, unterstützte von Beginn an wohlwollend die humanitäre Tätigkeit seiner ältesten Tochter – sowohl in finanzieller als auch ideologischer Hinsicht.[98] Selbst in seinem Testament vermachte er neben dem jeweiligen Erbanteil für seine Kinder seiner Tochter Elvine im Speziellen noch eine zusätzliche, für soziale Vorhaben bestimmte Summe. Dieser Betrag fand schließlich seine Bestimmung in dem dringend notwendigen Neubau der Russizer Anstalt.[99] Die Erhaltung der Mädchenanstalt in Russiz konnte allein durch den zugehörigen Weinbau- und Landwirtschaftsbetrieb gesichert werden.

Im Gegensatz zur Russizer Anstalt gab es für die Treffner Anstalten keinen vergleichbaren Wirtschaftsfaktor. Einen wichtigen, aber bei weitem nicht ausreichenden Beitrag zur Versorgung der Treffner Werke lieferte die an Herrnhilf angeschlossene Landwirtschaft. Während der beiden Weltkriege erwies sie sich sogar als lebensnotwendig, da nur durch ihre Erträge die Erhaltung der verbliebenen Einrichtungen möglich war.

Die Haupteinnahmequelle für den Erhalt von Elvine de La Tours Anstalten waren die Spendensammlungen. Zur Sicherung der Spendeneingänge

Weinverarbeitung in Russiz zu Beginn des 20. Jahrhunderts. Auf dem Wagen stehend im Trachtenanzug Gutsverwalter Rudolf von Gall.

Weinbaubetrieb im Gut Russiz, um 1900.

unternahmen Elvine und ihre Mitarbeiter immer wieder Reisen, die sie zu den weitläufig verzweigten protestantischen Glaubensgemeinschaften in Deutschland und in der Schweiz führten. Hier erstattete sie Bericht über ihre Arbeit und bat um Unterstützung. Zu konstanten und wesentlichsten Förderern ihrer Arbeit wurden die diversen Gustav-Adolf-Hauptvereine samt deren Zweig- und Frauenvereinen. Das Gustav-Adolf-Werk, benannt nach dem schwedischen König Gustav II. Adolf (1594–1632), wurde 1832 in Leipzig gegründet. Dabei handelt es sich um ein Hilfswerk der Evangelischen Kirche in Deutschland. Der Grundgedanke ist die Unterstützung der Protestanten in den weltweiten Diasporagemeinden. Die Geld- und Sachspenden der Gustav-Adolf-Vereine waren für den Unterhalt der gräflichen Werke essentiell.

Die stetige Vergrößerung der Anstalten erforderte immer wieder bauliche Veränderungen. Wie bereits im Kapitel 4.6 „Initiativen – Gründungen – Werke" erwähnt, wurden nur zwei Häuser (das Anstaltsgebäude in Russiz und das Schulhaus in Treffen) neu gebaut, alle anderen Häuser waren entweder abgewirtschaftete Gehöfte oder ehemalige Gasthäuser. Diese mussten wieder instandgesetzt werden, erhielten An-, Aus- oder Zubauten und eingebaute Wasserleitungen. Gräfin de La Tour kämpfte unermüdlich darum, der nicht enden wollenden Armut in ihrer Umgebung entgegen zu treten. Sie nutzte all ihre zur Verfügung stehenden Kapazitäten, und dennoch schien es nie zu reichen. Ein Großteil ihres Privatvermögens floss in die Erhaltungskosten der Anstalten. Außerdem hatte die Gräfin im Kontext der Spendenakquisition zusätzlich mit einem hartnäckigen Vorurteil zu kämpfen: Da Elvine den Titel einer Gräfin trug, Besitzungen in Kärnten und im österreichischen Küstenland hatte und ihre beiden Werke stetig wuchsen, wurde automatisch angenommen, sie besäße unerschöpfliche Mittel. Dies wurde von ihr erwartet und auch eingefordert. Der Glaube an den Reichtum der gräflichen Wohltäterin war stets ungebrochen. Fräulein Heber, die Russizer Heimvorsteherin, berichtet 1913 dazu Folgendes:

In den Augen der Leute ist der Reichtum der Gräfin unermesslich und darum auch unerschöpflich. Um dieser Meinung willen bin ich auf manchen Widerstand gestoßen, sobald ich, wie es in anderen Anstalten auch geschieht, versuchen wollte, etwas Ersprießliches durch Kollektieren zu erreichen. Nahm ich wirklich einen Anlauf, die Schwierigkeiten zu überwinden, so hieß es: „Halt! Das geht um der Stellung der Frau Gräfin willen nicht!" Andererseits genießen wir und unsere Sache doch nicht das Ansehen, sind und bleiben arm und sollen in möglichst engen Schranken und mit wenig Kostenaufwand viel leisten.[100]

Elvine musste im Laufe ihres Lebens auch einige materielle und finanzielle Verluste erleiden. So brach beispielsweise im Oktober 1909 ein Hochwasser in das Treffner Tal ein. Im Herbst 1912 brannten das Dach des Treffner Schlosses, die Stallungen und Nebengebäude, wobei von Brandstiftung ausgegangen wurde.[101]

Von ihrem Wesen her war Elvine de La Tour eine sparsame und genügsame Frau, die für ihre Anstalten sorgsam ökonomisch kalkulierte. Das Ziel der Gräfin, so vielen Menschen wie möglich helfen zu können, spiegelte sich in stetig wachsenden Ausgaben wider. In der erhalten gebliebenen Korrespondenz zwischen ihr und ihren Angestellten wird beständig auf eine achtsame und wirtschaftliche Haushaltsführung hingewiesen und ihre Mitarbeiter und Anstaltsbewohner werden zur größtmöglichen Sparsamkeit aufgefordert. Eine häufig überlieferte Geschichte zum Thema Sparsamkeit ist, dass stets, wenn die Gräfin im Winter einen Raum betrat, sie zuerst die Ofentüren überprüfte. Sie duldete keine nachlässigen Beheizungen, die mehr als nötig Brennmaterial verbrauchten. War die Ofentür nicht optimal verschlossen oder offen gehalten worden, brachte sie den Makel persönlich in Ordnung und ermahnte zu mehr Genauigkeit. Von Zöglingen sind außerdem Berichte überliefert, die von Kontrollen Elvines bezüglich der Kartoffel- oder Apfelschälqualitäten der Kinder erzählen. Die Gräfin zeigte ihnen persönlich das sparsame Schälen mit dünnen Schalen und ohne unnötige Verluste.[102] Ein weiteres Beispiel aus einem Brief an die Hauseltern Gienger:

Ich hoffe, dass Sie und Ihr Mann als liebe Hauseltern mit Güte und Strenge im Hause walten und recht darauf achten, dass es sparsam zugehe und nichts umkomme (darauf sah ja auch unser Heiland).

Mit der neuen Arbeit hier sind mir große, neue Aufgaben erwachsen, die viel Geld erfordern. Mögen dies alle lieben Geschwister, welche Gottes Sache lieben und fördern wollen wohl erwägen und mir helfen. Feichter erwähnte, dass die Kinder manchmal in Schmalz Gebackenes erhalten, was ich unnötig finde. Ich sagte es Schwester Wilma, dass meine Mädchen in Russiz nur bei festlichen Gelegenheiten Kuchen oder Gebackenes erhalten und es mir sehr unlieb war, als ich sah, dass Frau Dopplinger den Knaben unter der Woche z. B. Krapfen gab. Schwester Wilma tadelte dies auch, sowie den damit verbundenen Schmalzgebrauch, versprach ganz anders zu wirtschaften, sehr sparsam zu sein. Natürlich geht dies nur den Kindertisch und etwa den Altentisch an.

Auf Ihrem Tisch soll doch Besseres aufgetragen sein, das überlasse ich ganz Ihnen. Ich muß Sie nur als Hauseltern dafür verantwortlich machen, dass meine Empfehlungen und Vorschriften befolgt werden und sollten Sie sehen, dass Schwester Wilma es nicht tut, so bitte ich Sie zu erinnern und zu ermahnen.

Auch mit dem Brot soll sparsam umgegangen sein, damit die Knaben es nicht gering achtend weg legen, den Pferden eben bringen, was schon manchmal geschehen und mir sehr missfallen hat. Mögen doch Alle erinnert sein, dass man die Gaben, die vom Herren kommen, zu schätzen hat.

Was ich gebe, habe ich doch vom Herrn und könnte es nicht mehr geben, wenn Er seine Hand zurückzieht. Ich bitte dafür zu sorgen, dass Feichter keine Unannehmlichkeiten hat, dass er mir dies (wegen dem Gebackenen) mitgeteilt; es wäre unrecht und lieblos, wenn man es ihn entgelten ließe. Schließlich habe ich ein Recht informiert zu sein, wie alles zugeht und auch zu mahnen, wenn das geschieht, was mir missfällt.[...]

Triest 10. XI. 1908[103]

E. Gräfin La Tour

Erklärtes Ziel der Gräfin war es, möglichst vielen Not leidenden Menschen zu helfen. Daher war neben der Sparsamkeit auch eine gewissenhafte Buchführung von Geld- und Sachspenden aus Sicht der Gräfin unerlässlich. Einen aufschlussreichen Einblick in die Finanzen der Anstalten bieten die Bilanzen im Anhang der jeweiligen Jahresberichte über die Werke der Inneren Mission.[104] Im Folgenden ein Beispiel[105] für das Jahr 1913:

Kassenbericht für die Anstalten 1913

EINNAHMEN	KRONEN	AUSGABEN	KRONEN
1. Liebesgaben der Gustav-Adolf-Hauptvereine Ansbach, Stuttgart und Weimar	**1.319,43**	1. Herrnhilf, Alters- und Krankenheim (Heizung, Beleuchtung, Haushalt, Hausrat, Kleidung u. Wäsche, Gehälter und Löhne, Landwirtschaft, Arzt und Apotheke, Porti, Frachten und Reisespesen, Verschiedenes, bauliche Reparaturen)	**31.488,07**
2. Liebesgabe des Kärntner Gustav-Adolf-Zweigvereines	**49,80**	2. Schule in Treffen (Gehälter, Verschiedenes, Heizung, Weihnachtsbescherung)	**6.790,45**
3. Liebesgaben der Gustav-Adolf-Frauenvereine von Berlin, Bonn, Bremen, Darmstadt, Dessau, Dresden, Duisburg, Eisenach, Emden, Erfurt, Frankfurt/Main, Görz, Halle an der Saale, Hamburg, Lübeck, Münster, Oldenburg, Prag, Sondershausen, Stettin, Stuttgart, Villach (Pflegegeld)	**1.088,99**	3. Kinderbewahranstalt (Gehälter und Löhne, Haushalt, Heizung, Verschiedenes und bauliche Reparaturen)	**6.693,18**
4. Beitrag vom Evangelischen Bund Stuttgart	**1.325,25**	4. Evangelisation in Kärnten und im österreichischen Küstenland (Gehälter und Reisespesen, Verpflegung, Heizung, Lokal und Wohnungsmieten, Saaleinrichtung Triest, Schriftenankauf, Verschiedenes, Sparkasseneinlage)	**9.329,43**
5. Beitrag der evang. Kirchengemeinde St. Ruprecht	**50,–**		
6. Aus der Liebesgabenkasse des christlichen Volksboten in Basel	**200,–**		
7. Liebesgaben von verschiedenen Freunden	**4.662,29**		
8. In Herrnhilf (Einnahmen aus Pflegegeldern, Landwirtschaft, Verschiedenes)	**7.232,69**		

EINNAHMEN	KRONEN	AUSGABEN	KRONEN
9. Schule in Treffen: für Lehrmittel	**14,20**		
10. Kinderbewahranstalt (Pflegegelder und Verschiedenes)	**760,40**		
11. Evangelisation in Kärnten und dem österreichischen Küstenlande (Gemeinschaft in Treffen, Kollekte, Schriftenverkauf)	**1.784,62**		
Gesamt	**18.487,67**	**Gesamt**	**54.301,13**

Den jeweiligen Kassenberichten angeschlossen sind detaillierte Verzeichnisse der eingegangenen Liebesgaben. Ein Auszug, ebenfalls das Jahr 1913 betreffend:

Aalen: Fr. Sch. 5,87 K; Fr. U. 1,18 K; Hr. u. Fr. W. 3,53 K; […] Blankenburg: durch Hr. Past. Modersohn von Lesern des Bl. „Heilig dem Herrn" 622,56; […] Isny: aus einem Gebetskreis 5,89 K; […] Monastero: Hr. Br. R. 100 K; […] Triest: Hr. u. Fr. Consul G. 20 K; Ungenannt 200 K; […][106]

Neben den finanziellen Spenden fanden auch die eingegangenen und zweckgebundenen Naturalgaben detailliert ihren Platz im Kassenbericht:

Naturalgaben

a) für Herrnhilf *Isny: Frl. T. L. Schriften, 1 Bibel, 1 Gesangbuch, 2 Predigtbücher, 2 Pak. gebr. Bücher, 6 Krawatten, Flicken, Knöpfe, 6 Kämme; Hr. Messerschm. G. 7 Gabeln, 1 Messer, 3 Löffel; […] Villach: Hr. F. Spielwaren; Hr. H. Spielwaren; Lederhandlung P. Leder zu 4 P. Schuhen; Wien: Fr. U. W. 1 getr. Lederhose, 2 P. Handschuhe, 2 Tabakpfeifen, 1 Zigarettenschachtel; […]*

b) Alters- und Krankenheim. *Nöring: Hr. M. 4 kg Butter, Wurst, Wolle; Treffen: Fr. B. Käse; Fr. K. 3 kg Bohnen; Fr. M. 3 Eier; […] N. N. 1 Bügeleisen; M. Sch. 5 kg Kirschen; Fr. Sch. ¼ kg Butter; Frl. Sp. 100 gr. Kakao; Wien: Fr. U. W. 3 Tabakpfeifen, 1 gebr. Bartbürste, 1 P. neue Herrentricothosen, 2 Duz. Herrenkragen; […]*

c) Kinderbewahranstalt. *[…] Heidenheim a. Br.: Schw. M. B. 1 Paket Stoffreste, 2 Pak. Schriften und alte Gesangsbücher, 1 Pak. Sotte, Mosselinreste und Blätter; vom G. A. Frauenverein 34 ½ m Stoff zu Kleidchen und Schürzen; Fr. H. 60 P. Schuhbänder; […] Heimerdingen: Fr. Dr. H. 2 Jäckchen, 9 Lätzchen, 6 Röckchen, 6 Schürzen, 3 Hemdchen, 1 P. getr. Handschuhe, 2 P. Söckchen, 9 P. Strümpfe; […] Frl. I. L. Schriften, 2 getr. Kleidchen, 1 Kinderdecke, 3 Hemdchen, 1 P. Handschuhe, gebr. Bücher, getr. Kleider, 1 Deckchen, 2 Topflappen, 1 Kleidchen, Blätter, 2 Uhrentäschchen, 3 P. Pulswärmer, Bilder und Schriften; Fr. M. L. 25 Fingerringe, 75 Fleißkarten, 20 Weihnachtssterne, 3 Kämme; […] Für die Evangelisation: Berlin, Gesellschaft zur Ausbreitung des Evangeliums: 120 Exempl. „Der Schatzgräber" […]*[107]

Genaue Bilanzierungen über das gesamte Werk der Gräfin sind leider nicht mehr vorhanden. Eine Betrachtung der Finanzgebarung von Gräfin Elvine de La Tour für ihre Treffner Anstalten ist dennoch möglich. Dafür wurden die erwähnten Kassenberichte/Jahresberichte aus dem Archiv der Diakonie Kärnten (ADK) exemplarisch herangezogen.[108] Aus den noch vorhandenen Daten ließen sich jene Durchschnittswerte errechnen, die sinnvoll und aussagekräftig erschienen. So soll im Folgenden beispielsweise der Frage nachgegangen werden, wie viel die Gräfin de La Tour an Eigenmitteln für ihre Werke aufbringen musste und wie hoch der durchschnittliche Spendenanteil war. Da in den Jahresberichten häufig auf die geringen Pflegegeld-Einnahmen verwiesen wird, sollen auch diese anteilsmäßig berechnet werden. Des Weiteren werden die jeweiligen Arbeitsbereiche prozentual in ein Verhältnis zu den Ausgaben gesetzt, d. h., welchen prozentualen Anteil hat beispielsweise die Knabenanstalt Herrnhilf unter den Gesamtausgaben? Etwaige Auffälligkeiten über die Jahre hinweg werden ebenfalls in die Betrachtung mit einbezogen:

Kassenberichte Treffen für die Jahre 1905–1916

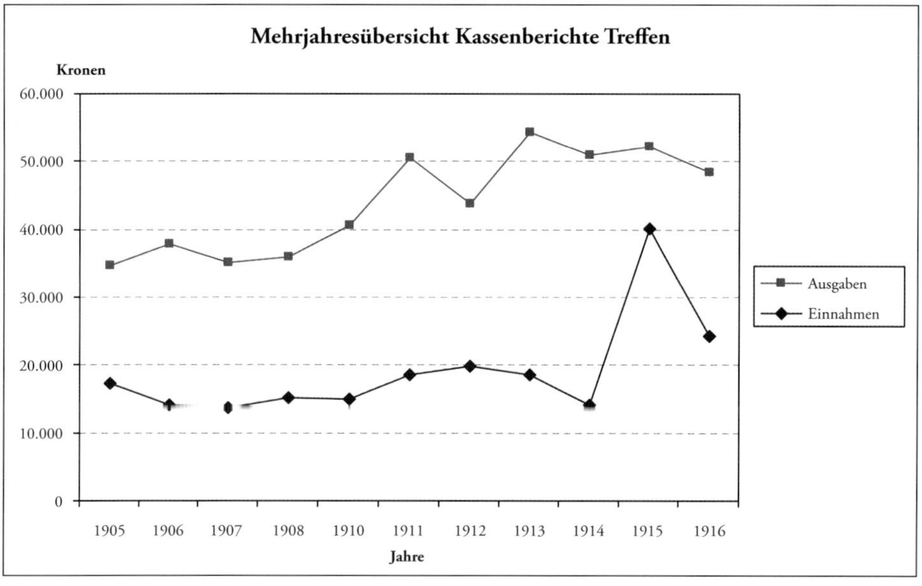

Aus obiger Tabelle ist gut ersichtlich, dass es bei den Ausgaben zwei Mal markante Sprünge gab. Für das Jahr 1911 wurde der Posten der neu eröffneten zweiten Knabenanstalt Elim mit ungefähr 50 Kindern zu Herrnhilf hinzugerechnet. Im Jahr 1913 dürften Neuanschaffungen für die Landwirtschaft Herrnhilf, ein zusätzliches Gehalt in der Schule Treffen und die Evangelisationsarbeit in Triest für die erhöhten Ausgaben verantwortlich gewesen sein. Die auffallend hohen Einnahmen für das Jahr 1915 bestanden zu 66 Prozent aus Spenden. Dies könnte darauf zurückzuführen sein, dass Gräfin de La Tour zu diesem Zeitpunkt bereits in Gefangenschaft war und ihre Werke ab diesem Zeitpunkt finanziell auf sich allein gestellt waren.

Der notwendige Eigenbetrag, den Elvine de La Tour über die Jahre leisten musste, um die Defizite abzudecken, betrug durchschnittlich berechnet 57 Prozent der Gesamtausgaben. Wie genau ihre privaten Vermögensverhältnisse aussahen, ist leider nicht bekannt. Lediglich in den erhalten gebliebenen Briefen der Gräfin an Hausvater Gienger spricht sie einmal über große private finanzielle Verluste bei den Anteilen, die sie und ihre Geschwister an den Ritterschen Fabriken besaßen.[109]

Berechnung des Eigenbetragsanteiles der Gräfin de La Tour (in Kronen)

Jahr	Ausgaben	Einnahmen	Eigenbeitrag
1905	34.723,30	17.355,77	17.367,53
1906	37.892,10	14.155,11	23.736,99
1907	35.117,91	13.781,71	21.781,71
1908	35.828,97	15.145,71	20.683,26
1910	40.508,15	14.981,19	25.526,96
1911	50.398,14	18.511,1	31.887,04
1912	43.654,98	19.930,42	23.724,56
1913	54.301,13	18.487,67	35.813,46
1914	50.882,24	14.132,72	36.749,52
1915	52.101,98	40.119,64	11.982,34
1916	48.282,96	24.284,9	23.998,06

Eigenbetragsanteil der Gräfin de La Tour. Prozentuale Berechnung anhand der Gesamtausgaben

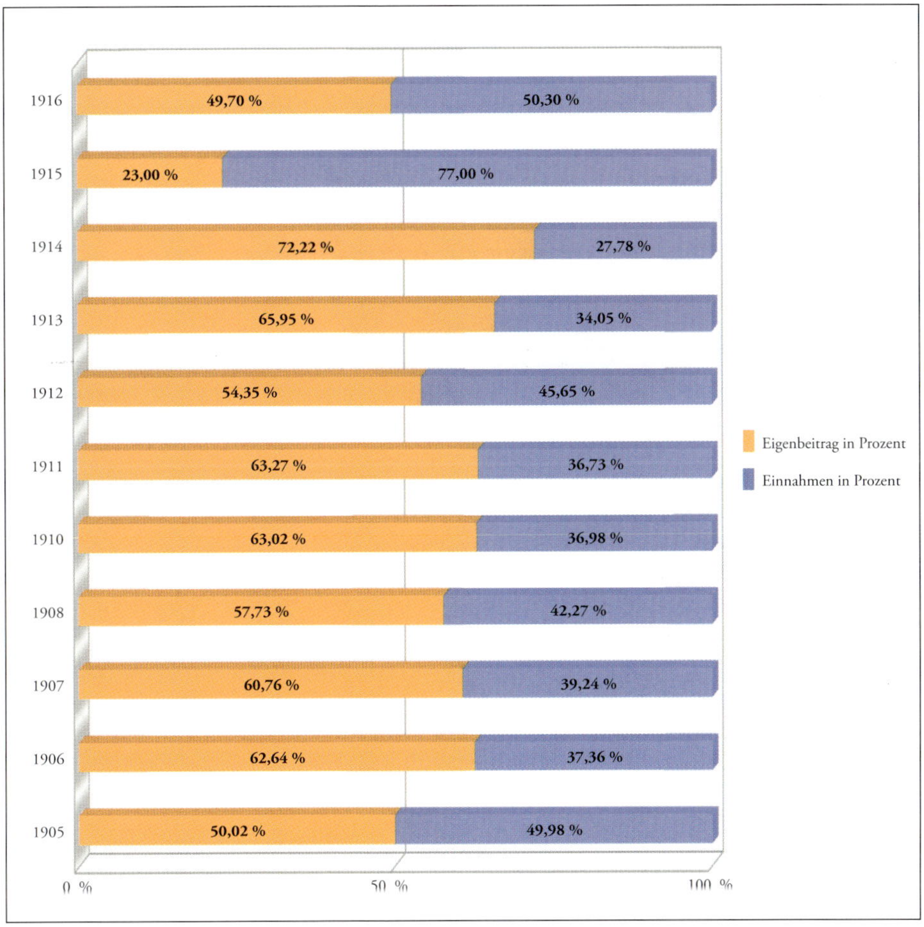

Nun soll noch ein Blick auf die Einnahmen und Ausgaben für die Treffner Arbeit geworfen werden.

Die Einnahmen setzten sich zu mehr als der Hälfte aus Spenden zusammen. Eine Ausnahme bilden die Jahre 1913 und 1914, in denen die Spendeneinnahmen unter 50 Prozent fielen. Ein knappes Drittel der Einnahmen konnte durch den Erhalt von Pflegegeld abgedeckt werden, wobei Hausvater Gienger im Jahresbericht 1913 ein durchschnittliches Pflegegeld von 10 Heller (8 Pf.) pro Kopf und Tag angab.[110] Die restlichen Einnahmen stammten aus der Herrnhilfer Landwirtschaft, aus dem Schriftenverkauf in der Evangelisations- und Gemeinschaftsarbeit und diversen Kleinigkeiten, die nicht näher ausgeführt wurden.

Aufteilung der Einnahmen in der Treffner Anstalt

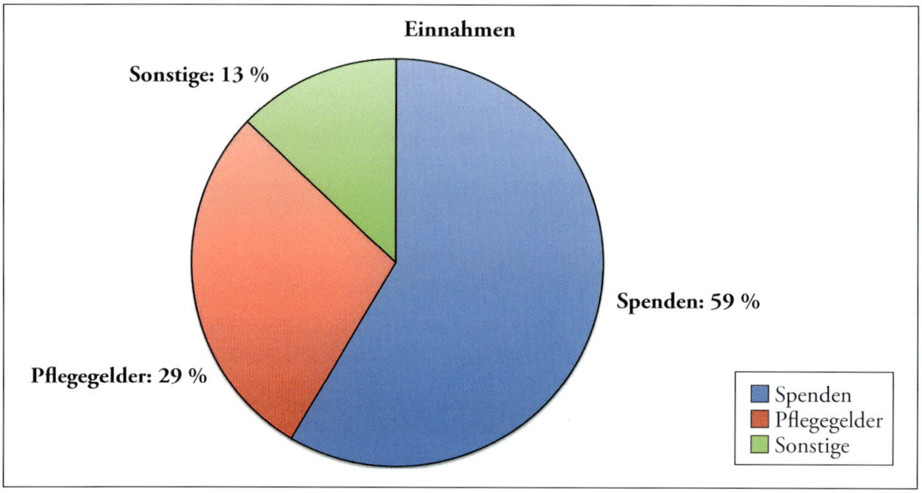

Die Anteile der Ausgaben wurden prozentual auf die verschiedenen Arbeitsbereiche in der Treffner Arbeit aufgeteilt. Hierbei ist klar ersichtlich, dass Herrnhilf mit 59 Prozent den größten Beitrag erhielt. Der Anteil „Sonstige" setzte sich zusammen aus Liebesgaben für die Anstalt in Russiz, Einlagen in die Sparkasse und nicht näher definiertem „Verschiedenen".

Separat aus den jeweiligen Arbeitsbereichen herausgerechnet wurde noch der durchschnittliche Anteil an Gehältern und Löhnen, der lediglich 26,5 Prozent betrug.

Ausgabenanteile für diverse Arbeitszweige

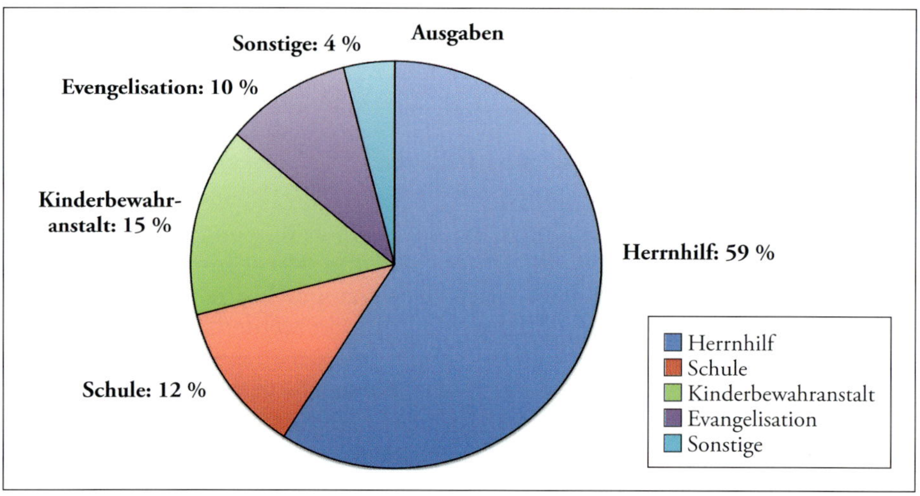

Finanzielle Sorgen im Kontext ihrer Anstalten waren bei Gräfin de La Tour stets gegenwärtig, wie Briefe an Hausvater Gienger beweisen:

An das viele Brennmaterial bei der argen Kälte dachte ich auch schon mit Bangen, die Auslagen mehren sich und das Geld zu beschaffen ist recht schwer. Hoffentlich kommen die Pflegegelder herein [...][111]

***

Hoffentlich kommt nächste Woche der fertige Jahresbericht und erweckt wieder Teilnahme unter den Freunden, die vollständig stille schweigen.[112]

Umso größer war die Freude bei finanziellen Einnahmen:

Der Herr hat Gebete erhört, hat uns in der Geldnot beigestanden. Wir konnten etwa 3 Waggon mit Wein anbringen, kann mich nicht erinnern, ein solches Quantum je verkauft zu haben, der Preis ist nicht so günstig, aber wir werden die drückenden Schulden los, können Steuern usw. zahlen, und etwas bleibt für die Anstalten, dafür wir Gott zu preisen haben und dies tue ich von ganzem Herzen![113]

---

1 Vgl. Ritter-Záhony, Eugen Freiherr von: Chronik und Stammbaum der im Jahre 1829 in Österreich mit dem Prädikat „von Záhony" geadelten Familie Ritter aus Frankfurt a. M., Brünn 1915.

2 Ebenda, S. 23.

3 Vgl. Kapitel 4.6.2 „Russiz".

4 Katterfeld, Elvine, S. 131.

5 Brief der Gräfin an Hausvater Gienger, 2. 12. 1909.

6 Brief der Gräfin an Hausvater Gienger, 12. 1. 1912.

7 Brief der Gräfin an Hausvater Gienger, 10. 4. 1912.

8 Brief der Gräfin an Hausvater Gienger, 25. 12. 1913.

9 „Eine Schloßfrau als Geisel". Erinnerungen von Frau Sophie von Khuenberg, in: Worte der Wahrheit und Liebe für Österreich und Ungarn. Christliches Wochenblatt, 11. Jg., Nr. 30, 8. August 1915, S. 232 f.

10 Vgl. Kapitel 4.6.4 „Die Evangelische Schule".

11 Katterfeld, Elvine, S. 45.

12 Laut mündlicher Überlieferung gilt aber zumindest ein uneheliches Kind des Grafen im Küstenland als gesichert. In der „Chronik der Treffner Görlitzen-Jagden" von Otto Zernatto 1952, ist zu lesen: „Graf Theodor La Tour, ein großer Waidmann, berühmter Meisterschütze und vielseitiger Schürzenjäger [...]". Anscheinend kümmerte er sich auch intensiv um die Frau eines seiner Jäger. Über die Ehe des Grafenpaares wird salopp festgehalten: „Graf La Tour, dessen Ehe in den letzten Jahren keine glückliche gewesen war, da er für die protestantisch-religösen Neigungen der Gräfin, die immer eine Schar von Pastoren um sich hatte, ebenso wenig Verständnis aufbrachte wie sie für seine Jagdleidenschaft und seine galanten Abenteuer". Ob diese Aussage lediglich der Meinung des Chronikverfassers Otto Zernatto entspricht oder ob es tatsächlich Schwierigkeiten wegen Elvines intensivem Glaubensleben gab, kann von mir nicht beantwortet werden. Dazu waren keine weiteren Überlieferungen zu finden.

13 Siehe dazu Kapitel 4.7.5 „Konflikte".

14 Vgl. Gienger, Reichtum, S. 45.
15 Theodor de La Tour stiftete der katholischen Kirche in Capriva eine noch heute existierende Orgel.
16 Katterfeld, Elvine, S. 44 f.
17 Krupka, Licht, S. 6 f.
18 Vgl. „Taufschein Rudolf Theodor Ritter von Gall". Als Pate wird angeführt: „Carl Krippel, stud. phil. als Stellvertreter des Pathen Theodor Graf La Tour en Voivre, Großgrundbesitzer in Görz", PAJ.
19 Der Altersunterschied und die familiären Verbindungen lassen sich folgendermaßen erklären: Leopold Ritter von Gall und seine Frau Julie von Gall, geb. von Szàbo hatten gemeinsam fünf Kinder, darunter 1) Leopoldine Gräfin de La Tour, geborene von Gall (geb. 1815), Mutter des Grafen Theodor de La Tour (geb. 1845) und 2) Carl von Gall (geb. 1829), Vater des Rudolf von Gall (1873). Siehe auch die Stammtafel im Anhang.
20 Brief der Gräfin an Rudolf von Gall, 28. 6. 1900, PAJ.
21 Vgl. „Uebertritts-Schein aus dem Uebertritts-Buche der evangelischen Pfarrgemeinde Gallneukirchen, Band 1, Seite 4, Zahl 25, Fräulein Paula Theresia Nožička am 6. April 1901, gezeichnet von Pfarrer Ludwig Schwarz" sowie „Uebertritts-Schein aus dem Uebertrittsbuche der evangel. Pfarrgemeinde Augsb. Bekenntn. in Wien, Jahr 1901, Zahl 141, Rudolf Theodor Ritter von Gall, 7. Mai 1901", PAJ.
22 Siehe dazu Katterfeld, Elvine, S. 113 f.
23 Zitiert nach Katterfeld, Elvine, S. 116 f.
24 Siehe dazu oben, Kapitel 4.5 „Das Glaubensleben der Gräfin".
25 Widmung der Gräfin in der Bibel von Theodor von Gall, PAJ.
26 Brief der Gräfin an Theodor von Gall, 20. 1. 1915, PAJ.
27 Jahresbericht Innere Mission, Neujahr 1916, S. 7.
28 Vgl. Nachruf für Rudolf von Gall, in: Die Saat – Evangelische Kirchenzeitung für Österreich, 1958, S. 246.
29 La Tour, Elvine de: Aus Russiz und Treffen, in: Worte der Wahrheit und Liebe für Österreich und Ungarn. Christliches Wochenblatt, 11. Jg., Nr. 2, 10. Jänner 1915, S. 13.
30 Jahresbericht Innere Mission, Neujahr 1915, S. 6.
31 Gienger, Reichtum, S. 67.
32 Zur Lebensgeschichte von Schwester Rösle Flad siehe auch: Gienger, Reichtum, S. 67 f. und Patzelt, Evangelisches Leben, S. 134–136.
33 Vgl. Krupka, Licht, S. 11.
34 Gienger, Armut, S. 41.
35 Vgl. Katterfeld, Elvine, S. 126.
36 Laut Erzählungen der Töchter Gienger bat Elvine die Hauseltern, nicht zu viele eigene Kinder zu bekommen, um ausreichend Zeit für die Heimkinder zu haben.
37 Vgl. Kapitel 5 „Ausblick bis heute".
38 In den Jahresberichten der Inneren Mission werden entweder Anna oder Else als Vorname angegeben.
39 Vgl. Jahresbericht Innere Mission, Neujahr 1911, S. 18.
40 Ein ausführlicher Bericht über ihre Kindheit, Ausbildung und die Anfänge in Russiz findet sich im Jahresbericht Innere Mission, Neujahr 1914, S. 15–17.
41 Norden, Eine tapfere Frau, S. 17. Siehe auch: Jahresbericht Innere Mission, Neujahr 1911, S. 18.
42 Über Ernst Krupka ist eine eigene Biographie erschienen: Krupka, Maria Luise (Hrsg.): Lebensauftrag: Evangelist. Ernst Krupka. Sein Leben und sein Wirken, Bad Liebenzell 1986.
43 Jahresbericht Innere Mission, Neujahr 1915, S. 7.
44 Vgl. Skriptum: Anliker, Ernst: Frau Direktor Maria Westphal, 1873–1949. Ein Lebensbild, Grosshöchstetten 1949. ADK. Siehe auch: Knauder, Heimatkunde Treffen, S. 68.
45 Vgl. Chronik der Evangelischen Jugendhilfe Godesheim www.godesheim.de
46 Vgl. Kapitel 4.10 „Zeitzeugenberichte über den Menschen Elvine", Brief Emilie Schreiber, 8. 11. 1976.

47 Über den Werdegang einiger weniger Russizer Anstaltsmädchen ist beispielsweise in Jahresberichten der Inneren Mission zu lesen. Vgl. Jahresbericht Neujahr 1911, S. 15 f. oder Jahresbericht Neujahr 1913, S. 17 f.

48 „Meldebuch des Einlegerasyls in Herrnhilf, 1903–1939“, ADK.

49 Vgl. etwa Jahresbericht Innere Mission, Neujahr 1912, S. 13; Jahresbericht Innere Mission, Neujahr 1913, S. 9.

50 Siehe dazu: Jahresbericht Innere Mission, Neujahr 1914, S. 18.

51 Den zahlreichen Aufnahmegesuchen in die Anstalten widmet Friedrich Gienger in seinem Buch sogar ein gesamtes Kapitel. Vgl. „Anfragen! Anfragen!“, in: Gienger, Reichtum, S. 19–26.

52 Jahresbericht Innere Mission, Neujahr 1913, S. 9.

53 Jahresbericht Innere Mission, Neujahr 1915, S. 13–15.

54 Vgl. Sterbebuch der Pfarrgemeinde St. Ruprecht, 1979, Eintrag 18, S. 151.

55 Jahresbericht Innere Mission, Neujahr 1911, S. 18.

56 Brief der Gräfin an Hausvater Gienger, 24. 11. 1910.

57 Vgl. „Meldebuch Einlegerasyl Herrnhilf, 1903–1939“, Eintrag Nr. 150, S. 6.

58 Erinnerungen von Theodor Zorzenon – zitiert nach: Katterfeld, Elvine, S. 34–35.

59 Vgl. „Meldebuch Einlegerasyl Herrnhilf, 1903–1939“, Eintrag Nr. 92, S. 4.

60 „Ich weiß nicht, ob es richtig ist, Zorzenons Wünsche soweit zu berücksichtigen. Seine Mutter wünscht, dass er Schneider werde. Er will am Ende höher hinaus, und gut ist es immer, wenn wir lernen unser ‚Ich‘ mit all seinen Wünschen zu bezwingen und den Ring des Gehorsams und der Entsagung zu gehen.“ Brief der Gräfin an Hausvater Gienger, 1. 7. 1910.

61 Brief der Gräfin an Hausvater Gienger, 8. 1. 1913 und 7. 3. 1913.

62 Brief der Gräfin an Hausvater Gienger, 8. 1. 1913.

63 Die Gräfin berichtet intern an Hausvater Gienger in Treffen: „Wegen Zorzenon teilte ich Ihnen mit, dass man ihn hier als einen Schwätzer und nicht aufrichtig beurteilte. Er hielt auch sein Kämmerchen, darin er schlief, trotz wiederholter Mahnung, unordentlich. Dies erwog ich auch und empfand dabei, dass diese Eigenschaften eigentlich auch für den Evangelisten nicht taugen.“ Brief der Gräfin an Hausvater Gienger, 14. 1. 1913.

64 Brief der Gräfin an Hausvater Gienger, 25. 5. 1914.

65 Aus einem Bericht der Gräfin de La Tour. Zitiert nach: Gienger, Reichtum, S. 32.

66 Siehe auch Kapitel 4.5 „Das pietistische Glaubensleben der Gräfin“. Hier wird näher auf das Wesen des Pietismus eingegangen, was eventuell dem besseren Verständnis der pietistischen Erziehungsideale dienen kann.

67 Zu den wichtigsten Vertretern der pietistischen Erziehungsbewegung zählen J. A. Comenius (1592–1670), Philip Jakob Spener (1635–1705), August Hermann Francke (1663–1727), Nikolaus Ludwig von Zinzendorf (1700–1760), Friedrich Christoph Oetinger (1702–1782), Johann Friedrich Oberlin (1740–1826), Christian Heinrich Zeller (1779–1860), W. J. Thiersch (1817–1885), Johann Hinrich Wichern (1808–1881) und Heinrich Dallmeyer (1870–1925). An dieser Stelle möchte ich vor allem auf das Werk von Wilhelm Faix: Familie im gesellschaftlichen Wandel. Der Beitrag des Pietismus. Eine sozialgeschichtliche Studie, Gießen–Basel 1997 verweisen. Faix bietet einen guten Überblick zum Thema. Seine Ausbildung erhielt der Autor in jenem Schweizer St. Chrischona, von wo Gräfin de La Tour ihre ersten Evangelisten nach Kärnten holte. Ein weiteres, spezifischeres Werk über pietistische Erziehung ist: Neumann, Josef N. / Sträter, Udo (Hrsg.): Das Kind in Pietismus und Aufklärung. Beiträge des Internationalen Symposions vom 12.–15. November 1997 in den Franckeschen Stiftungen zu Halle, Tübingen 2000.

68 Faix, Familie, S. 17.

69 Ebenda, S. 101.

70 Brief der Gräfin an Hausvater Gienger vom 14. 10. 1908.

71 Als Begründung für ihre Entscheidung führt sie die Bibelverse: Matth. 7, 24–27; Jer. 17, 5–8 und 2. Kor. 6, 14 an. Vgl. Jahresbericht Innere Mission, Neujahr 1916, S. 4.

72 Zitiert nach Gienger, Reichtum, S. 31.

73 Epheser 6, 12: „Denn wir haben in unserem Kampf nicht mit Fleisch und Blut zu tun, sondern wir kämpfen gegen Mächte und Gewalten, gegen die Herrscher der Finsternis und die Geister der Bosheit in den Himmeln." Zitiert nach der Bibelübersetzung von Hans Bruns, 11. Aufl., Gießen 1993.

74 Jahresbericht Innere Mission, Neujahr 1911, S. 16–17.

75 Jahresbericht Innere Mission, Neujahr 1913, S. 16.

76 Gienger, Reichtum, S. 36.

77 Ebenda, S. 100 f.

78 Brief der Gräfin an Hausvater Gienger, 20. 4. 1912. Ein weiterer Mitarbeiter scheute ebenfalls nicht vor Auseinandersetzungen mit der Gräfin zurück – der Evangelist Ernst Krupka. Laut mündlichen Überlieferungen dürfte sich einmal folgende Geschichte zugetragen haben: Der junge Evangelist Krupka war gemeinsam mit der Gräfin in deren Kutsche unterwegs. Es kam zwischen den beiden zu einem unlösbaren Konflikt und das Wortgefecht spitzte sich anscheinend dermaßen zu, dass Krupka zornentbrannt die Kutsche anhalten ließ. Er zog einen sehr langen Fußmarsch nach Hause einer Weiterfahrt mit der Gräfin vor.

79 Jahresbericht Innere Mission, Neujahr 1910, S. 1.

80 Katterfeld, Elvine, S. 38.

81 Sohn-Kronthaler, Michaela: Elvine Gräfin de La Tour (1841–1916), in: Hauff, Adelheid M. von (Hrsg.): Frauen gestalten Diakonie, Bd. 2: Vom 18. bis zum 20. Jahrhundert, Stuttgart 2006, S. 351–367, hier S. 356.

82 Zahlreiches Material zu dieser Thematik ist im Archiv der Diözese Gurk in Klagenfurt sowie dem Diözesanarchiv in Görz zu finden.

83 „Das Waisenhaus in Russiz". In: Triester Tagblatt. Morgenausgabe der „Triester Zeitung", 5. Februar 1887, S.1.

84 „Das Waisenhaus in Russiz". In: Triester Tagblatt. Morgenausgabe der „Triester Zeitung", 14. Februar 1887, S. 2.

85 Reichspost, Nr. 273, 30. November 1906, S. 9. Bei der Reichspost handelte es sich um eine zweimal täglich erscheinende Tageszeitung für „das christliche Volk Österreich-Ungarns". Sie erschien in der Zeit von 1894 bis 1938.

86 Zitiert nach Katterfeld, Elvine, S. 135. Eine interessante kurzgefasste Zusammenstellung von einem Schriftverkehr zu Anschuldigungen gegen die gräflichen Anstalten im Jahr 1916 bietet Loidl, Franz: Protestantisierung katholischer Kinder in den gräflich de La Tour'schen Anstalten in Treffen bei Villach (Wiener katholische Akademie Misc. XCVI), Wien 1979.

87 Auszüge aus dem Artikel „Gewissenszwang und Freisinn", in: Kärntner Tagblatt, XXI. Jg., Nr. 61, 15. März 1914, S. 1.

88 Brief der Gräfin an Hausvater Gienger, 16. 4. 1914.

89 Reichspost, Nr. 273, 30. November 1906, S. 9.

90 Vgl. Gienger, Reichtum, S. 83.

91 Vgl. Die Wartburg. Deutsch-evangelische Wochenschrift, 15. Jg., Nr. 41, 6. Oktober 1916, S. 324.

92 Ebenda, S. 325.

93 Gienger, Reichtum, S. 75.

94 Ebenda, S. 76.

95 Brief von Pfarrer Georg Pellar an Gräfin de La Tour, 23. 2. 1914. In: ADK.

96 Siehe Krupka, Evangelist, S. 24–32.

97 Siehe: http://www.cmv.or.at/ [04. 01. 2009]

98 Vgl. Kapitel 4.1 „Vorfahren / Wurzeln".

99 Vgl. Kapitel 4.6.2 „Russiz".

100 Gienger, Reichtum, S 72.

101 Ebenda, S. 73. Ein anschaulicher Bericht dazu, von Gräfin de La Tour selbst verfasst, wird bei Katterfeld, Elvine, S. 136 f. zitiert.

102 Katterfeld, Elvine, S. 118. Gienger, Reichtum, S. 71.

103 Brief der Gräfin an Hausvater Gienger, 10. 11.1908.

104 Jahresberichte über die Werke der Inneren Mission im österreichischen Küstenland und in Treffen, Kärnten, Selbstverlag der Frau Gräfin de La Tour in Treffen, Jahrgänge 1906 bis 1916. ADK. Der Jahresbericht 1910 ist leider nur mehr in Fragmenten vorhanden.

105 Jahresbericht Innere Mission, Neujahr 1914, S. 22–24.

106 Ebenda, S. 24.

107 Ebenda, S. 25–26.

108 Kassenberichte in den Jahresberichten über die Werke der Inneren Mission, Jahrgänge 1906 bis 1916 (ausgenommen der Jahrgang 1910, da nur mehr fragmentarisch vorhanden), ADK.

109 Vgl. Gienger, Reichtum, S. 72; Briefe der Gräfin an Hausvater Gienger aus dem Jahr 1912; Kapitel 4.7.1 „Familie".

110 Vgl. Jahresbericht Innere Mission, Neujahr 1913, S. 7. Ungefähr für die Hälfte der Kinder wurde Pflegegeld bezahlt, die anderen wurden gratis erzogen.

111 Brief der Gräfin an Hausvater Gienger, 3. 2. 1911.

112 Brief der Gräfin an Hausvater Gienger, 10. 2. 1911.

113 Brief der Gräfin an Hausvater Gienger, 18. 12. 1914.

4.8 Erster Weltkrieg

Die Ermordung des österreichischen Thronfolgerpaares am 28. Juni 1914 in Sarajevo und die einen Monat später erfolgende Kriegserklärung Österreich-Ungarns an Serbien waren der Beginn des Ersten Weltkrieges.

Gräfin de La Tour verbrachte die Wintermonate stets in Russiz und die Sommermonate in Kärnten. Dies war auch im Jahre 1915 der Fall, und somit erfuhr sie in Treffen von der im Mai sich ankündigenden Kriegserklärung Italiens an Österreich.

Seit 1882 gehörte Italien zwar zu einer Bündniskonstellation mit der Habsburgermonarchie, die bestehenden nationalen Spannungen konnten dadurch aber nicht gelöst werden. In der Monarchie lebte eine große Zahl Italiener, die nach wie vor, im Zuge der italienischen Irredentabewegung[1], ein großes Konfliktpotential für beide Bündnispartner darstellten.

Der drohende Kriegsbeschluss von Seite Italiens bedeutete auch eine Gefahr für den de La Tourschen Besitz im Küstenland. Elvine reiste sofort nach Russiz und bereitete die Abreise ihrer Russizer Mädchen nach Treffen vor. In Briefen an ihren Buchhalter in Treffen berichtete die Gräfin von den unsicheren Zuständen in ihrer südlichen Heimat:

Lieber Herr Fritsche!

Durch Gottes Gnade bin ich gestern glücklich hier angelangt, habe ein großes Durcheinander und Panik vorgefunden und es erklärten die Herren Gall und Hug nicht hierbleiben zu können. Es sollte alles gesperrt werden u.s.w. Ich erklärte darauf, daß wenn Alle gehen, ich unbedingt bleibe und Frl. Hajek und Josefa erklärten mich nicht verlassen zu wollen. Mein Entschluß steht unverbrüchlich fest, verliere kein Wort mehr darüber. Ich bitte Sie Bruder Gienger zu sagen, daß die Anstaltsmädchen bereit gemacht werden und ich den Wunsch hege, daß nächsten Sonntag noch die Konfirmation hier stattfinden könne. (Einschub: dann können sie reisen). Dann bitte ich Elim für die Mädchen, etwa 30, zu überlassen nachdem das Vereinshaus den Flüchtlingen, die zu erwarten sind, dienen soll. Auch bitte ich zu fragen, ob die Hausmutter in Elim die Mädchen übernehmen würde, wenn doch Frl. Hajek hier bleibt. Natürlich müsste Herrnhilf die (alle) Buben übernehmen. Ich empfehle mich Ihrer besondern Fürbitte, kann übrigens alles getrost in meines Herrn Hand legen, bin nur traurig über den Stand der Menschenherzen, wie ich es jetzt erfahre, da muß ich auch aller menschlichen Hilfe bar werden, doch – der Herr hört die Gebete und wenn ich nur Ihn habe u.s.w. Bitte teilen Sie mir möglichst umgehend mit, ob ich also die Mädchen senden kann, wenn es hier die Not erheischt. [...] Mehr kann ich heute nicht berichten.

Grüße an alle von Haus zu Haus. In Jesu Liebe verbunden.

Russiz 12. V. 1915

Elvine de La Tour[2]

Einige Tage später erreicht Treffen folgender Brief:

Lieber Herr Fritsche!

Die Lage wird immer ernster, je mehr der entscheidende Zeitpunkt heranrückt. Durch mein Bleiben hier sind viele gestärkt worden. Der Herr wird uns nicht verlassen. Hat Herr Bach nicht ein Brieflein von mir erhalten? Glaube, daß ich Antwort erwartet. Ist das kranke Pferd und das Fohlen genesen? Hätte gerne Bericht über manches, schreibe auch Bruder Gienger, ob er die Landwirtschaft doch momentan nicht abgeben sollte. [...] Ich freue mich, daß ich mich Ihrer Fürbitte trösten kann. Wir gedenken auch Ihrer.

Elvine de La Tour, 18. V. 1915[3]

Die Briefe häufen sich. Am nächsten Tag berichtet die Gräfin:

Lieber Herr Fritsche!

Gestern und heute ging Gepäck nach Treffen ab, bitte dringend darauf zu achten, daß es gleich von der Station St. Ruprecht abgeholt werde, geht in offenen Waggons, was wir vorher nicht wussten, die Zahl der Rolli sehen Sie am Frachtbrief – es sind deren gestern 9 und heute 11 abgegangen. Wahrscheinlich folgt noch mehr. Es müsste alles ins Schloß, in den Saal gebracht werden. Von Schwester Sophie können Sie mehr erfahren, schrieb ihr eingehend. Wenn Frau von Gall mit den Kindern reist, so fährt sie bis St. Ruprecht, von wo die Kinder zu Fuß gehen können. Es genügt der Zweirader für Frau von Gall und etwa ein Gefährt für das Gepäck (nicht nur Handgepäck), vielleicht auch ein Sack Reis, wenn die Kinder denselben mitnehmen können. Man begreift nicht, daß ich hier zurück bleibe, glaube aber, daß ich damit meinen Gott ehre und meinen Mitmenschen Liebe und Trost erweise, was auch sicher der Fall ist. Hier sind die Leute ganz ruhig, wollten vorher davongehen, wie sie dies sonst in Görz und der Umgegend tun. Ich weiß, daß für mich gebetet wird. Was wird wohl Frau Bach tun? Der Herr stärke und erleuchte sie, daß sie des Herrn Willen tut! Wie viel Geld können Sie Bruder Gienger geben? Wie viel benötigt er? Wie geht es in der Reichsgottesarbeit in Treffen und Villach? Schrecklich wäre es mir, wenn ich länger von Kärnten getrennt würde. Der Herr möge es verhüten! Es geht nur einmal im Tage die Post hier ab. Gerade kam Nachricht, daß alle Männer, die gestern assentiert wurden, morgen früh abgehen müssen, auch unser Domenico; es bleibt beinahe niemand zurück. Die Nachrichten sind ohnedem so alarmierend, daß Frau von Gall entschlossen ist am Freitag zu reisen. Ich kann nicht mehr sagen; der Herr erbarme sich unser in der großen Not!

Herzliche Grüße an Alle sendet Elvine Gräfin La Tour, Russiz, 19. V. 15[4]

Und am Tag darauf, am 20. Mai:

Russiz 20. V. 3 Uhr früh.

Lieber Herr Fritsche!

[...] Wir stehen in schweren Zeiten. Der Herr sieht und weiß, was in meinem Inneren vorgeht. Der Herr ist aber auch mein Trost und Stab, an dem ich mich

anklammere. Sein Wille geschehe in Allem! [...] Heute gehen alle unsere Männer weg und die tobenden Feinde sind nicht fern. Wir haben kein Licht, da das Petrolio ausgegangen ist. Da kann man viel lernen! [...] Ich war sehr unwohl, doch der Herr richtet mich auf und derselbe große Gott trägt Sie Alle. Beten Sie bitte, daß mein Russiz erhalten bleibe und ich nicht hier abgeschlossen bleibe, sondern auch in Treffen nachsehen könne. Mögen alle Feinde von hier ferngehalten sein. Die ganzen Nächte hindurch schlagen hier die Nachtigallen. Da kann man auch was lernen, will nun nichts mehr sagen. Sende Grüße an Alle. Wie gut könnten wir die Russen hier brauchen.

Mit Segenswunsch auch für Sie, Elvine de La Tour.

Eben vernahm ich, daß heute Nacht 2 Uhr alle unser Pferde und Ochsen zu Militärzwecken geholt wurden. Herr von Gall erreichte es bei vielen Bemühungen, daß die trächtigen Stuten zurückbleiben. Ich bete, daß wir beim Anprall der Feinde nicht Haus und Hof verlieren![5]

Im letzten Brief an Verwalter Fritsche, datiert mit 21. Mai 1915, ist zu lesen:

[...] Ich bin also nun hier (in Russiz) und hoffe, dass der Herr mich und die Meinen bewahren werde vor des Löwen Rachen. [...] Es herrscht hier ein unbeschreibliches Chaos. Der Herr ist nahe.

Mit herzlichem Gruß, La Tour[6]

Die tatsächliche italienische Kriegserklärung an Österreich-Ungarn erfolgte am 23. Mai 1915. Bereits am nächsten Tag besetzten und durchsuchten italienische Soldaten das Russizer Schloss. Im Laufe der kommenden Tage wurde der Besitz geplündert, die wertvollen vorhandenen Weinbestände, im Wert von ungefähr 60.000–70.000 Kronen, teils vom Militär konsumiert, teils vernichtet.[7] Während der chaotischen anfänglichen Kriegswirren musste Gräfin de La Tour Entscheidungen treffen, die aus heutiger Sicht eventuell befremdend wirken können[8], eine Beurteilung wäre allerdings unangemessen.

Herr von Gall, der sehr früh die kommende Gefahr erkannte und noch rechtzeitig abreisen wollte, entschloss sich letztlich doch, gegen den Wunsch seiner Frau und auf die Bitte Elvines, in Russiz zu verharren. Am 29. Mai wurde er, der Spionage verdächtigt, mit verbundenen Augen abgeführt. Die Gräfin und Herr von Gall durften nicht mehr miteinander sprechen. Elvine schrieb in ihren Kriegserinnerungen dazu: „Was da in meinem Inneren vorging, kann ich nicht beschreiben; es war mir, als müsste mir das Herz vor Jammer und Leid zerspringen.“[9] Rudolf von Gall blieb bis Kriegsende in der Internierung in Sardinien und sollte Elvine de La Tour nicht mehr lebend wiedersehen.

Mit der Gräfin blieben elf weitere Personen ihres engsten Umkreises in Russiz.[10] Doch nur wenige Tage durften die Menschen noch im Schloss verbleiben. Elvine de La Tour unternahm jeden möglichen Versuch, nicht zu weit von ihrem Schloss wegzumüssen. Sie berichtet:

Unser aller Wunsch war, lieber nach Görz zu wandern; doch wollte ich mich vorher noch beim Oberkommando in Cormons erkundigen und fuhr deshalb mit einem Leutnant und zwei Soldaten am Nachmittag dahin. Da ich ohne Kutscher war, musste ich selbst kutschieren, dazu wurden mir stellenweise die Augen verbunden. In Cormons richtete ich nichts aus, man sagte mir, dass ich nicht nach Görz dürfte.[11]

Am 2. Juni:

Um 11 Uhr fütterte ich mit meiner Köchin die Pferde und wir aßen noch zu Mittag. Doch gleich darnach hieß es: Jetzt sofort ab! Wir durften nichts schließen, das Haus mit allen Zimmern und Schränken blieb offen zurück.[12]

Gräfin de La Tour zog nun mit der bereits erwähnten Menschengruppe und weiteren sich ihr anschließenden Menschen aus der Umgebung des Schlosses – sie gibt eine Zahl von 80–90 Personen an – in ein benachbartes Gut in Cormons und von dort weiter in die Ortschaft Giassio, die sie am 5. Juni erreichten.[13] Dieser Ort wurde zur Zufluchtsstätte vieler deutschsprachiger Flüchtlinge, die von der italienischen Armee vertrieben wurden. Bald brachen Cholera und Typhus aus.

Anfang September erreichte Elvine bei einem italienischen Offizier, dass ihre Zofe Josefa noch einmal nach Russiz zurückkehren durfte, um eine Kassette zu bergen, die Herr von Gall kurz vor seinem Abtransport im Keller des Schlosses vergraben hatte. Darin befand sich das letzte erhaltene Vermögen der Gräfin, bestehend aus Wertpapieren, Sparbüchern und ein wenig Bargeld.[14]

Zu diesem Zeitpunkt dienten Schloss Russiz und die angrenzenden Gebäude bereits als Kriegslazarett. Zwischenzeitlich hatten sich Freunde der Gräfin bemüht, für sie eine Ausreise in die Schweiz zu erwirken. Mit Hilfe von obersten Behörden, dem spanischen Konsul in Zürich, dem Schweizer Bundespräsidenten Dr. Motta und auch einer in Lausanne lebenden Schwägerin Elvines gelang es schließlich, die Ausreise zu bewerkstelligen.[15] Eine bei der Gräfin noch verbliebene kleine Gruppe von 15 Personen[16] erreichte mittels Zug erschöpft am 1. Oktober Bern.

Gräfin de La Tour hoffte, so bald als möglich nach Treffen reisen zu können, weil ihr Kärntner Werk bis dahin sich selbst überlassen gewesen war. Doch auch in diesem Fall gestalteten sich die nötigen Schritte für eine Einreise nach Österreich als sehr schwierig, und erst Anfang Dezember erhielt sie die Erlaubnis, die Schweiz zu verlassen, um über Stuttgart weiter nach Treffen zu reisen. In einem Brief an ihre Mitarbeiter ist zu lesen:

Es war mir ein besonderer Trost und eine große Freude, zu vernehmen, welch warmen Anteil Sie an den Wegen, die der Herr mich in diesen schweren Kriegszeiten gehen ließ, genommen haben.[...] Als ich am 11. Dezember 1915 die Schweiz verlassen durfte, was erst nach längeren Schwierigkeiten gestattet wurde, da erkrankte ich und musste den Anordnungen des Arztes gemäß, um mein Leben zu erhalten,

Elvine de La Tour im Treffner Schlosspark.

eine völlige Ruhe beobachten. Nun erhole ich mich langsam, weiß aber noch nicht, wann ich meine Heimreise nach Treffen, wohin ich mich so unendlich sehne, werde antreten können.[17]

Es dauerte einige Wochen, bis sich die zu diesem Zeitpunkt bereits 74-jährige und stark geschwächte Gräfin von ihrer Krankheit erholte und die Reise nach Stuttgart antreten konnte, wo sie Frau von Gall erwartete und in deren Begleitung sie schließlich im Februar 1916 in Treffen eintraf.

Die im Nachhinein verfassten Kriegserinnerungen der Gräfin zeigen dem Leser auf, wie viel Leid und lebensgefährliche Situationen durchlebt werden mussten, bis schließlich die Bewilligung zur Ausreise erreicht werden konnte. An dieser Stelle möchte ich noch folgendes Zitat Elvines anführen:

Eine Pflicht der Dankbarkeit treibt mich, noch besonders zu erwähnen, dass ich unter den Italienern und speziell unter den Offizieren viel Rücksicht und freundliches Entgegenkommen erfahren. Besonders ein Hauptmann hat sich meiner angenommen und mir wahre Freundschaftsdienste erwiesen. Daß der Herr ihn dafür segnen wolle, bleibt mein Gebet, und ebenso, dass ihm diese Tat einst bei der großen Abrechnung nicht unvergolten bleibe.[18]

---

1 Irredentismus bezeichnet eine Ideologie, die darauf abzielt, alle Zugehörigen einer Ethnie in einem gemeinsamen Staat zusammenzuführen.
2 Brief der Gräfin an Verwalter Fritsche, 12. 5. 1915, ADK.
3 Brief der Gräfin an Verwalter Fritsche, 18. 5. 1915, ADK.
4 Brief der Gräfin an Verwalter Fritsche, 19. 5. 1915, ADK.
5 Brief der Gräfin an Verwalter Fritsche, 20. 5. 1915, ADK.
6 Brief der Gräfin an Verwalter Fritsche, 21. 5. 1915, ADK.
7 La Tour, Elvine de: I. Aus meinen Erinnerungen in der Kriegszeit mit Italien (ab Frühjahr 1915) und II. Was ich bei meiner Rückkehr und im Frühjahr 1916 in Treffen (Kärnten) erlebte (Römische Verfolgung), S. 11.
8 Vgl. Gienger, Reichtum, S. 90–95. Die Gräfin behielt beispielsweise einige Russizer Mädchen zurück, um das Schloss aufzuräumen. Herr von Gall wollte mit seiner Frau gemeinsam das Land verlassen, blieb aber auf den Wunsch der Gräfin hin an ihrer Seite.
9 La Tour, Kriegserinnerungen, S. 6.
10 Dies waren: ihre Zofe Josefa, die Köchin namens Anita, Lehrer Lohmann mit seiner Frau, Hausmutter Hajek, fünf ältere Anstaltsmädchen, die zum „Aufräumen“ in Russiz behalten worden waren und der Stallbursche Friedl. Elvine, Kriegserinnerungen, S. 10.
11 La Tour, Kriegserinnerungen, S. 7–8.
12 Ebenda.
13 Siehe auch: Brief von Frau Lohmann an ihre Schwester in Bukarest, abgedruckt in: Worte der Wahrheit und Liebe für Österreich und Ungarn. Christliches Wochenblatt, 11. Jg., Nr. 37, 26. September 1915, S. 290.
14 La Tour, Kriegserinnerungen, S. 21.
15 Ebenda, S. 23.
16 Vgl. Bericht von Pfarrer Monsky über ein Zusammentreffen mit der Gräfin in der Schweiz, in: Worte der Wahrheit und Liebe, 11. Jg., Nr. 42, 31. Oktober 1915, S. 331.
17 Brief der Gräfin aus Stuttgart an ihre Mitarbeiter in Treffen, datiert mit 6. 1. 1916, ADK.
18 La Tour, Kriegserinnerungen, S. 20.

4.9 Der Tod der Gräfin – Das Testament

Die noch vorhandenen persönlichen Schriften Elvines aus der Nachkriegszeit, wie auch die später von Autoren niedergeschriebenen Lebensporträts der Gräfin vermitteln den Eindruck einer erschöpften, gebrochenen Frau, die nach ihrer Flucht in ihre nun alleinige Heimat Treffen zurückgekehrt war. Der plötzliche Tod ihres geliebten Großneffen Theodor sollte ihr endgültig „die Lebensfreude" rauben.[1]

Das letzte überlieferte Foto der Gräfin, knapp vor ihrem Tod 1916.

Wie all die Jahre zuvor, nahm sie zwar noch einmal den Kampf mit der katholischen Geistlichkeit und den von ihnen mobilisierten Behörden auf, als diese ihr die katholischen Kinder aus den Anstalten wegnehmen wollten, aber sie wusste, dass ihre Zeit gekommen war. Ende September 1916 verließen sie ihre Kräfte, und zum letzten Mal besuchte Hausvater Gienger Elvine. Er schreibt in sein Tagebuch: „23. September: mein letzter Besuch bei Frau Gräfin im Schlossgarten. Sie war sehr schwach und lag im Liegestuhl. Nur zwei Minuten durfte ich dort sein".[2] Am 3. Oktober traf ihr Seelsorger Ernst Schwarz aus Waiern ein, am 7. Oktober abends verstarb Elvine in ihrem Treffner Schloss. Eines ihrer letzten überlieferten Worte dürfte anscheinend „Gott wird's machen" gewesen sein.[3]

Ihrem Wunsch, neben ihrem Ehemann im Russizer Mausoleum beerdigt zu werden, konnte zu diesem Zeitpunkt natürlich nicht entsprochen werden, und man entschloss sich dazu, ihr die letzte Ruhestätte im Schlosspark Treffen zu geben. Die Beerdigung fand am 13. Oktober 1916 statt.[4]

Aus Zeitzeugenberichten ist zu erfahren, dass an diesem Tag viele Menschen und Kinder am Sarg der Gräfin vorbeizogen, um sich persönlich von ihrer Wohltäterin zu verabschieden und um in Dankbarkeit ihre Arbeit zu würdigen. Scheinbar hatte auch die katholische Kirche Frieden mit Gräfin de La Tour geschlossen. In der „Heimatkunde von Treffen"[5] wird erwähnt, dass die Glocken der katholischen Dorfkirche dem Trauerzug das letzte Geleit gaben. Am selben Tag erschien ein vom Villacher Pfarrer Heinzelmann verfasster Nachruf in der Villacher Zeitung.[6]

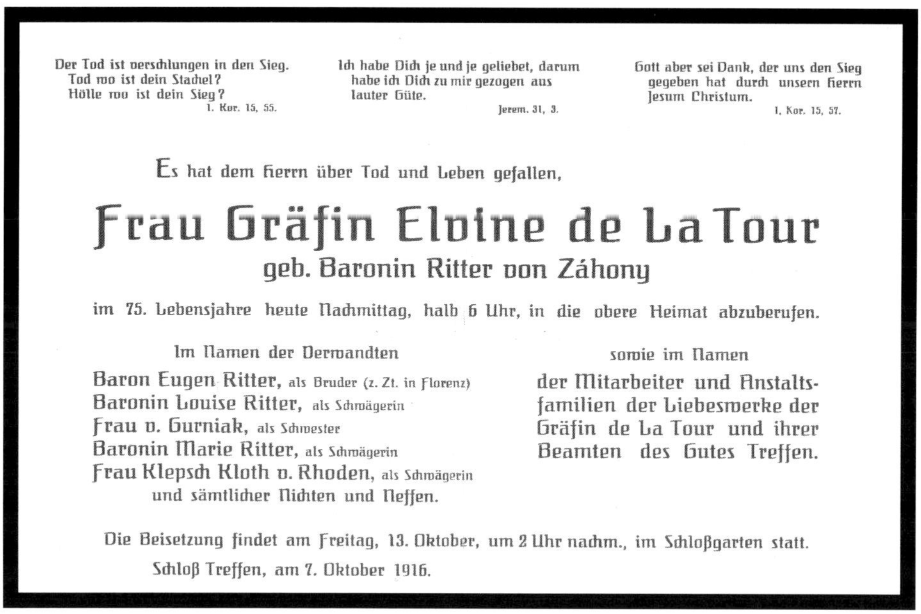

Der Tod ist verschlungen in den Sieg.
Tod wo ist dein Stachel?
Hölle wo ist dein Sieg?
1. Kor. 15, 55.

Ich habe Dich je und je geliebet, darum habe ich Dich zu mir gezogen aus lauter Güte.
Jerem. 31, 3.

Gott aber sei Dank, der uns den Sieg gegeben hat durch unsern Herrn Jesum Christum.
1. Kor. 15, 57.

Es hat dem Herrn über Tod und Leben gefallen,

Frau Gräfin Elvine de La Tour

geb. Baronin Ritter von Záhony

im 75. Lebensjahre heute Nachmittag, halb 6 Uhr, in die obere Heimat abzuberufen.

Im Namen der Verwandten
Baron Eugen Ritter, als Bruder (z. Zt. in Florenz)
Baronin Louise Ritter, als Schwägerin
Frau v. Gurniak, als Schwester
Baronin Marie Ritter, als Schwägerin
Frau Klepsch Kloth v. Rhoden, als Schwägerin
und sämtlicher Nichten und Neffen.

sowie im Namen
der Mitarbeiter und Anstaltsfamilien der Liebeswerke der Gräfin de La Tour und ihrer Beamten des Gutes Treffen.

Die Beisetzung findet am Freitag, 13. Oktober, um 2 Uhr nachm., im Schloßgarten statt.

Schloß Treffen, am 7. Oktober 1916.

Parte der Gräfin, 7. Oktober 1916.

Elvine hinterließ mehrere Entwürfe für ihre letztwilligen Verfügungen, jedoch kein allgemein rechtsgültiges Testament. Möglicherweise hatte sie noch auf die rechtzeitige Rückkehr ihres in Sardinien internierten Neffen gehofft, um mit ihm gemeinsam die bestmögliche Weiterführung ihrer Werke zu beraten.

Vorerst waren die Treffner Anstalten und deren Mitarbeiter sich selbst überlassen. Die Konten der Gräfin wurden vorläufig gesperrt, finanzielle Mittel waren kaum vorhanden. Hausvater Friedrich Gienger, Frau von Gall und Maria Westphal, die Lehrerin der Evangelischen Schule, bildeten gemeinsam einen Arbeitsausschuss – anerkannt als „Leitung vor Ort", der versuchte, die Erbschaftsangelegenheit mit den Behörden zu ordnen.[7] Hinter den Arbeitsausschuss trat als verantwortlicher Träger der Zentralausschuss für Innere Mission in Österreich, der 1912 in Wien gegründet worden war.

Auf Verlangen der Kärntner Landesregierung erarbeitete der Ausschuss einen Bericht über die Zeit der Werke nach dem Tod der Gründerin, der uns heute einen hervorragenden „Status Quo" aus jener Zeit vermittelt.

Bericht über die gräflich la Tour'schen Anstalten in Treffen, Russiz und Triest im Jahr 1917:

Treffen:

a) Die evangelische dreiklassige Privatvolksschule mit Öffentlichkeitsrecht wurde im Berichtsjahr von 160 Schülern besucht und zwar 89 Knaben und 61 Mädchen. Die Leitung hatte Lehrer Adolf Stiassny.

b) Das evangelische Kinderheim, geleitet von der Diakonisse Marie Kolb, beherbergte 20 Kinder unter sechs Jahren.

c) Der Kindergarten für Kinder von armen, arbeitenden Müttern wurde durchschnittlich von 15 bis 20 Kindern besucht.

d) Die Knabenanstalt „Herrnhilf" und „Elim" für schulpflichtige Knaben hatten einen Bestand von 60 Zöglingen, Kindern von Kriegsteilnehmern, Flüchtlingen, auch einige Vollwaisen, fast ausnahmslos aus gestörten Verhältnissen. Durch den Segen Gottes hatten wir eine gute Ernte, sodaß wir das tägliche Brot haben werden. Den beiden Heimen stehen die Hausväter Friedrich und Gustav Gienger vor.

e) Im Altenheim, dem sogenannten Einlegerasyl, versorgte die Diakonisse Sophie Bächtle sieben Männer und sieben Frauen.

Russiz:

a) Das Mädchenheim in Russiz hat seit dem Krieg mit Italien seine Zuflucht in Treffen gefunden und wohnt im „Vereinshaus" mit 27 Mädchen im schulpflichtigen Alter. In Friedenszeiten beherbergte das Mädchenheim in Russiz 50 bis 60 Mädchen. Ein Gesuch um Flüchtlingsunterstützung blieb bisher unbeantwortet. Die Leitung des Mädchenheimes hat Frau Eleonore Schmiedel.

b) Die evangelische Privatvolksschule in Russiz mit Öffentlichkeitsrecht hat mit Kriegsausbruch ihre Tätigkeit eingestellt.

Triest:

a) Das christliche Hospiz steht seit dem italienischen Krieg still.

b) Die Stadtmission wird von Schwester Rösle Flad weiter betrieben und hatte 15 Personen in Verpflegung. Sonntagsschule und Jugendversammlung gehen weiter. Finanziell hat sich die Stadtmission ohne Zuschuß vom Vermögen der Gräfin durchgebracht.

Allgemeines:

Beiträge von Land oder Stadt haben die Anstalten nicht erhalten. Ein Drittel der Pfleglinge zahlt kein Pflegegeld, die übrigen bezahlen zwischen 4 und 30 Kronen je Monat und Person.

Naturaleinnahmen aus Gärten und Landwirtschaft betragen laut Kassenbericht 26.840 Kronen. Andere Einnahmen (wie Verkauf von Holz, Grundstücken) hatten die Anstalten nicht.

Die Angestellten und Helfer sind im Berichtsjahr in den Heimen und in der Schule alle auf dem Posten geblieben.[8]

Die vorhandenen Testamentsentwürfe wurden vom Nachlassgericht einer Prüfung unterzogen. Einige Bestimmungen der Gräfin Elvine de La Tour widersprachen einander, alle stimmten aber darin überein, dass aus ihren Werken eine Stiftung entstehen sollte mit dem Namen „Evangelische Stiftung der Gräfin Elvine de La Tour", deren Zweck die Weiterführung ihrer Werke sein sollte. Die k. k. kärntnerische Finanzprokuratur hat schließlich im Einvernehmen mit der Landesbehörde das letzte Testament der Gräfin, Testaments-Entwurf I[9], voraussichtlich aus dem Jahr 1916 stammend, als das einzig gültige anerkannt, da sich dieses für die Errichtung der Stiftung als günstigstes erwies.[10]

Grabstätte von Elvine und Theodor de La Tour im Schlosspark Treffen. Der Posaunenchor der Stiftung de La Tour spielte am Grab zur Gedenkfeier an den 125. Geburtstag der Gräfin, 8. Dezember 1966.

Nach dem Tod Elvines wurde ihr kompletter Besitz in Kärnten einer Schätzung unterzogen. Ausführender Notar des Inventur- und Schätzungsprotokolls[11], datiert mit 2. Jänner 1917, war Johann Tschebull, k. k. Notar aus Villach.

In der Zusammenstellung des gesamten geschätzten Nachlassvermögens wird der Gesamtwert von

1,563.042,16 Kronen angegeben – zusammengesetzt aus dem beweglichen Vermögen von 637.962,68 Kronen und dem unbeweglichen Vermögen von 925.079,48 Kronen.

Zusammenstellung des gesamten geschätzten Nachlassvermögens

Bewegliches Vermögen

1. Barschaft	5.388,04
2. Spareinlagen	108.085,64
3. Wertpapiere	332.830,00
4. Forderungen	38.103,00
5. Gold und Silber	1.350,00
6. Fahrnisse	87.415,80
7. Viehstand	64.790,20
Gesamt	**637.962,68**

Unbewegliches Vermögen

Herrschaft Treffen, Landtafel-Einlage 547	502.769,05
Melcherhof EZ 55 Treffen	117.865,92
Schluchter EZ 70 Treffen	16.082,83
Schlossmühle EZ 79 Treffen	28.076,17
Wald EZ 82 Treffen	4.400,86
Grund EZ 109 Treffen	21.143,56
Melcherwald EZ 116 Treffen	274,78
Grund EZ 123 Treffen	428,88
Evang. Schulgut EZ 124 Treffen	29.057,80
Printschler EZ 38 Töbring	35.917,57
Schöffmann EZ 39 Töbring	71.188,47
Die Alpe am Verditz, EZ 35 Verditz	2.205,64
Alpe in Verditz EZ 39 Verditz	1.973,49
Alpe in Verditz EZ 46 Verditz	9.377,85
Alpe in Winklern EZ 47 Winklern	3.184,47
Wald in Winklern EZ 63 Winklern	423,00
Wald in Winklern EZ 64 Winklern	784,82
Waldteile in Wollanig EZ 58	1.252,36
Wald in Wollanig EZ 64	3.892,84
Obergröflacher in Köttwein EZ 62 Treffen	74.779,12
Gesamt	**925.079,48**

Die Größe der Besitzungen Elvine de La Tours wurde mit 646 ha 43 a 39 m^2 angegeben.

Wie es mit den La Tourschen Anstalten nach dem Tod der Stifterin weiterging, wird in Kapitel 5 ausgeführt. Zuvor wird noch ein Blick auf den Menschen Gräfin Elvine de La Tour geworfen. Aus der Perspektive von Zeitzeugen wird noch einmal auf ihr Leben und Lebenswerk und auf die Persönlichkeit dieser so starken Frau Bezug genommen.

---

1 Vgl. Katterfeld, Elvine, S. 162. Das Interview mit Frau von Sallmann, welches sich im Anhang befindet, nimmt ebenfalls ausführlich Bezug auf den für Elvine so schmerzlichen Verlust.

2 Vgl. Gienger, Reichtum, S. 106. Barbara Gienger schrieb in ihr Tagebuch: „Frau Gräfin geht heim am 7. Oktober 16. Wir sind verwaist. 3 Wochen vor ihrem Tod sagt sie zu meinem Mann: Drei Wünsche habe ich noch: daß Russiz frei wird, Herr von Gall heimkehrt und ich mein Testament fertig mache und Elim ein Knabenheim wird."

3 Gienger, Reichtum, S. 105; Katterfeld, Elvine, S. 166.

4 Am Grab der Gräfin sprachen Ortspfarrer Kaufmann, Senior Ernst Schwarz aus Waiern, Pfarrer Johne aus Klagenfurt, Pfarrer Monsky aus Wien, Pfarrer Roth aus Fürstenfeld, ein Pfarrer vom Gustav-Adolf-Verein, Prediger Krupka und Friedrich Gienger, der Hausvater von Herrnhilf und enge Mitarbeiter Elvines. Vgl. Gienger, Reichtum, S. 107.

5 Knauder, Hermann: Heimatkunde von Treffen, Treffen 1951, S. 29. Das Läuten der Kirchenglocken bestätigt auch ein Tagebucheintrag von Barbara Gienger vom 13. 10. 1916.

6 Vgl. Johannes Heinzelmann, Nachruf zum Gedächtnis der am 7. Oktober im Schloss Treffen verstorbenen Gräfin der evangelischen Anstalten in Treffen, in: Villacher Zeitung, Deutsches Kärntner Tagblatt, 14. Jg., Nr. 235, 13. Oktober 1916. Auszüge daraus zu finden im Kapitel „Zeitzeugenberichte über den Menschen Elvine".

7 Vgl. Katterfeld, Elvine, S. 170.

8 Vgl. Gienger, Armut, S. 11–13.

9 Vgl. Anhang C, Testament I. Bemerkenswert erscheinen die in früheren Testamentsversionen aufscheinenden und bedachten Verwandten, Freunde, Patenkinder Elvines, sowie viele einzelne Mitarbeiter ihrer Werke in Russiz und Treffen wie z. B. Pferde- und Ochsenknechte, Köchin, Kammerjungfer, Dienerschaft, Monats- und Tagelöhner, Jäger und Förster, Tischler, Gutsverwalter, usw. Siehe dazu: Mappe „Testamente" im Archivordner „Stiftungsakten nach dem Tod der Gründerin", ADK.

10 Gienger, Armut, S. 14.

11 „Inventur- und Schätzungsprotokoll aufgenommen von Johann Tschebull, k. k. Notar in Villach als deleg. Gerichtskommissär", datiert mit „Treffen, am 2. Jänner 1917 und die folgenden Tage", in: ADK, Archivordner „Stiftungsakten – nach dem Tod der Gründerin".

4.10 Zeitzeugenberichte über den Menschen Elvine

In diesem Kapitel werden Erinnerungen von Menschen wiedergegeben, die aus dem Umkreis der Gräfin kamen und sie und ihr Werk persönlich kannten.

Franz Blanckmeister (1858–1936) war evangelischer Pfarrer in Dresden. Er verfasste zahlreiche Schriften für den Gustav-Adolf-Verein, darunter auch das 16 Seiten umfassende Heftchen: „Die Gräfin. Eine Kärntner Gustav-Adolf-Geschichte". Durch Spenden- und Arbeitsberichte Elvines hatte er von Ihrem diakonischen Wirken in Kärnten und Russiz erfahren. Im Sommer 1911 reiste er nach Österreich, um unter anderem die Gräfin de La Tour persönlich kennen zu lernen:

Nun aber zur Gräfin! Ich beschritt den höchst sauber gehaltenen Hof des Herrensitzes, sagte, was ich wollte, und war bald im Schlosse vorgelassen. Eine hohe, rüstige Dame erschien, aufrecht, mit leicht ergrautem Haar und milden freundlichen Augen: die Gräfin. Ich hielt sie für eine Sechzigerin, aber sie war doch schon ziemlich siebzig Jahre. Sie hatte so etwas Bestimmtes, Sicheres in ihrem Auftreten; ganz so hatte ich sie mir gedacht. Ich musste mit in die Gemächer des ersten Stockes und hatte Gelegenheit, manch altes schönes Ahnenbild der gräflichen Familie zu bewundern. „Erst müssen Sie einen kleinen Imbiss einnehmen" – sagte die Gräfin – „Sie sind lange gewandert." Ich nahm das gern an, denn ich spürte wirklich etwas Hunger. Der Diener brachte eine Eierspeise nebst Obst, Brot und Wein, und ich labte mich daran. „Was Sie da speisen, ist alles auf meinem Grund und Boden gewachsen" – bemerkte die Gräfin – „hier und im Küstenlande".

[...] In wenigen Tagen sollte das Fest [Jahresfest] wieder gefeiert werden, und die Gräfin hatte schon den ganzen Vormittag eifrig gearbeitet. Trotzdem aber widmete sie mir ein paar Stunden, ließ anspannen und sagte: „Sie wollen die Anstalten sehen? Gut, ich werde sie Ihnen selber zeigen." [...] Wo wir erschienen, zog alt und jung ehrerbietig den Hut: „Grüß Gott, Frau Gräfin!" und ich habe es den Grüßen wohl angemerkt, in welcher Achtung die Schloßherrin bei der gesamten Bewohnerschaft stand, bei Protestanten und bei Katholiken.

[...] Viel hatte ich in den zwei Stunden, während ich in Treffen war, gesehen und erlebt. Treffen ist eine evangelische Oase im katholischen Land. Diejenige, die sie geschaffen, unter namenlosen Kämpfen mit der katholischen Geistlichkeit, das ist die Gräfin. Was sie alles geleistet hat, ist bewundernswert. Sie beköstigte täglich in Treffen 150, in Russiz 65 Personen. Vorzügliche Gehilfen hat sie zu ihren Werken der Liebe herangezogen, meist Württemberger von schlichter, tiefer Frömmigkeit und praktischem Sinn, wackere Diakonissen, tüchtige Lehrer und Erzieher, die rechten Leute am rechten Ort. Da redet man immer von den Gottesmännern der Vergangenheit, die Großes geleistet haben im Dienste der Liebe, von August Hermann Francke[1] und Oberlin[2]; hier haben wir einen weiblichen Francke, eine Oberlingestalt im Kärntner Lande, eine Jüngerin Christi von schlichter, warmher-

ziger Frömmigkeit, von großem, seltenen Geschick, alles zu ordnen, einzurichten, ein Segensquell für Tausende.[3]

Ernst Krupka war von 1914 bis 1919 als Evangelist in Kärnten tätig. In zwei von ihm verfassten Schriften lassen sich einige Erinnerungen an die Gräfin finden. Einmal erzählte sie dem Evangelisten:

Ich bin als Mädchen eine wilde Reiterin gewesen, kein Pferd war mir feurig genug. Einmal ritt ich heimlich mit einem jungen Tier aus, das Sattel und Reiter kaum gekannt hat. Draußen jagte ich in gestrecktem Galopp davon und wurde, einige Kilometer von Russiz entfernt, mitten in eine Dornhecke abgeworfen. Meine Kleider hingen nur noch als Fetzen am Leibe, ich blutete stark, hielt mich aber versteckt, bis es dunkel geworden war. Im Schutz der Nacht schlich ich mich in ein bekanntes Bauernhaus, erbat mir Kleider und kam schließlich als Bäuerin nach Hause, stürmisch begrüßt von den Meinen, die mich vergeblich gesucht hatten.[4]

Ernst Krupka schreibt zu dieser Geschichte:

So unbändig ist dieser Liebling Gottes gewesen, so voller Temperament, Leben und Willenskraft. Daß die Gnade dennoch den Sieg davongetragen hat und aus ihr eine geheiligte, gesammelte, beherrschte Persönlichkeit gemacht hat, ist wahrhaft anbetungswürdig und groß.[5]

Er beschreibt sie als „eine königliche Frau, gewohnt zu befehlen“[6]:

Auf der einen Seite konnte sie befehlen wie ein General. Rief sie ihren Diener, so kam der angelaufen. Rief sie in den Park hinaus: „Bruder Krupka!“, so bin ich gleichfalls gesprungen. Widerspruch pflegte ihr sehr deutliche und energische Worte zu entlocken. Auf der anderen Seite konnte ihre Demut geradezu überraschen.[7]

An anderer Stelle:

Mein Verhältnis zur Gräfin gestaltete sich eigenartig. Zuerst beobachtete die alte Dame mich und meinen Dienst vorsichtig prüfend, dann mit Vertrauen, bis schließlich das einfache Zimmer in Villach nicht mehr mein Zuhause war, sondern das Schloß in Treffen. Dort ging ich ein und aus, aß und trank an ihrer Tafel, durfte eines der gräflichen Pferde reiten, und der Kutscher Raimondo musste mir auf Befehl der Gräfin bei Fahrten mit ihrem feurigen Pferdegespann ab und zu die Zügel in die Hand geben. Kurz vor Ausbruch des Krieges fand in Treffen die Jahreskonferenz ihrer Werke statt, zu der alle Redner, auch Pastor Modersohn, abgesagt hatten. Was tun? Die Gräfin fand einen merkwürdigen Ausweg. Fast im Befehlston sagte sie zu mir: „Sie sind unser Konferenzredner; Herr Gienger wird Ihnen helfen.“ Mir fuhr der Schrecken in die dreiundzwanzigjährigen Glieder! […]

Noch ein anderer Vorfall sei erwähnt. Eines Tages zahlte sie mir das Gehalt aus: 30 Kronen (etwa so viel wie DM 30) bei freier Wohnung und Kost. Dabei entfuhr ihr ganz ohne Absicht eine Klage über die immer neu steigenden Ausgaben, die auf sie zukamen. Ich reichte ihr das Geld zurück mit der Bemerkung: „Ich brauche es nicht.“ „Wovon wollen Sie denn leben?“ „Vom Glauben.“ Damit ging ich. Nach drei Monaten legte ich ihr die Abrechnung vor mit einem ansehnlichen

Überschuß. Die Gräfin lächelte zustimmend. Für einen Stolz dieser Art hatte sie ein feines Gespür. Sie öffnete mir ihr Herz noch mehr.

[...] Ja, die Gräfin hat mit ihren Pfunden gewuchert; sie hat mit ihrem Reichtum, ihrem Einfluß, ihrem Ansehen bis zum letzten gekämpft um „Gottes Reich". [...] Und sie wird noch lange „reden", obwohl sie gestorben ist.[8]

Sehr informativ sind zwei vorhandene Briefe eines ehemaligen Zöglings an Rektor Gienger. **Emilie Schreiber,** geb. von Molitor, berichtet als 88jährige aus ihrer Jugendzeit in Russiz und der Verbundenheit mit den Werken der Gräfin:

Meine Schwester Elly, ich bin eine geborene von Molitor, war im Jahre 1907 ein Jahr als Lehrerin in der Schule in Treffen unter Oberlehrer Stiassny; dadurch lernte ich auch Ihre Eltern kennen; meine älteste Schwester, Frau Schulrat Dorfer in Waiern haben Sie vielleicht persönlich gekannt, und meine Schwester Irene war lange Jahre Rektorin der Mädchenbürgerschule in Villach. Was mich veranlasst, Ihnen zu schreiben ist das Bewusstsein, daß ich Ihr Wissen um Frau Gräfin und Herrn von Gall ein wenig ergänzen kann.

Ich muß nun begründen, warum wir Geschwister in Anstalten kamen. Mein Vater stammt aus einem alten Adelsgeschlecht; zu Luthers Zeiten traten viele Adelige zum evangelischen Glauben über. Durch die Gegenreformation musste der Adel, der vor allem Beamtenstellen innehatte, in die allein seligmachende Kirche wieder zurückkehren. So war der Verlauf bei unseren Vorfahren. Mein Vater heiratete nun eine evangelische Frau und lernte dadurch die evangelische Lehre kennen. Meine zwei älteren Schwestern kamen nach Waiern bis zur Konfirmation, meine Schwe-

Russizer Mädchen im Hof ihrer Anstalt, 1914.

ster Irene und ich nach Russiz, ebenfalls bis zur Konfirmation. Wir waren also keine Anstaltskinder, die man wegen schlechter Verhältnisse in der Familie forttun musste, sondern ausschließlich zu dem Zweck, daß die Kinder eine evangelische, christliche Erziehung bekamen.

Ich verbrachte also meine ganze Kinderzeit in der Erziehungsanstalt in Russiz. Es war im Jahre 1894, als Herr Graf im Herbst in Treffen starb; Frau Gräfin hatte wie üblich ihren Aufenthalt in Kärnten bis Allerheiligen ausgedehnt und fuhr dann am 2. November nach Russiz zurück. Auf dieser Fahrt nahm sie meine Schwester Irene und mich nach Russiz mit. Wir kamen nur in den Sommerferien heim. Als im Jahr 1915 der Krieg mit Italien ausbrach, war Russiz Kriegsgebiet. Die Anstalt wurde geräumt, die Kinder nach Treffen gebracht, das Personal entlassen, die Anstalt als Kriegslazarett zur Verfügung gestellt. Frau Gräfin und Herr von Gall wurden in Italien interniert. In dieser Zeit war Frau von Gall mit ihrer Tochter allein in Treffen, während Theodor als Schüler in Korntal war. Da geschah es, daß Theodor an Blinddarm erkrankte und infolge mangelnder ärztlicher Aufsicht starb. Frau von Gall reiste zur Beerdigung nach Stuttgart, wo der Sarg in der Gruft einer befreundeten Familie beigesetzt wurde. Von den Gastgebern von Frau von Gall wurden auch mein Mann und ich eingeladen, um Frau von Gall grüßen zu können. Uns waren die Gastgeber bekannt. Frau Gräfin wurde aus der Internierung nach der Schweiz entlassen, wo sie sich bei Freunden etwas erholen konnte. Dann wurde sie zur weiteren Erholung von einer Frau Consulin nach Stuttgart eingeladen. Sie wollte meinen Mann kennenlernen, der damals Stadtpfarrer in Leonberg war. Wir reisten nach Stuttgart und Frau Gräfin empfing uns außerordentlich herzlich in diesem vornehmen Salon. Wir konnten wohl die Spuren der Internierungszeit bei Frau Gräfin feststellen. Am meisten beeindruckte uns aber ihr Ausspruch: „Emilie, ich bin so arm, daß ich euch nicht einmal eine Tasse Tee anbieten kann.“[9]

Kurze Zeit darauf erfuhren wir, daß Frau Gräfin in Stuttgart ernstlich erkrankt sei. Mein Mann und ich fuhren noch einmal nach Stuttgart und durften Frau Gräfin im Krankenzimmer begrüßen und für ewig verabschieden. Kurze Zeit darauf war sie nach Kärnten abgereist und ist bald darauf gestorben. Wir wussten, daß der Tod von Theodor, dem sie ihre Lebensarbeit zur Weiterführung übergeben wollte, ein furchtbarer Schlag war, der ihr auch die letzte Kraft nahm. Unsere Anstaltsleiterin, Fräulein Heber, die 40 Jahre der Anstalt vorstand, kam in diesen Tagen auch von Stettin, da sie mit der Frau Gräfin noch sehr ausführliche Gespräche führte. Der Abschied ist beiden Damen nicht leicht gefallen. Fräulein Heber kam dann noch zu uns nach Leonberg. Zu den Internierten gehörte auch unser Herr Lehrer Lohmann, der mit seiner Frau nachher in unserem Pfarrhaus sich einige Wochen erholen konnte. Da er bei den Pietisten gern und viele Bibelstunden hielt, war er ein gern gesehener Gast. Das Ehepaar Lohmann war für unsere Gemeinde ein trauriges Objekt dafür, was Kriegsnot anrichten kann. Sie hatten nicht bloß die Heimat verloren, hatten von 4 Söhnen 3 im Feld verloren und zudem nur das Allernotwendigste zum Anziehen. Sie wurden von der Gemeinschaft mit allem Notwendigen reichlich versorgt. Sie reisten dann von uns weg nach Suscin, in die

Nähe von Belgrad, wo ihr einziger noch verbliebener Sohn als evangelischer Pfarrer amtierte. Als nach dem Krieg im Jahre 1925 das Reisen wieder möglich war, konnten wir wieder unseren Urlaub in Kärnten verbringen.

[...] Zu unseren Besuchen gehörte auch immer ein Besuch im Schloß Treffen. Wir wussten damals noch nicht, daß es der letzte Besuch sein werde. Um so größere Bedeutung bekam er dann. Herr von Gall freute sich sehr über unseren Besuch. Und nun konnte er seiner armen Seele mit ihren Sorgen Luft machen. Ich war so von so vielem unterrichtet: So sagte er, daß seine Frau im Sprechen gehemmt sei (wir konnten sie nicht sehen), sein langjähriger Diener Domenico gestorben sei (ich kannte ihn noch von Russiz her), den er jetzt besonders notwendig brauche, da seine Gesundheit auch angeschlagen sei und er wohl der Nächste sei, der in die Grube fahre. Es beunruhigte ihn sehr, daß sein Sohn Theodor nach Jahrzehnten immer noch nicht heimgeholt worden sei. Nach gründlicher Beratung und versehen mit den nötigen Unterlagen übernahm mein Mann gern den Auftrag, die Überführung vorzubereiten. Überraschend glatt gingen die verschiedenen Erlaubnisse der Behörden und die Erlaubnis zur Öffnung der Gruft durch die Besitzer. Herr von Gall und Frau Sallmann kamen mit dem Leichenauto nach Stuttgart. An einem wunderschönen, sonnigen Morgen trafen wir uns am Pragfriedhof in Stuttgart, wo wir alle der Hebung des Sarges aus der Gruft beiwohnten. Da Vater und Schwester den Todesfall in Korntal nicht miterlebt hatten, hielt mein Mann eine kurze Aussegnungsrede. Nun brachten sie die Leiche an seine endgültige Bestattung. Als wir im nächsten Jahr wiederkamen, war Herr von Gall gestorben. [...] Ich suchte noch Frau Karola Hinteregger auf, die noch ein lebendiger Zeuge der Vergangenheit ist. Sie war nach der Konfirmation als Lehrling in die Küche im Schloß Russiz geschickt worden. Später in Treffen wurde sie dann selbständige Köchin. In Treue ergeben hat sie verschiedenen Schloßherrinnen ein Leben lang gedient und ich freue mich, daß sie nun ihren wohlverdienten Ruhestand in Ihrem Altersheim verleben darf. Ich bin mit ihr auch in Briefwechsel.

Nun muß ich noch auf das Hospiz in Triest kommen. Ich weiß noch, wie Frau Gräfin das Seemannsheim in Begleitung von der Gräfin Schimmelmann, einer Hofdame der letzten deutschen Kaiserin, eröffnete. Daß dieses Heim nachher den einstigen Russizbewohnern als Altersheim zugewiesen wurde, ist eine große Tat. Wir selbst haben einen Urlaub im Hospiz verbracht und konnten feststellen, daß der Geist von Russiz uns mit den Insassen des Heimes sofort verband, da ich außer Judith niemanden auch nur dem Namen nach kannte; denn sie waren viel jünger. Mein Mann bezeichnete mich immer als „Österreicherin mit preußischer Erziehung". Das war das Kennzeichen für uns alle. Aber woher die preußische Erziehung? Fräulein Heber, genannt Tante Anna, war die Tochter eines Musikdirektors in Stettin. Sie war Diakonisse von Kaiserswerth, ausgebildete Lehrerin fürs syrische Waisenhaus bestimmt. Da sie nicht tropentauglich war, kam sie 25-jährig als Leiterin nach Russiz und war 40 Jahre dort. Sie hat uns alle mit ihrer strengen Lebensauffassung geprägt und den Beweis der Dankbarkeit und Anhänglichkeit lieferten die vielen Besuche, die Fräulein Heber von ihren Zöglingen in Stettin erlebte. Mein Mann und ich waren auch bei ihr – und nach ihrem Tode musste ihre Haushilfe beim Auflösen des Haushalts 2 große, in Glas und Rahmen gefasste Photographien von Schloß Russiz und der Anstalt an mich senden. Für Treffen waren diese großen Bilder viel wertvoller! So sandte ich diese an Herrn von Gall, der mir nachher bestätigte, daß diese Bilder für sie das einzig Wertvolle seien, das von Russiz für sie übrigblieb. Unser Aufenthalt in Triest war für mich von bleibendem Eindruck.

Mein Mann und ich machten mit Judith und noch einer Russizerin (Grete Pereson) [...] und mit Herrn Pfarrer Enge einen Besuch in Russiz. Wir konnten durch die Freundlichkeit der Nonnen im Schloß und in der Anstalt überall hinein und konnten die Veränderungen, manche Veränderungen sogar sehr gut finden. Auch der Weg zur Gruft, die damals noch besetzt war, wurde die vielen Stufen hinaufgestiegen, und mit Erlaubnis durften wir rechts und links vom Weg uns an den Trauben ergötzen. Judith erzählte mir damals, daß sie an dem Abend, als meine Schwester und ich nach Russiz kamen, uns 2 kleine Mädchen mit 6+8 Jahren mit in Empfang nehmen konnte. Seither bestand meine Freundschaft mit Judith und wir konnten viele Tage und Stunden beisammen sein. [...] Judith und ihre Schwester Teresa waren besondere Lieblinge von Frau Gräfin. Sie stammten aus der Gegend, waren armer Leute Kinder, aber begabt und durch die schulische wie charakterliche Erziehung sehr wertvolle Menschen. Ein anderes Erlebnis dieses Aufenthaltes in Triest war unser Besuch in Aquileia und anschließend Monastero. Ein Bruder von Frau Gräfin hatte dort ein Gut; es war uns von Russiz her wohlbekannt. Ein Großneffe von Frau Gräfin, Baron von Ritter hatte ungeheure Freude an uns, als ob er ein Wehen von Russiz zu spüren vermöchte. Er lud uns zum Mittagessen ein, das er selbst im Gasthaus einnahm. Im Hospiz traf ich damals einen Mann, der damals ein Greis mit 60 Jahren war. Er war ein Sohn des ersten Verwalters von Russiz, ein Herr Klauß. Er und sein Bruder waren zu meiner Zeit Studenten und seine Schwestern, wie damals üblich, „Haustöchter". Er war sehr erfreut, daß ich an seine Familie noch so klare Erinnerungen hatte und ich freute mich, daß er wenigstens einen Tag in der Woche den Anschluß an die Russizer im Hospiz hatte. Mein Schreiben wurde ein großes Erinnerungsbild an Russiz. Mein Wunsch ist der, das Gedächtnis an Frau Gräfin möchte auch in Treffen niemals verlöschen, denn auch von ihr gelten die Worte der Schrift: „Die Lehrer aber werden leuchten wie des Himmels Glanz und die, so viele zur Gerechtigkeit weisen, wie die Sterne, immer und ewiglich."[10]

Ich selbst kann ja nur über Russiz berichten und jetzt, da der 8. Dezember, der Geburtstag von Frau Gräfin wiederkehrt, erwacht die Erinnerung an diese und noch viele andere Festtage ganz lebendig in mir auf. Bei diesen Aufführungen waren durch Jahre meine Schwester Irene und Karola [Hinteregger] die Hauptdarstellerinnen, während ich Ersatzmann alles mitlernte. So waren einmal das Thema: „Großmutter und Enkelkind", nur manchmal „Hänsel und Gretel" ein andermal „Schneewittchen und Rotkäppchen". Ich könnte fast alle Aufführungen noch hersagen; so wird es Karola auch gehen, das waren Tage, an denen die ganze Anstaltsgemeinde im Schloß teilnahm. Ebenso an den Weihnachtsaufführungen,

Russizer Schülerinnen im Mai 1914. Von links nach rechts in der Mitte sitzend: Gräfin de La Tour, Heimvorsteherin Anna Heber, Hausmutter Else Hayek.

war ich dran, nachdem meine Schwester nicht mehr in Russiz war, selbst mitspielte. Wir Russizer – die wir ja aussterben, können unseren Anstaltsgeist nur in diese Worte zusammenfassen: Wir haben eine (neue) Mutter gehabt, die uns christlich, aber einfach [...] tüchtig für das Leben erzogen hat; die uns mit ihrer liebenden Fürsorge auch im späteren Leben begleitet hat. [...][11]

Im Archiv der Diakonie Kärnten fanden sich auf einem kleinen maschinengeschriebenen Zettel: „Erinnerungen von **Theodor Zorzenon**"[12], einem ehemaligen Zögling:

Die Gräfin war ursprünglich mit einem Mann aus Cormons verlobt. Trennte sich aber von ihm als sie sah, wie er mit Pferden umging. Nach der Heirat mit Theodor de La Tour bewohnten sie in Cormons ein Patrizierhaus. Das Weingut Russiz mit dem neuen Schloß, das der Vater der Gräfin als Morgengabe für die Ehe gab, wurde bald mit Mädchen bewohnt. Zuerst waren die Mädchen im Schloß untergebracht. Doch das Geklapper der Zoccoli (Holzpantoffel) ging dem Grafen auf die Nerven. Es wurde eine Schule gebaut und eine Kapelle, wo die Mädchen untergebracht wurden. Die Gräfin war ein Kind ihrer Zeit, eine Aristokratin, ernst, mild, eine königliche Erscheinung, wenn man ihr im Park begegnete. Einst fragte sie Theodor Zorzenon: „Was machst du da?" – „Ich lese die Bibel", antwortete er. „Ja" sagte sie, so ganz in sich gekehrt – „Das ist der einzige Trost, bei den vielen Enttäuschungen dieser Welt."[13]

Ebenfalls im Archiv zu finden ist eine schriftlich festgehaltene Erinnerung von **Frau Tharmer** – Treffnerin und ehemalige Schülerin in der Waldschule:

Meine Mutter konnte sich gut erinnern, dass die Gräfin rund um das Schloß geritten ist, mit Damensattel, seitlich sitzend. Ich selber habe sie als eine große stattliche Frau in Erinnerung, die ich als Kind verehrte und andererseits hatte ich Respekt vor ihr, wegen ihres herben Blickes.[14]

Ein Bericht von **Sophie von Khuenberg**[15], einer Verwandten der Gräfin, über ihre Kinderheitserinnerungen und Besuche bei Elvine im Küstenland:

[...] Gräfin Elwine [sic!] Latour, geborene Freiin v. Ritter ist die Witwe meines vor Jahren verstorbenen Vetters Theodor Grafen Latour en Voivre, des letzten, kinderlos gebliebenen Sprosses eines alten, ursprünglich französischen, dann jahrhundertelang in Oesterreich ansässigen Geschlechtes, und Schloß Russiz war das Paradies meiner Kindheit. Gleich als der Krieg mit dem nachbarlichen Verräter ausbrach, war ich in großer Angst um diese seltene, deutschgesinnte Frau [...] Freilich, da ich sie kannte, hätte ich mir denken können, dass sie kaum in das vom Kriegsschauplatz fernere, waldkühle Treffen sich flüchten, sondern mutig ausharren würde auf dem heißen Boden der Furlanei [Friaul], als Wächterin ihres geliebten Russiz, das ihre Jugend, ihre einst frohen Ehejahre und später so viel Mühen ihrer Menschenliebe und so viel Leid einer Gebeugten gesehen hatte. Dort steht auf einem grünumrankten Hügel, auslugend in die sonnenverträumte friaulische Landschaft, inmitten von köstlichem, weitgedehntem Weingelände, das Mausoleum ihres Gatten [...]. Dies Mausoleum vor allem hat sie gewiß nicht verlassen wollen, und ihr Waisenhaus, das vor Jahrzehnten erbaute und aus eigenen Mitteln erhaltene Waisenhaus für Mädchen, das ihr so unendlich am Herzen lag und für dessen Gedeihen und Ausgestaltung die kinderlose Frau Jahre ihrer Kraft und Liebe und Summen ihres Vermögens opferte. Denn die Schloßfrau [...] ist eine gar fromme Frau. Von jener ernsten, tiefen, vielleicht etwas strenggefaßten Frömmigkeit, die echten Protestanten so häufig zu eigen ist. Ganze Heerscharen von Kindern standen in all den Jahren unter ihrem Zepter, immer wieder ward ihre Teilnahme für ein verlassenes oder schlecht versorgtes Kind erbettelt, immer wieder kam neuer Zuzug, und die Herangewachsenen wurden je nach Veranlagung in eine höhere Schule geschickt oder zu Dienstmädchen ausgebildet und an gute Häuser abgegeben. Es entstand oft ein förmlicher Streit um all die wohlerzogenen jungen Mädchen mit dem gesitteten Blick, die in dieser gräflichen Schule sogar etwas von vornehmer Unnahbarkeit gelernt hatten und mit einem gewissen Selbstbewußtsein ihre Pflicht taten. Kein Wunder, denn von der Russizer Schloßfrau ging stets ein Hauch von respektfordernder Hoheit aus, der sich anderen unwillkürlich mitteilte, und dabei verstand sie es doch seltsam, Kinderherzen sich geneigt zu machen. Ich betete sie einfach an als kleines Mädel und auch später noch imponierte sie mir stets, die hochgewachsene, stattliche Frau mit dem frühgebleichten Haar und dem kindlich gebliebenen herzlichen Lachen, die so famos zu Pferde saß und kutschierte und ihre Riesenwirtschaft tadellos leitete. Besonders aber, wenn sie morgens nach dem Frühstück das ganze Gesinde um sich versammelte und aus dem Evangelium vorlas und erklärte. Sie tat dies so schlicht, in völlig undeklamatorischem, fast leisem Ton, der mir noch immer im Ohre klingt wie die Melodie eines alten Liedes. Zu Beginn und am Ende

dieser kleinen Andacht spielte sie kunstlos ein Stückchen Choral auf dem Harmonium und dann ging man froh auseinander, in den leuchtenden Frühtag hinaus, der aus Park und Feldern, Weingärten und jungem Eichwald mit tausend Armen winkte und lockte. [...]

Dort [in Monastero] wurde auch ausschließlich Italienisch gesprochen und ich entsinne mich dunkel, dass es einmal zwischen meinem Onkel Latour und etlichen Unterbeamten zu einem heftigen Wortwechsel kam – vielleicht war der „signor conte", der als hochpatriotischer Oesterreicher bekannt war, nicht allzu beliebt bei einigen Widerhaarigen... Ueberall sonst aber herrschte tiefer Friede und die Schloßfrau von Russiz, die natürlich geläufig Italienisch und Furlanisch sprach, hatte damals und später nie über Zwistigkeiten mit der Bevölkerung zu klagen, war im Gegenteil, ebenso wie ihr Gatte, heiß geliebt von all den Dörflern ringsum, die ungezählte Wohltaten aus ihrer Hand empfingen. Bei der Internierung der Schloßfrau von Russiz mag vielleicht auch der Haß mitgespielt haben, denn bei jedem Anlaß kamen ihr und ihres Gatten flammender Patriotismus für Oesterreich und ihre große Sympathie für Deutschland voll zum Ausdrucke. So kann ich mir denken, dass sie auch jetzt in dieser großen schweren Zeit mit all ihrer Festigkeit und hilfreichen Nächstenliebe dastand und sich mit Wort und Tat mitten auf gefährdetem Boden zu unserem Vaterland und seinem treuen Bundesgenossen mutig bekannt hat. Und ich weiß, sie wird auch drüben im Feindesland trotz aller Mühsal und Erniedrigung, unter der sie möglicherweise zu leiden hat, aufrecht und in sich gefestigt dastehen und wird keine Träne haben in den rehbraunen Augen und kein Wort der Klage auf den Lippen. Wird stolz und gedemütigt das bleiben, was sie ist und immer war: eine tapfere, deutsche Frau![16]

Der erste Generalsekretär des Zentralvereins der Inneren Mission in Österreich **Hans Jaquemar,** sagt über die Gräfin: Sie war „vom Scheitel bis zur Sohle eine Persönlichkeit der Inneren Mission".[17]

Die überaus markante, achtungsgebietende Persönlichkeit der Gräfin de La Tour war durch ihre stete innere Verbindung mit dem Evangelium zu einem lebendigen Baustein in der Hand Gottes geworden und hat sich als solcher mit Dank und Freude dort verwenden lassen, wo der Herr ihr den Platz anwies. [...] Die gesamte Arbeit der Gräfin überblickend wird man sagen müssen, dass dieselbe von Anfang bis zum Ende klar erkannt und zielbewusst durchgeführt wurde. Daß eine Frau ganz allein diese Arbeiten gegründet und ausgestaltet hat und durch alle Schwierigkeiten hindurchführte, war etwas Einzigartiges. Der Herr und Sein Wort waren ihre Führer, an die sie sich unbedingt hielt und darum gelang ihr Werk, im Süden Österreichs der Inneren Mission die Bahn zu brechen.[18]

Pfarrer Johannes Heinzelmann aus Villach verfasste einen Nachruf auf Elvine de La Tour:

Am 7. Oktober starb auf Schloß Treffen bei Villach im 75. Lebensjahr Frau Gräfin Elvine de La Tour geb. Baronin Ritter von Zahony, eine Frau, deren Namen als der einer Wohltäterin der Jugend im Küstenland und in Kärnten und weit über die Grenzen dieser Länder hinaus mit hoher Verehrung genannt worden ist. [...] All diese weitverzweigte, beständig wachsende Arbeit, die immer reichlicherer Mittel bedurfte, betrieb sie, mannigfacher Anfeindungen und gelegentlicher Misserfolge nicht achtend, in der freudigen, durch nichts zu erschütternden Gewissheit, von einem höheren Herrn dazu berufen zu sein. Diese Zuversicht verlieh ihr eine erstaunliche Spannkraft und eine fast männliche [!] Entschiedenheit des Handelns. So fest sie auch in ihrem evangelischen Glauben gewurzelt war und so sehr es sie drängte, auch andere mit der Liebe Christi zu erfüllen, die sie selber durchdrang, so war sie doch frei von engherzigem Konfessionalismus und nahm gegenüber der Kirche, der sie angehörte, eine durchaus selbständige, von deren Vertretern nicht immer als bequem empfundene Haltung ein. Sie mochte sich manchmal in ihren Mitteln vergreifen und auch ihre Absichten mochten zuweilen missdeutbar sein: ihre Endzwecke waren immer aufrichtig und lauter, immer war es die Menschenseele, die sie in selbstloser Liebe suchte und für Christus zu gewinnen trachtete. Darum sind ihr auch ihre Mitarbeiter und vor allem ihre Pfleglinge, die sie ins Leben entsandte und zu tüchtigen Menschen heranreifen sah, in Treue und Dankbarkeit und in herzlicher Verehrung zugetan gewesen. [...] Im Herzen derer, die ihr nahe standen und den Einfluß ihres Wesens verspürten, wird ihr Bild als das einer eigenartigen und auch eigenwilligen, aber ausgereiften und wahrhaft christlichen Persönlichkeit fortleben, und die Stätten, an denen sie voll Glaubens und Liebe gewirkt, werden dies Bild durch Jahrzehnte hindurch in dankbarer Treue festhalten.[19]

---

1 August Hermann Francke (1663–1727), evangelischer Theologe und Pädagoge der pietistischen Tradition.

2 Johann Friedrich Oberlin (1740–1826), evangelischer Theologe und Pädagoge aus dem Elsass.

3 Die Gräfin. Eine Kärntner Gustav-Adolf-Geschichte von Pfarrer D. F. Blanckmeister, 2. Aufl., Leipzig 1930, S. 10–13.

4 Krupka, Licht, S. 6.

5 Ebenda.

6 Ebenda.

7 Ebenda, S. 7.

8 Krupka, Evangelist, S. 30–32.

9 Im Jahr 1997 bekam die Stiftung de La Tour von Emilie Schreibers Tochter eine Bibel zugesandt. Dabei handelte es sich um eine Bibel, die die Gräfin während ihrer Internierung bei sich hatte und darin las. Da Elvine nach ihrer Flucht nichts mehr besaß, schenkte sie das viel gelesene Buch der Pfarrfamilie zum Dank. Die zahlreichen unterstrichenen Stellen lassen erahnen, wie viel Leid und innere Kämpfe sie während dieser Zeit durchleben musste.

10 Brief von Emilie Schreiber an Rektor Gienger, 8. November 1976, ADK.

11 Brief von Emilie Schreiber an Rektor Gienger, 24. November 1976, ADK.

12 Vgl. auch Kapitel 4.7.3 „Die Kinder".

13 „Erinnerungen von Theodor Zorzenon", ADK.

14 „Erinnerungen von Frau Tharmer", ADK.

15 Sophie von Khuenberg (1863–1917), Schriftstellerin. 1883 mit dem Schriftsteller und Kunstkritiker Karl Erasmus Kleinert verheiratet. Vgl. ÖBL 1815–1950, Bd. 3, Wien 1965, S. 318.

16 Worte der Wahrheit und Liebe für Österreich und Ungarn. Christliches Wochenblatt, Nr. 30, 8. August 1915.

17 Jaquemar, Hans: Innere Mission. Das Werden und Wirken der organisierten christlichen Liebestätigkeit in der Evangelischen Kirche Österreichs, Wien 1951, S. 44.
18 Ebenda, S. 46–47.
19 Villacher Zeitung, Deutsches Kärntner Tagblatt, 14. Jg., Nr. 235, 13. Oktober 1916.

5. Ausblick bis heute

Schon rein äußerlich betrachtet, ist das Fortbestehen unseres Werkes eine Kette von Wundern.[1]

5.1 Ein Neuanfang

Wie bereits erwähnt, hinterließ Gräfin de La Tour kein rechtsgültiges Testament, und alle Konten waren gesperrt. Der nach ihrem Tod in Treffen gebildete Arbeitsausschuss (bestehend aus Maria Westphal, Frau von Gall und Hausvater Gienger) bemühte sich bezüglich der Erbschaftsverhältnisse um eine günstige Klärung mit den Behörden. Elvines Wünschen entsprechend sollten ihre Werke in Form einer Stiftung weitergeführt werden, für deren Leitung ein Kuratorium eingesetzt werden sollte. Dazu bedurfte es aber einer offiziellen Stelle, die bis zur Ernennung der Kuratoren vorübergehend die Leitung und Weiterführung der Werke übernahm. Der Treffner Arbeitsausschuss wandte sich an den Zentralverein der Inneren Mission in Wien (der heutigen Diakonie Österreich), der als Dachverein organisatorisch die Vertretung der Treffner Anstalten übernahm und im Namen der Stifterin die Berufung eines Kuratoriums

Gräfin de La Tour mit einigen der späteren Kuratoren vor dem Eingang ihrer Treffner Waldschule, etwa 1904. Von links nach rechts: Elvine de La Tour, Pastor Theophiel Krawielitzki, Pastor Ernst Modersohn, ?, Pfarrer Ludwig Schwarz (?), Pfarrer Max Monsky, ?.

und die Bildung der „Evangelischen Stiftung der Gräfin Elvine de La Tour" erwirken konnte.[2]

Einen Sitz im Kuratorium nahmen folgende Personen[3] an:

Pfarrer Dr. Theodor Zöckler aus Stanislau, Obmann des Zentralvereins für Innere Mission in Österreich; Pfarrer Hans Jaquemar, Generalsekretär des Zentralvereins für Innere Mission in Österreich, Wien; Pfarrer Richard Roth aus Fürstenfeld in der Steiermark; Pfarrer Max Monsky, Generalsekretär der Evangelischen Gesellschaft in Österreich, Wien; Lehrer Wilhelm Gettwert aus Graz; Pfarrer Rektor Friedrich Saul aus Gallneukirchen in Oberösterreich; Pfarrer Theophil Krawielitzky aus Vandsburg, Westpreußen; Pfarrer Traugott Kaufmann, Ortspfarrer in St. Ruprecht bei Villach, und Friedrich Gienger sen., Hausvater in Treffen.

Das Kuratorium hatte die Aufgabe, als oberste Instanz die Führung und Verwaltung der Anstalten und Werke zu beaufsichtigen sowie die Administration für das Stiftungsvermögen zu übernehmen.[4]

Bei der ersten Kuratoriumssitzung am 23. März 1918 berieten die ehrenamtlich arbeitenden Kuratoren über die Besetzung einer Rektorenstelle in Treffen. Folgende Vergütung für die Rektorenstelle wurde vereinbart:

An Entschädigung für seine Leistungen stehen dem Rektor Wohnung, ein ihm von der Stiftung zur Verfügung zu stellender Garten, Feuerung, Licht, an Naturalien Erdäpfel, Roggen, Weizen in noch näher zur vereinbarenden Mengen und an Bargehalt 4000 K jährlich zur Verfügung.[5]

Die Wahl fiel auf Pfarrer Richard Roth, der schließlich seinen Dienst im Herbst 1918 in Treffen antrat. Richard Roth wurde 1871 in Göttingen in Württemberg geboren. Nach dem Studium der Theologie übernahm er von 1906 bis 1918 die Pfarrstelle in Fürstenfeld in der Steiermark. Bereits in diesen Jahren gehörte er zum Freundeskreis der gräflichen Anstalten.[6]

Bis zur endgültigen Klärung der Erbschaftsangelegenheiten Elvines übernahm die Landesregierung Kärnten, eingesetzt als Aufsichtsbehörde, die Verwaltung über das vorhandene Stiftungsvermögen. Das Kapital musste allerdings unangetastet bleiben, lediglich Zinserträge kamen den Anstalten in Treffen zugute. Dazu schreibt Roth: „Die Zinserträgnisse des Stiftungskapitals reichen aus, um die Menschen, die in Treffen versorgt werden, nur einige Tage satt zu machen."[7]

Das in ihrem Testament verfügte Ankaufsrecht für den Viertelanteil am Familiengut Monastero wurde von Elvines Neffen Baron Hektor Ritter von Záhony 1919 wahrgenommen und von diesem um 333.142,31 Kronen erworben.[8]

Der bisher nicht unbeträchtliche Vermögensstand der Stiftung sollte jedoch bald erhebliche Einbußen erfahren. Die meisten der scheinbar sicheren Anlagen Elvines, wie Wertpapiere, Pfandbriefe und Anlagen, befanden sich nach dem Zusammenbruch der Donaumonarchie nicht mehr auf österreichischem Boden, sondern im Ausland. Durch die Inflation verlor das vorhandene Stiftungskapital eine einschneidende Wertminderung. Den größten Verlust erlitt die Stiftung de La Tour allerdings durch den Wegfall des Schlossgutes Russiz. Friedrich Gienger jun. stellt in seinem Buch „Gebt mir eure Armut“ eine Berechnung der durchschnittlichen Russizer Jahres-Ernte-Erträge auf. Demnach umfasste die jährliche Wein- und Getreideernte des Schlossgutes 18.000 kg Tafeltrauben, 180.000 l Wein, 50.000 kg Mais, 15.000 kg Weizen und 140.000 kg Heu.[9] Diese beachtliche Menge hatte bisher maßgeblich zur Erhaltung der Werke in Russiz und Treffen beigetragen.

---

1 Roth, Richard: Vom Werden und Schaffen der evangelischen Schulen und Anstalten der heimgegangen Gräfin Elvine de La Tour in Treffen (Kärnten), in: Mitteilungen des Luthervereins zur Erhaltung deutscher evangelischer Schulen im Auslande, Nr. 39, Dresden Oktober 1929, S. 395.

2 Gienger, Armut, S. 15.

3 In anderen Testamentsentwürfen Elvines werden folgende Wunschkanditaten von der Gräfin für ein zukünftiges Kuratorium ihrer Stiftung genannt: 1. Pfarrer Max Monsky 2. Pastor Theophil Krawielitzki 3. Hausvater Friedrich Gienger 4. Pastor Ernst Modersohn 5. Lehrer Wilhelm Gettwert 6. Pastor Lange. Ausführlichere biographische Daten zu den einzelnen Kuratoren finden sich in: Nitsche, PGB, S. 31–33.

4 Vgl. Testament der Gräfin, Punkt 9.

5 Vgl. Gienger, Armut, S. 17–19; Berufungsbrief, ADK.

6 Ein umfassenderes Lebensbild zu Rektor Roth ist zu finden bei: Tančev, Mirče: Erziehungstheologie im christlichen Geist. Die Bibelschule St. Andrä – eine Ausbildungsstätte für den Südosten Europas, Treffen 2002.

7 Zitiert nach: Gienger, Armut, S. 21.

8 Vgl. Abschrift des Schreibens der Landesregierung für Kärnten an die Evangelische Stiftung Elvine Gräfin de La Tour vom 13. Dezember 1919, ADK. Ein Teil der Ablösesumme konnte für den Ausbau von Wohnräumen verwendet werden. Der Rest ging durch die Inflation verloren.

9 Gienger, Armut, S. 22.

5.2 Die Weiterführung der Werke

In den Kriegsjahren diente Schloss Russiz als Lazarett und Erholungsheim. 1917 konnte erstmals ein Vertreter der Stiftung de La Tour Russiz aufsuchen und berichtete von Kriegsschäden in großem Ausmaß. 1918 gelang es Rektor Roth nach Russiz zu reisen, worüber er in einem noch vorhandenen Bericht anschaulich seine Eindrücke schildert:

Schloss Russiz wurde während des Ersten Weltkrieges als Lazarett genutzt.

Soeben komme ich von einer elftägigen Reise zurück, die mich vom 8. bis 19. November in unsere beiden „küstenländischen" Arbeitsgebiete führte: in das durch sieben Tage und Nächte geplünderte Russiz und nach Triest. Infolge der italienischen Besetzung vom Mai 1915 bis Oktober 1917 hatte unser Russiz durch Beschießung, Brand, Anlegen von Stacheldrahthindernissen, Schützen- und Laufgräben, Zerstörung von Inventar, Gebäuden, Wiesen, Äckern und Weingärten einen behördlich geschätzten Kriegsschaden von 342.984 Kronen erlitten. Nach dem im Oktober 1917 erfolgten Rückzug des italienischen Militärs wurde unsere Anstalt mit einem österreichisch-ungarischen Spital belegt, das 150 kranke ungarische und slowenische Offiziere und 150 Burschen verpflegte. Am letzten Oktobertag 1918 wurde das Lazarett aufgelöst und noch am selben Abend brach der große Plünderungssturm durch die Bevölkerung der Umgebung los. Unser Verwalter war machtlos und kehrte nach Treffen zurück. Dem Schutze Gottes vertrauend, habe ich mich nach einer Woche entschlossen, mit dem geflüchteten Verwalter nach Russiz zurückzukehren und Hilfe zu leisten...

Als wir am 8. November die Reise antraten, konnte uns niemand sagen, wie weit wir kommen würden. In einem Güterzug erreichten wir nach Stunden Aßling [heute das slowenische Jesenice] und waren morgens um 6 Uhr in Görz. Wir durchwanderten die ganze Stadt zum Südbahnhof. Hier sah ich zum ersten Mal die wahren Schrecken des Krieges: zerstörte Häuser, Schützengräben mitten durch die Stadt, verwüstete Gärten. Ich suchte die evangelische Kirche; sie war geschlossen, weil der Turm und das Dach einzustürzen drohten. Durch eine Maueröffnung im notdürftig wieder hergestellten Pfarrhaus sprangen wir über einen Bretterstoß hinunter in das Kirchenschiff. Der Pfarrer, zuletzt als Feldkurat in Lublin, noch abwesend, die Gemeindeglieder alle zerstreut. Nur der Mesner wohnte im Pfarrhaus. Und obgleich der Krieg noch nicht vorbei war, wehten überall von den Häusern italienische Fahnen. Der Südbahnhof war gesperrt, so mussten wir zu Fuß die zweieinhalb Stunden nach Russiz gehen. Auf einer Notbrücke ging es über den blaugrünen Isonzofluß, der in diesem Krieg so viel Blut getrunken hat. Auf der großen, von Regengüssen aufgeweichten Heerstraße Görz–Udine überholten uns ständig die italienischen Militärfahrzeuge, wir blieben aber unbehelligt und erreichten Russiz. Es sah erschreckend aus: Der Hof voller Plünderungsunrat, die Anstaltsgebäude und auch teilweise das Schloß ausgeraubt, verwüstet. Ich blieb vom 10. bis 13. November dort. Um einen Überblick über den Umfang der Plünderung und Zerstörung zu geben, genügen folgende Zahlen: Zunächst wurde das uns am 31. Oktober [1918] vom k. u. k. Spitalskommando übergebene Offizierslazarett, dessen Inventar uns ein teilweiser Ersatz für unsere früheren Kriegsschäden in Höhe von 342.983 Kronen sein sollte, vollständig geplündert. Es handelte sich dabei um 200 ganz neue Betten, Teppiche, sehr viel Wäsche und zahlreiche Lebensmittelkisten sowie 30 Wagen mit neuen Brettern, die für sich allein schon einen Wert von 100.000 Kronen darstellten. Die weitere Plünderung betraf dann unser eigenes Hab und Gut von Russiz. Es wurden uns geraubt: 10 Wagen mit Möbeln, 25 Wagen mit landwirtschaftlichen Geräten, fast alle Lebensmittel, sämtliche Tischlerei-, Schlosserei- und Schneidereinrichtungen, die Schusterwerkstatt. Vom Pferdestall, vom Wirtschaftsgebäude, von den Baracken fehlten Fenster und Türen, von dem als Erholungsheim bestimmten Schlösschen die schönsten Möbel, vom Mädchenheim neben der gesamten Einrichtung 45 Doppelfenster, 11 Öfen, 17 Türen, alle Herde. Niedrig geschätzt beläuft sich der Schaden durch diese Plünderung auf 114.450 Kronen. Die gesamte Schadenshöhe betrug in Russiz 457.434 Kronen. Das schöne, ertragreiche, wertvolle Russiz ist so für unsere Stiftung völlig passiv geworden, ja, es wird auf Jahre hinaus beträchtliche Auslagen zur Wiederherstellung von Gebäuden und Fluren verursachen. Die kleine Anstaltsfamilie stärkte sich mit mir durch Gottes Wort und Gebet der Gewissheit von Römer 8,28: „Wir wissen, dass denen, die Gott lieben, alle Dinge zum Besten dienen."

Am Mittwoch, den 13. November 1918 fuhr ich mit der inzwischen wieder in Gang gesetzten Südbahn über Görz nach Triest, wo ich, abgesehen von der über alle Ankommenden verhängten peinlichen Durchsuchung nach Waffen, völlig unbehelligt blieb. In Triest leitet die tapfere, schwäbische Diakonisse Rösle Flad die von der Gräfin vor zehn Jahren gegründete „Evangelische Stadtmission", die täglich ca. vierzig Personen speist und beherbergt, zum Segen der Hilfsbedürftigen aus den beiden evangelischen Gemeinden und Angehöriger anderer Bekenntnisse und Volkszugehörigkeiten. Ich konnte dort noch den Sonntagsgottesdienst in der lutherischen Kirche halten und kehrte am 19. November von Triest, nach anstrengender, vierzehnstündiger Fahrt, nach Treffen zurück.[1]

Bezüglich des Besitzes der Russizer Anstalten konnte erst 1926, nach Jahren zäher Verhandlungen und aufgrund einer ungewissen Rechtslage, ein Übereinkommen[2] zwischen der österreichischen und italienischen Regierung getroffen werden. Mit dem Beschluss, dass es sich bei dem Werk der verstorbenen Gräfin um ein österreichisches handelte, mussten alle Besitzungen auf italienischem Gebiet aufgegeben werden. Dies bedeutete:

- Die Russizer Güter, nun in der Provinz Udine gelegen, gingen in das Eigentum des Königreiches Italien über.
- Die italienische Regierung zahlte der Stiftung als Entschädigungsbeitrag 625.000 Lire.
- Auf allfällige Rechtsansprüche wurde von beiden Seiten verzichtet.
- Die italienische Regierung veranlasste die Überstellung der vorhandenen persönlichen Einrichtungsgegenstände der Gräfin und die Überführung der Leiche des Grafen nebst der Christusstatue von Thorwaldsen.

Obwohl die vertraglichen Bedingungen laut Urkunde innerhalb von vier Monaten erfüllt werden sollten, erfolgte die Überstellung des Leichnams des Grafen de La Tour und der Möbeltransport de facto 1927, die Ablösesumme für Russiz, die nur einen geringen Teil des tatsächlichen Wertes darstellte, gelangte erst 1928 in den Besitz der Stiftung. Insgesamt verlor die Stiftung durch den Krieg neun Zehntel ihres Vermögens.[3]

Die Russizer Anstaltsräumlichkeiten übernahm ein katholischer Orden unter der Leitung der Gräfin Adele Cerruti. Sie hatte Schloss Russiz bereits während des Ersten Weltkrieges kennengelernt, als sie im dort untergebrachten Lazarett als Rotkreuzschwester arbeitete. 1919 folgte die Eröffnung des Waiseninsitutes „Regina Margherita" – benannt nach der italienischen Königin – mit angeschlossener Schule. Nach dem Tod Gräfin Cerrutis 1945 wurde das Waisenhaus in „Institut Adele Cerruti" umbenannt und trägt diesen Namen bis heute. Das Institut wird aktuell als öffentliche Fürsorgeeinrichtung geführt und durch die Erlöse des angeschlossenen Winzerbetriebes erhalten. Der vom Grafen de La Tour begründete Landwirtschafts- und Weinbaubetrieb lag bis 1954 brach. Erst durch eine Modernisierung und Neuentwicklung des Russizer Landgutes und neuvergebene Pachtverträge an Bauern aus der Umgebung konnte der Betrieb wieder aufgenommen werden. Heute zählt die Russizer Weinerzeugung zu den international anerkannten Qualitätsweinbaubetrieben mit zahlreichen Auszeichnungen, darunter sei der berühmteste und kostbarste Wein des Betriebes erwähnt, der Chardonnay „Gräfin de La Tour".[4]

Der Treffner Posaunenchor spielt vor der Evangelischen Kirche in Triest.

Im Falle des Hospizes und der Stadtmission[5] in Triest konnte eine andere Lösung gefunden werden. Die Verantwortung für diesen Arbeitszweig sollte testamentarisch eigentlich in die Hände der österreichischen Stiftung de La Tour gelegt werden. Um eventuell auftretenden rechtlichen Problemen zwischen Österreich und Italien ausweichen zu können, erfolgte die Gründung eines Samaritervereins in Triest, der diese Arbeit fortführte. Die Verbindung nach Treffen blieb dennoch stets erhalten, und zu den Vereinsmitgliedern zählten fortwährend Mitarbeiter und die Rektoren der Evangelischen Stiftung de La Tour. 1980 musste die Arbeit aufgrund von Finanzierungsproblemen und fehlender Nachfolge schließlich eingestellt werden. Erwähnenswert ist die wertvolle Hilfe, die das Hospiz insbesondere während beider Weltkriege bot, wobei hier vor allem noch einmal auf Schwester Rösle Flad hingewiesen werden soll. Unter ihrer Leitung (1913–1962) fanden viele notleidende Menschen Aufnahme, Verpflegung und Unterstützung wie beispielsweise während des Nationalsozialismus, als verfolgte Juden häufig wochenlang auf eine Überfahrt warten mussten und im Hospiz Hilfestellungen und Unterkunft bekamen, oder in den Nachkriegsjahren, als zahlreiche Flüchtlingsströme durch Triest zogen.

Die Anstalten in Treffen litten in der Zwischenkriegszeit, der allgemeinen sozialen und wirtschaftlichen Zwangslage entsprechend, an Armut und Not. Rektor Roth musste viele Bittbriefe und Ansuchen schreiben, da die Auslagen für die Werke zumindest zu einem Viertel auf Spendengelder und Gaben an-

Postkarte „Die im Kriege geflüchteten Russizer Mädchen – Erziehungsanstalt". Die Karte wurde als Dankesgruß für eingegangene Spenden verwendet. Hinten links ist Erzieherin Lora Schmiedl, rechts außen das Rektorenehepaar Roth zu erkennen, etwa 1920.

Postkarte „Unsere kleinsten Lieblinge. *Habt uns, bitte, lieb!"* Die Karte wurde ebenfalls als Dankesgruß verwendet, um 1920.

gewiesen waren, die vornehmlich aus Deutschland und der Schweiz eintrafen. Dieser Umstand führte zu einer neuerlichen finanziellen Krise für die Anstalten der Stiftung, als in den 1930er Jahren die so genannte „Devisenverordnung" in Deutschland beschlossen worden war und keine Geldspenden mehr nach Österreich gelangen konnten.[6]

1931 genehmigte die Kärntner Landesregierung den Stiftungsbrief[7] und bestätigte das Kuratorium. Erst damit erhielt die „Evangelische Stiftung der Gräfin Elvine de La Tour" eine Rechtspersönlichkeit. Im Dezember 1936 verstarb Rektor Roth. Da aus finanziellen Gründen eine Neubesetzung der Rektorenstelle nicht möglich war, übertrug das Kuratorium die vorübergehende Gesamtleitung an Hausvater Gienger. Er hatte bereits während des Krieges und nach dem Tod der Gründerin maßgeblich zur Versorgung der Anstalten beigetragen. Friedrich Gienger übte die Anstaltsleitung bis zu seiner Pensionierung im Jahr 1947 aus. Rudolf von Gall übernahm als Kuratoriumsmitglied die Repräsentationsaufgaben der Stiftung.

Aufgrund der allgemein herrschenden Not und Armut in der wirtschaftlich krisenhaften Zwischenkriegszeit und trotz finanzieller Sorgen seitens der Stiftung konnte das Angebot im diakonischen Bereich in Treffen erweitert werden. Das Fürsorgeheim „Meierei"[8] mit einer angeschlossenen Landwirtschaft bot ab 1920 beeinträchtigten Jugendlichen Wohnmöglichkeit und Beschäftigung. 1931 erfolgte die Eröffnung einer „Trinkerheilstätte" des Blauen Kreuzes im gemieteten „Friedensheim"[9] in Treffen. Hier wurden suchtkranke Menschen für mindestens ein halbes Jahr stationär behandelt.

Die Herrschaft des Nationalsozialismus brachte einen radikalen Einschnitt in die Arbeit der Evangelischen Stiftung de La Tour.[10] Die Hälfte des Werkes wurde von der Nationalsozialistischen Volkswohlfahrt (NSV) enteignet und dem Besitz der NSV Berlin zugeführt. Mit 30. Juni 1939 entzog die NSDAP dem Treffner Werk die gesamte Kinder- und Jugendarbeit[11] und überließ ausschließlich die Alten- und Pflegearbeit sowie die Trinkerheilstätte in der Verantwortung der Stiftung. Insgesamt wurden fünf Gebäude und die große Herrnhilfer Landwirtschaft enteignet.[12] Glücklicherweise gab es keine Euthanasieopfer unter den Bewohnern der Treffner Anstalten. Geistig und körperlich beeinträchtigte Menschen konnten als „dringend benötigte Arbeitskräfte" in den Anstalten verbleiben, eine jüdische Polin blieb die gesamte Zeit des „Dritten Reiches" im Schutz der Stiftung unentdeckt.

Nach dem Kriegsende 1945 begann für die Stiftung zunächst der Kampf um die Rückgabe des enteigneten Besitzes und die Wiederaufnahme der Jugendarbeit. Es dauerte beinahe zwei Jahre, bis das Haus Herrnhilf und die zugehörige Landwirtschaft zurückgegeben wurden, die Rückstellung per Grundbuch sollte erst 1949 erfolgen. Die Stiftungsarbeit begann am Nullpunkt. Hausvater Gienger, seit 1936 designierter provisorischer Gesamtleiter der Stiftung, konnte im Jahr 1947 gemeinsam mit seiner Frau Barbara in den Ruhestand treten

Postkarte, die die Anstalten der verstorbenen Gräfin Elvine de La Tour zeigt, um 1925.

Fürsorgeheim Meierei, etwa 1925.

Friedensheim 1931. Das Haus diente dem Blauen Kreuz zur Behandlung von suchtkranken Menschen.

Evangelisches Kinderheim „Herrnhilf", um 1970.

und die Arbeit an seinen aus dem Krieg zurückgekehrten Sohn, den Theologen Friedrich Gienger jun., übergeben. Dieser übte das offizielle Rektorenamt bis 1980 aus, der ihm nachfolgende Rektor, Roland Ratz, amtierte bis zum Jahr 2000. Unter beider Leitung wurden die Anstalten in Treffen erneut aufgebaut und erweitert.

Es ergaben sich neue und dringend benötigte Arbeitszweige und Schwerpunkte für die Stiftung der Gräfin, andere wiederum mussten aufgegeben werden.

Unmittelbar nach dem Ende des Zweiten Weltkrieges begann eine intensive und beinahe dreißig Jahre andauernde Flüchtlingsarbeit, wobei besonders nach dem ungarischen Volksaufstand 1956 ein kaum zu bewältigender Flüchtlingsstrom in Treffen eintraf.

In Villach erwarb die Stiftung in den 1950er Jahren das ehemalige Pfarrhaus der evangelischen Pfarrgemeinde und richtete dort für begabte evangelische Schüler aus ganz Kärnten, die eine höhere Schule in Villach besuchen wollten, ein Internat[13] ein.

Die ehemalige Trinkerheilstätte „Friedensheim" musste aus finanziellen Gründen nach Kriegsende geschlossen werden. Das Arbeitsgebiet „Suchtkrankenhilfe" wurde in den späten 70er Jahren aber erneut aufgegriffen und 1983 wurde das „Sonderkrankenhaus de La Tour" eröffnet.

Das Sonderkrankenhaus de La Tour dient heute der Behandlung von Abhängigkeiten und Suchterkrankungen. Foto erstellt von M. Zore, 2008.

Die von Elvine gegründete Evangelische Privatvolksschule konnte nicht mehr reaktiviert werden. Der Grundbesitz des „Evangelischen Schulgutes" gelangte zwar 1921 in den Besitz der Stiftung zurück, aber bereits im Jahr 1939 fällt die Liegenschaft laut Einweisungsbescheid vom 30.11.1939 der NS-Volkswohlfahrt e.V. Berlin zu. Nach Kriegsende erhält laut StGBl. 13/1945 die Republik Österreich das Eigentumsrecht und bringt vorerst darin die Gebietskrankenkasse unter. Erst im Jahr 1949 erhält die Stiftung einen Rückstellungsbescheid für den Besitz. Allerdings lebten zwischenzeitlich Mietparteien der Gemeinde Treffen im Gebäude und somit gelang es letztlich erst in den 70er Jahren dem Haus einen neuen Bestimmungszweck zu geben.[14] Es wurde zu einem Heim für Frauen mit geistiger Beeinträchtigung adaptiert und bekam den neuen Namen „Lindenschlössl". Männer mit einer geistigen Beeinträchtigung fanden in der „Meierei" ein Zuhause. Dem Heim angeschlossen wurden eine Beschäftigungstherapie und eine Kunstwerkstätte. Der erste Neubau der Stiftung, genannt „Haus Ausblick", wurde zu einer Ausbildungsstätte für Jugendliche, die mit erschwerten Eingliederungsmöglichkeiten in der Arbeitswelt konfrontiert waren und hier eine geschützte dreijährige Lehre erhalten konnten. Das Herzstück von Elvines Arbeit, das Knabenheim „Herrnhilf", wurde ab 1947 als Kinderheim für Mädchen und Buben weitergeführt. Fünfzig Jahre später bekamen die Kinder ein neues Zuhause in einem den pädagogischen

Haus Ausblick. Eine Ausbildungsstätte für Jugendliche mit erschwerten Eingliederungsmöglichkeiten, um 1980.

Das neu erbaute Kinderheim Herrnhilf, 1997.

Schulbeginn im Montessorizentrum in Treffen, 2008.

Freizeitenheim, 1962. Eine Begegnungsstätte für den Freundeskreis der Stiftung.

Bedürfnissen der Zeit angepassten Neubau in unmittelbarer Nachbarschaft zum alten Gebäude „Herrnhilf“. Nach Um- und Zubauarbeiten ist heute im alten „Herrnhilf“ die „Montessori Schule de La Tour“ untergebracht.

Weitergeführt von der Evangelischen Stiftung wurde auch stets der geistliche Auftrag Elvines. 1962 wurde ein „Begegnungszentrum“[15] mit dem Namen „Freizeitenheim“ in unmittelbarer Nachbarschaft von Herrnhilf eröffnet. Dieses Haus sollte vor allem dem Freundeskreis der Stiftung dienen, der hier Tagungen und Zusammentreffen veranstalten konnte. Manche geistlichen Gründungen der Gräfin gingen nach deren Tod eigene Wege. Die von Elvine ins Leben gerufene Gemeinschaftsarbeit etablierte sich bereits ab 1920 zu einem eigenen Verein, dem heutigen Christlichen Missionsverein für Österreich, der auch die Abhaltung der Glaubenskonferenzen übernommen hat. Aus der Tradition der Gemeinschaftstage auf Elvines Jahresfesten entwickelten sich im Laufe der Jahre Pfarrerrüstwochen und schließlich die heutige Pfarrergebetsbruderschaft von Österreich.[16] Der bereits 1913 von der Gräfin gegründete Blau-Kreuz-Verein für Kärnten, ab 1923 „Blaues Kreuz Österreich“, besteht heute noch als eigene Rechtspersönlichkeit und steht in enger Verbindung mit der Arbeit im „Suchtkrankenhaus de La Tour“.

Rundstempel der Evangelischen Stiftung der Gräfin Elvine de La Tour, Treffen, erstellt 1987.

Im Jahr 2000 fand ein Rektorenwechsel statt. Zu diesem Zeitpunkt betrug die Zahl der Bewohner und zu Betreuenden in der Evangelischen Stiftung de La Tour in etwa 300, dazu kamen etwa 190 Mitarbeiter, die in Treffen ihren Dienst versahen.[17]

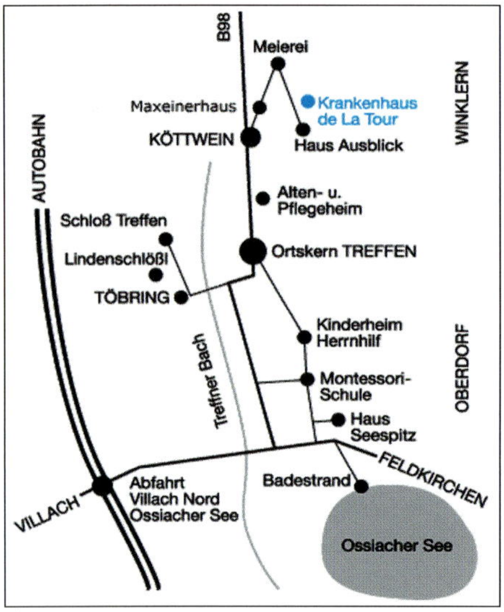

Anfahrtskarte und Wegbeschreibung zu den Einrichtungen de La Tour in Treffen.

Anfahrtskarte und Wegbeschreibung zum Weingut und zur Villa Russiz.

1 Vgl. Bericht von Rektor Richard Roth „Unsere Anstalt Russiz (bei Görz) neuerdings völlig geplündert!!! Treffen, November 1918“ in: ADK, Aktenordner Jahrgang 1917–1921. Ebenda, „Hilferuf an alle Freunde der Liebeswerke der verstorbenen Gräfin Latour“.

2 Vgl. Ratifizierungsurkunde zwischen der Österreichischen Bundesregierung und der Königlich-Italienischen Regierung, datiert mit 11. Februar 1926. Siehe Aktenordner Jahrgang 1922–1929, ADK.

3 Vgl. Gienger, Armut, S. 37.

4 Zur Geschichte des Gutes Russiz mit zugehöriger Anstalt nach dem Ableben der Gründerin Elvine de La Tour siehe: Ausstellungskatalog Russiz, April 2007; www.villarussiz.at; Altieri, L'istituto evangelico di Russiz, S. 117–124.

5 Vgl. Patzelt, Evangelisches Leben, S. 133–137.

6 Vgl. Gienger, Armut, S. 39.

7 Vgl. „Stiftungsurkunde. Evangelische Stiftung der Gräfin de La Tour in Treffen“ vom 8. Dezember 1931, in: KLA, Milde Stiftungen, Stiftbriefe, Schachtel 42, Nr. 682.

8 Vgl. Gienger, Armut, S. 52–53.

9 Privateigentum von Hausvater Gienger.

10 An dieser Stelle möchte ich auf die Dissertation von Reinhard Seifert hinweisen. In seiner Arbeit „Widerstand im ‚Dritten Reich'. Der humanitäre Widerstand der Evangelischen Stiftung Elvine de La Tour in Kärnten gegen den Nationalsozialismus“ wird ausführlich auf die schwierige Situation der Treffner Anstalten in jener Zeit eingegangen.

11 Die Knaben blieben in Herrnhilf, das als Kinderheim weitergeführt wurde. Die Mädchen übersiedelten nach Klagenfurt in das Kloster Harbach.

12 Vgl. „Nachrichten aus Treffen 1988", Mitteilungen der Evang. Stiftung de La Tour, Treffen 1988, S. 11–14. Die endgültige Rückstellung des enteigneten Stiftungsbesitzes erfolgte 1949.

13 Das Schülerheim in Villach bestand von 1952 bis 1986.

14 Siehe dazu: „Evangelisches Schulgut", KLA, BG Villach, KG Treffen, EZ 124.

15 Gienger, Armut, S. 89. Das Heim stellte 1996 den Betrieb ein.

16 Siehe dazu: „75 Jahre Pfarrergebetsbruderschaft (PGB) in Österreich (1923–1998)", herausgegeben von der Pfarrergebetsbruderschaft Österreich, Steyr 1998. Weiters Nitsche, Paul: Miteinander und Füreinander. Die Geschichte der Pfarrergebetsbruderschaft in ihren Anfängen (1923–1938), Eine Dokumentation zum 75jährigen Jubiläum der PGB in Österreich, Univ. Dipl.-Arb. Wien, 1999.

17 Vgl. Nachwort in Katterfeld, Elvine, S. 174. Dazu auch Kruzik, Diakonie, S. 102 mit genauerer Angabe der Kapazitäten in den jeweiligen Heimen.

5.3 Strukturelle Neuorganisation

Hubert Stotter, der amtierende Rektor der Stiftung[1], übernahm im Jahr 2002 zusätzlich zu seiner bereits in Treffen bestehenden Leitung die des Diakoniewerkes Waiern. Das Diakoniewerk Waiern befindet sich etwa 25 km entfernt von Treffen. Ernst Schwarz (1845–1925) begründete dieses Werk 1873. Elvine de la Tour und Ernst Schwarz kannten sich bereits aus Görz und standen stets in enger Verbindung zueinander.[2]

Aus wirtschaftlichen und organisatorischen Gründen erfolgte schließlich 2004 ein Zusammenschluss der beiden diakonischen Werke unter der neuen Dachgesellschaft „Diakonie Kärnten".[3] Ein gemeinsamer Standort konnte in Klagenfurt im ehemaligen katholischen Kloster „Zum Guten Hirten" in Harbach gefunden werden. Kloster Harbach wurde 1890 von Baronin Mayerhofer von Grünbühel gegründet und sollte als Heim für hilfsbedürftige Mädchen dienen. Schwestern vom „Guten Hirten" übernahmen die Leitung. Neben dem Mädchenheim kam es im Laufe der 112 Jahre andauernden Arbeit zur Gründung von angeschlossenen Schulen und Ausbildungseinrichtungen.[4] Das Kloster wurde im August 2002 von der „Stiftung de La Tour" erworben.

Die Diakonie Kärnten zählt heute zu einer der größten Wohlfahrtsorganisationen im Süden Österreichs mit etwa 900 Mitarbeitern und rund 2.000

Das ehemalige Kloster Harbach in Klagenfurt, Zentrum der Diakonie Kärnten.

Menschen, die betreut werden.[5] Die Schwerpunkte der Arbeit liegen in den Fachbereichen:

- Bildung: Kindergärten, Horte, Schulen und Ausbildungsstätten in der Erwachsenenbildung
- Jugendwohlfahrt: ein Kinderheim mit vier Wohngruppen (Herrnhilf) und sieben Wohngemeinschaften für Kinder und Jugendliche an anderen Standorten
- Behindertenhilfe – Bereich Arbeit & Beschäftigungstherapie: mit Anlehrwerkstätten, Integrativer Berufsausbildung, Beratungsstelle für digitale und technische Kommunikationshilfen (Life Tool), Beschäftigungswerkstätten und einem Tagungszentrum mit Gästehaus
- Behindertenhilfe – Bereich Wohnen: Internat und Trainingswohnungen, teilbetreute Einrichtungen und vollbetreute Einrichtungen
- Krankenhäuser: öffentliches Krankenhaus Waiern und Sonderkrankenhaus in Treffen
- Altenhilfe: Sieben Altenwohn- und Pflegeheime.

Die „Evangelische Stiftung de La Tour" besteht nach wie vor, geläufiger ist aber mittlerweile der Name „Diakonie Kärnten". Der Eigenname „de La Tour" findet sich noch in nachstehenden Einrichtungen: Montessori Zentrum de La Tour, Sonderziehungsschule de La Tour, Kunstwerkstatt de La Tour, Sonderkrankenhaus und Ambulanz de La Tour.

Die letzten drei Diakonissen, die in der Altenhilfe tätig waren: Schwester Blandine, Schwester Ingrid, Schwester Anneliese.

Im Alten- und Pflegeheim in Treffen tragen die einzelnen zugehörigen Häuser in Gedenken an die Stifterin die Namen Elim, Elvine, Bethanien, Tarmann und Monastero. In der Gemeinde Treffen gibt es seit 2001 eine de-La-Tour-Straße.

Im aktuellen Lehrplan für den evangelischen Religionsunterricht an den österreichischen Volksschulen ist für die Zweite Schulstufe zum Thema „füreinander da sein" unter anderem auch das Lebensbild der Gräfin de La Tour vorgeschlagen. „Kinder sollen anhand historischer Persönlichkeiten sehen, was Christsein heißen kann."[6]

1 Eine ausführliche Studie zur Vereinigung der beiden Werke ist zu finden bei: Stotter, Hubert: Diakonie_ad fontem. Strategische Analyse der Fusion zweier Non-Profit Organisationen in Kärnten, Univ. Master These Klagenfurt 2004.

2 Zur Biographie von Pfarrer Ernst Schwarz und zur Geschichte des Diakoniewerkes Waiern siehe: Schaefer, Kurt: Ernst Schwarz – das Werk der Liebe in Waiern. Das Verlorene suchen – Das Leben finden, Feldkirchen 1986.

3 http://www.diakonie-kaernten.at [25. 06. 2009]

4 Zur Geschichte von Harbach siehe: Siegmund, Erika: Harbach. Ein Edelmannsitz bei Klagenfurt, Linz 2000.

5 Diese Angaben wurden dankenswerterweise von der Öffentlichkeitsarbeit Diakonie Kärnten zur Verfügung gestellt.

6 Vgl. BGBl. Nr. 518/1996.

6. Schlussbetrachtung mit Interpretationsversuch

Für Historiker gestaltet sich das Verfassen einer Biographie als schwieriges Unterfangen. Wissenschaftlichen Prinzipien entsprechend wird bestmöglich wahrheitsgenau und objektiv gearbeitet. Die Beschreibung von historischen Persönlichkeiten ist allerdings auf Intuition, Empathie und Interpretation seitens des Forschers angewiesen und es liegt in der Natur des Menschen, aus seinem bisherigen Erfahrungsschatz heraus zu werten.

Mein Ausgangspunkt für die biographische Arbeit war ein spärliches Vorwissen zur Lebensgeschichte der Gräfin und eine idealisierte Vorstellung von ihrem Lebenswerk. Hier wollte ich ansetzen und war durchaus bereit, ihren „Heldenstatus" anzufechten und Kritik zu äußern. Nach dem Aufbau des biographischen Grundgerüstes habe ich anhand von Primärquellen, subjektiven Erinnerungszeugnissen, Briefen usw. die einzelnen Themenbereiche und Lebensstationen nachgezeichnet.

Die Annäherung an das Leben und an das soziale Wirken der Gräfin Elvine de La Tour hat sich rückblickend als spannender Arbeitsprozess mit für mich überraschenden Momenten erwiesen. Das Erstaunlichste war, dass trotz meiner Federführung und Planung jedes Kapitel sowie überhaupt die gesamte Arbeit eine gewisse Eigendynamik entwickelt haben und ich einige neue Erkenntnisse erhielt. Andererseits entstanden auch viele neue Fragen. Anhand kurzer Zusammenfassungen wird dem im Folgenden nachgegangen.

Eine Tatsache ist, dass die evangelische Gräfin de La Tour auf die großen Nöte ihrer Zeit reagierte und nicht oberflächlich mit unregelmäßigen Geldgaben versuchte, Abhilfe zu schaffen. Ihr Ziel war es, die Armut an ihren Wurzeln zu packen und zu bekämpfen. Das Habsburgerreich ihrer Zeit war geprägt von einer reichen Vielfalt. In einem riesigen Staatsgebilde lebten mehrere Ethnien mit zahlreichen Sprachen, verschiedenen Religionen, Kulturen und unterschiedlichen wirtschaftlichen Entwicklungsniveaus zusammen. Es herrschte ein großes Gefälle zwischen Arm und Reich, wobei Menschen in Armut den breiten Unterbau der Gesellschaft darstellten. Das staatliche Fürsorgesystem konnte dem massiven Bedarf nach Hilfe nicht gerecht werden und war auf privat organisierte und geführte Wohlfahrtseinrichtungen angewiesen. Es gehörte zwar zum guten Ton und zum Bild der christlichen Nächstenliebe, sozialen Vereinen anzugehören und Wohlfahrtsmaßnahmen zu setzen. Dies konnte in einer Form erfolgen, die nur kurzfristig Linderung schuf oder aber längerfristige Wirkung anstreben. Das Werk der Gräfin gibt es bis heute.

Soziales Engagement ist bereits bei den Vorfahren der Gräfin zu finden. Die Familie hat soziale Verantwortung vorgelebt und mitgegeben. Vor allem Elvines Vater, Julius Hektor Ritter von Záhony, bot seinen Fabriksarbeitern soziale Leistungen, die zu dieser Zeit noch eine Vorbildfunktion hatten. Julius Hektor förderte die Arbeit seiner Tochter wohlwollend und unterstützte sie finanziell. Die Mutter hatte Elvine bereits als knapp 10-jährige verloren. Welche Auswirkungen der frühe Mutterverlust auf das junge Mädchen gehabt hat, darüber kann nur spekuliert werden. In ihren zehn gemeinsamen Lebensjahren erlebte Elvine vier Schwangerschaften ihrer Mutter Amalie Ritter von Záhony mit. Nach deren Tod hat Elvine als älteste Tochter teilweise die Verantwortung für ihre Schwestern und Brüder übernehmen müssen. Dass ihr früher Halbwaisenstatus Einfluss auf ihre spätere Arbeit mit Kindern hatte, ist durchaus vorstellbar. Vielleicht fühlte sie sich den elternlosen Kindern verpflichtet. Da sie keine eigenen Kinder bekommen hatte, wollte sie wohl auch für die zahlreichen Waisen und Sozialwaisen die Mutterfigur sein. Die Quellen geben einige Male Auskunft über einen herzlichen und fürsorglichen Umgang der Gräfin mit ihren Anstaltszöglingen. Über ihre eigene Erziehung ist nur wenig aus einer überlieferten Erinnerung zu erfahren. Dabei wird von einem militärischen Drill gesprochen, den die Erzieher auf die Ritter'schen Kinder ausgeübt hätten. Trotz der spärlich vorhandenen Quellenlage schließe ich auch auf einen innigen Familienzusammenhalt und einen liebevollen Umgang der Geschwister untereinander und mit dem Vater.

Über ihre Brüder lernte Elvine ihren späteren Ehemann Theodor de La Tour kennen. Vermutlich lernte der junge Graf de La Tour Elvines Bruder Eugen Ritter in Graz während des Studiums kennen. Theodor entstammte einer verarmten Adelsfamilie, deren frühe Vorfahren ursprünglich aus Frankreich stammten. Leopold Theodor Karl Anton, so lautete sein voller Name, war ein Einzelkind, dessen Vater bei der Geburt bereits 51 Jahre, die Mutter 30 Jahre alt war. Besonderheiten, die mir während der Quellenbearbeitung auffielen, waren beispielsweise, dass die männliche Linie der Familie de La Tour traditionell im Militärdienst tätig war und auch Theodors Vater Anton dürfte laut seinen persönlichen Schriften seinen Beruf als Major aus Überzeugung ausgeübt haben. Daher finde ich es interessant, dass Anton Graf de La Tour sogar einen Kredit aufnahm, um seinen Sohn vom Militär befreien zu lassen. Theodor wurde überwiegend in Klosterschulen erzogen und genoss wohl eine intensive katholisch geprägte Erziehung. Auffallend ist ein häufiger Schulwechsel ohne erkennbaren Grund und ein extrem schwankender Schulerfolg. Zwei Klassen mussten sogar wiederholt werden. Aus den vorhandenen Schulzeugnissen schließe ich auf ein mäßiges Interesse Theodors oder eventuell auf Langeweile, denn in ein und demselben Fach konnte er in den verschiedenen Jahreszeugnissen sowohl die Note 1 als auch die Note 5 erhalten. Graf Theodor wird als lebenslustig und humorvoll beschrieben, sogar leichtsinnig wird er einmal genannt, aber ebenso sozial und hilfsbereit. Sein Schwiegervater scheint großes Vertrauen in ihn gehabt zu haben, denn als Julius Hektor Ritter von Záhony in das österreichische Herrenhaus (Parlament) nach Wien berufen wurde, übertrug er die Verwaltung des Ritterschen Familiengutes Monastero an seinen Schwiegersohn.

Häufig wird allerdings berichtet, dass die Eheschließung zwischen Elvine und Theodor schon zu Beginn mit Skepsis betrachtet wurde, vor allem von den jeweiligen Familien. Hierfür werden als Gründe die unterschiedlichen Charaktere und finanziellen Verhältnisse angegeben. Der bemerkenswerteste Argumentationspunkt erscheint mir aber jener, der die verschiedenen Religionsbekenntnisse der Eheleute betrifft. Für beide Familien spielte die Konfessionszugehörigkeit eine wichtige Rolle. Weshalb Elvine als überzeugte Protestantin bereit war, einen katholischen Mann zu ehelichen, darüber kann wieder nur spekuliert werden. Es ist vorstellbar, dass sie noch auf einen Glaubensübertritt ihres Mannes hoffte, oder konfessionelle Fragen waren zu diesem Zeitpunkt einfach noch nicht so wichtig in ihrem Leben. Wie sich das Verhältnis Elvines mit ihren Schwiegereltern gestaltete, ist gar nicht bekannt. Es ist jedoch denkbar, dass die Eltern des Bräutigams gar nicht bei der Hochzeit in Görz anwesend waren, weil das zweite Testament von Anton de La Tour auf den Hochzeitstag seines Sohnes datiert ist und die Ortsangabe Graz aufweist. Betrachtet man die jeweilige Herkunft der jungen Eheleute, könnte sich im ersten Moment der Gedanke aufdrängen, dass es sich bei dieser Heirat um eine Geld- bzw. „Titelheirat" handeln könnte. Aus den vorhandenen Quellen schließe ich aber, dass es sich mindestens anfangs um eine glückliche Ehe handelte, in der durchaus auch Liebe im Spiel war. Ob Elvine von Theodors außerehelichen Beziehungen wusste, ist nicht überliefert, kann aber angenommen werden. Affären waren in jener Gesellschaft durchaus üblich und wurden fast öffentlich geführt. Welche Bedeutung die Kinderlosigkeit in der Ehe hatte, wird nirgends erwähnt. Der Umgang miteinander scheint respektvoll gewesen zu sein. Theodor unterstützte das soziale Wirken seiner Frau aktiv mit, ihr religiöses Wertesystem scheint er eher geduldet zu haben.

Elvine de La Tour hatte ein starkes Glaubensleben, das sich im Laufe ihres Lebens vertiefte und reifte. Ihre Glaubenseinstellungen sind dem Pietismus zuzuordnen, ihre Anstaltsgründungen orientierten sich an den pietistischen Einrichtungen in Deutschland. Die Beschreibung des Pietismus ist von zentraler Bedeutung für diese Arbeit, weil hier die Motivation und Begründung für das soziale Anliegen und Schaffen der Gräfin liegen. Allerdings hat sich die Beschäftigung mit diesem Kapitel als schwierig erwiesen, weil Religion und Glaube etwas schwer Greifbares und schwer Erklärbares sind. Ein Glaubensleben gestaltet sich sehr privat und wird individuell empfunden. Es kann nicht objektiv und verallgemeinernd dargestellt werden. Eine wichtige Rolle in der Beschreibung des Pietismus spielt die Darstellung des entsprechenden Wertesystems, denn aus diesem Kontext heraus müssen die pädagogischen Richtlinien in der Erziehungsfrage betrachtet werden. Der Grundgedanke war, dass erst durch die Glaubensfindung eines Menschen die Voraussetzungen für ein vollkommenes Leben geschaffen werden. Die Aufgabe der Erzieher wurde darin gesehen, mit Aufmerksamkeit, Liebe und Geduld sowie mit Bestrafung, die auch körperlicher Art sein konnte, den Willen des Kindes zu brechen, um es für die innere Bekehrung und Glaubensfindung frei zu machen. Diese pädagogischen Maßnahmen sind von unserem heutigen Wissen ausgehend befremdend und absolut nicht annehmbar, waren in jener Zeit aber allgemein verbreitet. Als sehr eindrückliche und positiv besetzte Erfahrung wird in den vorhandenen Zeitzeugenberichten ehemaliger Anstaltskinder hingegen das Feiern von Festen dargestellt. Die einzelnen Festlichkeiten wurden anscheinend mit Hingabe vorbereitet und waren für die Anstaltskinder ein intensives Erlebnis.

Elvine de La Tour hat sich mit ihrer diakonischen Arbeit am jeweiligen Bedarf orientiert. Somit sind immer wieder neue Arbeitszweige entstanden. Die Gräfin machte ihre Berufung zum Beruf. Ihr soziales Gewissen hat sich stetig weiter entwickelt und trieb sie aktiv voran. Müßiggang war ihr fremd, sie wollte mit ihrem Leben etwas bewirken. Bei der Gründung ihres ersten Projektes, des Waisenversorgungsvereines im Jahr 1873, war Elvine 32 Jahre alt. Im Alter von 75 Jahren verstarb die Gräfin und hatte somit 43 sehr intensive Arbeitsjahre hinter sich. Bereits nach acht Ehejahren nahm sie fünfzehn Mädchen am Dachboden ihres Schlosses auf und kümmerte sich um deren Erziehung. Spätestens nach dem Tod ihres Mannes (1894) dürfte Elvine de La Tour ihr gesamtes Privatleben der diakonischen Arbeit geopfert haben.

Informationen über das Familienleben sind kaum vorhanden. Enge Verbundenheit war mit Familienangehörigen ihres Mannes gegeben, der Familie von Gall, die mit ihr in den jeweiligen Schlössern lebte. Das im Anhang beigefügte Interview mit Ilse von Sallmann lässt ein wenig Familienleben erahnen. Mit ihrer eigenen Familie Ritter dürfte sie weniger intensiven Kontakt gehabt haben, weil hierzu überhaupt keine Unterlagen vorhanden sind.

Elvine wollte die übermächtige soziale Not lindern und war deshalb kaum mehr Privatmensch. Würde man mit heutigen Worten sprechen, erhielte sie die Bezeichnung „Workaholic". Eine Eigenschaft der Gräfin war ihre Sturheit. War sie sich ihrer Sache sicher, so gab es kein Zurück mehr, auch wenn die äußeren Umstände dagegen sprachen. Ihre Gewissheit erhielt sie durch ihren Glauben und durch Gebete. Biblische Richtlinien dienten ihr als Entscheidungshilfe. Alle vorhandenen Selbstzeugnisse von Elvine de La Tour verweisen, der jeweiligen Thematik entsprechend, auf passende Bibelstellen.

Sie wählte ihre Mitarbeiter ganz gezielt aus, und diese dürften wahrscheinlich auch den Idealismus, den die Gräfin charakterisierte, verinnerlicht haben, sonst hätten sie ihre Arbeit nicht in der gewünschten Art erledigen können. Den Mitarbeitern war kaum ein Privatleben vergönnt, die Familien waren in das Anstaltsleben voll integriert. Ehefrauen arbeiteten, wie es in dieser Zeit üblich war, ohne Gehalt mit, und die Erziehung der eigenen Kinder lief nebenher. Elvine de La Tour verlangte viel von ihren Mitarbeitern, und so kam es manchmal zu diversen Meinungsverschiedenheiten. Daher entschlossen sich im Laufe der Jahre einige Mitarbeiter aufgrund nicht beilegbarer Unstimmigkeiten, die Arbeit mit der Gräfin aufzugeben, oder sie wurden von ihr verabschiedet.

In diesem Zusammenhang war es für meine Untersuchung eine interessante Erkenntnis, dass im Familiengedächtnis von einigen wenigen Nachkommen von

Mitarbeitern negative Aspekte zum Wesen der Gräfin angeführt wurden. Kinder und Kindeskinder von ehemaligen Zöglingen sprechen hingegen ausnahmslos positiv über Elvine de La Tour. Hier werden Dankbarkeit, Rettung aus dem sozialen Abstieg, liebevolle Aufnahme und Ähnliches genannt. Die aufgenommenen Zöglinge berichteten, wie glücklich sie sich gefühlt hatten, dass sie von der Gräfin in die Versorgungsanstalten aufgenommen worden waren. Die im Kapitel „Kinder" dargestellten Einzelschicksale zeigen, wie sich die Betreuung der Kinder gestaltete und welche Maßnahmen für ihre Zukunft getroffen wurden.

Ein weiterer beachtenswerter Punkt im Rückblick auf die Wirkungsgeschichte von Gräfin de La Tour erscheint mir, dass sich schon zu ihren Lebzeiten der Schwerpunkt ihrer Arbeit nach Kärnten verlegt hatte. Warum das so war, kann ich nicht beantworten. Eventuell war der Bedarf im Küstenland geringer oder, was mir plausibler erscheint, war es die protestantische Tradition, an die in Kärnten angeknüpft werden konnte. Hatten sich dadurch vielleicht mehr Möglichkeiten ergeben und sich mehr Türen geöffnet als im nahezu ausschließlich katholischen Küstenland?

Für die von Treffen ausgehende Evangelisationsarbeit war der Kärntner Geheimprotestantismus ganz sicher ein starker Anknüpfungspunkt. Mit dieser Arbeit wollte die Gräfin ihren Missionsauftrag, wie er in der Bibel steht, erfüllen. Sie war überzeugt von der Notwendigkeit, von diesem einzigen, „richtigen" Weg und es könnte durchaus der Eindruck von Zwangsmissionierung entstehen. Die Teilnahme an den Andachtsstunden war meist zahlreich, Evangelisten berichten aber ehrlicherweise, dass dies vermutlich auch durch die gebotene Abwechslung vom sonstigen Arbeitsalltag herrührt.

Die Arbeit der Evangelisten wurde nicht nur wohlwollend aufgenommen. Einige evangelische Pfarrer befanden, dass die ausgesandten Prediger zu „schwärmerisch" arbeiteten und enthusiastisch Lehren verbreiteten, die aus der Amtskirche hinausstrebende Tendenzen zeigten. Die Gräfin wurde von den Pfarrern angegriffen, und einige sprachen Verbote für die Evangelisationsarbeit in ihren Pfarrgemeinden aus. Elvine wollte diesen Arbeitszweig unter allen Umständen aufrechterhalten und kämpfte für die Weiterführung. Sie war um der Sache willen bereit, andere Evangelisten nach Kärnten zu holen und Einschränkungen vorzunehmen.

Elvine war nie konfliktscheu, sondern besaß durchaus eine streitbare Art. Wenn sie von einer Sache überzeugt war, kämpfte sie dafür bis zum Letzten. Das größte Konfliktpotential ihrer Arbeit barg ihr betont christliches Wirken. Dass der Schwerpunkt ihrer Anstaltsführung und Erziehung auf den evangelischen Lehren beruhte, erzürnte vor allem den katholischen Klerus, denn in den gräflichen Anstalten lebten auch katholische Kinder. Das bisher vorherrschende Recht der katholischen Kirche wurde durch die intensive Arbeit der Gräfin de La Tour eingeschränkt, die katholische Kirche fühlte sich von ihrem Schaffen bedrängt. Zwischen den beiden fanden regelrechte und regelmäßige Machtkämpfe statt, die einige Male beinahe die Schließung der de La Tour'schen Anstalten bedeutet hätten. Elvine ließ nie etwas unversucht, um ihre Anstalten zu retten, auch wenn die Sache bereits aussichtslos zu sein schien. Die Annahme von der Richtigkeit ihrer Arbeit war zu groß, um aufzugeben. Das Hauptargument der katholischen Kirche lautete, dass die „Päpstin La Tour" Proselytenmacherei betreibe und regelrecht versuche, die Kinder zum Konfessionsübertritt zu bewegen. Ich persönlich denke nicht, dass die Gräfin bewusst und absichtlich dieses Ziel verfolgte, aber dass sie nicht abgeneigt war, falls ein Kind den Wunsch zum Übertritt äußerte. Elvine de La Tour beachtete alle gesetzlichen Vorgaben peinlich genau. Aus den Schriften, die die Konflikte mit der katholischen Kirche zum Inhalt haben, ist erkennbar, dass Elvine um der Sache willen die Auflagen der katholischen Kirche akzeptiert und respektiert hat. Aber sie war ganz sicher nicht übereifrig bemüht, es der katholischen Kirche recht zu machen oder ihr gar zu gefallen.

Elvine de La Tour investierte nahezu ihr ganzes Privatvermögen in ihre Sozialarbeit. Die Einrichtungen im Küstenland und in Kärnten waren im Laufe der Jahre zu einem regelrechten Wirtschaftsbetrieb herangewachsen, und für dessen Führung kam der Gräfin sicher das kaufmännische Talent ihrer Familie zugute. Sie war die Betriebswirtin ihres gesamten Werkes. Sie allein war es, die die Finanzen regelte. Die vorhandenen Briefe der Gräfin zeigen, dass sie Hausvater Gienger wiederholt maßregelte, wenn sie in der Herrnhilfer Buchführung kleinste fehlerhafte Einträge gefunden hatte. In Punkto Geldmittel war Gräfin de La Tour sehr streng. Gerade deswegen, weil neben den notwendigen und manchmal auch spärlichen Spendeneingängen ein so hoher Eigenanteil ihrerseits nötig war, fühlte sie sich berufen, jede finanzielle Angelegenheit auf das genaueste zu prüfen und zu kontrollieren. Sie forderte ihre Mitarbeiter unermüdlich zu mehr Sparsamkeit auf, obwohl dies für die Mitarbeiter manchmal kaum mehr zu bewältigen war. Was die Gräfin in diesem Kontext aber wirklich auszeichnete, war, dass Bittsteller und Hilfesuchende von ihr nie aus finanziellen Gründen abgelehnt wurden. Irgendwie musste es immer funktionieren. Elvine de La Tour selbst wurde häufig zum Bittsteller, wenn sie auf Spendensammlungen angewiesen war. In diesem Zusammenhang konnte ihr Adelstitel ein Hindernis sein. Erstens war damit ein Glaube an ein nie versiegendes Vermögen verbunden, und zweitens wurde es manchmal als Affront empfunden, einer Gräfin Geld zu spenden.

Der Ausbruch des Ersten Weltkrieges markierte, wie überall anders auch, einen massiven Einschnitt in das Leben und Wirken von Elvine Gräfin de La Tour. Ihre Arbeit war bisher ein stetiger Aus- und Aufbauprozess gewesen, und plötzlich musste unter ganz anderen Bedingungen gearbeitet werden. Als Italien den Habsburgern den Krieg erklärte, verließ Elvine sofort Treffen, um nach Russiz zu reisen. Die Gräfin wusste zu diesem Zeitpunkt natürlich nicht, was wir heute wissen. Sie wusste nicht, wie lange dieser Kriegszustand andauern würde, dass Russiz unwiederbringlich verloren gehen würde und dass so viele Menschen ihr Leben lassen mussten. Elvine de La Tour, zu diesem Zeitpunkt bereits 74 Jahre alt, wollte noch einmal mit allen Mitteln kämpfen und sich schützend vor ihr Werk stellen. In diesem Fall konnte sie nichts mehr ausrichten. Ihr adeliger und gesellschaftlicher Status verlieh ihr keine Macht mehr. Sie wurde von ihrem eigenen Besitz vertrieben und musste in der Internierung ausharren, ohne Informationen oder die Möglichkeit, mit ihren Treffner Anstalten Kontakt aufzunehmen. Diese Erfahrungen müssen für sie sehr schmerzlich gewesen sein. Sie schrieb während dieser Zeit ein Tagebuch, das detailreich den entsetzlichen Kriegsalltag schildert. Die Gräfin musste sich nun beugen und ihr Wille zählte nicht mehr. Stück für Stück brach ihr Lebenswerk auseinander. Als ihr die Ausreise über die Schweiz nach Deutschland gewährt wurde, verließen Elvine die Kräfte und sie wurde krank. Schon einige Jahre zuvor hatte sie in den Briefen über Altersbeschwerden, Krankheit und Müdigkeit geklagt und ihre langjährigen Arthroseschmerzen in den Knien plagten sie. Dieses letzte Lebensjahr der Gräfin war geprägt von Schicksalsschlägen, Ungewissheit, Krankheit und Verlust. Bei ihrer Rückkehr nach Kärnten erhob sie sich noch einmal und führte einen Kampf mit der katholischen Kirche, die ihr alle katholischen Kinder in den Anstalten wegnehmen wollte. Tatsächlich konnte dies noch einmal abgewendet werden, aber die 75-jährige Gräfin wurde immer schwächer. Die letzte Lebenskraft dürfte ihr wahrscheinlich durch den Todesfall ihres so innig geliebten „Großneffen" Theodor von Gall, der ganz plötzlich im April 1916 verstorben war, geraubt worden sein. Nur sechs Monate später, im Oktober, starb Elvine de La Tour in ihrem Schloss in Treffen.

Die in einem Kapitel zusammengestellten Zeitzeugenberichte über den Menschen Elvine de La Tour zeichnen das Bild einer facettenreichen Persönlichkeit: Sie wird als eine hilfsbereite Frau dargestellt, die sich voller Güte dem Leid ihrer Umgebung annimmt, ihr gesamtes Privatvermögen ihren Werken zuführt und bis zu ihrem Tod versucht, schwächeren und ärmeren Menschen zu helfen. Sie geht meist kompromisslos ihren Weg, ist bereit, sich zu beraten, bleibt aber stets die alleinige Entscheidungsträgerin. Sie wird als dickköpfig und dominierend beschrieben, gewohnt Befehle zu geben und zu kontrollieren. Sie besitzt ein vollkommenes Gottvertrauen, ihren Mitmenschen kann sie aber nur schwer Vertrauen entgegenbringen. Sie ist liebende Waisenmutter, geduldig, gastfreundlich und ergeben, verfolgt unbeirrbar ihre Ziele und wirkt auf ihr Umfeld mächtig, ehrgeizig und ehrfurchtsvoll.

Die Gräfin hinterließ kein gültiges Testament, lediglich mehrere ungültige Entwürfe. Für die sonst so sorgsame, disziplinierte und vorausschauende Arbeitsweise Elvines stellt dies eine verblüffende Tatsache dar. Es wäre denkbar, dass sie noch auf die Rückkehr ihres „Neffen" Rudolf von Gall warten wollte, der sich noch immer in der Internierung in Sardinien befand. Oder sie hatte vielleicht noch keine Gewissheit erlangt, welches der beste weiterführende Weg für ihre Anstalten sein könnte. Sie hatte keine Kraft mehr, diese letzte Entscheidung persönlich zu treffen. Das ganze Werk blieb führungslos und finanziell abgeschnitten zurück. Elvine de La Tour hatte jedoch eines getan:

Sie hatte einst Mitarbeiter ausgesucht, die ein ausgeprägtes soziales Gewissen hatten und bereit waren für die Sache zu kämpfen. Diesen Menschen gelang es schließlich unter äußerst schwierigen Bedingungen die Heime zu erhalten und die Anstaltsbewohner weiterhin zu versorgen.

Der Neuanfang war geprägt von Schwierigkeiten, finanziellen Engpässen und Ungewissheit. Das Weingut Russiz als Wirtschaftsfaktor war vollkommen weggefallen, dafür waren die Russizer Mädchen zur Versorgung dazu gekommen. Die Nahrungsmittelbeschaffung funktionierte hauptsächlich aufgrund der landwirtschaftlichen Fähigkeiten des Hausvaters Gienger. Durch die Inflation in den Nachkriegsjahren verminderte sich der verbliebene Besitz um unvorstellbare neun Zehntel. Im Zweiten Weltkrieg erlitt das Werk, das zwischenzeitlich eine Stiftung geworden war, erneut massive Einbußen durch Enteignung. Nach Kriegsende konnte sich die Stiftung erholen, und die folgenden Jahrzehnte waren geprägt von einem beträchtlichen Aufschwung. Ab dem Jahr 2004 treten die „Evangelische Stiftung der Gräfin Elvine de La Tour“ und das „Diakoniewerk Waiern“, das von Ernst Schwarz gegründet worden war und das von einer ähnlich ereignisreichen und bewegten Geschichte gekennzeichnet gewesen war, gemeinsam unter der Dachorganisation „Diakonie Kärnten“ auf.

Resümee

In der vorliegenden Arbeit habe ich versucht, mich 75 Lebensjahren anzunähern, die in einer Zeit gelebt wurden, die weit entfernt von meiner eigenen liegt, die ich nur aus Geschichtsbüchern kenne und die mir manchmal schwer zugänglich oder schwer nachvollziehbar erschienen ist. In mein biographisches Konstrukt von Elvine de La Tour fließt bereits das Wissen über historische Ereignisse aus ihrer Zeit mit ein. Die Beschäftigung mit dem Menschen Elvine de La Tour war während des Arbeitsprozesses sehr intensiv und für mich persönlich emotional breit gefächert. Für einiges konnte ich Verständnis aufbringen, für manch anderes weniger. Zurückgeblieben ist ein Bild, das ich hier im Folgenden kurz umreißen möchte:

Die Gräfin war eine Frau, die gegen den Strom geschwommen ist. Sie hat als Einzelne soziale Versäumnisse unmissverständlich beim Namen genannt und sich aktiv und mit allen ihr zur Verfügung stehenden Mitteln eingebracht. In ihrem Leben gab es zahlreiche Höhen und Tiefen. Sie ließ sich nicht beirren und ging eigenwillig und selbstbewusst ihren Weg.

Elvine de La Tour hatte ein außergewöhnliches Leben und zählte in vielfacher Weise zu einer Minderheit: Für ihre Zeit noch ungewöhnlich, leitete sie als **Frau** in einer männerdominierten Welt einen großen Betrieb mit zahlreichen Angestellten und konnte sich behaupten. Der Evangelist Ernst Krupka meinte, es sei der Gräfin nicht darum gegangen etwas zu tun, was Sache der Männer sei.[1] Pfarrer Heinzelmann schreibt in seinem Nachruf über die Gräfin, sie sei stets mit „entschiedener Männlichkeit“ aufgetreten.[2] Ihre mutigen Initiativen, und noch dazu von einer Frau – das dürfte manche Zeitgenossen erstaunt haben. Für ihr Selbstbild schien dies selbstverständlich gewesen zu sein, sie traute Frauen aber weniger zu. Als ihre Nachfolger bestimmte sie in den Testamentsentwürfen ausschließlich Männer und zog keine Frau in Betracht. Elvine trat als überzeugte **Protestantin** in Gebieten mit einer katholischen Übermacht auf und stellte sich Angriffen aufrecht entgegen. Ein Überbleibsel aus den Konfessionskonflikten jener Zeit ist im Kärntner Dialekt zu finden. Hier wird teilweise noch heute der Begriff „lutherisch“ für Nichtgläubige verwendet. Als **Deutschsprachige** zählte sie zur klaren Minderheit im Küstenland und bot der küstenländischen ethnischen Vielfalt das Erlernen der deutschen Sprache in einer deutsch geprägten Schule an. Als Frau von **Adel** zählte sie zu einer Schicht, die einen vergleichsweise geringen Prozentsatz in der Gesellschaft einnahm.

Das Leben der Gräfin fand in einer Zeit des Umbruchs und des Niedergangs statt. Mit ihren Initiativen für Bildung, Suchtbekämpfung und Kinderfürsorge zeigte sie Konsequenz und Weitsicht. Ihre Arbeit war präventiv ausgerichtet, sie versuchte das Übel an der Wurzel zu packen. Neben der Versorgung kümmerte sie sich auch um die Zukunft ihrer Zöglinge. Sie bot ihnen mit Bildungsmaßnahmen und der Sorge für eine berufliche Ausbildung eine sogenannte „Hilfe zur Selbsthilfe“.

Elvine hatte einen ausgeprägten und willensstarken Charakter. Ihr Schaffen war bereits zu ihrer Zeit nicht unumstritten. Eine Schwäche im Wirken der Gräfin war das Konzept der Alleinführung. Die überwiegende Privatfinanzierung hatte ihr einerseits Macht verliehen und eine Art von Abhängigkeit für die Bedürftigen geschaffen, andererseits konnte damit vieles bewegt und tatsächlich zum Besseren gewendet werden. Gräfin de La Tour bewältigte täglich ein unglaubliches Arbeitspensum. Sie duldete keine Einmischung, wollte ihren autoritären Führungsstil beibehalten und die letztgültige Entscheidungsinstanz bleiben.

Das Wirken dieser energischen Frau bietet bestimmt einige Angriffspunkte. Selbstverständlich macht es keinen Sinn zu glorifizieren oder Negatives wegzudiskutieren. Aus ihrer Sicht der Dinge hat sie mit Sicherheit ihr Bestes versucht und gegeben. Für mich persönlich komme ich zu dem Schluss, dass es sich bei der Gräfin um eine mutige Frau handelte, die wahre Pionierleistungen vollbrachte und damit vielen Menschen ein schlimmes Schicksal ersparte. Ihr soziales Vermächtnis hatte so festen Bestand, dass es zwei Weltkriege überlebte und bis in die Gegenwart hineinreicht. Das Leben von Gräfin Elvine de La Tour hat die Geschichte des österreichischen Wohlfahrtswesens mitgeschrieben und geprägt.

1 Krupka, Licht, S. 10.

2 Heinzelmann, Nachruf auf Gräfin La Tour. In: Villacher Zeitung, 13. 10. 1916, S. 3.

7. Zeittafel

Leben und diakonisches Wirken der Gräfin de La Tour

1841	Am 8. Dezember wird Elvine Ritter, die spätere Gräfin de La Tour, in Görz geboren.
1844	Geburt des Grafen Theodor de La Tour am 15. September in Mailand.
1850	Die Familie Ritter kauft Gut Monastero bei Aquileia.
1851	Die Mutter Elvines stirbt am 20. September.
1855	Elvines Vater wird in den österreichischen Ritterstand erhoben.
1858	Elvine wird am 5. April konfirmiert.
1861	Das Protestantengesetz gewährt gesetzliche Gleichberechtigung der Konfessionen.
1863	Berufung von Pfarrer Ludwig Schwarz nach Görz.
1865	Elvines ältester Bruder Alfred stirbt.
1866	Schlacht von Custozza (ital. Unabhängigkeitskrieg).
1868	Hochzeit von Elvine und Theodor am 15. Februar in Görz.
1869	Elvines Vater wird in den Freiherrenstand erhoben.
1873	Gründung eines Waisenversorgungsvereines in Görz.
1875	Gründung einer evangelischen Schule in Russiz.
1876	Der Verein löst sich auf. Das Ehepaar de La Tour baut den Dachboden des Russizer Schlosses für die Waisenmädchen aus.
1878	Elvines Vater stirbt am 15. Juli. Neubau einer Mädchenerziehungsanstalt neben dem Russizer Schloss. Lehrer Jakob Lohmann und Heimvorsteherin Anna Heber treten ihren Dienst an.
1885	Graf de La Tour erwirbt Schloss Treffen mit zugehörigen Besitzungen. Elvine beginnt in Treffen Sonntagsschule abzuhalten.
1891	Eröffnung einer Privatvolksschule in den Nebengebäuden von Schloss Treffen.
1893	Beginn der Kärntner Evangelisationsarbeit mit dem Evangelisten Alfred Galsterer.
1894	18. Juli: Graf Theodor de La Tour verstirbt in Treffen. August: Beginn eines Schulhaus-Neubaues in der Nähe des Treffner Schlosses.
1895	24. Oktober: Eröffnung und Einweihung des neuen Schulhauses durch Pfarrer Ernst Schwarz aus Waiern.

1898	Errichtung und Einweihung einer Kapelle in Russiz. Für den Leichnam des Grafen de La Tour wird ein Mausoleum in Russiz erbaut. In der Lindenallee des Schlosses findet das erste Treffner Jahresfest statt.
1900	Erwerb der Tarmann- bzw. Obergröflacherhube und Umgestaltung zu einer Missions- und Diakoniestation genannt „Vereinshaus".
1902	Errichtung eines Kinderhorts im Vereinshaus. Ankauf des zukünftigen Hauses „Herrnhilf". Eröffnung einer Abendschule, Musikschule und Lesestube in Russiz.
1903	Die evangelische Privatvolksschule in Treffen bekommt das Öffentlichkeitsrecht verliehen. Errichtung einer Pflege- und Krankenstation im Vereinshaus. Juli: Aufnahme zweier Waisenbuben in Herrnhilf.
1904	Erste Treffner Gemeinschaftskonferenz. Die ersten Einleger beziehen Herrnhilf.
1905	Erwerb des Printschlerhofes, später Elim genannt.
1906	28. Oktober: Einweihung der ausgebauten Kinderbewahranstalt in der ehemaligen Tarmannhube.
1908	Gründung eines Hospizes in Triest, verbunden mit Stadtmissionsarbeit. Einweihung am 15. November. Die Hauseltern Gienger treten ihren Dienst in Herrnhilf an.
1910	Im Frühjahr wird Haus Elim als zweite Knabenanstalt eröffnet. Ausbau einer Scheune für den neuen Betsaal in Treffen.
1911	13. August: Einweihung des Betsaales verbunden mit einer Glaubenskonferenz. Die Gräfin gründet anlässlich des Jahresfestes ein Komitee für die Missions- und Diakoniearbeit im Raum Treffen.
1912/13	Gründung des Kärntner Blaukreuzvereines.
1914	Ausbruch des Ersten Weltkrieges.
1915	Kriegserklärung Italiens an Österreich. Elvine wird interniert und kann erst im Oktober in die Schweiz ausreisen. Im Dezember Weiterreise nach Stuttgart.
1916	Februar: Elvine kehrt nach Treffen zurück.
	7. Oktober: Elvine verstirbt in Schloss Treffen.
	13. Oktober: Beisetzung im Schlosspark Treffen.

8. Anhang

8.1 Stammtafel: Ritter von Záhony – de La Tour – von Gall

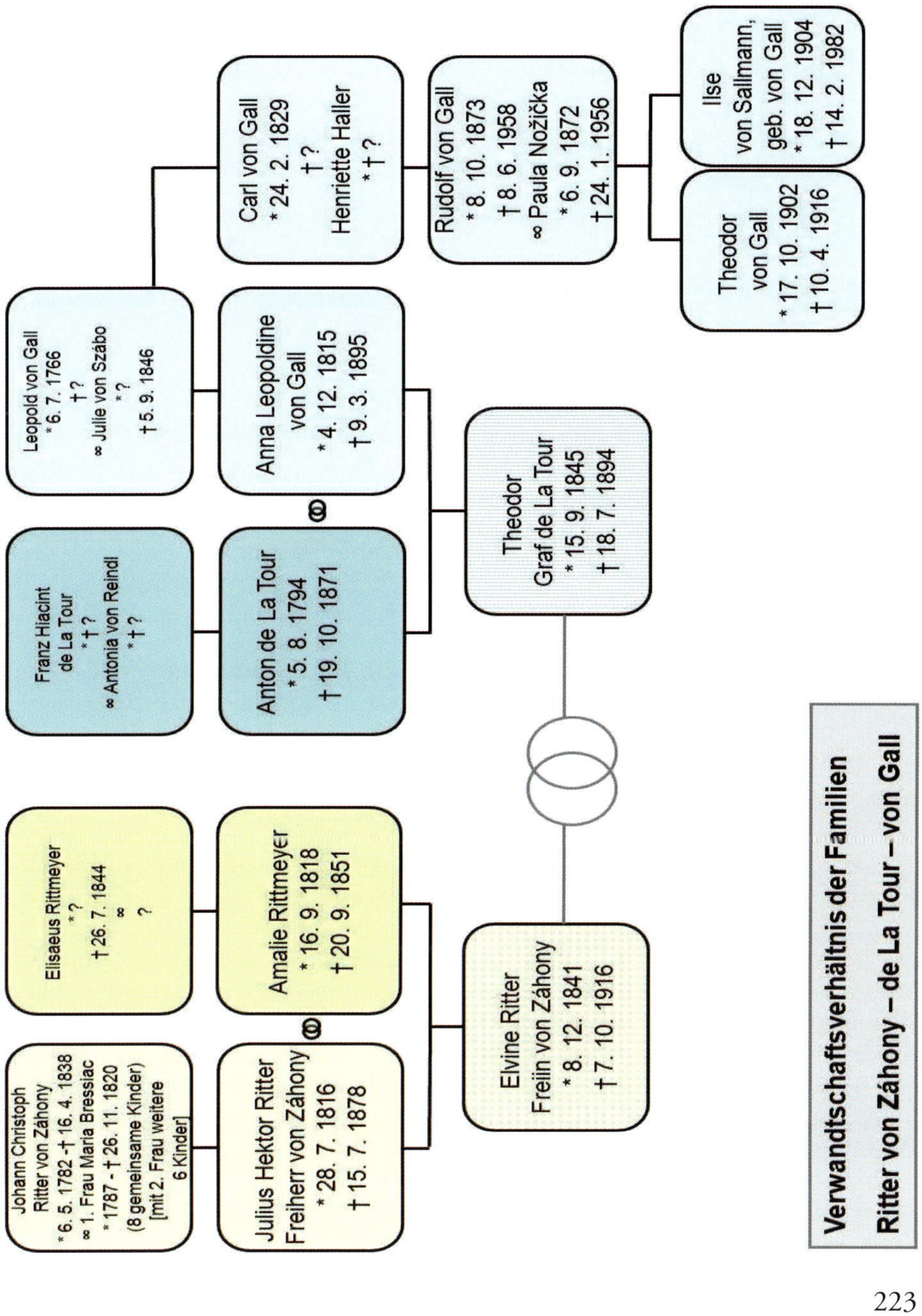

8.2 Österreichische Währungseinheiten

1857–1892 **Gulden (fl)**

1 Gulden (fl) = 60 Kreuzer (kr) = 240 Pfennige (d)

1 Schilling (ß) = 7,5 Kreuzer (k)

Mit dem 2. August 1892 tritt eine Währungsreform in Kraft. Die Silberwährung „Gulden" wird von der Goldwährung „Krone" abgelöst.

1892–1925 **Krone (K)**

1 Gulden (fl) = 2 Kronen (K)

1 Krone (K) = 100 Heller (h)

Die Kronenwährung geht im Zuge der Inflation unter. Ab dem 1. März 1925 tritt stattdessen die Schilling-Groschen-Währung in Kraft.

1925–1938 **Schilling (S)**

1 Schilling (S) = 100 Groschen (g) = 10.000 Papierkronen

1 Goldkrone = 14.000 Papierkronen

Beispiele[1] für die **Kaufkraft im 19. und 20. Jahrhundert** anhand des Wochenlohnes eines Tagelöhners oder eines ungelernten Industriearbeiters:

1870 verdiente er in einer 78-Stunden-Woche 6 Gulden. Bei einem Brotpreis von 0,16 Gulden/kg hätte er sich 37,5 Kilo Brot kaufen können.

1900 verdiente er in einer 60-Stunden-Woche 16,3 Kronen. Mit 0,26 Kronen/kg, hätte er sich 62,7 Kilo Brot kaufen können.

1920 mit Beginn der Inflation: 622 Kronen Wochenlohn für eine 48-Stunden-Woche. Das Brot kostete per Kilogramm 476 Kronen und er hätte sich nur mehr 1,3 Kilo Brot leisten können.

1930 in einer 44-Stunden-Woche verdiente er 56 Schilling Wochenlohn. Mit einem Kilopreis von 55 Groschen, wäre der Erwerb von 101,8 Kilogramm Brot möglich gewesen.

Laut Angaben des Österreichischen Statistischen Zentralamtes[2] lässt sich die Kaufkraft der Währungseinheiten wie nachstehend darstellen:

Gegenwert für 1 Währungseinheit in Euro per Jänner 2008

Währung	Jahr	Indexwert	Euro/Jänner 2008
Gulden (fl)	1820	60,0	16,11
Gulden (fl)	1830	54,1	17,87
Gulden (fl)	1840	54,8	17,64
Gulden (fl)	1850	65,6	14,74
Gulden (fl)	1860	80,9	11,38
Gulden (fl)	1870	87,0	10,58
Gulden (fl)	1880	89,8	10,25
Gulden (fl)	1890	82,2	11,20
Krone (K)	1900	80,4	5,73
Krone (K)	1910	95,4	4,83
100 Kronen (K)	1920	5545,0	8,30
Altschilling (aS)	1930	108,0	2,84

Diese Darstellung ist folgendermaßen zu verstehen: 1 Gulden im Jahr 1820 entspricht kaufkraftmäßig einem Betrag von € 16,11 im Jänner 2008. Im Jahr 1900 steht dem Wert von 1 Krone im Sinne der Kaufkraft der Wert von € 5, 73 im Jänner 2008 gegenüber. 1930 beträgt der kaufkraftmäßige Gegenwert für 1 Schilling € 2,84 per Jänner 2008.

8.3 Testaments-Entwurf I[3]

Mein Testament

Wenn der Ruf meines Gottes und Heilandes an mich ergeht, von dieser Welt abzuschneiden, so ist dies mein letzter Wunsch und Wille, alles, was ich hier auf Erden durch seine Gnade empfangen habe, wieder in Seine Hände niederzulegen.

Meinem himmlischen Vater habe ich nicht allein mein irdisches Dasein, die damit verbundenen Gaben und Güter zu verdanken, sondern was viel mehr, ja alles bedeutet: Er hat mich erwählt und berufen zur Nachfolge Seines Sohnes, hat mir in der Wiedergeburt Seinen heiligen Geist geschenkt, hat mich bis in mein Alter, da ich grau geworden, in unbeschreiblich großer Liebe, Nachsicht und Treue getragen, hat mich gesegnet und zum Segen werden lassen. Ihm sei darum auch Lob, Preis und Dank gesagt bis zum letzten Atemzug!

Wie ich in diesem Leben stets bestrebt war, vor meines Gottes und Heilandes Angesicht zu stehen und zu wandeln, so soll auch in gleicher Gesinnung und Hingabe an Ihn mein letzter Wille verfasst sein, den ich hiermit folgen lasse:

Da ich die Überzeugung hege, dass meine nächsten Angehörigen respektive Familienmitglieder mit irdischen Gütern so genügend versehen sind, dass sie einer Bereicherung aus meinem hinterlassenen Vermögen nicht bedürfen, so mögen sie mir nicht zürnen, wenn ich die Güter, welche unter Gottes Segen, der Tüchtigkeit meines lieben verstorbenen Mannes und meinen Bemühungen gediehen sind, dem Weiterbestand der mir vom Herrn anvertrauten Werke der inneren Mission widme.

Ich errichte nun hiermit für den Fall meines Todes, bei vollkommen gesunden Geisteskräften, nach reiflicher Ueberlegung, frei von Zwang und Irrtum meinen nachstehenden letzten Willen wie folgt:

1. Meine irdische Hülle soll an der Seite meines verstorbenen Gatten in der Familiengruft in Russiz bei Capriva beigesetzt werden und ich wünsche, dass mein schlichter Sarg in einen ganz einfachen Steinsarkophag gestellt werde, worauf an der Vorderseite mein Name mit dem Geburts- und Todestag und auf dem Deckel der Spruch angebracht sein soll: „Ich habe Dich je und je geliebet, darum habe ich Dich zu mir gezogen aus lauter Güte Jer. 31,3.“ Ich bitte dringend in der Grabrede sich jedes Anpreisens meiner Person oder etwaigen Verdienste zu enthalten. Ich war mir meiner Sündhaftigkeit, meiner Schwachheit und Ohnmacht meinem Gott gegenüber stets bewusst, und was der Herr durch mich, seine geringste Magd Gutes geschehen ließ, das habe nicht ich, sondern hat Er allein getan. Darum auch ihm allein die Ehre!

2. Meinen teuren Mitarbeitern und Mitarbeiterinnen, meinen Pflegekindern, Angestellten, Knechten und Mägden sage ich Dank für alle Liebe und Treue, die sie mir erwiesen. Der Herr wird es ihnen lohnen nach Verdienst. Ich hege nur den Wunsch, dass wir uns wieder finden im oberen Licht.

3. Zur Universalerbin meines gesamten, wie immer Namen habenden Vermögens, welches nach Entrichtung der in diesem Testament von mir angeordneten Legate, der sonstigen Gebühren und Abhandlungskosten erübrigt, sowie nach Abzug etwaiger Schulden und Lasten, setze ich eine Stiftung ein, welche aus dem vorerwähnten, derselben aus meinem Nachlass zufallenden Vermögen errichtet werden soll. Diese Stiftung soll für ewige Zeiten den Namen führen: „Evangelische Stiftung der Gräfin Elvine de La Tour". Zweck derselben soll sein der Weiterbestand der von mir in Russiz bei Capriva und Treffen, Kärnten errichteten Anstalten und Werke der inneren Mission, welche ich durch des Herrn Gnade ins Leben rufen durfte, in jenem Geiste, in welchem dieselben von mir geleitet wurden, für ewige Zeiten zu sichern.

4. Diese Anstalten und Werke setzen sich zusammen in Russiz bei Capriva:

a.) aus einer evang. Privatvolksschule mit Öffentlichkeitsrecht;

b.) aus einer evang. Erziehungsanstalt für völlig verarmte, verwaiste oder verwahrloste Mädchen, welche damit in Verbindung steht.

5. In Treffen bei Villach:

a.) Aus einer evangelischen Privatvolksschule mit Öffentlichkeitsrecht;

b.) Aus den zwei Knabenheimen zur Erziehung und Verpflegung völlig verarmter, verwaister oder verwahrloster Knaben, welche in den zwei Häusern Herrnhilf und Elim untergebracht sind;

c.) Aus dem Einlegerasyl zur Versorgung verarmter, siecher, arbeitsunfähiger Männer und Frauen, mit einer besonderen Abteilung für Kranke;

d.) Aus einer Kinderbewahranstalt für ganz verarmte oder verlassene Kinder, vom Säuglingsalter an bis zum schulpflichtigen Alter;

e.) Aus der Arbeit der Evangelisation, mit der Bestimmung, durch die Anstellung und Aussendung von gläubigen Evangelisten, nicht allein in Treffen, Villach usw., sondern auch in weiteren Kreisen Kärntens das Evangelium Jesu Christi durch Abhaltung von Versammlungen und die Verbreitung guter Schriften hilfebedürftigen Seelen mit neuem Eifer zu verkünden, sie darin zu befestigen und die lebendigen, entschiedenen Christen zur Bildung von Gemeinschaftskreisen zu veranlassen.

6. In Triest:

a.) aus einem christlichen Hospitz, welches dazu dienen soll, Durchreisenden und insbesondere Reichsgottesarbeitern, Missionaren, alleinstehenden Frauen und stellungsuchenden Mädchen eine gute sichere Unterkunft zu mäßigen Preisen zu gewähren. Vor allem soll auch in diesem Hause Gottes Wort auf den Leuchter gestellt sein durch Abhaltung täglicher Hausandachten, gelegentlicher Bibelstunden und Anregung zur Gebetsgemeinschaft unter den Gästen.

b.) Aus der evangelischen Stadtmission, durch welche evangelisches Leben in jeder Weise gefördert werden soll, und zwar durch die Wortverkündigung entschieden gläubiger Männer und durch das Wirken ebensolcher Frauen, hauptsächlich Diakonissen. Auch soll damit eine Arbeit an jungen Männern verbunden sein, welche behufs der Erlangung eines Erwerbes und einer Lebensstellung nach Triest kommen, zumeist anfangs ganz mittellos sind und denen man ein billiges Unterkommen in einem entschieden christlich geleiteten Heim bieten will.

7. Die Stiftung hat mithin nach meinem Ableben die vorhergenannten Anstalten und Werke in Verwaltung und Leitung zu übernehmen, und dieselben aus den Erträgnissen des Stiftungsvermögens zu erhalten.

8. Diese Stiftung soll durch ein Kuratorium von mindestens 7 entschieden gläubigen Männern vertreten werden, welche von der Liebe Christi durchdrungen, sich bereit erklären, ihre Gaben und Kräfte dem hohen heiligen Zweck zu widmen.

9. Zu Mitgliedern des Kuratoriums berufe ich folgende Herren[4]:

I. ______________________________

II. ______________________________

III. ______________________________

IV. ______________________________

V. ______________________________

VI. ______________________________

VII. ______________________________

Wenn einer der vorgenannten Herren vor mir gestorben und an seiner Stelle ein anderer Kurator von mir nicht ernannt sein sollte, und ebenso in dem Fall als nach meinem Ableben ein Kurator mit Tod abgeht, oder seine Stelle als Kurator zurücklegt, so haben jeweilig die übrigen Kuratoren für den verstorbenen oder abgetretenen ohne Aufschub einen anderen Kurator zu wählen. Bei der Wahl der Kuratoren entscheidet die relative Stimmenmehrheit; bei Stimmengleichheit das Los. Das Kuratorium wählt in gleicher Weise einen Vorsitzenden. Urkunden und sonstige Schriftstücke haben, um für die Stiftung rechtsmäßige Kraft zu haben, vom Vorsitzenden und zwei Mitgliedern des Kuratoriums gefertigt zu werden. Die laufende Korrespondenz und sonstige Handlungen ohne rechtsverbindlichen Charakter hat der Vorsitzende zu besorgen oder derjenige Kurator, in dessen Wirkungskreis die Angelegenheit gehört. Dem Kuratorium soll die Vertretung der Stiftung resp. die Administration des Stiftungsvermögens, die oberste Leitung, Verwaltung und Beaufsichtigung des mehrerwähnten, nach meinem Ableben von der Stiftung zu übernehmenden und aus den Erträgnissen des Stiftungsvermögens zu erhaltenden Werke in Russiz, Treffen und Triest obliegen. Im Übrigen soll das Kuratorium bei der Administration des Stiftungsvermögens und bei der Verwendung der Erträgnisse desselben sowie der gesamten Leitung und Verwaltung der Stiftungsobjekte unbeschränkt nach seinem, durch den vornehmsten Zweck der Stiftung geleiteten Ermessen vorgehen. Ich lege es den Kuratoren besonders ans Herz, bei allen von denselben zu treffenden Maßregeln, insbesondere bei Besetzung der Lehrstellen und der übrigen Angestellten der Stiftungsanstalten, bei der Kontrolle der Aufnahme von Zöglingen, und der Erziehung und des Unterrichtes derselben, sich stets vor Augen zu halten, dass die Stiftungsanstalten ihrem ursprünglichen, von mir angestrebten Zweck wahrhaft evangelischer Kindererziehung und Wohltätigkeit erhalten bleiben. Vor allem dürfen niemals Bestimmungen getroffen oder Männer in das Kuratorium berufen werden, die den Charakter der Anstalten als Glaubenswerke, die der Verbreitung eines entschiedenen biblischen Christentums dienen, gefährden.

Zunächst und hauptsächlich liegt mir daran, dass die beiden Schulen in Russiz und Treffen erhalten bleiben, und wenn in der Zukunft aus was immer für einem Grunde eine Beschränkung in dem Wirkungskreis der Stiftung notwendig werden sollte, diese nicht die oben erwähnten Schulen nebst den damit verbundenen Anstalten treffen soll.

Das Kuratorium soll sich durch von Zeit zu Zeit durch ein Mitglied desselben vorzunehmende Visitation der Anstalten die Überzeugung verschaffen, dass dieselben dem mit der Errichtung verbundenen Zweck gemäß geleitet werden, wozu auch längere Aufenthalte in Russiz und Treffen in Aussicht genommen werden müssten.

Das Kuratorium soll regelmäßige Sitzungen abhalten, und ich mache es den Kuratoren zur Pflicht und erstem Gewissensanliegen, wenn irgend möglich, an diesen Sitzungen teilzunehmen.

Das Amt eines Kurators ist ein Ehrenamt. Ich überlasse es aber der Brüderlichkeit der Mitglieder, einem vielleicht in seinen eigenen Mitteln beschränkten Mitgliede zur Ermöglichung der Teilnahme an den Kuratoriumssitzungen aus dem Stiftungsvermögen Handreichung zu tun.

Das es mein Wille ist, dass die sämtlichen weiter unten von mir angeordneten Legate – mit Ausnahme einzelner, welche ich ausdrücklich bezeichne – lediglich aus meinem mobilen Vermögen entrichtet werden sollen, so werden meine Besitzungen in Russiz und Treffen den Hauptstock des Vermögens bilden, welches aus meinem Nachlass der zur errichtenden Stiftung zuzufallen hat. Da die Erträgnisse aus diesen Besitzungen dazu dienen sollen, die jährlichen Enthaltungskosten der durch meinen Tod in die Verwaltung der Stiftung übergehenden Werke möglichst zu decken, was nur bei ordnungsmäßiger Bewirtschaftung und Verwaltung wohl erreicht werden könnte, so ordne ich an und ist dies mein besonderer Wunsch, dass nach meinem Ableben die Besitzungen Russiz und Treffen den Anstalten erhalten bleiben und von der zu errichtenden Stiftung, respektive dem Stiftungskuratorium so verwaltet werden, dass aus dem Reinerträgnis, sowie aus dem Erträgnisse des allfälligen, aus seinem Nachlasse der Stiftung noch zufallenden Vermögen, die mehrerwähnten Anstalten und Werke erhalten werden sollen. Sollten besonders bei voraussichtlicher Vergrößerung der Werke die mehrerwähnten Besitzungen bei deren Verwaltung durch die Stiftung nicht die genügenden Erträgnisse abwerfen, dass aus denselben die Stiftungsanstalten erhalten werden könnten, so wird die Vorstehung der Stiftung bestrebt sein, das Mehrerfordernis so weit tunlich durch Aufforderung zu Liebesgaben hereinzubringen.

Die näheren Bestimmungen über die Organisation der Stiftung und des Stiftungskuratoriums, über die Verteilung der Agenden unter die einzelnen Mitglieder des Kuratoriums, über die Verwaltung des Stiftungsvermögens und der Stiftungsanstalten und alle sonst noch erforderlichen Bestimmungen bleiben dem Stiftungsbrief vorbehalten. Für den Fall, dass dieser Stiftungsbrief bei meinem Ableben noch nicht vorhanden und dem Testament beigefügt sein sollte, ersuche und bevollmächtige ich das Kuratorium, denselben auf Grund der angedeuteten Grundsätze nach bestem Ermessen zu entwerfen und zur Registrierung und Evidenzhaltung der Stiftung der Stiftungsbehörde vorzulegen.

Zu meinem Testamentsexekutor ernenne ich die Herren ______________

Ich ersuche die Testamentsexekutoren, dem Kuratorium in allen Fällen, da es eines Rates und einer Unterstützung bedarf, tatkräftigst zur Seite zu stehen. Auch berechtige und bevollmächtige ich die Testamentsexekutoren, die zur Fortführung und Erhaltung der Werke notwendigen Mittel meinem Barvermögen bis zur völligen Ordnung der Testamentsverfügungen zu entnehmen, damit die Fortführung der Anstalten und die Bewirtschaftung der Güter keine Unterbrechung und damit verbundenen Schaden erleide.

Ich bestimme noch ausdrücklich, dass das Stiftungsvermögen dem von mir ausgesprochenen Zweck niemals entzogen werden darf, sondern demselben für ewige Zeiten gewidmet bleiben soll.

Es folgen hiermit die näheren Angaben über den unbeweglichen Besitz in Russiz und Treffen, welcher in die Stiftung aufgenommen werden soll:

1. mein sämtlicher unbeweglicher Besitz des Gutes Russiz, Cataster Gemeinde Capriva, Spessa und Vipulzano mit dem gesamten lebenden und toten Inventar, sowie allen Vorräten.

2. Mein unbeweglicher Besitz in Treffen bei Villach. Davon sollen jedoch die nachstehend bestimmten Objekte ausgeschieden werden, die ich Herrn Rudolf Ritter von Gall vermache und zwar die ganzen rechtsseitig vom Einöder-Treffnerbach gelegenen Grundstücke samt dem Schloss, allen Nebengebäuden, allen Gerechtsamen (Fischereigrundes, Wasserrecht usw.) mit Ausnahme des Schulgebäudes und des Schulgrundes, benannt evangelisches Schulgut G. E.124. Zu diesem ist das Wasserbezugsservitut der bestehenden der Schule angehörenden Wasserleitung aus dem Schlosse grundbücherlich einzutragen.

Von den am linksseitigen Ufer des Einöder-Treffnerbaches gelegenen der Stiftung zufallenden Grundstücken sind noch auszuscheiden und dem oben erwähnten Legat des Herrn Rudolf Ritter von Gall beizufügen:

Die Ruine des alten Schlosses Treffen L. W. Winklern 574 P. N. 4/5.

Die Wiese P.N.86.

Der Schluchteranger mit den Parzellen 211, 212, 213, 214 und die von Schrötter gekauften Felder P. N. 208, 210.

Der Kalkofen und Steinbruch Landtafel E. 547 K. G.Töbring 10/1, 10/2.

Meine sämtlichen Kripsanteile von Winklern.

Dieser Besitz soll als Legat Herrn Rudolf Ritter von Gall unter der Bedingung zufallen, dass er den auf seinen Namen eingetragenen Besitz Obergröflacherhube in Köttwein unentgeltlich und bücherlich an die von mir angeordnete Stiftung abtrete.

Jedoch kann er die von diesem Besitz linksseitig vom Einöder-Treffnerbach gelegene Wiesenparzelle Nr. 86 sich zurückbehalten.

Weiters bestimme ich, dass Herr Rudolf Ritter von Gall das Schloss in Treffen mit der gesamten Einrichtung, Möbel, Silber, Geschirr, Wäsche usw. erhalten soll, sowie das gesamte lebende und tote Inventar des Gutes.

Er soll dagegen verpflichtet sein zur Abgabe von 12 Kühen, 1 Stier, 2 Zugpferden und den ihm entbehrlich gewordenen Ackergeräten, Fuhrwagen u.s.w. an die Stiftung. Auch soll der Stiftung grundbücherlich das Weiderecht eingeräumt werden für 12 Stück Rindvieh unter 3 Jahren auf der Verditzer Alm.

3. Über den mir als Erbin meines Vaters, des Freiherrn Hektor von Ritter Záhony zugefallenen und mir grundbücherlich gehörigen ¼ Anteil an der Herrschaft Monastero bei Aquileia verfüge ich hiermit folgendermaßen:

Von diesem mit Kr. 263.500,-- (sage zweimalhundertdreiundsechzigtausendfünfhundert Kronen Österr. Währung) bewerteten Anteil erhält die mehrerwähnte Stiftung Kr. 217.500,– (sage zweihundertsiebzehntausendfünfhundert Kronen Österr. Währung). Wenn mein Neffe Baron Hektor von Ritter-Záhony den Wunsch äußern sollte, diesen Anteil an Monastero käuflich zu erwerben, so räume ich ihm für seine Person das Recht ein, diesen meinen Anteil um den Preis erwerben zu können, den ich in einem besonderen, von mir eigenhändig geschriebenen und unterschriebenen an meine Testamentsexekutoren gerichteten Brief bestimmt habe. Dieser Brief soll nach Errichtung der Stiftung an die Vertretung derselben übergeben werden.

Wenn mein Neffe von diesem Rechte innerhalb 10 Jahren nach meinem Ableben keinen Gebrauch macht, so soll es als erloschen anzusehen sein.

8.4 Auszüge aus einem Interview mit Ilse von Sallmann, geb. von Gall

Das Interview wurde von den langjährigen Mitarbeitern der Stiftung de La Tour, Ingeburg und Heribert Weber, mit Ilse von Sallmann, geb. von Gall geführt. Frau von Sallmann erzählte ihre Erinnerungen an die „Tante und Großmama", Gräfin Elvine de La Tour. Das Interview wurde anlässlich eines Besuches bei Frau von Sallmann, wenige Tage vor ihrem 75. Geburtstag, am 5. Dezember 1979 aufgenommen. Ein vollständiges Transkript des Interviews ist in meiner Diplomarbeit zu finden.[5]

Im Folgenden wird Ilse von Sallmann mit S bezeichnet, Ingeburg Weber mit IW, Heribert Weber mit HW.

[...] bedeutet inhaltliche Auslassungen irrelevanter Interviewpassagen

[ ] *Anmerkungen zur besseren Verständlichkeit*

... Sprechpausen

Um eine einfachere Lesbarkeit zu ermöglichen, wurde eine Sprachglättung vorgenommen.

[Beginn der Tonbandaufnahme ohne Einstiegsfrage]

S: Sie *[die Gräfin]* ist ja in Görz in einem fürstlichen Haus aufgewachsen, in der Corno. Ich glaube, der ist verbombt worden im Ersten Weltkrieg. Das war ja ein prachtvolles Palais mit einem riesen Garten... Sie sehen ja wie die Kinder *[Elvine und ihre Geschwister]* ausgesteuert wurden. Sie hat das Gut Russiz bekommen, der Bruder hat Monastero bekommen. Dass die alle ein enormes Vermögen bekommen haben, konnte sie nicht vereinbaren mit dem Ganzen – dieses unsoziale. Da hat sie eben nach dem Worte Christi gehandelt.

Das war ihr tiefster Wunsch, ihre tiefste Überzeugung von ihrem Reichtum, von ihrem Überfluss den anderen zu geben. Heute ist es hier ja ganz anders. Heute ist es die Regierung, die sehr viel tut. Aber ich glaube, es gibt noch immer... Arbeit und arme Kinder. Vielleicht weniger finanziell arm, aber aus zerrissenen Familienverhältnissen…

[...]

HW: Und der Vater der Gräfin hat, so ich hörte, auch eine Fabrik besessen und betrieben?

S: Ja, ja freilich. Eine Zuckerraffinerie und auch eine Spinnerei in Strazig. Mein Vater hat da auch manchmal in dem Büro, in den Kanzleien zu tun gehabt. Der kam da auch oft hin. Noch als Junggeselle.

Die Entfernungen sind ja derart groß… auch hier in Treffen zum Beispiel bis zur Meierei. Auf dem Weg dorthin war eine große Nußbaumallee, hat mir mein Vater erzählt. Auf der Zufahrt hinauf, ja, da haben sie säckeweise Nüsse verkauft in Villach. Die Tante hatte ja ein Geschäft in Villach in der Widmanngasse. Und ich erinnere mich noch… wir haben noch lange den Wagen gehabt, ein grüner Kastenwagen. Jeden Tag sind Milchflaschen ins Geschäft geführt worden. Vorher hat es ja keine Molkerei gegeben. Da ist jeden Morgen die Milch hineingeführt worden, mit Pferden, ins Geschäft. Sie hat auch von Russiz Wein kommen lassen und im Geschäft in Villach verkauft.

[…]

HW: Es hat doch bis zum Krieg hier das Treffner Jahresfest in der Lindenallee gegeben, nicht?

S: Ja, an das erinnere ich mich noch sehr, sehr gern. Da waren Girlanden wo das Lindenschlössl ist. Die Kanzel aus dem Betsaal war aufgestellt und überall war mit Girlanden und kleinen Fähnchen geschmückt worden. In der Allee waren viele Bänke – Steinbänke mit Holz drauf. Im Schlosshof waren große hölzerne Tische. Da kamen alle Leute. Da haben wir im Waschkessel gekocht und die sind alle verpflegt worden. Und im Schloss oben, in der Halle, da waren mal achtzig Leute.

[…]

HW: Wie gestaltete sich der Tagesablauf der Gräfin?

S: Also, um sieben hat sie die Köchin verständigt, sie möchte die Milch aufstellen. Weil sie sehr gerne frisch aufgekochte Milch hatte. Dann, um Viertel Acht mussten wir alle zum Frühstück erscheinen. Nach dem Frühstück hat sie sich zum Harmonium gesetzt und wir haben alle einen Vers gesungen. Dann hat jedes von uns aus der Heiligen Schrift einen Bibelvers gelesen, über den sie ein paar Worte gesprochen hat und auch über den Tageslauf. Dann wurde wieder gesungen und dann sind wir Kinder natürlich hinaus... Mit meiner Mutter und mit der Köchin ist dann der Speisezettel besprochen worden und alle Hausarbeiten... Dann ist sie hinauf in ihre Gemächer und zu ihrem Schreibtisch und hat gearbeitet. Dann ist sie zu den Anstalten hinüber, hat mit den Tanten gesprochen und hat sich um alles gekümmert. Dann wurde zu Mittag gegessen… Da war eine Glocke unter dem Borddecort. Die wurde geläutet und dann kamen alle zum Essen. Sie hat die Suppe ausgeteilt. Mein Bruder und ich, wir mussten uns rechts und links von ihr aufstellen und das Tischgebet sprechen. Nach dem Essen auch das Tagesgebet. Und dann ist sie wie ein Kind um den Tisch herum mit dem Gipsi *[ihrem Hund]* herumgetollt und mit uns hat sie Fangen gespielt. Das war sehr lustig und vergnügt, besonders mit meinem Bruder Theodor.

HW: Den scheint sie besonders geliebt zu haben...

S: Ja, sie war kinderlos und hat ihre ganze Liebe dem Buben gewidmet. Hat oft gesagt: „Ihr könnt noch soviel Kinder haben, aber der Theodor, das ist mein Liebling". Sie hat ihn später oft aus der Bibel geprüft. Wie er dann natürlich nach Deutschland kam, in die Schule, da ist er ihr natürlich riesig abgegangen…

Ja, nachmittags ist sie gerne spazieren gegangen und dann hat sie ja auch mit ihrer Sekretärin gearbeitet. An eine Sekretärin erinnere ich mich noch sehr gut, Fräulein Abele aus Württemberg. Die war leidend und musste Liegekuren machen. Dann hat sie doch Evangelisten kommen lassen, die sich hier – in Russiz nicht – aber hier in Kärnten um die Gemeinden gekümmert haben. Um die Bauern, um die Knechte bei den Bauern, die es oft sehr schlecht hatten... Dort in den entlegenen Ortschaften haben die Evangelisten dann Bibelstunden gehalten. Das war ihr sehr am Herzen gelegen.

HW: Unten in Russiz hat es ja auch diesen Betsaal gegeben? Sind da regelmäßig Gottesdienste gehalten worden oder nur zu festlichen Veranstaltungen oder Festtagen?

S: Es kam der Herr Pfarrer Schmid von Görz. Der war Pfarrer in Görz. Und der Hektor Ritter, ihr Neffe. Der war Kurator in der Görzer Kirche. Der hat so Amtshandlung, das heilige Abendmahl gegeben in Russiz. Er kam nicht jeden Sonntag, das war nicht möglich, aber so fallweise. Sie [die Gräfin] hat sehr viele Betstunden gehalten. Zum Beispiel abends, jeden Sonntagabend, hat sie eine Gebetsstunde gehalten, eine Bibelstunde im Betsaal.

[...]

Russizer Schülerinnen mit Hausmutter Else Hayek und Heimvorsteherin Anna Heber. In der ersten Reihe sitzend im Matrosenkleid Ilse von Gall, in der dritten Reihe rechts außen stehend im Matrosenanzug Theodor von Gall.

S: Weihnachten war wunderschön. Die Tante Anna hat eine besondere Gabe dazu gehabt. Sie war sehr streng, aber sehr gerecht. Die Kinder haben sie alle sehr geschätzt. Wir durften immer beiwohnen, mein Bruder und ich. Bevor wir Weihnachten gefeiert haben, haben wir immer bei der Tante Anna mit den Kindern Weihnachten gefeiert. Wir durften immer hin und sie hat immer Plätzchen für uns gehabt. Da war sie rührend.

IW: Und man sagt, die Gräfin hat so einfach gegessen. Wie sah das denn so ungefähr aus?

S: Es war schon gut gekocht. Gemüse und auch Bäckereien und so weiter ... Das hat es schon gegeben. Aber dass wir zum Beispiel jeden Tag Schlagrahm hätten oder so etwas, das war unmöglich. Das war nicht der Fall. Wein hat es auch gegeben, aber vielleicht nur ein Gläschen zu Mittag. Am Abend wurde normalerweise kein Wein getrunken. Das weiß ich von meinem Vater her. Der hat ja auch sehr genügsam gelebt [...]

HW: Und Ihr Vater hat auch das Weingut betreut?

S: Die Kellerei und die Wirtschaft. Ein Teil war ja im Kolonatwesen *[Pachtwesen]*. Die Bauern haben die Arbeit gemacht und die Ernte wurde geteilt. Der Grundherr hat die Hälfte erhalten und die andere Hälfte hat dem Kolonat gehört. Um den Absatz musste sich auch der Grundherr kümmern. Das war in Russiz bei der Tante auch. Sie war die Grundherrin und Sie können sich denken, wie sie sich um die Familien gekümmert hat. Sie hat ja die Mittel dazu gehabt und alles. Das musste mein Vater auch einteilen. [...]

Wie mein Vater von der Gefangenschaft zurückkam, da waren die Bauern so selig, da haben sie sich derart gefreut ihn wieder zu sehen... und wie mein Vater die Leiche vom Grafen geholt hat, mit allen Möbeln von Russiz, was noch da war, was nicht kaputt ging, zerstört wurde, gestohlen wurde, da haben sie gesagt: „Il nostro buono spirito adesso se ne va – Jetzt geht unser guter Geist weg", wie der Graf weg ist. Da war Russiz schon verkauft, da war schon alles erledigt. Da war die Kriegsentschädigung. Das haben auch die Besitzer von Monastero bekommen. Die sind ja dann Italiener geworden.

HW: Dieses Mausoleum in Russiz, wer hat das gebaut? Wissen sie das?

S: Die Tante. Er ist ja 1894 gestorben. Der Sarkophag war unten, über eine Stiege erreichbar. Das Mausoleum ist rund und die Kuppel blau mit Sternen. Das hat uns als Kinder ja großen Eindruck gemacht. Ich weiß noch, wie ich mit meiner Tante alleine dort war. Rivarossara hat der Hügel geheißen, wo das Mausoleum steht... Wir sind rauf gegangen und sie ist hinunter zum Sarkophag und hat gebetet. Daran kann ich mich auch noch gut erinnern.

HW: Wie sind da die Zusammenhänge? Sie sind evangelisch und Ihr Vater, und Großvater?

VENEZIA GIULIA
COMUNE
di Capriva

CONNOTATI:
Età anni 46.
Statura m media
Capelli biondi
Fronte alta
Sopraciglia bionde
Ciglia " "
Occhi grigi
Naso regolare
Bocca "
Mento "
Barba pizzo
Viso ovale
Colorito rosso

FIRMA DEL TITOLARE:
Rodolfo de Gall

PASSAPORTO PER L'INTERNO

Vale per un anno.

Il SINDACO del Comune di Capriva
Circondario di Cormons
Provincia di Venezia Giulia
rilascia il presente Passaporto valevole per l'Interno del Regno e per i territori occupati dal Regio Esercito
a Rodolfo cav. de Gall
figlio di fu Carlo
e di fu Enrichetta Haller
nato il 8 ottobre 1873
a Kladrau
Provincia di Boemia
di professione possidente
domiciliato a Capriva
Capriva addì 1 Aprile 1919
Visto si dichiara l'autenticità della firma e fotografia.
IL SINDACO
Luis Cesch...

COMUNE DI CAPRIVA

Commissariato civile del Distretto di Gradisca
Visto si autorizza
Gradisca li 2 Aprile 1919
Il Commissario civile

Commissariato civile del Distretto di Gradisca

TIP. A. BELLO-GRA...

RUDOLF VON GALL HA DIRETTO L'AZIENDA DAL 1894 AL 1915

Italienischer Pass von Rudolf von Gall, ausgestellt in Capriva am 1. April 1919.

S: Nein, mein Großvater war katholisch. Mein Vater und meine Mutter sind beide übergetreten, bevor sie nach Russiz kamen. Vor der Heirat, das war 1901. Meine Mutter war ja noch in Gallneukirchen, glaub ich. Sie war Katholikin und hat dort noch evangelischen Geist eingeatmet.

HW: Woher stammt ihr Vater?

S: Mein Vater stammt eigentlich aus Wien. Mein Urgroßvater hat in Wien ein Haus gehabt. Mein Großvater war Offizier... Ich weiß eigentlich wenig von ihm. In der Monarchie sind sie oft versetzt worden. Aber, als er außer Dienst war, war er bei einer Brauerei angestellt – in Budweis in Böhmen. Er ist bald gestorben und meine Großmutter ist dann mit zwei Buben allein dagestanden. Mein Onkel Leopold war bei der Marine und ist bald gestorben.

[...]

So war die Verwandtschaft mit Gall: Die Mutter vom Grafen Theodor de La Tour war eine Schwester von meinem Großvater. Also war es ein Vetter. Nachdem der Altersunterschied von Graf und Gräfin ziemlich groß war, so hat er *[Rudolf von Gall]* Tante gesagt und wir haben Großmama gesagt. Ich glaube, sie war recht glücklich, dass sie uns Kinder bei sich hatte. Sie hat sehr unter ihrer Kinderlosigkeit gelitten. Ich glaube, sie ist als Mädchen zuviel geritten. Sie war eine wunderbare Reiterin und kutschiert hat sie herrlich. Sie hat auch einen Kutscher gehabt. Da hat es beim Sparen nichts gegeben. Der Wagen musste tipp topp sein, das Pferdegeschirr und alles schön beisammen. Die Villacher haben ja immer geschaut, wenn von uns jemand durch die Stadt gefahren ist.

HW: Wo war Graf de La Tour zuhause? Woher stammte er? Auch aus dem oberitalienischen Raum?

S: Nein, nein. Auch in Wien und dann in Graz. Er war sehr, sehr ritterlich. In der Beziehung war er so ähnlich wie der Kaiser Franz Joseph.

HW: Sie haben ihn persönlich ja nicht mehr gekannt?

S: Nein, nein, er ist ja acht Jahre vor meiner Geburt gestorben. Er hat eine sehr, sehr nette Art gehabt mit den Leuten – hat es gut verstanden. Mein Vater war noch als ganz junger Mensch bei ihm, hat viel von ihm gelernt. Der Graf war ja mehr arm, die waren nicht sehr vermögend. Dann hat er von einer Tante ein großes Vermögen geerbt und von diesem Vermögen hat er hier vom Grafen Goess den Besitz gekauft – Treffen. Also ist es Latour'sches Vermögen und nicht Ritter'sches. Er wird's nicht immer leicht gehabt haben, denn sie war eine sehr energische Dame. Und er wird es auch gebraucht haben als Offizierssohn...

Er war auch riesig kinderliebend. Ich glaube, beide hatten den Wunsch Kinder aufzunehmen.

[...]

S: Im Jahr 1912 war hier in Treffen ein großer Brand am Gut. Wir waren allein – mein Bruder, ich und die Tante. Meine Eltern waren damals in Deutschland. Nein, die Mutter meiner Mutter ist gestorben, so ... Jedenfalls ist der Brand im großen Kuhstall ausgebrochen. Da waren Zementplatten, die haben geknattert – also wie Maschinengewehre war das – furchtbar! Ich war damals Acht und mein Bruder wird zehn Jahre alt gewesen sein, so ungefähr. Das Schloss war ja mit Holzschindeln gedeckt und der Wind ist so gegangen... Tiere sind keine umgekommen, die haben sie schnell herausgelassen. Die Pferde sind bis nach weiß nicht wohin gelaufen. Die Funken sind damals bis nach Ruprecht geflogen. Können Sie sich denken, wie das Schloss in Gefahr war! Die Feuerwehr hat ja noch nicht den langen Schlauch gehabt, vom Dach bis da hinauf. Da sind die Treffner, da waren sie rührend, alle mit Leiter und Eimer aufs Dach und haben dort immerzu, immerzu Wasser geschüttet. Die Tante hat mich mit meinem Bruder und mit dem Mädchen in die Schule geschickt. Da sind wir noch in der Nacht mit dem Nachthemd in die Schule gerannt. Sie hat gesagt, sie geht nicht aus dem Schloss, sie bleibt im Schloss. Alle haben gesagt, sie soll doch auch weggehen. Nein, sie ist geblieben. Es ist kein Brand am Dach entstanden. Da waren große, alte Pappeln. Die haben auch viel abgehalten. Weil das Marhaus hat ja auch gebrannt, das ist ja noch näher.

HW: Das Marhaus ist das lange Gebäude?

S: Das ganz lange Gebäude ist der Stall und dann ist der Pferdestall und das Marhaus. Das hat alles gebrannt.

IW: Wodurch war der Brand entstanden?

S: Ja… manchmal durch schlechte elektrische Leitungen... Aber! ... Es sind dann Zettel gefunden worden: „Wir sind dreißig und legen fleißig, nicht Eier sondern Feuer. Treffen und Köttwein sollen unser sein." Jetzt haben wir Angst gehabt, dass in Köttwein auch ein Feuer gelegt wird. Aber ich weiß nicht – hat sich da jemand nur einen Spaß erlaubt, um die Leute zu ängstigen?

HW: Was hatten sie für einen Eindruck gehabt, wie die Bevölkerung hier in Treffen, damals als die Gräfin noch lebte, zu ihr gestanden hat? Hat man sie geliebt, geschätzt, geachtet?

S: Doch! Ja! Schauen Sie, ich weiß das von der Frau Fahlböck, das ist das Gasthaus unten. Von der alten Frau Fahlböck. Die hat mir mal erzählt, dass sie Handarbeitsstunden gehabt hat bei der Tante. Ja, sie hat die Jugend gesammelt und Handarbeitsstunden gegeben. Sie hat sich sehr gekümmert um alles. Die Leute haben alle noch Respekt gehabt.

HW: Wenn Sie zurückdenken, was haben Sie für einen Gesamteindruck von der Person der Gräfin? Was haben Sie da für Empfindungen?

S: Ja, das ist sehr schwer. Ich habe immer einen kolossalen Respekt vor ihr gehabt. Eher immer ein bisschen Angst. Ich habe mich gerne immer etwas zurückgezogen. Überhaupt zuletzt, im letzten Jahr. Da hat sie mir... unsagbar leid getan. Weil ich gesehen habe, dass sie gebrochen war. Sie hat unendlich gelitten. Körperlich zuerst von der Gefangenschaft, von allem, was sie da mitmachen musste und seelisch vom Verlust meines Bruders. Das hat sie furchtbar mitgenommen. Sie hat aber doch diese große, große Glaubenskraft gehabt.

Das war ihr gegeben... und der Glaube an ein Wiedersehen... das hat sie gehalten. Denn wenn jemand tief verankert im Glauben war, dann war sie es.

[...]

IW: Ich würde mich noch so ein bisschen für die Frau Karola interessieren, weil ich sie selber grad noch kennengelernt habe...

S: Ja, also die Karola ist auch in Russiz aufgewachsen und konfirmiert worden und kam, als sie größer war, in die Anstaltsküche. Da hat sie dann gekocht.

[...] Karola wollte ja Schwester werden, eine Diakonisse. Sie hat aber ein, ich weiß nicht, ein Kehlkopfleiden gehabt. Die Stimmbänder waren angegriffen und man hat Angst gehabt, dass da eine Tuberkulose entsteht. Da haben sie sie dann zurückgeschickt vom Mutterheim. Und sie kam dann 1918/1919 zu uns und dann war sie bei uns Köchin. Dann bei meiner Mutter Wirtschafterin und Köchin. Wir haben dann zuerst hier im Marhaus für die Leute noch extra gekocht. Sie hat dann mit meiner Mutter gemeinsam gekocht. Mit 60 Jahren ist sie in Pension gegangen, die Karola. Sie hat aber weiterhin bei uns im Schloss gewohnt. Weil es aber ziemlich schattig war und wenig Sonne hatte, hat sie meinen Vater gebeten, ob sie nicht ins Marhaus könnte. Da hat sie dann ein schönes sonniges Eckzimmer bekommen – zwei Räume, eine kleinere Küche und ein Wohnzimmer. Da war sie bis zum 80sten Jahr noch, bis sie dann [ins Altenheim] hinüberkam. Ich war viel bei ihr drüben. Sie hat meine Enkelkinder riesig gerne gehabt, sie war rührend. Sie ist nie mit leeren Händen gekommen wenn die Kinder da waren – sie hat immer was Gebackenes bringen müssen. Sie hat immer gebacken. Weihnachten haben wir immer gemeinsam gefeiert – den Heiligen Abend. Ihr Patenkind, die Olga, hat sich immer sehr, sehr lieb um sie gekümmert. [...] Sie hat jeden Samstag für sie einkauft und Sachen gebracht. Zuletzt ist sie ja immer schwächer geworden. Manchmal hat sie die Olga mit ihrem Auto hergebracht, da war sie immer selig wenn sie da war. Da war sie so gerne.

[...]

S: Der Park in Russiz war wunderschön. Die Wege waren geschottert. Der Rasen war im Frühjahr voll mit Schneeglöckchen. Mit den echten, schönen, weißen Schneeglöckchen. Und die Tante sagte immer: „Du, dass du mir ja keine abreißt!“ Da durften wir keine abnehmen. Die Anstaltskinder waren auch immer unten im Garten. Da war unten ein kleines Bambuswäldchen, da haben sie ihren Spielplatz gehabt. Am liebsten haben sie im Hof gespielt. Der war groß und weit. Und, ja, Weihnachten und Ostern, das war wunderschön. Zu Ostern sind die Eier immer im Garten versteckt worden, im Park, und dann ist die Tante Anna gekommen, dann haben wir gesungen: „Willkommen, oh fröhlicher Ostertag“ und sind dann singend hinein in den Garten und dann durften die Kinder die Eier suchen. Das macht eben so auf ein Kind, so wie ich es damals war, immer den größten Eindruck.

IW: Und wie haben Sie Weihnachten gefeiert?

S: Ach ja, das war einmalig. Da ist zuerst in der Anstalt gefeiert worden und dann erst im Schloss. Da durften wir immer mit den Anstaltskindern mitfeiern. Dann war unten im großen Raum, der war unter dem Betsaal, da waren große Tische. Da hat jedes Kind seinen Platz gehabt. In der Mitte war ein wunderschöner Christbaum gestanden und die Kinder sind dann singend herunter um den Baum herum und da ist gesungen worden. Zuerst ist im Betsaal gefeiert worden. Da ist so eine Art Weihnachtsgottesdienst gehalten worden und ein kleines Spiel auch mit Engeln – das macht halt alles einen so großen Eindruck. Dann sind wir singend eben hinunter und dann haben die Kinder ihre Sachen bekommen und wir auch… Und dann erst war bei meinen Eltern das Weihnachtsfest. Die Tante hat sich eigentlich nie hineingemischt bei uns. Sie hat gesagt: „Die Familie gehört unter sich." Die hat auch ihr Bäumchen gehabt in ihrem Zimmer. Na und dann sind wir doch zusammen gekommen. Sie war sehr, sehr rücksichtsvoll. Das fällt einem erst ein, wenn man groß ist...

Furchtbar waren die ersten Weihnachten ohne meinen Bruder, das war 1914. Da war er schon draußen in Korntal... und sie hat ihn nicht kommen lassen. Da war sie hart. Das war ihr wieder zu sehr... na wieder eine zu große Auslage. Die Bahnfahrt und... da war sie furchtbar hart – gegen meine Eltern und gegen sich selber. Da musste er zu Weihnachten dort bleiben. Das war dann schon hart wenn man weiß, wie sehr sie ihn geliebt hat. […]

Mein Bruder war ja schon einmal in der Bethesda *[methodistisch geführtes Krankenhaus in Stuttgart]* gelegen, ich glaub, das war damals auch Lazarett. Und da hatte er Gehirnhaut-Eiterungen. Das war sehr schmerzhaft. Es musste das Eiter durch die Nase abgelassen werden. Er war aber nicht immer gelegen, er konnte auf sein und hat dann den Verwundeten auch Dienste geleistet, so kleine Handreichungen. Die haben ihn auch alle so gern gehabt. „Er war so tapfer", haben sie dann zur Tante gesagt…

Mein Bruder kam zu Ostern 1916 wieder in die Bethesda mit einer Blinddarmeiterung. Zu spät und außerdem noch mit Darmverschlingung. Das hat die Operation so hinausgezögert. Die meisten Ärzte waren an der Front. Mein Vater hat oft gesagt, hätten sie ihm nur einen starken Kaffe oder etwas Cognac gegeben, dann hätte das Herz vielleicht doch durchgehalten. Und mein Vater war ja in Sardinien. Er hat von Eugen Ritter erfahren, dass sein Sohn gestorben ist. Mein Vater hat es ja lang nicht glauben wollen. Der hat kurz vorher einen Brief von Theodor bekommen. Er war Dreizehneinhalb…

IW: Und die letzte Zeit der Gräfin, wo sie bereits im Krankenlager und auf dem Sterbelager lag... Haben Sie da irgendwas mitbekommen?

S: Ja, sie ist sehr oft im Garten unten gesessen und, das weiß ich noch, Frl. Heber, die Tante, die kam auch. Die war in Stettin in Deutschland und die ist schon früher weg von der Anstalt von Russiz, schon vor 1915. Sie musste ein Geschäft übernehmen und hat die Tante dann gebeten, dass sie sie entlässt.

Und die war hier, wie sie starb, wie sie krank war. Ich weiß nicht mehr wie lang sie gelegen ist. Sie dürfte so eine Woche oder zwei Wochen gelegen sein. Ich weiß nur, dass der Herr Senior Schwarz von Waiern bei ihr war.

Ich werde nie vergessen, wie sie dann im Wohnzimmer aufgebahrt war und wie sie da gelegen ist mit einem rührenden und lieben Gesichtsausdruck. Wie dann die Kinder kamen und um sie herum gestanden sind...

Quellen- und Literaturverzeichnis

Archivquellen

Archiv Diakonie Kärnten (ADK)

Das Archiv der Diakonie Kärnten befindet sich derzeit noch im Aufbau. Daher ist eine gültige Standortangabe für einige Quellen zu diesem Zeitpunkt noch nicht möglich.

240 Briefe der Gräfin an die Hauseltern Gienger. Verfasst im Zeitraum von 1908 bis 1916.

2 Briefe von Emilie Schreiber, geb. von Molitor, an Rektor Gienger vom 8. und 24. November 1976.

53 Briefe der Gräfin an ihre Gutsverwalter Bach und Fritsche in Treffen. Verfasst im Zeitraum von 1913 bis 1915.

Aktenordner Jahrgang 1917–1921:

Abschrift des Schreibens der Landesregierung für Kärnten an die Evangelische Stiftung Elvine Gräfin de La Tour vom 13. Dezember 1919.

Bericht von Rektor Richard Roth „Unsere Anstalt Russiz (bei Görz) neuerdings völlig geplündert!!! Treffen, November 1918".

Berufungsbrief des Kuratoriums vom 23. März 1918 zur Einstellung eines Rektors.

„Hilferuf an alle Freunde der Liebeswerke der verstorbenen Gräfin Latour" verfasst von Pfarrer Richard Roth, 23. 11. 1918.

Aktenordner Jahrgang 1922–1929:

Ratifizierungsurkunde zwischen der Österreichischen Bundesregierung und der Königlich-Italienischen Regierung, datiert mit 11. Februar 1926.

Aktenordner Jahrgang 1930–1935:

„Stiftungsurkunde. Evangelische Stiftung der Gräfin de La Tour in Treffen." vom 8. Dezember 1931.

Aktenordner „Blaukreuzarbeit 1913–1949":

Gesprächsprotokolle über die Gründung des Blau-Kreuz-Vereins 1913.

„Statuten des Blau-Kreuz-Vereins für Kärnten, Treffen 1913".

Aktenordner „Stiftungsakten nach dem Tod der Gründerin":

Testaments-Entwurf-I, Gräfin Elvine de La Tour.

„Aufruf an alle Freunde der Liebeswerke der verstorbenen Gräfin La Tour", Neujahr 1920.

Auszug aus der „Chronik der Treffner Görlitzen-Jagden“ verfasst von Otto Zernatto, Treffen 1952.

Chronik Stiftung de La Tour

„Erinnerungen von Theodor Zorzenon“

„Erinnerungen von Frau Tharmer“

Gästebücher des Triester Hospizes, 1908–1980.

Kopie der Konfirmationsurkunde Elvine Ritter vom 5. April 1858.

Meldebuch des Einlegerasyls in Herrnhilf, 1903–1939.

Partezettel Gräfin Elvine de La Tour, 7. Oktober 1916.

Ratz, Roland: Die Evangelische Pfarrgemeinde A. u. H. B. in Görz und deren Niedergang in Folge des 1. Weltkrieges, Treffen 1998.

Ratz, Roland: Der Beginn der Wirksamkeit von Pfarrer Ludwig Schwarz in der Evangelischen Pfarrgemeinde A. u. H. B Görz, Treffen o. J.

Ratz, Roland: 125jähriges Jubiläum der Werke der Gräfin Elvine de La Tour. Festabend am 3. April 1998. Die Gräfin und ihre Gäste, Treffen 1998.

Druckschriften / Zeitungen im Archiv der Diakonie

Anliker, Ernst: Frau Direktor Maria Westphal 1873–1949. Ein Lebensbild, Grosshöchstetten 1949.

Berg, Hans: Gräfin Elvine de La Tour (Sonderdruck aus „In alle Welt. Zeitschrift für missionarische Arbeit“), o. O. o. J.

Blanckmeister, Fritz: Die Gräfin. In: Der kleine Gustav-Adolf-Freund. Ein Blatt für die Jugend vom Gustav-Adolf-Verein, Nr. 12, Dresden 1919, S. 1–4.

Gienger, Gotthold: Herkunft der Familie Gienger in Schützingen. Stamm- und Verwandtschaftstafel 1995.

Görzer Zeitung, 2. Jg., Nr. 14, 18. Feb. 1868.

Gräfin Elwine (!) de La Tour †. In: Gustav-Adolf-Blätter aus Württemberg: 44. Jg., Nr. 6, 1916, S. 69–70.

„Ich diene aus Liebe. 1962 Treffen-Waiern“, herausgegeben vom Evangelischen Verein für Innere Mission in Kärnten, Feldkirchen 1962.

„Ich diene aus Liebe. 1981 Treffen-Waiern“, herausgegeben vom Evangelischen Verein für Innere Mission in Kärnten, Feldkirchen 1981.

Jahresbericht der Evangelischen Kirchengemeinde Goerz 1865.

Jahresbericht des Evangelischen Frauenvereins zur Gustav-Adolf-Stiftung in Görz für das Jahr 1864.

Jahresbericht über die Werke der Inneren Mission im österreichischen Küstenland und in Treffen/Kärnten: Jahrgänge 1906 bis 1916.

Heinzelmann, Johannes: Gräfin La Tour †. In: Villacher Zeitung, Deutsches Kärntner Tagblatt, 14. Jg., Nr. 235, 13. Oktober 1916, S. 3.

Kärntner Tagblatt, XXI. Jg., Nr. 61, 15. März 1914.

La Tour, Elvine de: Aus dem Leben der Gräfin Elvine de La Tour, treuen Vorkämpferin der Inneren Mission im Küstenland und Kärnten. Nach einem Bericht vom Jahre 1916. In: Christentum der Tat. Ein Blatt für christliche Liebestätigkeit in Österreich, 1. Jg., Folge 4, 1923, S. 6–12.

La Tour, Elvine de: I. Aus meinen Erinnerungen in der Kriegszeit mit Italien (ab Frühjahr 1915) und II. Was ich bei meiner Rückkehr und im Frühjahr 1916 in Treffen (Kärnten) erlebte (Römische Verfolgungen), Nachdruck, Treffen 1932.

La Tour en Voivre, Elvine Gräfin de: Ein Brief an Kinder. In: Gustav-Adolf-Blätter aus Württemberg, 31.Jg., Nr. 6, 1903, S. 46–48.

Latour, Theodor Graf: Das Waisenhaus in Russiz. In: Triester Tagblatt. Morgenausgabe der „Triester Zeitung“, 5. Februar 1887, S. 1–2.

„Muß das sein?“ In: Die Wartburg. Deutsch-evangelische Wochenschrift: 15. Jg., Nr. 41, 6. Oktober 1916, S. 324–328.

„Nachrichten aus Treffen 1988“, Mitteilungen der Evangelischen Stiftung de La Tour, Treffen 1988.

Putschek, Martin: Rudolf, Ritter von Gall verstorben. In: Die Saat – Evangelische Kirchenzeitung für Österreich, 1958, S. 246.

Roth, Richard: Hilferuf an alle Freunde der Liebeswerke der verstorbenen Gräfin Latour, Treffen am 23. November 1918.

Roth, Richard: Die Liebeswerke der verstorbenen Gräfin La Tour in Treffen bei Villach, Kärnten. In: Christentum der Tag. Ein Blatt der evangelischen Liebesarbeit in Österreich, 1. Jg., Folge 4, 1923, S. 4–6.

Roth, Richard: Vom Werden und Schaffen der evangelischen Schulen und Anstalten der heimgegangenen Gräfin Elvine de La Tour in Treffen (Kärnten). In: Mitteilungen des Luthervereins zur Erhaltung deutscher evangelischer Schulen im Auslande, Nr. 39, Dresden Oktober 1929, S. 392–396.

Schwarz, Ernst: Offene Antwort des evangelischen Pfarrers und Seniors Ernst Schwarz zu Waiern an den Herrn Kaplan Paul Kaiser zu Feldkirchen, Waiern 1902.

Schweikhardt, Sophie: Elvine Gräfin de La Tour. Eine Kämpferin für Gottes Sache (Unsere geistlichen Ahnen. Eine Reihe von Lebensbildern, Heft 41), Stuttgart 1961.

Statuten des Christlichen Jünglings- u. Männervereins in Treffen, St. Chrischona 1902.

Baucer, A: Das Waisenhaus in Russiz. In: Triester Tagblatt. Morgenausgabe der „Triester Zeitung“, 14. Februar 1887, S. 2.

„Unerhörte Zustände. Die Machenschaften der Gräfin Latour". In: Reichspost, Nr. 273, 30. November 1906, S. 9.

Worte der Wahrheit und Liebe für Österreich und Ungarn. Christliches Wochenblatt: 9.–11. Jg., 1913–1915.

Zweiter Jahresbericht des Görzer Waisenversorgungsvereines 1874–75–76, Görz 1876.

Kärntner Landesarchiv (KLA)

Grundbucheintrag „Evangelisches Schulgut": BG Villach, KG Treffen, EZ 124

Grundbucheintrag „Gröflacher Hube": BG Villach, KG Treffen, EZ 62

Grundbucheintrag „Herrschaft Treffen": Kärntner Landtafel, A 217, EZ 547

Grundbucheintrag „Printschler Hube": BG Villach, KG Töbring, EZ 38

Grundbucheintrag „Schöffmann Hube": BG Villach, KG Töbring, EZ 39

Kaufvertrag „Evangelisches Schulgut": BG Villach, Urkunde TZ 3817/1895

Kaufvertrag „Herrschaft Treffen": Kärntner Landtafel, Urkunden 1885, Fasz. 158, Nr. 80

Korrespondenz mit dem Landesschulrat: Landesschulrat, Paketreihe, Fasz. 58

Stiftungsurkunde der „Evangelischen Stiftung der Gräfin de La Tour in Treffen": Milde Stiftungen, Stiftbriefe, Schachtel 42, Nr. 682

Privatarchiv Gienger (PAG)

239 Briefe der Gräfin an die Hauseltern Gienger in Herrnhilf. Verfasst im Zeitraum von 1908 bis 1916

Auszüge aus dem Tagebuch von Barbara Gienger.

Privatarchiv Jaschke (PAJ)

3 Briefe geschrieben von Graf Anton de La Tour

24 Schulzeugnisse von Theodor de La Tour

3 Universitätszeugnisse von Theodor de La Tour

Brief der Gräfin an Rudolf von Gall, 28. 6. 1900

Brief der Gräfin an Theodor von Gall, 20. 1. 1915

Denkzettel zur Firmung von Theodor de La Tour

Enthebungsschreiben vom Eintritt in das Militär ausgestellt auf Theodor de La Tour, Graz 1867

„Heiraths-Lizenz“ von Anton Graf de La Tour, Comorn (Komárom in Ungarn) 1844

Immatrikulationsbestätigung des Theodor de La Tour an der Universität Graz

Kaufvertrag Schloss Treffen zwischen Maria Gräfin von Goess und Theodor Graf La Tour en Voivre, 17./20. April 1885

Pockenimpfzeugnis von Theodor de La Tour

Stammbaum der Familie de La Tour

Taufschein Anton Graf de La Tour en Voivre

Taufschein Rudolf Theodor Ritter von Gall

Taufschein Theodor Graf de La Tour en Voivre

Testamente Anton de La Tour

Trauungsschein von Anton de La Tour mit Leopoldine von Gall

„Todten-Schein“ von Anton Graf de La Tour

„Uebertritts-Schein aus dem Uebertritts-Buche der evangelischen Pfarrgemeinde Gallneukirchen, Band 1, Seite 4, Zahl 25, Fräulein Paula Theresia Nožička am 6. April 1901, gezeichnet von Pfarrer Ludwig Schwarz“ „Uebertritts-Schein aus dem Uebertrittsbuche der evangelischen Pfarrgemeinde Augsburgischen Bekenntnisses in Wien, Jahr 1901, Zahl 141, Rudolf Theodor Ritter von Gall, 7. Mai 1901“

„Waffen-Paß“ von Theodor de La Tour

„Widmungs-Urkunde“ über Heiratskaution von Anton de La Tour, Wien 1844

Literatur

Albert, Jürgen: Artikel „Innere Mission“. In: TRE (Theologische Realenzyklopädie) 16, Berlin–New York 1987, S. 166–175.

Allmann, Barbara: Der Deutsche Schulverein in Kärnten, Görz und Triest vor dem Hintergrund der österreichischen Schulpolitik und im Spannungsfeld nationaler Differenzierungen 1880–1914, Univ. Dipl.-Arb. Wien 1988.

„Als lediges Kind geboren...“. Autobiographische Erzählungen 1865–1945, herausgegeben vom Verein „Dokumentation lebensgeschichtlicher Aufzeichnungen“ (Damit es nicht verloren geht... Bd. 53), Wien–Köln–Weimar 2008.

Altieri, Orietta: L'istituto evangelico di Russiz e la chiesa goriziana tra Ottocento e Novecento, in: Qualestoria, Archivi e fonti per la storia delle istituzioni educative giuliane, Jahrgang XXIX, Nr. 1, Triest 2001, S. 117–124.

Amann, Sieglinde: Armenfürsorge und Armenpolitik in Feldkirch von 1814–1914 räumlich begrenzt auf das Gebiet des heutigen Feldkirch, also inklusive der 1925 eingemeindeten Ortsteile Altenstadt, Tisis und Tosters, Univ. Dipl.-Arb. Wien 1994.

Angelmaier, Lucia: Wohltätigkeitsvereine in Triest. Private Initiativen gegen die Armut im Zeitalter der österreichisch-ungarischen Monarchie, (Beiträge zur neueren Geschichte Österreichs, Bd. 14), Frankfurt am Main–Berlin–Bern u.a. 2000.

Aschoff, Hans-Georg: Von der Armen- zur Wohlfahrtspflege. Anfänge staatlicher Sozialgesetzgebung. Die Kirche im Kontext unterschiedlicher Sozialhelfer. In: Gatz, Erwin (Hrsg.): Geschichte des kirchlichen Lebens in den deutsch-sprachigen Ländern seit dem Ende des 18. Jahrhunderts (Bd. 5: Caritas und soziale Dienste), Wien–Freiburg 1994, S. 71–90.

Auf Dein Wort hin. 100 Jahre Evangelische Gemeinde – Diakonische Arbeit Gallneukirchen. Festschrift, Gallneukirchen 1973.

Ausstellungskatalog, Villa Russiz „I Ritter-de La Tour a Villa Russiz. La modernità di una famiglia", April 2007.

Axmann, Julius / Chaloupka, Eduard (Hrsg.): Die Vorschriften über Armenfürsorge nach dem derzeitigen Stande der österreichischen Gesetzgebung des Bundes und der Länder samt den einschlägigen Verordnungen und Erlässen und verwaltungsgerichtlichen Entscheidungen, Wien 1934.

Bachinger, Karl / Hemetsberger-Koller, Hildegard / Matis, Herbert (Hrsg.): Grundriss der österreichischen Sozial- und Wirtschaftsgeschichte von 1848 bis zur Gegenwart, 5. Aufl., Wien 1994.

Barton, Peter Friedrich: Artikel „Tour, Elvine de La T. en Voivre". In: Biographisch-Bibliographisches Kirchenlexikon (BBKL), Band XII (1997), Seite 370–374.

Barton, Peter Friedrich: Evangelisch in Österreich. Ein Überblick über die Geschichte der Evangelischen in Österreich, Wien 1987.

Berger, Peter: Kurze Geschichte Österreichs im 20. Jahrhundert, Wien 2007.

Beyreuther, Erich: Geschichte der Diakonie und Inneren Mission in der Neuzeit, 3. erw. Aufl., Berlin 1983.

Blankenmeister, Franz: Die Gräfin. Eine Kärntner Gustav-Adolf-Geschichte, 2. Aufl., Leipzig 1930.

Bödeker, Hans Erich (Hrsg.): Biographie schreiben. Göttingen 2003.

Bolognese-Leuchtenmüller, Birgit: Bevölkerungsentwicklung und Berufsstruktur, Gesundheits- und Fürsorgewesen in Österreich 1750–1918 (Materialien zur Wirtschafts- und Sozialgeschichte, Bd. 1), Wien 1978.

Botz, Gerhard (Hrsg): „Qualität und Quantität". Zur Praxis der Methoden der Historischen Sozialwissenschaft (Studien zur Historischen Sozialwissenschaft, Bd. 10), Frankfurt–New York 1988.

Brandt, Ahasver von: Werkzeug des Historikers. Eine Einführung in die Historischen Hilfswissenschaften, 15. Aufl., Stuttgart–Berlin–Köln 1998.

Brecht, Martin: Artikel „Pietismus". In: TRE (Theologische Realenzyklopädie) 26, Berlin–New York 1996, S. 606–631.

Brecht, Martin / Deppermann, Klaus (Hrsg.): Der Pietismus im achtzehnten Jahrhundert (Geschichte des Pietismus, Bd. 2), Göttingen 1995.

Brecht, Martin / Deppermann, Klaus (Hrsg.): Der Pietismus vom siebzehnten bis zum achtzehnten Jahrhundert (Geschichte des Pietismus, Bd. 1), Göttingen 1993.

Bruckmüller, Ernst: Sozialgeschichte Österreichs, 2. Aufl., Wien 2001.

Bruckmüller, Ernst / Sandgruber, Roman / Stekl, Hannes (Hrsg.): Soziale Sicherheit im Nachziehverfahren. Die Einbeziehung der Bauern, Landarbeiter, Gewerbetreibenden und Hausgehilfen in das System der österreichischen Sozialversicherung (Geschichte und Sozialkunde, Bd. 3), Salzburg 1978.

Bruns, Hans: Die Bibel. Mit Erklärungen, 11. Aufl., Gießen 1993.

Bünker, Otto / Pellar, Paul / Reischer, Franz (Hrsg.): Die evangelische Kirche in Kärnten einst und heute, Klagenfurt 1981.

Czoernig, Karl Freiherr von: Die gefürstete Grafschaft Görz und Gradisca, Görz 1891.

Czoernig, Carl Freiherr von: Die ethnologischen Verhältnisse des österreichischen Küstenlandes nach dem richtig gestellten Ergebnisse der Volkszählung vom 31. Dezember 1880, Triest 1885.

Dantine, Johannes / Thien, Klaus / Weinzierl, Michael (Hrsg.): Protestantische Mentalitäten, Wien 1999.

Deuer, Wilhelm: Die Kärntner Gemeindewappen. Vom Siegel privilegierter Bürgergemeinden zum demokratischen Gemeinschaftssymbol, Klagenfurt 2006.

Die österreichisch-ungarische Monarchie in Wort und Bild. Das Küstenland, Wien 1899.

Dinklage, Karl: Geschichte von Treffen, Wolfsberg 1970.

Eigner, Peter: Die Habsburgermonarchie im 19. Jahrhundert: Ein Modellfall verzögerter Industrialisierung? In: Beiträge zur historischen Sozialkunde, Nr. 3/97, 27. Jg.

Eigner, Peter / Hämmerle, Christa / Müller, Günter (Hrsg.): Briefe, Tagebücher, Autobiographien. Studien und Quellen für den Unterricht (Konzepte und Kontroversen, Bd. 4), Innsbruck–Wien–Bozen 2006.

Eigner, Peter / Helige, Andrea (Hrsg.): Österreichische Wirtschafts- und Sozialgeschichte im 19. und 20. Jahrhundert. 175 Jahre Wiener Städtische Versicherung, Wien–München 1999.

Eltz-Hoffmann, Lieselotte von: Elvine de La Tour (1841–1916). In: Dies.: Im Gegenwind. Persönlichkeiten des österreichischen Pietismus, Wien 2003, S. 139–147.

Eltz-Hoffmann, Lieselotte von: Elvine Gräfin de La Tour (1841–1916). In: Dies. Was zählt, ist, dass wir lieben... Von Mutter Theresa und anderen Frauen, die Sozialgeschichte machten, Stuttgart 1996, S. 38–50.

Eltz-Hoffmann, Lieselotte von: Elvine de La Tour. In: Dies.: Frauen auf Gottes Straßen. Acht evangelische Lebensbilder, Basel 1968, S. 53–71.

Engelbrecht, Helmut: Die Geschichte des österreichischen Bildungswesens. Erziehung und Unterricht auf dem Boden Österreichs. Band 4: Von 1848 bis zum Ende der Monarchie, Wien 1986.

Faix, Wilhelm: Familie im gesellschaftlichen Wandel. Der Beitrag des Pietismus. Eine sozialgeschichtliche Studie, Giessen–Basel 1997.

Fetz, Bernhard / Schweiger, Hannes (Hrsg.): Spiegel und Maske. Konstruktionen biographischer Wahrheit, Wien 2006.

Fleckenstein, Gisela: Sonderarbeitsbereiche: Trinker, Mädchenschutz, Bahnhofsmission, Gefährdete, Wanderer, Gefangene, Behinderte, Fachverbände. In: Gatz, Erwin (Hrsg.): Geschichte des kirchlichen Lebens in den deutsch-sprachigen Ländern seit dem Ende des 18. Jahrhunderts (Bd. 5: Caritas und soziale Dienste), Wien–Freiburg 1994, S. 147–153.

Franzke, Jürgen: Lebensgeschichte als Fiktion. In: Heidrich, Hermann (Hrsg.): Biographieforschung. Gesammelte Aufsätze der Tagung des Fränkischen Freilichtmuseums am 12. und 13. Oktober 1990, Bad Windsheim 1991.

Frevert, Ute / Haupt, Heinz-Gerhard (Hrsg.): Der Mensch des 19. Jahrhunderts, Frankfurt a. M.–New York 1999.

Frühauf, Thomas: Bericht über den IV. österreichischen Weinbau-Congress abgehalten in Görz vom 16. bis 20. September 1891, Görz 1892.

Fuchs-Heinritz, Werner: Biographische Forschung. Eine Einführung in Praxis und Methoden, 2. überarb. u. erw. Aufl., Wiesbaden 2000.

75 Jahre Pfarrergebetsbruderschaft (PGB) in Österreich (1923–1998), herausgegeben von der Pfarrergebetsbruderschaft Österreich, Steyr 1998.

Fürstler, Gerhard: Der Glaube, der durch die Liebe tätig ist. Die Lebensgeschichten von 19 Schwestern aus dem Diakonissen-Mutterhaus in Gallneukirchen, Gallneukirchen 2006.

Gäbler, Ulrich (Hrsg.): Der Pietismus im neunzehnten und zwanzigsten Jahrhundert (Geschichte des Pietismus, Bd. 3), Göttingen 2000.

Gatz, Erwin (Hrsg.): Geschichte des kirchlichen Lebens in den deutsch-sprachigen Ländern seit dem Ende des 18. Jahrhunderts (Bd. 5: Caritas und soziale Dienste), Wien–Freiburg 1994.

Gemeindelexikon der im Reichsrate vertretenen Königreiche und Länder. Bearbeitet auf Grund der Ergebnisse der Volkszählung vom 31. Dezember 1900, hrsg. von der k. k. statistischen Zentralkommission, Bd. 7: Österreichisch-Illyrisches Küstenland (Triest, Görz und Gradiska, Istrien), Wien 1906.

Geremek, Bronislaw: Geschichte der Armut. Elend und Barmherzigkeit in Europa, München–Zürich 1991.

Gienger, Friedrich: Gebt mir eure Armut. Ein Bericht über die Evangelische Stiftung der Gräfin de La Tour in Treffen (Aufgezeichnet von Rektor i. R. Friedrich Gienger, bearbeitet und ergänzt von Dorothea Gienger), 2. Aufl., Klagenfurt 1999.

Gienger, Friedrich: Gib mir Deinen Reichtum. Ein Lebensbild der Gräfin Elvine de La Tour, Treffen, 1982.

Gneihs, Elisabeth: Kinder, die keiner wollte? Situation der Findelkinder und ihrer Mütter im josephinischen System, Univ. Dipl.-Arb. Wien 2007.

Gottas, Friedrich: Der Protestantismus in Österreich und Ungarn vom Ende des 18. Jahrhunderts (1781) bis zum Anfang des 20. Jahrhunderts (1918) – Parallelen und Unterschiede. In: JGPrÖ (Jahrbuch für die Geschichte des Protestantismus in Österreich), Jg. 109, Wien 1993, S. 5–36.

Gottas, Friedrich: Die Geschichte des Protestantismus in der Habsburgermonarchie. In: Wandruszka, Adam (Hrsg.): Die Habsburgermonarchie 1848–1918, Bd. 4: Die Konfessionen, Wien 1985, S. 489–595.

Gröger, Gerda: Öffentliche Armenfürsorge und Wohltätige Einrichtungen in Linz im 19. Jahrhundert, Univ. Dipl.-Arb. Wien 1997.

Haas, Hannes (Hrsg.): Max Winter. Expeditionen ins dunkelste Wien: Meisterwerke der Sozialreportage, Wien 2006.

Hähner, Olaf: Historische Biographik. Die Entwicklung einer geschichtswissenschaftlichen Darstellungsform von der Antike bis ins 20. Jahrhundert, Frankfurt am Main 1999.

Hanisch, Ernst: Der lange Schatten des Staates. Österreichische Gesellschaftsgeschichte im 20. Jahrhundert (Österreichische Geschichte 1890–1990, hrsg. von Herwig Wolfram), Wien 1994.

Hanisch-Wolfram, Alexander: Die evangelische Gemeindeschule zu Waiern 1853–1931, in: Carinthia I. Zeitschrift für geschichtliche Landeskunde in Kärnten, 199. Jg., (2009), S. 477–505.

Hanisch-Wolfram, Alexander: Geschichte der Pfarrgemeinde Waiern 1808–2008, Feldkirchen 2008.

Hauff, Adelheid M. von (Hrsg.): Frauen gestalten Diakonie. Vom 18. bis zum 20. Jahrhundert, Bd. 2, Stuttgart 2006.

Heger, Hans (Hrsg.): Oesterreichs Wohlfahrts-Einrichtungen 1848–1898. Festschrift zu Ehren des 50jährigen Regierungs-Jubiläums Seiner k. u. k. Apostolischen Majestät des Kaisers Franz Joseph I., Bd. 1: Armenpflege und Wohlthätigkeit in Oesterreich, Bd. 2: Jugendpflege und Pflege der Kunst, hrsg. von der Commission der Österreichischen Wohlfahrts-Ausstellung Wien, Wien 1899–1900.

Heidrich, Hermann (Hrsg.): Biographieforschung. Gesammelte Aufsätze der Tagung des Fränkischen Freilichtmuseums am 12. und 13. Oktober 1990, Bad Windsheim 1991.

Henckel, Hugo: Burgen und Schlösser in Kärnten, Bd. 1, Klagenfurt 1964.

Hugelmann, Karl Gottfried (Hrsg.): Das Nationalitätenrecht des alten Österreich, Wien–Leipzig 1934.

Hummitzsch, Alfred: Die territoriale Entwicklung der Ortsgemeinden in Kärnten (=Schriftenreihe für Raumforschung und Raumplanung 3), Klagenfurt 1962.

Jakubowski-Tiessen, Manfred: Eigenkultur und Traditionsbildung, in: Lehmann, Hartmut (Hrsg.): Glaubenswelt und Lebenswelten (Geschichte des Pietismus, Bd. 4), Göttingen 2004, S. 195–210.

Jaquemar, Hans: Elwine (sic!) Gräfin de La Tour in Treffen, Kärnten. In: Ders.: Innere Mission. Das Werden und Wirken der organisierten christlichen Liebestätigkeit in der Evangelischen Kirche Österreichs, Wien 1951.

Jobst, Vinzenz: Arbeitswelt und Alltag. Ein sozialgeschichtliches Lesebuch. Kärntner Arbeiterleben im 19. und beginnenden 20. Jahrhundert, Klagenfurt 1985.

Katterfeld, Anna: Elvine de La Tour. Aus Liebe zu Gott und den Kindern, Neuauflage, Stuttgart 1998.

Katterfeld, Anna: Die erfüllte Prophezeiung, Lahr-Dinglingen 1959.

Kemptner, Jutta: Private Wohltätigkeit in Wien um 1900 – ein Querschnitt, Univ. Dipl.-Arb. Wien 1987.

Kläger, Emil: Durch die Quartiere der Not und des Verbrechens. Wien um die Jahrhundertwende, Wien 1908.

Klammer, Peter: Auf fremden Höfen. Anstiftkinder, Dienstboten und Einleger im Gebirge (Damit es nicht verloren geht… Bd. 26), Wien 1992.

Knall, Dieter (Hrsg.): Auf den Spuren einer Kirche. Evangelisches Leben in Österreich, Wien 1987.

Knauder, Hermann: Heimatkunde von Treffen, Treffen 1951.

Krahwinkler, Harald (Hrsg.): Staat-Land-Nation-Region. Gesellschaftliches Bewusstsein in den österreichischen Ländern Kärnten, Krain, Steiermark und Küstenland 1740 bis 1918 (Unbegrenzte Geschichte – Zgodovina brez meja. Historische Reihe der Abteilung für Geschichte Ost- und Südosteuropas an der Universität Klagenfurt und des Bildungsheimes Sodalitas in Tainach / Tinje, Bd. 9), Klagenfurt–Laibach–Wien 2002.

Krupka, Maria Luise (Hrsg.): Lebensauftrag: Evangelist. Ernst Krupka. Sein Leben und sein Wirken, Bad Liebenzell 1986.

Krupka, Ernst: Ein Licht leuchtet im Kärntnerland. Festschrift zum 50jährigen Jubiläum der Gemeinschaftsarbeit in Kärnten, 1908–1958, o. O., o. J.

Kruzik, Harald: Die Entwicklung der Diakonie und ihrer Einrichtungen in der Habsburgermonarchie, Univ. Dipl.-Arb. Wien 2001.

Kuprian, Hermann J. W.: An der Schwelle zum 20. Jahrhundert – Staat und Gesellschaft vor dem Ersten Weltkrieg. In: Steininger, Rolf / Gehler, Michael (Hrsg.): Österreich im 20. Jahrhundert. Ein Studienbuch in zwei Bänden (Bd.1: von der Monarchie bis zum Zweiten Weltkrieg), Wien–Köln–Weimar 1997, S. 9–64.

Laason, Pentii / Wallmann, Johannes (Hrsg.): Der Pietismus in seiner europäischen und außereuropäischen Ausstrahlung, Helsinki 1992.

Leeb, Rudolf: Der österreichische Protestantismus und die Los-von-Rom-Bewegung. In: Dantine, Johannes / Thien, Klaus / Weinzierl, Michael (Hrsg.): Protestantische Mentalitäten, Wien 1999, S. 195–224.

Lehmann, Hartmut (Hrsg.): Glaubenswelt und Lebenswelten (Geschichte des Pietismus, Bd. 4), Göttingen 2004.

Lehmann, Hartmut: Die neue Lage, in: Gäbler, Ulrich (Hrsg.): Der Pietismus im neunzehnten und zwanzigsten Jahrhundert (Geschichte des Pietismus, Bd. 3), Göttingen 2000, S. 1–26.

Lehmann, Hartmut: Max Webers ‚Protestantische Ethik'. Beiträge aus der Sicht eines Historikers, Göttingen 1996.

Lehmann, Hartmut: Max Webers Pietismusinterpretation, in: Laason, Pentii / Wallmann, Johannes (Hrsg.): Der Pietismus in seiner europäischen und außereuropäischen Ausstrahlung, Helsinki 1992.

Leisching, Peter: Die Römisch-Katholische Kirche in Cisleithanien. In: Wandruszka, Adam (Hrsg.): Die Habsburgermonarchie 1848–1918, Bd. 4: Die Konfessionen, Wien 1985, S. 186–192.

Linsberger, Ingrid: „Kommunales Armenwesen und Armenfürsorge im 19. Jahrhundert mit besonderer Berücksichtigung der Ortsgemeinde Krems an der Donau von 1849 bis 1900", Univ. Dipl.-Arb. Wien 2007.

List, Eveline: Psychoanalyse. Geschichte, Theorien, Anwendungen, Wien 2009.

List, Eveline (Hrsg.): Freud und die Folgen (Wiener Zeitschrift für Geschichte der Neuzeit, 6. Jg, Heft 1), Innsbruck 2006.

Loesche, Georg: Geschichte des Protestantismus in Oesterreich. In Umrissen, Tübingen–Leipzig 1902.

Loidl, Franz: Protestantisierung katholischer Kinder in den gräflich de La Tour'schen Anstalten in Treffen bei Villach (Wiener katholische Akademie Misc. XCVI), Wien 1979.

Margalit, Avishai: Politik der Würde, Berlin 1997.

Marušič, Branko: Die Vereinstätigkeit im österreichischen Küstenland (1848–1918). In: Die Habsburgermonarchie 1848-1918, hrsg. von Rumpler, Helmut/ Urbanitsch, Peter, Bd. 8: Politische Öffentlichkeit und Zivilgesellschaft, Teil 1: Vereine, Parteien und Interessensverbände als Träger der politischen Partizipation, Wien 2006, S. 541–585.

Marušič, Branko: Das österreichische Küstenland von der Mitte des 18. Jahrhunderts bis zum Jahr 1848. In: Stadt-Land-Nation-Region. Gesellschaftliches Bewusstsein in den österreichischen Ländern Kärnten, Krain, Steiermark und Küstenland 1740 bis 1918, hrsg. von Krahwinkler, Harald (Unbegrenzte Geschichte – Zgodovina brez meja. Historische Reihe der Abteilung für Geschichte Ost- und Südosteuropas an der Universität Klagenfurt und des Bildungsheimes Sodalitas in Tainach / Tinje, Bd. 9), Klagenfurt–Laibach–Wien 2002.

Matis, Herbert: Die Habsburgermonarchie (Cisleithanien) 1848–1918. In: Bachinger, Karl / Hemetsberger-Koller, Hildegard / Matis, Herbert (Hrsg.): Grundriss der österreichischen Sozial- und Wirtschaftsgeschichte von 1848 bis zur Gegenwart, 5. Aufl., Wien 1994, S. 6–39.

Mecenseffy, Grete: Gallneukirchen – bescheidener Anfang, weltweite Wirkung. In: Auf Dein Wort hin. 100 Jahre Evangelische Gemeinde – Diakonische Arbeit Gallneukirchen. Festschrift, Gallneukirchen 1973, S. 9–50.

Mecenseffy, Grete: Artikel „La Tour en Voivre Elvine Gräfin de, geb. Freiin Ritter von Záhony". In: ÖBL (Österreichisches Biographisches Lexikon) 1815–1950, Bd. 5 (Lfg. 21), S. 40.

Melinz, Gerhard: Von der Armenfürsorge zur Sozialhilfe: Zur Interaktionsgeschichte von „erstem" und „zweitem" sozialen Netz in Österreich am Beispiel der Erwachsenenfürsorge im 19. und 20. Jahrhundert, Habil. Univ. Wien 2003.

Messner, Traugott: Die Bewegung des Pietismus in Geschichte und Gegenwart, in: Schmid Hartmut (Hrsg.): Was will der Pietismus? Historische Beobachtungen und aktuelle Herausforderungen. Beiträge aus dem Albrecht-Bengel-Haus, Tübingen, Wuppertal 2002, S. 7–34.

Meyer, Therese: Dienstboten in Oberkärnten (= Das Kärntner Landesarchiv 19), Klagenfurt 1993.

Mischler, Ernst / Ulbrich, Josef (Hrsg.): Österreichisches Staatswörterbuch (ÖStWB). Handbuch des gesamten öffentlichen Rechtes. Bd. 1–4, Wien 1905–1909.

Moritsch, Andreas: Dem Nationalstaat entgegen (1848–1914). In: Ders.: Alpen-Adria. Zur Geschichte einer Region, Klagenfurt–Ljubljana–Wien 2001, S. 339–406.

Moritsch, Andreas: Das nahe Triester Hinterland. Zur wirtschaftlichen und sozialen Entwicklung vom Beginn des 19. Jahrhunderts bis zur Gegenwart, Wien–Graz 1969.

Musil, Robert: Der Mann ohne Eigenschaften, Hamburg 1952.

Neumann, Josef N. / Sträter, Udo (Hrsg.): Das Kind in Pietismus und Aufklärung. Beiträge des Internationalen Symposions vom 12.–15. November 1997 in den Franckeschen Stiftungen zu Halle, Tübingen 2000.

Nipperdey, Thomas: Deutsche Geschichte 1800–1866. Bürgerwelt und starker Staat, München 1987.

Nitsche, Paul: Miteinander und Füreinander. Die Geschichte der Pfarrergebetsbruderschaft in ihren Anfängen (1923–1938). Eine Dokumentation zum 75jährigen Jubiläum der PGB in Österreich, Univ. Dipl.-Arb. Wien 1999.

Norden, Heinrich (N. Wöll): Eine tapfere Frau und ihr Werk. Gräfin Elvine de La Tour, Treffen 1958.

Österreichisches Biographisches Lexikon (ÖBL) 1815–1950, Bd. 9, Wien 1988.

Österreichisches Biographisches Lexikon (ÖBL) 1815–1950, Bd. 3, Wien 1965.

Papathanassiou, Maria: Zwischen Arbeit, Spiel und Schule. Die ökonomische Funktion der Kinder ärmerer Schichten in Österreich 1880–1939 (Sozial- und wirtschaftshistorische Studien; Bd. 24), Wien 1999.

Patzelt, Herbert: Evangelisches Leben am Golf von Triest. Geschichte der evangelischen Gemeinde in Triest mit Abbazia, Görz, Fiume und Pola, München 1999.

Pozdena-Tomberger, Angelika: Die Kurorte und Seebäder an der österreichischen Riviera. Komponenten für die Entwicklung des Fremdenverkehrs im Küstenland, Univ. Dipl.-Arb. Wien 1992.

Ratz, Roland: Suchtkrankenhilfe in der Evangelischen Stiftung de La Tour. In: Die Alkoholabhängigkeit und andere Abhängigkeiten. Hintergründe, Verlaufsphasen, Folgeerscheinungen, Therapiekonzepte, Treffen 1998, S. 8–11.

Reingrabner, Gustav: Protestanten in Österreich. Geschichte und Dokumentation, Wien–Köln–Graz 1981.

Reiser, Eugen (Hrsg.): Alles Zufall. 100 Jahre Bahnauer Bruderschaft. 1906–2006, Weissach im Tal 2006.

Ritter Záhony, Eugen Freiherr von: Chronik und Stammbaum der im Jahre 1829 in Österreich mit dem Prädikat „von Záhony" geadelten Familie Ritter aus Frankfurt a. M., Brünn 1915.

Röckelein, Hedwig (Hrsg.): Biographie als Geschichte (Forum Psychohistorie Bd. 1), Tübingen 1993.

Rumpler, Helmut / Urbanitsch, Peter (Hrsg.): Die Habsburgermonarchie 1848–1918, Bd. 8: Politische Öffentlichkeit und Zivilgesellschaft, 1. Teil: Vereine, Parteien und Interessensverbände als Träger der politischen Partizipation, Wien 2006.

Rumpler, Helmut (Hrsg.): Kärnten. Von der deutschen Grenzmark zum österreichischen Bundesland (Geschichte der österreichischen Bundesländer seit 1945, Bd. 6, 2), Wien–Köln–Weimar 1998.

Rumpler, Helmut: Österreichische Geschichte 1804–1914. Eine Chance für Mitteleuropa. Bürgerliche Emanzipation und Staatsverfall in der Habsburgermonarchie (Österreichische Geschichte 1804–1914, hrsg. von Herwig Wolfram), Wien 1997.

Sandgruber, Roman: Ökonomie und Politik. Österreichische Wirtschaftsgeschichte vom Mittelalter bis zur Gegenwart (Österreichische Geschichte, hrsg. von Herwig Wolfram, Bd. 10), Wien 1995.

Sandgruber, Roman: Österreichische Agrarstatistik 1750–1918 (Materialien zur Wirtschafts- und Sozialgeschichte, Bd. 2), Wien 1978.

Sakrausky, Oskar: Die Stiftung der Gräfin Elvine de La Tour in Treffen. In: Ders.: St. Ruprecht am Moos. Die Geschichte einer evangelischen Pfarrgemeinde im Großraum Villach, St. Ruprecht 1986, S. 223–230.

Sakrausky, Oskar: St. Ruprecht am Moos. Die Geschichte einer evangelischen Pfarrgemeinde im Großraum Villach, St. Ruprecht 1986.

Schaefer, Kurt: Ernst Schwarz – das Werk der Liebe in Waiern. Das Verlorene suchen – das Leben finden, Feldkirchen 1986.

Schiviz von Schivizhoffen, Ludwig (Hrsg.): Der Adel in den Matriken der Stadt Graz, Graz 1909.

Schiviz von Schivizhoffen, Ludwig (Hrsg.): Der Adel in den Matriken der Grafschaft Görz und Gradisca, Görz 1904.

Schmid, Hartmut (Hrsg.): Was will der Pietismus? Historische Beobachtungen und aktuelle Herausforderungen. Beiträge aus dem Albrecht-Bengel-Haus, Tübingen, Wuppertal 2002.

Schneider, Siegmund/ Imendörffer, Benno (Hrsg.): Mein Österreich, mein Heimatland. Illustrierte Volks- und Vaterlandskunde des Österreichischen Kaiserstaates, 2. verm. und verb. Aufl., Wien 1916.

Schrader, Hans-Jürgen: Die Sprache Canaan. Pietistische Sonderterminologie und Spezialsemantik als Auftrag der Forschung, in: Lehmann, Hartmut

(Hrsg.): Glaubenswelt und Lebenswelten (Geschichte des Pietismus, Bd. 4), Göttingen 2004, S. 404–427.

Seifert, Reinhard C.: Widerstand im „Dritten Reich“. Der humanitäre Widerstand der Evangelischen Stiftung Elvine de La Tour in Kärnten gegen den Nationalsozialismus, Univ. Diss. Wien 2005.

Siegmund, Erika: Harbach. Ein Edelmannsitz bei Klagenfurt, Linz 2000.

Sohn-Kronthaler, Michaela: Elvine Gräfin de La Tour (1841–1916), in: Hauff, Adelheid M. von (Hrsg.): Frauen gestalten Diakonie, Bd. 2: Vom 18. bis zum 20. Jahrhundert, Stuttgart 2006, S. 351–367.

Spezialortsrepertorium von Kärnten. Bearbeitet auf Grund der Volkszählung vom 31. Dezember 1910 (= Spezialortsrepertorium der österreichischen Länder, Bd. V), hrsg. von der Statistischen Zentralkommission, Wien 1918.

Steininger, Rolf / Gehler, Michael (Hrsg.): Österreich im 20. Jahrhundert. Ein Studienbuch in zwei Bänden (Bd.1: Von der Monarchie bis zum Zweiten Weltkrieg), Wien–Köln–Weimar 1997.

Stekl, Hannes: Österreichs Zucht- und Arbeitshäuser 1671–1920. Institutionen zwischen Fürsorge und Strafvollzug (Sozial- und Wirtschaftshistorische Studien, Bd. 12), Wien 1978.

Stotter, Hubert: Diakonie_ad fontem. Strategische Analyse der Fusion zweier Non-Profit Organisationen in Kärnten, Univ. Master These Klagenfurt 2004.

Suppan, Arnold: Die Untersteiermark, Krain und das Küstenland zwischen Maria Theresia und Franz Joseph (1740–1918). In: Suppan, Arnold (Hrsg.): Deutsche Geschichte im Osten Europas. Zwischen Adria und Karawanken, Berlin 2002, S. 264–349.

Szepannek, Heidrun: Gräfin Elvine de La Tour (1841–1916). Eine biographische Annäherung, Univ. Dipl.-Arb. Wien 2009.

Tančev, Mirče: Erziehungstheologie im christlichen Geist. Die Bibelschule St. Andrä – eine Ausbildungsstätte für den Südosten Europas, Treffen 2002.

Thieme, Walter: Mutter Eva. Die Lobsängerin der Gnaden Gottes. Leben und Werk von Schwester Eva von Tiele-Winckler, Berlin 1966.

Umlauft, Friedrich (Hrsg.): Die Länder Österreich-Ungarns in Wort und Bild. Das Herzogthum Krain, das Küstenland und das Königreich Dalmatien, Wien 1882.

Veiter, Theodor: Die Italiener in der österreichisch-ungarischen Monarchie. Eine volkspolitische Studie, Wien 1965.

Wagner, Karl: Glanz und Elend der Biographik. In: Fetz, Spiegel und Maske, S. 49–60, hier S. 52.

Wallmann, Johannes: Was ist Pietismus? In: PuN (Pietismus und Neuzeit) Bd. 20, Göttingen 1995, S. 11–27.

Wandruszka, Adam (Hrsg.): Die Habsburgermonarchie 1848–1918, Bd. 4: Die Konfessionen, Wien 1985.

Wandruszka, Adam (Hrsg.): Die Habsburgermonarchie 1848–1918, Bd. 3: Die Völker des Reiches, Wien 1980.

Warscher, Manuela Claire: „Der Bauer ist das, was man mit Gewalt aus ihm machte." Zur sozioökonomischen Lage der Bauern im Küstenland (1848–1918), Univ. Diss. Wien 2007.

Warscher, Manuela Claire: Mehrsprachigkeit in Schule und Unterricht, Univ. Dipl.-Arb. Wien 1999.

Wieland, Wolfgang: Anna Neumanin von Wasserleonburg. Die Herrin von Murau, Judenburg 1986.

Winkelbauer, Thomas (Hrsg.): Vom Lebenslauf zur Biographie. Geschichte, Quellen und Probleme der historischen Biographik und Autobiographik. Referate der Tagung „Vom Lebenslauf zur Biographie" am 26. Oktober 1997 in Horn, Horn–Waidhofen an der Thaya 2000.

Witz-Oberlin, Carl-Alphons (Hrsg.): Evangelische Vereins- und Liebestätigkeit, Klagenfurt 1905.

Wurzbach, Constantin von: Biographisches Lexikon des Kaiserthums Oesterreich, Bd. 26, Wien 1874.

Žontar, Joze: Die Verwaltung der Steiermark, Kärntens, Krains und des Küstenlandes 1848–1918, Graz 1988.

Internetquellen

http://austrian-mint.at/junior_kaufkraft_5?1=de# [12.09.2008]

http://gtb.lbg.ac.at/ [01.09.2009]

http://gtb.lbg.ac.at/index.php?pId=i7346qk14811lml200546&mediaId=1 [01.09.2009]

http://www.bahnauer-bruderschaft.de/ [21.06.2009]

http://www.bautz.de/bbkl/h/hoffmann_go_w.shtml [08.03.2009]

http://www.chrischona.org/ [21.06.2009]

http://www.cmv.or.at/ [04.01.2009]

http://www.diakonie-kaernten.at [25.06.2009]

http://www.fernuni-hagen.de/geschichteundbiographie/ [01.09.2009]

http://www.godesheim.de [10.05.2009]

http://www.gustav-adolf-werk.de/ [15.12.2008]

http://www.istitutorittmeyer.it [06.08.2008]

http://www.MenschenSchreibenGeschichte.at [02.09.2009]

http://www.neustadtl.gv.at/media/neus_1208873819.pdf [16.03.2009]

http://www.oenb.at/de/ueber_die_oenb/geldmuseum/oesterr_geldgeschichte/gulden/gulden_und_kronen.jsp [12.09.2008]

http://www.statistik.at [29.04.2008]

http://www.treffen.at/index.php?view=article&catid=3%3Aueber-die-gemeinde&id=109%3Agraeflichefamilie&format=pdf&option=com_content&Itemid=116 [03.09.2009]

http://www.villarussiz.it/ [08.10.2008]

Abkürzungsverzeichnis

Abb.	=	Abbildung
ADK	=	Archiv Diakonie Kärnten
BBKL	=	Biographisch-Bibliographisches Kirchenlexikon
Bd.	=	Band
BGBl	=	Bundesgesetzblatt für die Republik Österreich
Ders.	=	Derselbe
Dies.	=	Dieselbe
Dipl.-Arb.	=	Diplomarbeit
Diss.	=	Dissertation
Ebd.	=	Ebenda
fl	=	Gulden
h	=	Heller
Hrsg./hrsg.	=	HerausgeberIn/herausgegeben
Jg.	=	Jahrgang
JGPrÖ	=	Jahrbuch für die Geschichte des Protestantismus in Österreich
K	=	Krone
KLA	=	Kärntner Landesarchiv
kr	=	Kreuzer
LT	=	Landtafel
ÖBL	=	Österreichisches Biographisches Lexikon
PAG	=	Privatarchiv Gienger
PAJ	=	Privatarchiv Jaschke
PGB	=	Pfarrergebetsbruderschaft
PuN	=	„Pietismus und Neuzeit". Ein Jahrbuch zur Geschichte des neueren Protestantismus
StGBl	=	Staatsgesetzblatt
TRE	=	Theologische Realenzyklopädie
TT	=	Triester Tagblatt
vgl.	=	vergleiche

Abbildungsnachweis

Archiv Diakonie Kärnten: Umschlag Titelseite, Vorsatz, S. 14, 15, 47, 49 (2), 55, 60, 65 (2), 83 (2), 84, 89, 90, 91 (2), 92 (2), 93, 99, 100, 101, 102, 103, 105 (2), 107, 113, 116 (2), 122, 125, 126, 130, 140, 147, 175, 177, 182, 186, 191, 197, 198 (2), 200 (2), 201 (2), 202 (M. Zore), 203, 204 (2), 205, 206, 208, 209, Nachsatz, Umschlag letzte Seite.

Krupka, Lebensauftrag: Evangelist (siehe Literaturverzeichnis): S. 95

Privat Darling: S. 136 (2)

Privatarchiv Gienger: S. 127, 128, 138, 139

Privatarchiv Jaschke: S. 53, 58, 59, 61, 66, 86, 87, 104, 117, 119, 120, 122, 132, 148, 194, 234

Privat Lackner: S. 174

Privat Menotti: S. 48, 54, 67 (2), 94, 154, 172, 206, 236,

Privat Stampfer: S. 129, 135

Privat Szepannek: S. 55, 223

Die Autorin

Heidrun Szepannek berichtet im vorliegenden Buch über das Leben einer wahren Sozialpionierin, der protestantischen Gräfin Elvine de La Tour. Die Verfasserin wurde 1977 in Villach geboren und erhielt durch die Berufstätigkeit ihrer Eltern in der Evangelischen Stiftung de La Tour schon sehr früh Einblick in das soziale Vermächtnis dieser bemerkenswerten Frau. Bereits während ihres Studiums befasste sich die Autorin ausführlich mit der österreichischen Armutspolitik.

Heidrun Szepannek studierte an der Hauptuniversität Wien und an der Freien Universität Berlin Geschichtswissenschaften und legte den Schwerpunkt ihrer Ausbildung auf die Bereiche Wirtschafts-, Sozial- und Zeitgeschichte. Heute lebt und arbeitet sie in Wien.

Riassunto

La presente biografia descrive la vita e le varie attività di una donna che non ha tralasciato niente per affrontare e debellare le sofferenze e il male del suo tempo. Le sue attività sono alla base di una grande organizzazione sociale e assistenziale che ebbe inizio alla fine del-l'Ottocento nel Litorale della monarchia austriaca e che svolge tuttora un ruolo importante nelle opere della "Diakonie" austriaca.

Elvine Ritter Freiin von Zàhony nasce nel 1841 come figlia primogenita dell'industriale Ritter von Zàhony e di sua moglie a Trieste. I suoi antenati discesero da una famiglia di com-mercianti e preti protestanti di Francoforte sul Meno. Suo nonno, Johann Christoph Ritter, un commerciante, si stabilì a Trieste nel 1813, dopo aver viaggiato per tutta l'Europa. Grazie alle sue grandi capacità trasformò l'azienda in poco tempo in una grande industria. Nel 1829 alla famiglia venne conferito il titolo nobiliare ereditario ungherese "von Zàhony". Il padre di Elvine, Julius Hektor, continuò l'opera del padre, potenziando ulteriormente le attività in-dustriali. La famiglia era proprietaria di uno zuccherificio a Gorizia, di un commercio all'in-grosso a Vienna e di un grande emporio a Trieste. A queste imprese si aggiunsero un mulino a vapore a Strazig, una cartiera a Podgora, una fabbrica per la lavorazione del rame, una filatura e tessitura di cottone a Strazig, una filatura (a filatoi continui ad alette) e tessitura di seta nonché un'azienda agricola modello denominata "Podere Monastero", vicino ad Aquileia. La famiglia Ritter von Zàhony godette di grande stima in tutta la zona del Litorale austriaco. Erano importanti promotori della chiesa protestante a Gorizia e a Trieste ed erano all'avan-guardia nell'assistenza sociale agli operai delle proprie fabbriche. Per i suoi meriti nel campo industriale e commerciale al padre di Elvine venne conferito da parte dell'imperatore Francesco Giuseppe I nel 1869 il titolo di barone.

Anche la madre di Elvine, nata nel 1818 a Trieste come Regina Magdalena Amalia Rittmeyer, proveniva da una famiglia di commercianti protestanti triestina. Suo padre Elisaeus Rittmeyer, immigrato dalla Svizzera, era proprietario di un emporio a Trieste. Ancora oggi il nome Rittmeyer è ben noto a Trieste in quanto Cäcilie Rittmeyer, una parente della con-tessa, fu la fondatrice dell'istituto per ciechi "Cäcilie Rittmeyer".

La gioventù trascorsa in una nobile famiglia benestante e molto progressista, ha influenzato in modo determinante la vita di Elvira. La sua educazione corrispondeva alla sua posizione sociale. La madre morì di tifo, poco prima che Elvira compiesse i dieci anni. Da quel momento in poi dovette assumersi compiti di rappresentanza diventando anche il sostegno emozionale e la persona di fiducia di suo padre.

All'età di 27 anni sposò nella chiesa protestante di Gorizia il conte Theodor de La Tour, proveniente da Graz, che aveva tre anni meno di lei. Le due famiglie non vedevano di buon occhio questa unione tra il povero conte cattolico e la figlia di commercianti benestanti e protestanti. I due sposi avevano, inoltre, caratteri contrastanti e anche la situazione economico-finanziaria del giovane conte de La Tour non era proprio convincente. Il fatto più decisivo, però, fu l'unione tra un cattolico e una protestante; non ebbero figli e secondo varie testimonianze la vita matrimoniale era caratterizzato da alti e bassi.

I giovani sposi andarono ad abitare in un castello a Russiz, vicino a Cormons, costruito appo-sitamente per loro. Presto Elvine si accorse dei numerosi bambini poveri, spesso senza genitori, che mendicavano nei dintorni del castello; iniziò a dare lezioni soprattutto alle ragazze della campagna, che non potevano frequentare la scuola. Nel 1873 fondò a Gorizia un' "Associazione per orfani" che aveva il compito di assistere ed educare le orfane. Dopo tre anni questo progetto fallì e l'associazione fu sciolta. A questo punto la contessa decise di portare le quindici ragazze povere a Russiz. Nel 1878 fu in grado di costruire, accanto al castello, un Istituto di educazione con annessa una scuola privata. Il finanziamento del-l'Istituto di Russiz fu garantito dalle entrate della propria azienda vinicola. Nel 1885 il conte de La Tour acquistò il Castello-podere Treffen vicino a Villach in Carinzia. Da allora in poi i coniugi passavano i mesi invernali a Russiz e quelli estivi a Treffen, dove la contessa istituì una scuola, seguendo il modello di Russiz. A Treffen nacquero prima un doposcuola, al quale seguì poco dopo un centro ospedaliero e di cura, poi una casa per accogliere i bambini piccoli, un ospizio per anziani e un collegio per i maschi. Nel 1908 Elvine de La Tour decise di istituire un ospizio cristiano a Trieste che doveva accogliere ragazze e donne sole in cerca di lavoro e doveva dare alloggio ad altri protestanti nonché ai missionari di passaggio a Trieste.

Nel 1916 – durante le vicende della Grande Guerra – Elvine de La Tour morì. Una fondazione garantì la continuazione delle sue attività sociali ed assistenziali in Carinzia. Diversa fu la situazione in Italia, dove le attività della defunta contessa venivano considerate opere austriache e di conseguenza tutte le proprietà dovevano essere cedute. Con il Trattato di Stato, stipulato tra l'Austria e l'Italia nel 1926, vennero regolati i problemi di proprietà. Il governo italiano prese in consegna l'azienda vinicola di Russiz, pagando un risarcimento.

Gli spazi riservati all'istituto d'assistenza di Russiz, passarono ad un ordine cattolico, guidato dalla contessa Adele Cerruti. Nel 1919 venne inaugurato l'orfanotrofio "Regina Margherita", che prese il nome della Regina d'Italia. Nel 1945, dopo la morte della contessa Cerruti, l'orfanotrofio cambiò nome, venne chiamato "Istituto Adele Cerruti" – nome che porta tuttora. L'azienda agricola e vinicola, fondata dal conte de La Tour, venne riorganizzata e ammodernata nel 1954. La produzione vinicola di Russiz gode oggi di fama internazionale e ha vinto numerosi premi, tra questi anche un Chardonnay "Gräfin de La Tour".

Le attività nell'ospizio di Trieste furono portate avanti anche dopo la morte della contessa da un'associazione samaritana, appositamente creata. Tale istituto si è distinto soprattutto durante le due guerre mondiali, dando un valido contributo nell'accoglienza, nell'assistenza e nella cura di molte persone sofferenti e in difficoltà. Nel 1980 l'ospizio venne chiuso a causa di problemi economico-finanziari e per mancanza di un successore.

Le attività e le opere di Elvine de La Tour sono state straordinarie e lungimiranti sia sotto il profilo sociale ed assistenziale che sotto quello economico e sono ancora presenti sia in Austria che in Italia dove vengono tuttora portate avanti.

(Traduzione: Prof. Trude Graue)

17.3.15
5
HELLER
29.1.1915
Gräflich La Tour'sche